KB060451

EU TRADE LAW

EU통상법

박덕영 | 김희상 | 이주윤

박영사

"본 저술은 연세-SERI EU센터의 지원으로 이루어졌으며,
출간은 2016년 대한민국 교육부와 한국연구재단의 지원을 받아
수행된 연구입니다(NRF-2016S1A3A2925230)."

머 리 말

2010년 연세대학교 법학연구원 EU법센터의 주도로 연세-SERI EU센터의 재정적 지원하에, EU법에 대한 기본 교과서인 「EU법강의」가 출간되었다. 그 후 우리나라는 세계 최대의 경제주체이자 우리의 3대 무역 파트너인 EU와 FTA를 체결하여 2015년에 한-EU FTA가 발효되었다. 이러한 시대적 변화에 발맞추어, EU법상 통상분야에 대한 깊이 있는 연구가 시의적절하며 절실하다는 생각이 들었으며, 이는 곧 본서의 기획으로 이어지게 되었다.

2011년 12월에 세 명의 집필자가 처음 연구를 시작하여 몇 차례 수정을 거친 후, 대강의 원고가 2013년 11월경에 완성되었다. 그러나 여러 사정으로 계속해서 출간 진척이 더디어졌는데, 모아진 원고를 더 이상 묵혀 두어서는 안 되겠다는 생각이 들었다. 이에 2018년 봄, 본서 집필진 중 한 사람인 이주윤 박사가 전체 원고를 찬찬히 다시 검토하고 새로운 자료나 변화가 있는 부분을 업데이트하며 교정작업을 진행하고, 집필진은 수정된 각자의 원고를 다시 한 번 검토할 기회를 가졌다. 또한, 처음 기획에는 없었던 영국의 EU탈퇴로 예상되는 통상문제를 다루는 새로운 장을 추가하였으며, 세 명의 집필진으로 인해 용어에 차이가 있는 부분을 통일하고자 노력하였다. 한 명의 집필자가 저술한 것이 아니다 보니 각 장의 내용 중 일부 중복되는 부분도 있는데, 문맥상 필요한 경우 그대로 남겨두었다. 독자 여러분의 너그러운 이해를 바란다.

「EU법강의」가 EU법 전반에 대한 기본적 이해를 목적으로 하는 교과서였다면, 「EU통상법」은 EU의 대외적 권한과 조약체결, 역내시장과 경쟁법, EU법상 WTO규범의 효력, 무역구제와 경제통화동맹, 공동통상정책 및 투자법 등을 다룸으로써, 「EU법강의」로부터 한 차원 더 발전되고 심화된 내용을 지향하고 있다. 다자무역주의를 대변하는 WTO와 구별되게, 본 연구에서는 지역적 차원의 대표적 경제통합을 형성하고 있는 EU와 관련한 역내 및 역외 무역에 대한 주요한 이론적 고찰과 함께, 한-EU FTA를 자세히 분석하고 EU사법재판소의 판례를 통한 실무적 문제에 대해서 서술하고 있다.

EU통상법에 대한 자세한 연구와 고찰은 무역의존도가 특히 높은 우리에게 많은 의미를 제공해 줄 수 있을 것이다. 또한 상대적으로 연구가 빈약한 EU통상법에 대한 이해를 높이고 이에 관한 실질적 정보를 전달해 줌으로써, 관심이 있는 학생과 연구진들에게 하나의 좋은 이론서로서 기여하리라 생각된다. 이는 결국 EU법 또는 EU통상법 전문가의 양성으로 이어질 것으로 기대된다.

본서의 출간에 이르기까지 여러 분들의 도움이 있었다. 먼저 前연세- SERI EU센터의 재정적 지원을 통하여 본서의 기획이 시작될 수 있었다. 연세-SERI EU센터 소장님이셨던 박영렬 교수님과 이연호 교수님께서 본서를 집필할 수 있도록 결정해 주셨는데, 이 자리를 빌려 감사의 말씀을 올린다.

수익성은 없겠지만 EU통상법에 대한 연구 저변 확대를 위해 본서를 출간하기로 결정해 주신 박영사 안종만 회장님께 심심한 감사의 말씀을 올린다. 본서 편집에 심혈을 기울여 주신 김명희 차장님, 강민정 씨께도 진심으로 감사드린다.

마지막으로 외교부에서 한-EU FTA 협상업무를 담당하는 매우 바쁜 와중에도 집필에 적극 참여해 주셨던 외교부 김희상 양자경제외교국장님과 집필 작업뿐만 아니라 수년 전에 완성되었던 본서의 초고가 세상의 빛을 볼 수 있도록 최근의 변동상황을 반영하고, 최종 마무리작업을 도맡아 해주신 이주윤 박사님, 두 분 공동 집필진들께 두 손 모아 감사의 말씀을 전하면서 머리말에 갈음하고자 한다.

2018년 가을이 끝나가는 즈음
저자를 대표하여 **박 덕 영** 씀

집필자 목록

"저자 중 김희상의 원고는 개인적인 견해이며 대한민국 정부나 외교부의 공식적인 입장과는 무관함을 밝혀둔다."

차 례

제1장

대외적 권한과 조약체결

제 2 장

역내시장과 기본적 자유

제 3 장

경쟁법과 경쟁정책

제 4 장

EU법상 WTO 통상규범의 효력

제 5 장

무역구제제도와 TBR

제 6 장

경제통화동맹

제 7 장

환경보호체계와 환경 관련 통상규정

제 8 장

역내 통상분쟁 해결

제 9 장

WTO 주요 통상분쟁 사례

제10장

EU의 FTA 정책과 실제

제11장

한-EU FTA의 주요 내용

제12장

공동통상정책과 한-EU FTA

제13장

투자협정과 투자법원의 창설

제14장

Brexit와 통상문제

제15장

통상정책의 미래

제 1 장

대외적 권한과 조약체결

Ⅰ. 서 론

2009년 12월 1일 리스본조약의 발효와 함께, 드디어 EU는 완전한 의미[1]의 법인격(legal personality)을 갖게 되었고 자신의 이름으로 조약을 체결할 수 있게 되었다. 바로 EU조약 제47조[2]가 EU의 법인격에 관하여 명시적으로 규정하고 있기 때문이다. 이제 EU는 회원국과 마찬가지로 국제법상 권한을 행사하고 국제법상 의무를 위반하는 경우 책임을 져야 하는 법적 실체가 된 것이다.[3] 리스본조약의 핵심적 목표 중의 하나는 EU의 대외관계에 있어 일관성과 통일성의 확대를 가져오며 EU를 국제적 행위자(international player)로서 강화하는 것이다.[4] 사실 리스본조약 이전에는 각각 舊EC조약 제281조[5]와 Euratom조약 제184조[6]에 의해 유럽공동체(European Community)와 유럽원자력공동체(European Atomic Energy Community)만이 법인격을 갖고 있었는데,[7] 유럽공동체는 EU조약 제1조 제3항 제3문에 의해 현재 EU로 대체 및 승계되었으며, 유럽원자력공동체는 여전히 법인격을 갖는 별개

---

1) 국제기구가 법인격을 갖기 위해 반드시 관련 설립조약에 명시적 규정을 둘 필요는 없다. 예를 들어, 대표적 보편국제기구인 UN의 경우 UN헌장 어디에도 법인격에 관한 규정을 찾아볼 수 없지만, ICJ의 *Reparations* 사건의 권고적 의견을 통해 UN이 묵시적으로 법인격을 가짐이 확인된 바 있다. 김정건 외 3인, 『국제법』(서울: 박영사, 2010), 106면; 김대순, 『국제법론』, 제19판 (서울: 삼영사, 2017), 346-349면 참조.
2) "The Union shall have legal personality."
3) Koen Lenaerts and Piet Van Nuffel, *European Union Law*, 3rd ed. (London: Sweet & Maxwell, 2011), p. 952.
4) Paul Craig and Gráinne De Búrca, *EU Law: Text, Cases, and Materials*, 5th ed. (Oxford: Oxford University Press, 2011), p. 302.
5) "The Community shall have legal personality."
6) "The Community shall have legal personality."
7) ECSC조약 제6조 제1항에 의해 법인격을 갖고 있던 유럽석탄철강공동체는 동 조약 제97조에 의해 50년간 존속하고, 2002년 7월 23일자로 소멸하였다.

의 실체로 존재하고 있다.[8]

또한 EU는 혼합협정(mixed agreement, Gemischtes Abkommen, accord mixte)[9]의 협상과 체결에서 회원국과의 권한 배분 사이에 미묘한 갈등과 긴장을 유지하고 있지만, 대외적 권한의 핵심 분야인 통상정책에 있어서는 주요한 국제적 행위자로서 행동하여 왔다. 예컨대 WTO의 설립과 운영에서 EU는 핵심적 역할을 수행하며 훌륭한 롤 모델로서 행동하여 왔다.[10]

한편 리스본조약에 의하여 도입된 중요한 직책 중에 부집행위원장(Vice-President of the Commission) 중의 하나인 '외교안보정책고위대표'(High Representative of the Union for Foreign Affairs and Security Policy)가 있다. 유럽이사회(European Council)가 집행위원장과 합의하여 가중다수결로 임명하는 동 고위대표는 EU이사회(Council of the European Union)에서는 EU의 공동외교안보정책을 대표하고, 집행위원회에서는 EU의 대외관계를 책임지도록 되어 있다.[11]

본고에서는 국제법상 EU의 조약체결과 관련한 명시적 및 묵시적 권한의 이론 및 판례를 고찰하며, EU기능조약에 규정된 조약체결절차에 관해서도 자세히 살펴보도록 하겠다. 또한 리스본조약에 의하여 공식적으로 3주 체제(three-pillar system)가 해체되기는 하였지만, 마스트리히트조약에 의하여 창설된 제2기둥인 공동외교

---

8) Lenaerts and Van Nuffel, *supra* note 3, p. 952; Trevor C. Hartley, *The Foundations of European Union Law*, 7th ed. (Oxford: Oxford University Press, 2010), p. 173.

9) '혼합협정'이라는 용어는 EU와 회원국이 각자의 권한에 의해 공동으로 체결한 '국제협정'에 적용된다. 이러한 혼합협정은 다음 두 가지 이유로 자주 사용되고 있는데, 첫째 국제협정에 포함된 사항 중 일부가 EU의 권한에 속하지 않거나, 둘째 舊EU조약 제5부 공동외교안보정책과 관련한 국제협정의 협상 및 체결을 위한 법적 절차에 대한 규정(舊EU조약 제24조)이 제2기둥과 제3기둥의 요소 및 제1기둥의 요소를 함께 하나의 협정으로 통합시킬 가능성이 있기 때문이다. 최근의 관행은 정치적 선택의 결과로 혼합협정이 채택되는 경우가 많은 편이다. Alan Dashwood·Michael Dougan·Barry Rodger·Eleanor Spaventa and Derrick Wyatt, *Wyatt and Dashwood's European Union Law*, 6th ed. (Oxford: Hart Publishing, 2011), p. 939.

10) Marise Cremona, "External Relations and External Competence of the European Union: the Emergence of an Integrated Policy," in Paul Craig and Gráinne De Búrca (eds.), *The Evolution of EU Law*, 2nd ed. (Oxford: Oxford University Press, 2011), pp. 260-261.

11) EU조약 제18조와 제27조; 2009년 11월 19일 'EU 외무장관'이라고도 불리는 최초의 외교안보정책고위대표(5년 임기)에 영국 출신의 애슈턴(Catherine Ashton)이 선출되었으며, 2014년 11월 1일부터 이탈리아의 모게리니(Federica Mogherini)가 해당 직책을 수행하고 있다. https://en.wikipedia.org/wiki/High_Representative_of_the_Union_for_Foreign_Affairs_and_Security_Policy(2018년 5월 17일 방문).

안보정책(Common Foreign and Security Policy, 이하 'CFSP'라 부름)의 경우 여전히 EU 조약 제5부에 규정을 두고 있으므로 이와 관련한 EU의 권한에 대해서도 추가적으로 살펴볼 것이다.[12] 이러한 검토는 관련 장에서 논의될 EU의 공동통상정책과 EU 법상 WTO의 효력과 관련하여서도 중요한 이론적 단초를 제공해 줄 수 있을 것이다.

II. EU의 대외적 권한

1. 명시적 권한(Express powers)과 묵시적 권한(Implied powers)

1) EU의 국제법인격

EU의 법인격을 규정하고 있는 EU조약 제47조의 내용은 EU기능조약 제335 조[13]에서 보다 정교한 모습을 갖추고 있는데, 양 규정 어디에도 EU가 '국제'인격을 가진다는 언급은 찾을 수 없다. 이는 ECSC조약 제6조 제2항[14]과 Euratom조약 제101조 제1항[15]에서 '국제법적' 권한 행사에 대한 명시적 언급이 있는 것과는 구별된다.[16] 또한 舊EC조약 제281조는 공동체의 법인격에 관하여 규정하고 있긴

---

12) 중요한 대외적 측면을 포함하고 있던 EU의 제3기둥인 '형사문제에 있어서 경찰사법협력'(Police and Judicial Cooperation in Criminal Matters, 이하 'PJCC'라 부름)은 리스본조약에 의하여 EU기능조약 제5부 자유, 안전 및 사법지대(Area of Freedom, Security and Justice) 속으로 통합되었다.

13) "In each of the Member States, the Union shall enjoy the most extensive legal capacity accorded to legal persons under their laws; it may, in particular, acquire or dispose of movable and immovable property and may be a party to legal proceedings. To this end, the Union shall be represented by the Commission. However, the Union shall be represented by each of the institutions, by virtue of their administrative autonomy, in matters relating to their respective operation."

14) "In international relations, the Community shall enjoy the legal capacity it requires to perform its functions and attain its objectives."

15) "The Community may, within the limits of its powers and jurisdiction, enter into obligations by concluding agreements or contracts with a third State, an international organization or a national of a third State."

16) Craig and De Búrca, *supra* note 4, p. 307; 그러나 *ERTA* 사건(Case 22/70 *Commission v. Council* [1971] ECR 263)을 예로 들며, 동 조항이 국제법인격을 의미하는 것으로 추정된다는 견해도 있다. Damian Chalmers·Gareth Davies and Giorgio Monti, *European Union Law: Cases and*

하지만, 특정 문제에 대한 실질적 권한을 향유하는 일반적 조약체결권한을 부여하고 있지는 않으므로 EU의 국제조약 체결에 관한 권한 부여는 매우 중요하다.[17]

그럼에도 불구하고 국제법상 EU는 국제법인격을 갖는 기구로서 제3국 및 다른 국제기구와 조약을 체결할 권한을 포함하여, 국제법원에 소송을 제기하거나 국제협약의 당사국이 될 권한을 향유하는 것으로 간주된다.[18] 또한 이러한 법인격은 EU가 일방적으로 행사할 수 있는 독자적 행위, 예컨대 다른 국가나 개인에 대한 제재조치, 반덤핑관세나 세이프가드조치를 부과하는 규칙(Regulation)의 제정 또는 일반적인 CFSP 조치 등을 수행할 권한을 부여해준다.[19]

2) 명시적 권한

대내적 권한과 마찬가지로, EU의 대외적 권한은 EU조약 제5조 제2항에 따라 EU가 조약에 규정된 권한의 한계 내에서만 행동할 수 있다는 권한부여의 원칙(principle of conferral, principle of conferred powers or principle of the attribution of powers)에 의해 행사된다.[20] 어떤 학자는 이 조항의 의미는 국가와 달리 EU가 국제관계에 대한 대응을 검토할 때, 항상 대외적 행동의 효율성에 대한 고려를 최우선으로 할 의무를 규정한 것이라고 설명하기도 한다.[21] EU사법재판소(Court of Justice of the European Union, 이하 'CJEU'라 부름)는 권한부여의 원칙이 "공동체의 역내행위뿐만 아니라 국제행위에 있어서도 준수되어야" 한다고 강조하였다.[22] 동 원칙의 필요성은 EU가 체결한 국제협정의 규정이 EU법질서에 자동적으로 수용될 뿐만 아니라, 일정한 조건을 준수하는 한 EU와 회원국 재판소에 의해 승인되어야 하는 직접효력(direct effects)을 가질 수 있다는 사실 때문이다. 이러한 의미에서, 국제협

Materials, 2nd ed. (Cambridge: Cambridge University Press, 2010), p. 632.

17) Dashwood et al., *supra* note 9, p. 910.

18) Craig and De Búrca, *supra* note 4, p. 307.

19) Chalmers·Davies and Monti, *supra* note 16, pp. 632-633.

20) "2. Under the principle of conferral, the Union shall act only within the limits of the competences conferred upon it by the Member States in the Treaties to attain the objectives set out therein. Competences not conferred upon the Union in the Treaties remain with the Member States."

21) Chalmers·Davies and Monti, *supra* note 16, pp. 637-638.

22) Dashwood et al., *supra* note 9, p. 909; Opinion 2/94 *Accession of the Community to the ECHR* [1996] ECR I-1759, para. 24.

정은 EU법의 연원으로서 간주될 수 있다.[23] 또한 CJEU는 국제조약을 "공동체법의 필수적 부분"(an integral part of Community law)으로 선언하기도 하였다.[24]

초기 공동체에 국제조약을 체결할 권한을 명시적으로 부여한 규정은 舊EEC조약 제113조(舊EC조약 제133조, 現EU기능조약 제207조)와 제238조(舊EC조약 제310조, 現EU기능조약 제217조)의 공동통상정책(Common Commercial Policy)과 준회원협정(Association Agreements)에 관한 규정이 유일하였다. 한편 3개의 공동체는 유럽심의회(Council of Europe), OECD, UN의 기관 및 전문기구인 국제기구와 관계를 유지하고 협력할 권한은 갖고 있었지만,[25] 이를 위해 국제조약을 체결할 가능성에 관한 언급은 하고 있지 않았다.[26] 이후 조약 개정을 통해 EU의 대외권한에 관한 명시적 규정이 추가되었다. 1987년 단일유럽의정서에 의해 연구와 기술개발 및 환경 분야, 1993년 마스트리히트조약에 의해 개발협력과 인도적 원조 및 경제통화정책 분야의 조약체결권한을 위한 명시적 규정이 생겨났다.[27] 니스조약은 공동통상정책을 서비스무역과 지식재산권의 상업적 측면에 관한 조약에까지 확대하였다. 그 결과, 아래에서 논할 묵시적 권한이 새로운 분야에서 대외적 권한의 발전을 위해 필요성이 약화되었으나, 여전히 그 중요성이 훼손되지는 않았다. 암스테르담조약에 의해 추가된 사람의 자유 이동과 관련된 비자, 망명, 이민 및 기타 정책들은 대외관계에 관한 어떠한 언급도 포함하지 않았지만, 묵시적 권한에 따라 비자 및 입국에 관한 수 개의 협정이 채택되었다. 또한 국경을 초월한 민사 문제에 있어 사법협력에 관한 조치를 채택할 권한의 경우 관할권과 판결의 집행에 관한 국제협정을 체결할 권한이 암시되었다.[28]

리스본조약에 의하여 개정된 EU의 국제관계에 관한 명시적 규정은 이전의 조약 규정과 마찬가지로 공동통상정책에 관한 EU기능조약 제207조(즉, 통상협정

---

23) Hartley, *supra* note 8, p. 173; EU법 연원으로서의 국제조약에 관한 자세한 설명은 이주윤, "제3장 EU법의 연원과 입법절차," 박덕영 외 16인 공저, 『EU법강의』 제2판 (서울: 박영사, 2012), 72, 76면 참조.
24) Case 181/73 *Haegeman v. Belgium* [1974] ECR 449, para. 5.
25) 舊EEC조약 제229조에서 제231조.
26) Dashwood et al., *supra* note 9, p. 910.
27) Craig and De Búrca, *supra* note 4, pp. 308-309; Cremona, *supra* note 10, p. 224.
28) *Ibid.*

(trade agreements)의 체결), EU와 상호적 권리 및 의무와 관련이 있는 조약체결에 관한 EU기능조약 제217조(즉, 준회원협정의 체결)가 대표적이다.29) 특히 공동통상정책의 경우 리스본조약은 EU기능조약 제3조에서 EU가 배타적 권한을 갖는 분야 중의 하나로 명시하였으며 그 적용범위를 외국인직접투자(Foreign Direct Investment)로까지 확대한 점이 눈에 띄는데,30) 한-미 FTA 체결에서 가장 문제가 되었던 ISDS(Investor-State Dispute Settlement, 투자자-국가간 분쟁해결절차)가 한-EU FTA에서는 관련 조항이 없다는 사실로 주목을 받았다. 그러나 EU조약을 엄밀히 살펴보면 그 이유를 간단히 알 수 있다. 리스본조약에 의한 개정이 있기까지 투자에 관한 분야는 EU가 아닌 회원국의 배타적 권한에 속하였기 때문에 리스본조약이 2009년 12월 1일자로 발효되기 이전인 2009년 10월 15일에 가서명된 한-EU FTA(혼합협정)에서는 당연히 투자 및 ISDS 절차는 규정될 법적 근거가 없었다.31) 이외에 개발협력(development cooperation)에 관한 EU기능조약 제208조에서 제211조, 제3국과의 경제·재정 및 기술협력에 관한 제212조와 제213조, 인도적 원조에 관한 제214조, 제한적 조치에 관한 제215조, 유로존을 위한 대외통화협정에 관한 제219조, EU와 국제기구 간의 협력에 관한 제220조 제1항 등이 조약체결과 관련된 규정들이다.32)

---

29) Craig and De Búrca, *supra* note 4, p. 308; Cremona, *supra* note 10, p. 222.

30) EU기능조약 제207조: "1. The common commercial policy shall be based on uniform principles, particularly with regard to changes in tariff rates, the conclusion of tariff and trade agreements relating to trade in goods and services, and the commercial aspects of intellectual property, foreign direct investment, the achievement of uniformity in measures of liberalisation, export policy and measures to protect trade such as those to be taken in the event of dumping or subsidies. The common commercial policy shall be conducted in the context of the principles and objectives of the Union's external action."

31) 그러나 이전 조약에서 배타적이지도 않았고 존재하지도 않았던 '외국인직접투자'에 관한 EU의 배타적 권한 부여는 복잡한 문제를 야기할 수 있는데, 무엇보다 기존의 양자투자협정(Bilateral Investment Treaties, 이하 'BIT'라 부름)은 보다 넓은 개념으로 '투자'를 정의하고 있는데 반해, EU기능조약 제207조는 직접투자만을 언급하며 기존의 BIT에서 다루고 있는 모든 문제들을 포함하고 있지 않기 때문이다. Dashwood et al., *supra* note 9, pp. 947-948; http://blogs.law.nyu.edu/transnational/2011/02/a-little-bit-mixed-%E2%80%93-the-eu%E2%80%99s-external-competences-in-the-field-of-international-investment-law/(2018년 5월 17일 방문).

32) Lenaerts and Van Nuffel, *supra* note 3, pp. 1014-1015; Dashwood et al., *supra* note 9, pp. 901-902.

3) 묵시적 권한

(1) 묵시적 권한의 출현

EU의 묵시적 대외권한에 관한 언급은 1971년의 *ERTA*(European Road Transport Agreement, 불어로 'AETR') 사건이 시초인데, 동 사건의 간단한 사실관계는 다음과 같다. 유럽공동체(당시는 유럽경제공동체)의 6개 회원국 중 5개국과 공동체 회원국이 아닌 다른 유럽 국가들이 1962년 국제도로교통에 종사하는 운송인들의 업무와 관련된 유럽협정에 서명하였는데 발효하지 못하고, 1967년에 협상이 재개되었다. 공동체 차원에서도 유사한 내용의 작업이 수행되었는데, 1969년 운전자들의 운전과 휴식 기간을 표준화하는 이사회규칙 543/69의 채택으로 이어졌다. 동 규칙이 채택된 지 1년 후, 회원국은 다른 국가들과 새로운 유럽협정(AETR)을 체결하였는데, 집행위원회는 CJEU에 회원국들로 하여금 AETR을 채택하도록 만든 이사회 심의 (proceedings)의 취소를 구하는 소송을 제기하였고, 재판소는 공동체가 과연 AETR 에 서명할 권한이 있는지 여부를 검토하였다.[33] 이 사건에서 재판소는 당시 문제가 된 결정, 즉 도로교통의 사회적 측면에 관한 공동정책의 채택이 이사회 내에서 이루어졌다는 사실에 주목하였다. 즉, 이는 "당해 규칙이 규율하는 내용과 관련하여, 공동체 내에 제3국과 협정을 체결할 수 있는 권한이 필수적으로 내재되어 있는" 대내적 규칙의 채택이었던 것이다. 반대로 말하면, 그러한 대내적 규칙이 채택되기 전에는 해당 권한이 회원국들에 잔존한다는 의미이다.[34] 결국 CJEU는 동 사건에서 공동체가 묵시적으로 조약체결권을 가지며, 문제된 이사회 심의는 취소할 수 있다고 판단하였다.

(2) 묵시적 권한의 발전

몇 년 뒤, *Kramer* 사건에서 EU사법재판소는 대내적 조치를 채택할 권한이 분명하지만 해당 권한이 아직 행사되지 않은 경우에도 공동체가 권한을 가질 수 있다고 판결함으로써 한발 더 진전된 모습을 보여주었다. 동 사건에서는 대내적

---

33) Case 22/70 *Commission v. Council* [1971] ECR 263, para. 1; Craig and De Búrca, *supra* note 4, p. 309.
34) Case 22/70 *Commission v. Council* [1971] ECR 263, paras. 28, 82; Cremona, *supra* note 10, p. 220.

차원에서 부여된 "바로 그 의무와 권한"이 대외적으로 이를 행사할 권한을 부여한 다고 보았다.[35] 이듬해, CJEU는 묵시적 권한 이론의 출현을 다시 확인할 기회를 갖게 되었다. Opinion 1/76에서 문제가 된 협정 초안에 따른 기관간협정의 일부에 대해 설립조약에 합치되지 않는다고 선언하였음에도 불구하고, 공동체가 해당 협 정을 체결할 (배타적) 권한을 갖는다고 판단하였다.[36] 여기서 재판소는 국제조약을 체결할 권한은 설립조약의 명시적 권한 부여뿐만 아니라, 해당 규정으로부터 암묵 적으로도 나올 수 있다고 판시한 *Kramer* 사건에 주목하며, 공동체법이 공동규칙을 창설하기 위한 특정 목적의 달성을 위해서는 명시적 규정이 부재하더라도 해당 목적 달성에 필요한 국제조약의 체결권을 갖는다고 결론지었다.[37]

묵시적 권한의 개념은 판례법(Opinion 2/91과 Opinion 1/03)뿐만 아니라, WTO협 정 체결에 관한 이사회결정(Council Decision 94/800)의 서문에 언급되어 있듯이 현재 잘 확립되어 있다.[38] 특히 Opinion 1/03 사건에서 묵시적 권한의 두 가지 이론적 근거를 발견할 수 있다.[39] 첫째, 공동정책의 골격 내에서 채택되었는지 여부에 따 른 입법과 관련이 있는데, 이는 기존의 EU법에 의한 해당 분야에 대한 점령, 즉 선점이론(pre-emption)에 근거를 두고 있다. 둘째, 설립조약에 기반을 둔 대내적 권 한이 대외적 권한에 의해 보충될 수 있는 EU목적의 달성과 관련이 있는데, 이는 명시적으로 규정된 목적 달성에 필요한 권한의 암시, 즉 효율성원칙(principle of *effet utile*)에 기반을 두고 있다. CJEU는 위 사건에서 EU 내부의 입법(예컨대, 규칙)의 존재로부터 묵시적 대외 권한을 이끌어내고 있는데, 여기서 해당 입법의 목적, 범 위, 성격과 내용에 관한 문제는 권한의 존재가 아닌 배타성의 문제와 관련된 것으 로 간주한다. 반대로 효율성원칙은 대내적 권한의 특정한 목적을 위해 대외적 권한 이 필요한지를 확인하기 위하여 조약 규정을 포함한 해당 입법의 성격과 내용에

---

35) Cases 3, 4 and 6/76 *Cornelis Kramer and Others* [1976] ECR 1279, paras. 30-33; Cremona, *supra* note 10, p. 220.

36) *Ibid.*

37) Opinion 1/76 *Draft Agreement establishing a European laying-up fund for inland waterway vessels* [1977] ECR 741, paras. 3-4.

38) Cremona, *supra* note 10, pp. 220-221.

39) Opinion 1/03 *Competence of the Community to conclude the new Lugano Convention on jurisdiction and the recognition and enforcement of judgments in civil and commercial matters* [2006] ECR I-1145, paras. 114-115.

관심을 집중한다.40) 이러한 두 가지 이론적 근거의 정당화는 대외적 권한이 내부의 입법에 기반을 두고 있으며, 당해 입법 자체가 자신의 법적 근거의 목적을 반영할 것이라는 사실에서 찾을 수 있다. 그 결과, 묵시적 대외 권한은 본래 제한되어 있으며, 역내 체제의 필요 및 기능과 독립적인 대외정책을 발전시키기 위한 근거로 사용될 수 없다. 현재 조약 체제상, 이를 위해서는 명시적 권한이 필요하다. 이것은 묵시적 권한 이론의 필수적 유연성 및 권한부여의 원칙과의 준수를 보장할 필요성 간의 균형을 위해 적절하다.41)

(3) 유연성 조항

유럽공동체는 무역의 범위를 초월해 협력적 측면을 포함하고 있는 협정의 근거로 소위 유연성 조항(flexibility clause, EU기능조약 제352조42)(舊EC조약 제308조))을 자주 사용하였으며, 마스트리히트조약 이후 CJEU는 이러한 유연성 조항의 이용에 한계를 정하는 데 매우 신중한 태도를 보였다. 그러나 유럽인권협약의 가입과 관련한 Opinion 2/94 사건에서, 동 재판소는 유연성 조항(당시, 舊EC조약 제235조)이 권한부여의 원칙에 기반을 둔 현 제도의 필수적 부분을 형성하고 있지만 공동체 권한의 범위를 확대하기 위한 근거로 사용될 수는 없다며, 유연성 조항의 이용에 한계를 제시하였다.43)

(4) 리스본조약

리스본조약은 EU사법재판소의 판례법에 주목하면서, EU기능조약 제216조 제1항44)에 묵시적 권한 이론을 포함한 규정을 삽입하였다. 동 조항의 목적은 확실

---

40) Cremona, *supra* note 10, p. 221.
41) *Ibid.*, p. 222.
42) "1. If action by the Union should prove necessary, within the framework of the policies defined in the Treaties, to attain one of the objectives set out in the Treaties, and the Treaties have not provided the necessary powers, the Council, acting unanimously on a proposal from the Commission and after obtaining the consent of the European Parliament, shall adopt the appropriate measures."
43) Cremona, *supra* note 10, p. 224.
44) "The Union may conclude an agreement with one or more third countries or international organisations where the Treaties so provide or where the conclusion of an agreement is necessary in order to achieve, within the framework of the Union's policies, one of the objectives referred to in the Treaties, or is provided for in a legally binding Union act or is likely to affect common rules or alter their scope."(필자 밑줄 강조)

성을 증가시키고, 묵시적인 조약 체결 권한이 부여될 수 있는 조건을 정함으로써 권한에 대해 보다 명확한 정의를 내리기 위한 것이다. 그러나 이 문제에 관한 판례법을 반영하는 데 있어 여전히 어려움이 제기되는데, 이를 위해 묵시적 권한의 효율성원칙으로부터 영감을 얻어 대외적 권한은 "협약의 체결이 EU정책의 골격 내에 있는 조약에 언급된 목적 중의 하나를 달성하기 위하여 필요한 경우에" 존재한다는 조건을 규정하였다. 이는 일견 보기에 묵시적 권한과 관련하여 지금까지 보다 확대된 근거를 확립하고 있는 것처럼 보인다. 이제 묵시적 권한의 존재와 관련하여 요구되는 것은 매우 광범위하게 규정되어 있는 EU조약 제21조[45]상의 대외적 목적이 EU정책의 골격 내에 있는 조약에 언급된 목적이어야 한다는 점이다. 그러나 EU조약 제21조에 확립된 일반적인 대외적 정책의 목적이 EU기능조약 제216조 제1항과 함께 행위의 기초를 제공해 주는지는 의심의 여지가 있다.[46]

　　한편 리스본조약을 통해 개정된 유연성 조항인 EU기능조약 제352조와 관련하여, 舊EC조약 제308조에 규정되었던 공동시장(common market)에 대한 언급이 빠져 있음이 눈에 띈다. 또한 EU기능조약 제352조 제4항에 의해 동 조항이 "CFSP와 관련된 목적을 달성하기 위해서는" 사용될 수 없다고 규정하고 있는데, EU조약 제21조에 규정된 일반적인 대외적 목적 중 어느 부분이 CFSP에 관련된 것인지는 불분명하다. 어찌되었든 리스본조약은 대내적 목적과 대외적 행동 사이의 관련성을 느슨하게 함으로써 묵시적 권한 및 유연성 조항의 활용 가능성을 확대하고 있다.[47]

2. 대외적 권한의 범위

　　EU의 대외적 권한은 일반적 권한의 범위와 마찬가지로, 다음의 배타적 권한

---

45) "1. The Union's action on the international scene shall be guided by the principles which have inspired its own creation, development and enlargement, and which it seeks to advance in the wider world: <u>democracy, the rule of law, the universality and indivisibility of human rights and fundamental freedoms, respect for human dignity, the principles of equality and solidarity, and respect for the principles of the United Nations Charter and international law.</u> …"(필자 밑줄 강조)

46) Cremona, *supra* note 10, p. 225.

47) *Ibid.*, pp. 225-226.

(exclusive competence), 공유적 권한(shared competence) 및 보충적 권한(complementary competence)으로 구분할 수 있다. 1970년부터 1980년대 후반까지 공동체 권한과 관련하여 전통적 유형의 선점이론이 발전하였는데, 대내외를 불문하고 일반적으로 권한은 배타적 또는 공유적 권한 중 하나에 속하였다. 일단 공동체 권한이 대내적 또는 대외적으로 행사되었다면, 해당 분야에 대해 회원국은 공동체와 함께 행동할 수 없었으며, 개별 회원국의 일방적 행동은 시장의 통합과 공동체법의 일관된 적용을 훼손시킬 수 있다고 보았다.[48]

리스본조약은 배타적·공유적·보충적 권한이 적용되는 분야를 확립하고 할당하고 있는데, 연구·기술개발과 공간 및 개발협력과 인도적 원조를 위한 공유적 권한은 비선점의 공유적 권한에 해당됨을 분명히 하고 있다.[49]

1) 배타적 권한

EU기능조약 제3조에 의하면 EU가 배타적 권한을 갖는 분야에 관하여 명시적 규정을 두고 있는데, 관세동맹, 역내시장의 운영을 위해 필요한 경쟁규칙의 제정, 유로를 사용하는 국가들의 통화정책, 공동어업정책하의 해양생물자원의 보존, 공동통상정책이 그것이다. 이들 분야에 관해서는 EU만이 국제협정의 협상 및 체결 권한을 가진다.

또한 제2항에서는 국제협정의 체결이 EU의 입법적 행위에 규정되어 있거나 EU가 대내적 권한을 행사하는 것을 가능하게 하기 위해 필요하거나 협정의 체결이 공동규칙(common rules)에 영향을 미치거나 그 범위를 변경시키는 한에 있어 협정의 체결에 배타적 권한을 갖는다고 규정하고 있다.

한편 CJEU는 Opinion 1/76에서 예외적으로 이전의 역내 권한의 행사 없이도 배타적 역외 권한이 그 행사만으로 발생할 수 있다고 판단한 바 있다. 이는 추후 Opinion 1/03에서 드러난 것처럼 매우 특별한 상황으로서 역내 권한이 역외 권한(즉 독자적 규범의 제정으로는 달성할 수 없는 조약상 목적 달성을 위해 필요한 국제협정의 체결)과 동시에 행사되어야만 효과적인 경우를 전제하고 있다.[50]

---

48) *Ibid.*, p. 245.
49) EU기능조약 제4조 제3항과 제4항; Cremona, *supra* note 10, p. 253.

본서의 관련 장에서 자세히 살펴보겠지만, 공동통상정책과 관련하여 니스조
약에 의해 개정된 舊EC조약 제133조는 동 정책의 비배타성이라는 개념을 한동안
도입하였지만, 리스본조약에 의해 공동통상정책은 성격상 배타적 권한을 가진다는
입장으로 선회하였다.[51] 다시 말해, 공동통상정책의 배타성은 사전의 입법적 행위
나 Opinion 1/76 원칙에 의존하지 않는다는 것이다.[52]

한편 혼합협정이 사실상 광범위하게 수락되고 있다는 사실은 주목할 만하다.
사실 현재 공동통상정책이 아닌 거의 모든 대외 활동은 준회원협정이든 개발협정
이든 간에 관행상 혼합협정의 형태를 띠고 있다.[53] 이론적으로는 비록 배타성에
관한 전통적 접근이 EU와 회원국 사이의 '권한배분의 원칙'(principle of a separation
of powers)에 기초를 두고 있지만, 관행상 이 이론이 국제협정의 협상과 체결에 있
어 EU와 회원국의 공동참여를 방해하는 것처럼 보이지는 않는다.[54]

2) 공유적 권한

EU기능조약 제4조에 의하면 EU는 EU기능조약 제3조와 제6조에 규정된 것과
관련이 없는 분야에 대해 조약이 권한을 부여한 경우에 회원국과 공유적 권한을
가진다고 규정하고 있는데, 역내시장, 사회정책, 경제적·사회적·영토적 결속, 환
경, 소비자보호, 교통, 에너지, 자유·안전·사법지대 등이 그것이다. 이들 분야와
같이 EU가 회원국과 권한을 공유하는 경우 EU와 회원국이 함께 국제협정을 체결
할 수 있다.[55] 대외적 차원에 있어 공유적 권한 역시 선점이론이 적용될 수 있지만,
EU기능조약 제191조 제4항에 규정된 바와 같이 '환경'과 관련하여서는 회원국이
국제협정의 협상 및 체결권한을 가질 수 있도록 하는 등 선점의 대상이 되지 않는
다. 공유적 권한의 정확한 범위와 분야는 조약의 관련 규정이나 CJEU의 판례법

---

50) Opinion 1/03 *Competence of the Community to conclude the new Lugano Convention on jurisdiction
and the recognition and enforcement of judgments in civil and commercial matters* [2006] ECR
I-1145, para. 115(Cremona, *supra* note 10, p. 245에서 재인용).

51) EU기능조약 제3조 제1(e)항.

52) Cremona, *supra* note 10, p. 246.

53) *Ibid.*

54) *Ibid.*, pp. 246-247.

55) https://eur-lex.europa.eu/legal-content/EN/TXT/?uri=LEGISSUM%3Aai0034(2018년 5월 25일 방문).

등에 의해 영향을 받을 수 있다.56)

한편 EU의 통합 및 이해관계를 보장할 필요에 기초하고 있는 배타성과 선점 이론은 궁극적으로 EU조약 제4조 제3항의 성실한 협력원칙에 근거를 두고 있지만, 공유적 권한은 동 조항에 기초한 협력의무와 EU법 우위의 원칙에 따라 행사되고 있다.57)

3) 보충적 권한

EU기능조약 제6조에 의하면 EU는 인간의 건강 보호와 증진, 산업, 문화, 관광, 교육·직업훈련·청소년·스포츠, 시민 보호, 행정 협력과 같은 특정한 분야에 있어 회원국의 행동을 지지, 조정 및 보충하기 위하여 행동을 취할 보충적 권한 (supporting, coordinating or supplementary competence)을 갖는다고 규정하고 있다.

3. 공동외교안보정책

EU조약 제23조에서 제46조는 CFSP와 관련하여 제2기둥 체제로서의 의미는 사라졌지만, 여전히 EU의 주요한 대외정책과 관련된 조치로 규정하고 있다. 먼저 EU조약 제24조 제1항 제1단에 의하면 CFSP의 범위를 "외교정책의 모든 분야와 공동방위정책의 점진적 구상을 포함한 EU안보에 관한 모든 문제"라고 정의하고 있다. 또한 제24조 제1항 제2단에서 CFSP는 "특정한 규정과 절차"(specific rules and procedures)에 따른다고 설명하며, 일반적 대외정책과는 구별되는 특정성의 요건을 규정하고 있다.

'대외관계'와 관련한 권한의 법적 근거의 선택에 있어 이사회의 경우 CFSP와 관련한 근거를 선호하고, 집행위원회와 유럽의회는 EU기능조약상 근거를 선호하는 편이다. 리스본조약 이전, CJEU의 해석에 따르면 舊EU조약 제47조를 바탕으로 EC조약에 규정된 법적 근거에 우선순위가 부여되었는데, 즉 재판소는 문제의 조치가 제1기둥의 권한에 따라 채택되어질 수 있는 것이라면, 제2기둥 또는 제3기둥의

---

56) Craig and De Búrca, *supra* note 4, pp. 317-318.
57) Cremona, *supra* note 10, p. 253.

권한에 따라 조치를 채택하여서는 안 된다고 보았다. 그러나 舊EU조약 제47조는 리스본조약에 의하여 EU조약 제40조로 대체되었는데, 동 규정에 의해 EU기능조약에 따른 권한이 더 이상 CFSP의 권한 보다 우위에 있지 않게 되었다.[58] 따라서 향후 문제의 조치의 목적과 내용상 그것이 EU기능조약 또는 CFSP에 의해 채택되어질 수 있는 것이라면, 그 선택은 실질적인 정책의 근거가 무엇인가에 따라 달라질 것이다.[59]

III. EU의 조약체결절차

1. 조약체결절차의 적용 범위

EU기능조약 제216조에 의해 EU는 제3국 또는 국제기구와 국제협정(international agreements, 또는 '조약'이라 부름)을 체결할 수 있는데, EU가 체결한 조약은 EU의 기관(institutions)[60]과 회원국을 구속한다. EU기능조약 제218조(舊EC조약 제300조)는 EU가 조약을 체결할 경우 준수해야 할 절차에 관해 자세히 규정하고 있다. 동 규정은 그 자체로 EU로 하여금 국제적 차원에서 행동할 권한을 부여하지는 않지만, EU가 조약 체결을 원하는 경우에 적용될 수 있는 규칙이다. 먼저 EU기능조약 제218조의 규정상 협정의 개념은 "형식적 명칭과는 관계없이, 국제법의 주체가 체결하는 일반적 의미에서의 법적 구속력을 갖는 여하한 약속을 지칭하는" 것으로 사용된다.[61] 리스본조약 이전에는 CFSP와 PJCC의 경우 별개의 조약체결절차가 적용된 반면, EU기능조약 제218조에 규정된 조약체결절차는 위의 분야를 포함한 EU활동의 모든 부분에 적용된다. 또한 동일한 절차 요건이 해당 협정의 개정이나,

---

58) Dashwood et al., *supra* note 9, pp. 907-908.

59) *Ibid.*, p. 908.

60) 리스본조약에 의하여 개정된 EU조약 제13조 제1항에 의해 EU는 유럽의회(European Parliament), 유럽이사회(European Council), 이사회(Council), 유럽집행위원회(European Commission), EU사법재판소(Court of Justice of the European Union), 유럽중앙은행(European Central Bank), 감사원(Court of Auditors)의 7개 '기관'(institutions)으로 구성된다.

61) Lenaerts and Van Nuffel, *supra* note 3, p. 1025.

동 협정을 기초로 하거나 이와 함께 채택된 추가 및 이행의정서에도 적용되며, 조약의 폐기 역시 원칙적으로 EU기능조약 제218조를 따른다.[62)

2. 조약의 협상 및 체결절차

1) 개관

EU기능조약 제218조 제2항에 의해 이사회는 협상 개시의 권한을 가지며 협상지침을 채택하고, 협정의 서명 권한을 가지고 이를 채택한다. 대부분의 경우 집행위원회가 협상을 수행할 책임을 지고, 유럽의회는 자문 또는 동의권을 가지며 동조 제10항에 의해 조약체결절차의 모든 단계에 있어 즉각적이고 온전하게 정보를 제공받을 권한을 가진다. 또한 제8항에 의하면 이사회는 보통 가중다수결(qualified majority)로 행동하는데, 준회원협정과 EU행위 채택에 만장일치가 필요한 분야에 대한 협정, 유럽인권협약 가입협정 등과 같이 특정한 경우에는 만장일치로 결정해야 한다.[63)

2) 협상

국제협정 체결을 위한 협상은 이사회가 협상의 권한을 부여하는 결정(decision)을 채택한 이후 시작된다. 동 결정에서 이사회는 협정의 주제에 따라 EU차원의 협상가 또는 협상팀장을 임명한다. 이사회는 고위대표가 권고를 하는 CFSP와 배타적으로 또는 주된 관련이 있는 협정의 경우를 제외하고는 집행위원회의 권고에 따라 행동한다. 리스본조약 이전에 국제협정은 집행위원회가 협상의 권한을 가졌는데, EU기능조약 제218조 제2항과 제3항에 의해 협상가의 지명과 관련하여 이사회가 보다 많은 재량을 갖게 되었다. 한편 EU기능조약 제207조 제3항에 의해 명시적으로 공동통상정책의 경우에만 집행위원회가 협상의 권한을 갖는다. 그럼에도불구하고 EU조약 제17조 제1항에 의해 CFSP와 조약에 규정된 다른 경우를 제외하고 집행위원회가 EU를 대외적으로 대표하기 때문에 여전히 대부분의 경우 협상

---

62) *Ibid.*, p. 1026.
63) EU기능조약 제218조 제8항; Lenaerts and Van Nuffel, *supra* note 3, pp. 1026-1027.

은 주로 집행위원회가 담당하며, 공동외교안보정책의 경우 고위대표가 협상을 진행하고, 혼합협정과 같은 특정한 경우 집행위원회와 이사회 또는 회원국의 대표로 구성된 협상팀에 의해 협상을 수행한다.[64]

EU기능조약 제218조 제4항에 의해 EU를 대리하는 협상가는 이사회가 임명한 특별위원회와 상의하거나 이사회가 채택한 지침의 골격 내에서 협상을 진행한다. 이사회는 협상이 끝나면 협정을 체결해야 하므로 이사회가 협상의 처음부터 마지막까지 모든 과정에서 자신의 견해를 제시할 수 있도록 만든 것은 합당한 것으로 보인다. 또한 유럽의회에 정보를 제공하는 임무는 집행위원회가 맡아 왔으며, 유럽의회는 제안된 협상의 위임사항에 대한 자신의 입장을 표명하고 해당 국제협정이 채택되기 전에 고려되어야 할 권고를 채택할 때까지 이사회에 협상 개시를 하지 못하도록 요청할 수 있다고 의회절차규칙에 규정하였다. 유럽의회가 채택한 이러한 행위는 결코 집행위원회나 이사회를 구속하지 못하지만, 해당 협정의 체결이 의회의 동의를 조건으로 하는 경우에는 중요한 의미가 있다.[65] 참고로 EU기능조약 제219조 제3항에는 제218조의 예외로 협상에 관한 특별 규칙을 정하고 있다. 즉, 통화정책이나 환율제도에 관한 조약의 경우, 이사회가 유럽중앙은행의 자문을 구한 뒤, 집행위원회의 권고에 따라 가중다수결에 의해 협상 방법과 해당 협정 체결에 관해 결정한다. 이는 EU가 단일의 입장을 표시할 수 있도록 하기 위한 장치이다.[66]

3) 조약의 체결

협상이 종료되고 나면 협상가들은 조약의 초안을 작성한다. EU기능조약 제218조 제5항에 따라 이사회는 조약에 서명할 권한을 갖는데, 조약의 발효 전에 잠정적용에 관한 결정을 채택할 수도 있다. 만약 해당 협정의 체결에 EU와 회원국이 동시에 권한을 갖고 있는 경우, EU와 회원국은 누가 서명을 할 것인지를 결정해야 한다. EU기능조약 제218조 제10항에 따라 이 단계에서도 역시 유럽의회는 즉각

---

64) *Ibid.*, p. 1027.
65) *Ibid.*, p. 1028.
66) *Ibid.*, p. 1029.

적이고 완전하게 정보를 제공받아야 한다.

　이사회는 일반적으로 EU를 대신하여 협정 체결 결정(decision)의 채택을 통해 당해 협정을 체결한다. 이때 이사회가 결정을 채택한다는 사실이 해당 협정의 법적 구속력을 박탈하지는 않는다.[67] 동 협정은 국제적으로 발효된 이후 비로소 EU법상 구속력을 가지며, 해당 협정은 공보(Official Journal)에 게재된다. 한편 이사회는 집행위원회 또는 고위대표의 제안에 따라 협정 적용을 중지시킬 결정(decision)을 채택할 수 있다.[68]

　때때로 집행위원회(또는 고위대표)가 조약을 체결할 권한을 행사하기도 하는데, 유엔의 기관과 전문기구, 유럽심의회 등 국제기구와의 협력협정, 통행허가증에 관한 협정 등과 같은 소수의 행정협정이 여기에 해당한다.[69]

4) 유럽의회의 역할

　EU의 조약 체결과 관련하여 유럽의회의 역할은 크게 협의(consultation)와 동의(consent)로 구분할 수 있다. 배타적으로 CFSP에 관련되어 있는 협정을 제외하고, EU기능조약 제218조 제6항에 의해 이사회는 조약을 체결하기에 앞서 유럽의회와 협의를 해야 한다. 그러나 동 조약은 조약의 서명 전에 유럽의회의 견해를 구해야 하는 것인지에 대해 침묵하고 있다. 한편 이사회는 해당 사안이 긴급한 경우, 유럽의회가 견해를 제출해야 하는 적절한 시한을 결정할 수 있다. 유럽의회는 다수결로 자신의 견해를 채택하는데, 이사회는 해당 견해에 구속되지는 않는다. 그럼에도 불구하고, 만약 유럽의회가 부정적 입장을 표시하는 경우 의회 의장은 이사회에 문제의 협정을 채택하지 말도록 요청하게 될 것이다.[70]

　또한 EU기능조약 제218조 제6(a)항에 규정된 5개 유형의 조약에 대해서는 그 채택에 앞서 반드시 유럽의회의 동의가 요구된다.[71] 여기에 언급된 5개 유형은 i) 준회원협정, ii) EU의 유럽인권협약 가입협정, iii) 협력절차를 조성함으로써 특

---

67) *Ibid.*, p. 1030.
68) *Ibid.*, pp. 1030-1031; EU기능조약 제218조 제9항.
69) EU기능조약 제220조와 EU의 특권 및 면제에 관한 제7의정서 제6조 참조.
70) Lenaerts and Van Nuffel, *supra* note 3, pp. 1032-1033.
71) Hartley, *supra* note 8, p. 188, fn. 44.

정한 제도적 골격을 형성하는 협정,[72] iv) EU에 중요한 예산상 의미를 갖는 협정
및 v) 보통입법절차 또는 유럽의회의 동의가 필요한 특별입법절차가 적용되는 분
야를 포함하는 협정[73]을 말한다. 한편 유럽의회는 조약에 관련 규정이 없더라도
협정을 서명하기에 앞서 자신의 동의가 필요하다고 주장하기도 한다.[74]

　　유럽의회의 동의 권한은 EU의 외교정책에 있어 의회의 입지를 강화시켜
주었다. 유럽의회는 때때로 조약 상대국인 제3국에 원하는 인권 준수에 관한
의회의 욕구가 만족될 때까지 관련 협정에 대한 동의 권한을 보류하기도 하였
다.[75]

Ⅳ. EU법상 조약의 지위와 사법심사

1. 조약의 지위와 직접효력

1) 조약의 일반적 지위

　　앞에서 살펴본 바와 같이, 묵시적 권한 이론이 승인됨에 따라 EU의 목적은
대외적 행위를 통해서도 달성될 수 있으며, 국제법과 EU법의 관련성이 점차 증대
되고 있음을 알 수 있다. 그러나 EU기능조약 제216조 제2항에 따르면 EU가 체결
한 국제조약은 회원국과 EU기관을 구속한다는 간단한 언급에 그치고 있다. 초창기
EU사법재판소는 *Van Gend en Loos* 사건에서 잘 보여준 바와 같이, 국제체제와
회원국으로부터 공동체법질서를 구별하는 데만 강조를 두고 있었다. 즉, 공동체는
국제법질서의 일부분이긴 하지만, '새로운 법질서'(a new legal order)로서 구별되는

---

72) 양자적 기구 설립협정보다 복잡한 제도적 구조를 형성하는 협정을 의미하는데, 예컨대 WTO협
　　정이 여기에 해당한다.
73) 리스본조약에 의하여 동 유형이 상당한 정도로 확대되었는데, 리스본조약 이전에는 공동결정
　　절차에 따라 채택된 행위의 수정을 동반하는 협정에 대해서만 유럽의회의 동의가 요구되었다.
　　해당 유형의 확대는 EU기능조약 제207조에 의해 공동통상정책이 보통입법절차에 의해 수립되
　　어지므로 통상협정에 있어 유럽의회의 동의가 필요하게 되었다. Lenaerts and Van Nuffel, *supra*
　　note 3, p. 1034.
74) *Ibid.*, p. 1033.
75) *Ibid.*, p. 1035.

특성을 갖고 있다고 보았다.[76]

2) 조약의 직접효력

1974년 EU사법재판소는 *Haegeman v. Belgium* 사건에서 공동체협정은 공동체법질서의 필수적 일부를 구성한다고 판결하였는데, 이는 조약체결행위를 통해 해당 조약은 EU기관의 행위로 간주되며, EU기능조약 제267조상 해석의 대상이 된다는 의미를 갖는다.[77] 드디어 1982년 *Kupferberg* 사건에서 재판소는 조약의 직접효력에 관한 문제를 구체적으로 검토하였는데, 먼저 해당 조약(포르투갈과의 자유무역협정)의 '성격과 구조'(nature and structure), 이어서 관련 규정의 특성을 검토한 뒤 문제의 조약 규정이 개인(무역업자)에게 재판소가 보호해야 하는 권리를 부여할 수 있다고 판결하였다.[78] 이후 재판소는 국제협정의 지위를 다음과 같이 요약하였는데, 이는 직접효력의 요건[79]과 유사한 측면을 가진다.

> "공동체가 제3국들과 체결한 협정의 규정은 당해 협정 자체의 용어, 목적 및 성격을 고려하여, 동 규정이 그 이행 또는 효력에 있어 어떠한 추후 조치의 채택을 필요로 하지 않는 분명하고도 정확한 의무를 포함하고 있는 경우, 직접 적용될 수 있는 것으로 간주되어야 한다."[80]

CJEU는 UN해양법협약과 WTO협정의 지위에 대해서도 검토하였는데, EU법과 WTO법의 관계에 대해서는 본서의 관련 장을 참조하기 바란다. UN해양법협약과 관련하여서는 2008년 *Intertanko* 사건이 중요한데, 여기서 WTO협정과 마찬가지로 동 협약의 직접효력은 부인되었다. CJEU는 UN해양법협약의 성격과 광범위한 논법이 동 협약에 따른 공동체 조치의 합법성 평가를 방해한다고 판단하였다.[81]

---

76) Cremona, *supra* note 10, pp. 232, 233.

77) Case 181/73 *Haegeman v. Belgium* [1974] ECR 449, para. 5; Cremona, *supra* note 10, p. 234.

78) Case 104/81 *Hauptzollamt Mainz v. Kupferberg* [1982] ECR 3641, paras. 13-14; Cremona, *supra* note 10, pp. 234-235.

79) 이에 관한 자세한 내용은 이주윤, "제3장 EU법의 연원과 입법절차," 박덕영 외 16인 공저, 앞의 책, 80-81면 참조.

80) Case 12/86 *Demirel v. Stadt Schwäbisch Gmünd* [1987] ECR 3719, para. 14.

81) Case C-308/06 *International Association of Independent Tanker Owners (Intertanko) and Others v.*

특히 WTO협정의 직접효력 부인의 근거로 강조한 상호주의 논리, 일관되지 못한 적용의 위험 및 협약의 준수를 보장하기 위해 정치적 기관에 재량을 부여할 필요성 대신, UN해양법협약이 개인과는 직접적이고 즉각적 관련이 없는 일반적 규범체제를 확립하고 있음에 주된 강조점을 두고 직접효력 문제를 판단하였다.82)

3) 조약 이행의 의무

EU가 체결한 협정을 이행할 때, 회원국은 "관련 비회원국뿐만 아니라 무엇보다 동 협정의 적절한 준수에 대한 책임을 갖는 공동체 전체와 관련하여 의무를 준수한다." EU는 회원국이 EU가 채택한 협정 또는 혼합협정을 이행하지 않는 경우 국제법상 책임을 지기 때문에 이행 준수에 이해관계를 가진다. 한편 EU기능조약 제216조 제2항상 회원국과 EU 자신의 협정 준수에 대한 구별은 어렵지만, 동 조항은 구속력 있는 국제법에 합치되지 않는 EU의 이차적 법원(secondary legislation)을 무효로 선언할 수 있는 근거가 된다. 한편 동 조항은 EU조약 자체에는 적용되지 않으며, 국제협정은 EU의 일차적 법원 및 헌법적 원칙보다 우위에 있지 않다.83)

2. EU법과 UN법의 관계84)

EU법과 UN헌장의 관계, 특히 EU법상 UN안보리결의의 지위와 관련하여 혁신적인, 어떤 면에서는 혁명적이며 다른 면에서는 매우 비판의 대상이 되는 판결이 나왔는데, 바로 2008년의 *Kadi* 사건이 그것이다. 동 사건은 여러 주요한 쟁점을 포함하고 있는데, 여기서는 EU법과 UN법의 관계에 대해서만 간략히 살펴보기로 하겠다.

EU가 리스본조약에 의하여 국제법인격을 향유하게 되었지만, UN과 그 산하

Secretary of State for Transport [2008] ECR I-4057, paras. 47-52; Cremona, *supra* note 10, p. 242.
82) *Ibid.*
83) *Ibid.*, pp. 243-244.
84) EU법과 UN법의 관계에 관한 내용은 주로 이주윤, "인권법적 관점에서 본 국제법과 EU법의 관계 -ECJ의 *Kadi* 판결과 *Solange* 이론을 중심으로-,"『국제법학회논총』, 제55권 제4호, 2010. 12, 213-236면에서 발췌하였다.

기구들의 경우 국가에게만 회원국 자격을 부여하고 있어 EU가 UN과 관련하여 어떠한 지위를 갖는지는 모호한 상태인데, 2010년 *Jabar Ahmed* 사건의 영국 대법원 판결에서 Hope 판사의 언급은 주목할 만하다. 그는 CJEU의 *Kadi* 판결이 기본권 보호에 관한 논쟁을 다루는 방식 때문에 중요하며 매우 주목할 필요가 있다고 말하였다. 그러나 그 역시도 동 사건이 공동체가 UN헌장의 당사국이 아니며 UN헌장 제103조의 규정이 회원국들에 야기하는 문제에 대해서는 언급을 하고 있지 않으므로 주의가 요구됨을 인정하였다.[85]

Kadi 사건에서 CJEU는 EU가 어찌되었든 간에 UN헌장에 구속된다고 판단한 CFI의 논리를 따르지 않았다. 2005년 CFI는 '국제법우위의 원칙'(principle of primacy of international law)에 따라 UN헌장상 회원국의 의무는 국내법상의 의무를 포함하여 舊EC조약상 회원국의 의무보다 우위에 있으며, 이러한 국제법의 우위는 UN헌장 제103조[86]로부터 나오는 것이라고 판결하였다.[87] 따라서 UN헌장에 의하여 안보리가 체결한 당해 결의는 모든 EU회원국을 구속하며, 회원국은 동 결의를 이행하기 위하여 필요한 모든 조치를 취해야 한다고 판시하였다.[88] 특히 CFI는 동 사건에 EU의 무역규칙이 GATT 규정을 위반한 경우 무효가 되는지 여부를 다룬 1972년 *International Fruit Company* 사건[89]의 판결을 적용하였는데, 즉 "舊EC

---

85) Cremona, *supra* note 10, p. 262.

86) "In the event of a conflict between the obligations of the Members of the United Nations under the present Charter and their obligations under any other international agreement, their obligations under the present Charter shall prevail."; 동조 영어본("obligations … under the present Charter")은 불어본("obligations … en vertu de la présente Charte")보다 부정확한데, 불어본은 UN헌장뿐만 아니라, UN기관의 이차적 행위(즉, 안보리결의)로부터 야기된 의무도 포함된다는 사실을 분명히 하고 있다. Bruno Simma et al (eds.), *The Charter of the United Nations: A Commentary*, 2nd ed. (Oxford: Oxford University Press, 2002), p. 1292; Peter Hilpold, "EU Law and UN Law in Conflict: The *Kadi* Case," *Max Planck Yearbook of United Nations Law*, Vol. 13, 2009, p. 161; Christian Tomuschat, "Case T-306/01, *Ahmed Ali Yusuf and Al Barakaat International Foundation v. Council and Commission*; Case T-315/01, *Yassin Abdullah Kadi v. Council and Commission*," *Common Market Law Review*, Vol. 43, No. 2, 2006, p. 541.

87) Case T-315/01 *Yassin Abdullah Kadi v. Council of the European Union and Commission of the European Communities* [2005] ECR II-3649, paras. 181-183.

88) *Kadi*, *supra* note 87, para. 189.

89) Joined Cases 21 to 24/72 *International Fruit Company NV and others v. Produktschap voor Groenten en Fruit* [1972] ECR 1219, paras. 1-3, 18("In so far as under the EEC Treaty the Community has assumed the powers previously exercised by Member States in the area governed by the General Agreement(GATT), the provisions of that Agreement have the effect of binding the

조약에 따라 공동체가 UN헌장이 규정하고 있는 분야에 대해 과거 회원국이 행사
하였던 권한을 갖게 된 경우에 한해, UN헌장의 해당 조항은 공동체를 구속하는
효력을 갖는다"라고 결정하였다.[90]

　한편 동 사건의 Maduro 재판연구관(Advocate General)은 EU가 UN헌장과 UN
안보리결의에 구속되지 않으며, EU 기본권은 EU의 국제법상 의무보다 우위에 있
다고 봄으로써, EU법과 UN법의 관계를 이원론적 관점에서 설명하였다.[91] 또한
CJEU는 국제조약에 의하여 부여된 의무는 모든 공동체 행위가 기본권을 존중하여
야 한다는 원칙을 포함하는 舊EC조약의 헌법적 원칙들을 훼손하는 효력을 가질
수 없다고 판결하였다.[92] CJEU는 공동체가 국제법을 준수해야 하며, 안보리결의
를 이행하는데 필요한 조치를 취하기 위하여 舊EC조약에 구속되지만, UN헌장이
안보리결의 이행과 관련하여 특정한 수단을 규정하고 있지 않으므로, 다양한 가능
성 중에서 이행방법을 선택할 자유가 있음을 강조하였다.[93] 그리고 CJEU는 자신
을 포함한 공동체 재판부는 舊EC조약에 의하여 부여된 권한에 따라 공동체법의
일반원칙의 필수적 일부를 구성하는 기본권에 비추어, 안보리결의에 의하여 채택

Community").

90) *Kadi*, *supra* note 87, para. 203; Christian Tomuschat, "The *Kadi* Case: What Relationship is there between the Universal Legal Order under the Auspices of the United Nations and the EU Legal Order?," *Yearbook of European Law*, Vol. 28, 2009, p. 657; Stefan Griller, "International Law, Human Rights and the European Community's Autonomous Legal Order: Notes on the European Court of Justice Decision in *Kadi*," *European Constitutional Law Review*, Vol. 4, 2008, p. 538, fn. 43.

91) Samantha Besson, "European Legal Pluralism after *Kadi*," *European Constitutional Law Review*, Vol. 5, 2009, pp. 251-252.

92) Joined Cases C-402/05 P and C-415/05 P *Yassin Abdullah Kadi and Al Barakaat International Foundation v. Council of the European Union and Commission of the European Communities* [2008] ECR I-6351, paras. 281, 282, 285; 특히 *Internationale Handelsgesellschaft* 사건(Case 11/70 [1970] ECR 1125, para. 14)에서 CJEU는 "공동체기관에 의하여 채택된 조치의 합법성은 단지 공동체법에 비추어 판단할 수 있다"라고 판시하였는데, *Kadi* 사건의 CJEU 판결은 이러한 전통적 접근법으로의 회귀라고 평가하기도 한다. Bjørn Kunoy and Anthony Dawes, "Plate Tectonics in Luxembourg: The Ménage à Trois between EC Law, International Law and the European Convention on Human Rights Following the UN Sanctions Cases," *Common Market Law Review*, Vol. 46, No. 1, 2009, pp. 75, 92, 96, 99.

93) *Kadi*, *supra* note 92, paras. 291, 296, 298; Riccardo Pavoni, "Freedom to Choose the Legal Means for Implementing UN Security Council Resolutions and the ECJ *Kadi* Judgment: A Misplaced Argument Hindering the Enforcement of International Law in the EC," *Yearbook of European Law*, Vol. 28, 2009, pp. 629-636 참조; Martin Scheinin, "Is the ECJ Ruling in *Kadi* Incompatible with International Law?," *Yearbook of European Law*, Vol. 28, 2009, p. 647.

된 문제의 이사회규칙(Council Regulation 881/2002)[94]을 포함한 모든 공동체 행위의 합법성에 관하여 원칙적으로 완전한 심사를 하여야 한다고 판시하였다.[95]

그러나 EU가 UN의 회원국은 아니지만 UN체제의 골격에서 행동하고 있으며, 이를 자주 인용하고 있다는 사실에는 추호의 의심의 여지가 없다. 또한 리스본조약은 EU조약 제3조 제5항과 제21조에서 UN헌장의 원칙 준수가 EU 대외정책을 인도하는 기본 원칙 중 하나라고 규정함으로써, EU법상 UN헌장에 특별한 지위를 부여하고 있다.[96]

3. 조약의 사법심사

EU기능조약 제218조 제11항에 의하면 회원국, 유럽의회, 이사회 또는 집행위원회는 국제조약이 EU조약에 합치되는지 여부에 관해 CJEU에 견해(opinion)를 구할 수 있도록 규정하고 있다. 해당 조항은 EU가 당사국인 모든 조약에 적용되는데, 사실상 사법심사의 권한을 규정하고 있는 것으로 보통 조약 체결 전에 이루어진다. CJEU의 견해는 그 명칭에도 불구하고 법적 결과를 수반한다. 즉, 만약 부정적 입장을 취하게 되면, 해당 조약이 CJEU의 이의를 충족하도록 수정되거나 EU조약이 EU의 관련 조약 체결을 허용하도록 개정되지 않는 한, 해당 조약은 발효할 수 없다.[97] 조약 개정 절차는 용이하지 않기 때문에 보통 부정적 견해는 조약 체결을 방해하게 된다.[98]

---

94) 1999년 안보리결의 1267호의 이행을 위해 EU이사회가 공동외교안보정책에 따른 공동입장 1999/727/CFSP를 채택한 뒤, 舊EC조약 제60조와 제301조를 법적 근거로 하여 일련의 규칙들을 제정하였다. 2002년 안보리는 다시 결의 1390호를 채택하였고, 이사회는 공동입장 2002/402/CFSP의 채택 후에, 舊EC조약 제60조, 제301조 및 제308조를 법적 근거로 하여 이사회규칙 881/2002를 제정하게 되었다. 한편 이사회규칙 881/2002는 공동외교안보정책과 관련하여 채택된 '이사회의 행위'로서 舊EC조약 제230조 제4항(EU기능조약 제263조 제4항)상 취소소송의 대상이 될 수 있다.
95) *Kadi, supra* note 92, para. 326.
96) Cremona, *supra* note 10, p. 263.
97) Hartley, *supra* note 8, pp. 190-191.
98) 유럽인권협약이 대표적인 경우이다. Hartley, *supra* note 8, p. 191, fn. 58.

V. 결 론

EU는 리스본조약에 의하여 드디어 조약을 체결할 수 있는 법인격을 갖게 되었고, 대외적 차원의 목적을 달성하기 위해 EU기능조약과 EU조약의 규정에 따른 명시적 및 묵시적 권한을 행사해 오고 있다. 또한 EU의 대외적 권한은 EU기능조약에 의해 배타적, 공유적 및 보충적 권한으로 구분될 수 있으며, 공동외교안보정책에 관한 특별규정을 두어 대외관계에 적용하고 있다.

EU의 조약체결은 EU기관과 회원국을 구속하는데, 이사회가 조약 협상 개시를 위해 지침을 채택하면 집행위원회가 협상 수행 업무를 책임진다. 유럽의회는 조약 체결과 관련하여 협의 또는 동의 권한을 행사하며, 조약 서명에 관한 권한은 이사회가 갖는다.

EU가 체결한 조약은 EU법의 불가결한 일부를 구성하고 해당 조약에 대한 이행 의무를 가지며, 회원국, 유럽의회, 이사회 또는 집행위원회는 조약과 EU법의 합치성 문제에 대해 CJEU에 견해를 요청할 수 있다.

제 2 장

역내시장과 기본적 자유

Ⅰ. 서 론

EU법상 단일시장(Single Market) 또는 공동시장(Common Market)과 동의어로 사용되는 역내시장(Internal Market)은 EU의 탄생과 성장에 가장 핵심적인 역할을 수행하였으며, 여전히 중요한 경제적 가치로 인정받고 있다. EU의 가장 기본적인 목표는 역내시장의 완성(completion of internal market)을 통해 경제통합(economic integration)을 달성하는 것이기 때문이다.[1]

이를 위해 EU는 일차적 연원인 조약과 이차적 연원 중에서도 특히 상당한 수의 지침(directives)[2]을 통하여 법적 근간을 마련하여 왔다. 조약상 중요한 근거 조문으로는 EU의 기본 목적을 규정하고 있는 EU조약 제3조 제3항[3]과 EU기능조약 제21조, 제26조,[4] 제28조, 제29조 및 제114조[5]와 제115조[6]를 들 수 있다. 또한

---

1) 리스본조약에 의해 개정된 EU조약과 EU기능조약은 더 이상 '공동시장'이나 '단일시장'이라는 술어는 사용하지 않고 있으며, '역내시장'이라는 용어만을 통일적으로 사용하고 있다.

2) 2018년 5월 1일 현재, 역내시장에 관한 지침의 목록에 관해서는 http://ec.europa.eu/internal_market/score/docs/relateddocs/20180501/im_directive_en.pdf(2018년 5월 25일 방문) 참조.

3) "The Union shall establish an **internal market** …"(필자 강조)

4) "1. The Union shall adopt measures with the aim of establishing or ensuring the functioning of the **internal market**, in accordance with the relevant provisions of the Treaties.
3. The Council, on a proposal from the Commission, shall determine the guidelines and conditions necessary to ensure balanced progress in all the sectors concerned. …"(필자 강조)

5) "1. Save where otherwise provided in the Treaties, the following provisions shall apply for the achievement of the objectives set out in Article 26. **The European Parliament and the Council** shall, acting in accordance with the **ordinary legislative procedure** and after consulting the Economic and Social Committee, adopt the measures for the approximation of the provisions laid down by law, regulation or administrative action in Member States which have as their object **the establishment and functioning of the internal market.** …"(필자 강조)

6) "Without prejudice to Article 114, the **Council** shall, acting unanimously in accordance with a **special legislative procedure** and after consulting the European Parliament and the Economic and

회원국이 국내적 차원에서 이행해야 하는 지침을 통해 특정한 분야에서의 추가
장벽을 줄이고 역내시장의 완성은 가속화되었다.[7]

'역내시장'이라는 개념은 EU에 거주하는 모든 사람, 즉 개인, 소비자 및 사업
자들이 28개 회원국의 512만 명에 대한 직접접근권을 가짐으로써 자신에게 부여받
은 최대한의 기회를 이용할 수 있도록 장벽을 허물고 기존의 규칙을 간소화시키는
것을 말한다. 이러한 역내시장의 형성을 위한 근간은 바로 '4개의 기본적 자유'(four
fundamental freedoms), 즉 상품, 사람, 서비스, 자본의 자유이동(free movement of
goods, persons, services and capital)[8]이다. 즉, EU기능조약 제26조 제2항에 규정된
바와 같이, EU법상 역내시장은 상품, 사람, 서비스 및 자본의 자유이동이 조약의
관련 규정에 따라 보장되는 역내국경이 없는 지역을 의미한다.[9]

본고에서는 역내시장의 법적 고찰을 시작으로 상품의 자유이동에 관해 자세
히 살펴보도록 하겠다. 이후 사람, 서비스 및 자본의 자유이동에 관한 검토를 통해
EU법상 경제통합의 달성을 위한 기본적 자유의 의미와 역할을 조망해 보도록 할
것이다.

II. 역내시장에 관한 법

1. 조약상 역내시장

1986년의 단일유럽의정서(Single European Act)는 역내시장의 완성을 위한 법률
제정을 용이하게 하기 위하여 새로운 절차를 도입하였는데, 이는 역내시장에 관한
두 개의 주요한 입법적 혁신으로서 현재 EU기능조약 제26조와 제114조에 나타난

Social Committee, issue directives for the approximation of such laws, regulations or administrative provisions of the Member States as directly affect **the establishment or functioning of the internal market.** …"(필자 강조)

7) http://ec.europa.eu/internal_market/top_layer/index_en.htm(2018년 5월 25일 방문) 참조.

8) EU기능조약 제26조 제2항, 제28-29조, 제45-48조, 제56-62조, 제63-66조 참조.

9) "2. The **internal market** shall comprise an area without internal frontiers in which the **free movement of goods, persons, services and capital** is ensured in accordance with the provisions of the Treaties."(필자 강조)

다. 바로 EU기능조약 제26조와 제114조를 통해 역내시장을 위한 두 개의 주요한 입법적 혁신을 발견할 수 있다.[10] EU기능조약 제26조 제3항에 의하면 집행위원회의 제안을 기초로 이사회는 균형 잡힌 발전의 보장을 위해 필요한 가이드라인과 조건을 결정해야 하며, 제114조 제1항에 의해 경제사회위원회의 자문을 거쳐 보통입법절차에 따라 행동하는 유럽의회와 이사회는 회원국에서 그 목적상 역내시장의 설립과 기능을 갖는 법률, 규정 또는 행정조치에 규정된 조항의 근접화(approximation)를 위한 조치를 채택해야 한다. 제115조가 단지 '지침'의 통과만을 규정하고 있는 데 반해, 제114조는 보통입법절차에 의해 제정되는 지침과 규칙 등을 모두 포함하고 있다.

한편 1980년대 및 1990년대 초반에는 역내시장의 경제적 측면에 초점이 맞추어져, 입법, 행정, 사법행위들이 역내시장의 확립을 위해 경제적 장벽을 허무는 데 많은 기여를 하였다. 그러나 1990년대 중반 이후로 역내시장은 사회, 환경 및 소비자정책에 관한 내용을 포함하는 등 광범위한 의미로 사용되었다.[11]

2. 역내시장법

1) 개요

EU는 더 많은 번영과 일자리 창출을 위해 노력해왔는데, 이러한 노력의 일환으로 집행위원회는 유럽경제의 부양과 새로운 기회 창설을 위한 단일시장법(Single Market Act)을 채택하였다. 역내시장의 완성과 진정한 의미의 경제통합은 생각만큼 유연하게 진척되지는 못하였고, 관련 EU법이 미비하거나 행정상의 장벽이나 이행장치의 부족 등과 같은 문제에 봉착하게 되었다. 2011년 4월 집행위원회는 단일시장법의 제정을 통해 경제성장의 부흥과 신뢰 강화를 위한 12개의 장치를 선포하였다. 그리고 2012년 10월 집행위원회는 보다 발전된 형태의 단일시장을 형성하고 성장 동력의 엔진으로 활용하기 위하여 제2단계 단일시장법을 제안하였다.[12]

---

10) Paul Craig and Gráinne De Búrca, *EU Law: Text, Cases, and Materials*, 5th ed. (Oxford: Oxford University Press, 2011), p. 588.
11) *Ibid.*, p. 609.

2) 단일시장법의 구체적 내용

(1) 단일시장법 Ⅰ

EU는 2011년 4월 13일 유럽의회, 이사회, 경제사회위원회 및 지역위원회에 대한 집행위원회의 통보(Communication from the Commission to the European Parliament, the Council, the Economic and Social Committee and the Committee of the Regions: Single Market Act – Twelve levers to boost growth and strengthen confidence "Working together to create new growth")를 제정하였다. 단일시장법 Ⅰ이라고 불리는 동 통보에 의하면 성장을 가속화하고 신뢰를 강화하기 위한 12개의 장치에 관해 규정하고 있는데, 여기서 언급하는 12개의 장치에는 중소기업을 위한 재정 접근, 시민을 위한 이동성, 지식재산권, 소비자 주권, 서비스, 네트워크, 디지털 단일시장, 사회적 기업, 세금, 사회통합, 사업 환경, 정부조달이 포함된다.[13] 상품, 사람, 서비스 및 자본의 자유이동이 가능한 역내시장은 경제통합, 유로화, 연대와 사회통합정책에 의해 1993년 이후로 보다 더 발전되어 왔지만, 여전히 약점을 가지고 있었고 이러한 약점을 개선하기 위해 단일시장법 Ⅰ이 탄생하게 된 것이다.[14] 또한 동 통보에서 집행위원회는 EU가 2012년 말까지 각 장치의 핵심구상(key action), 즉 법률안을 채택할 것을 제안하였다.[15] 또한 제안된 구상이 기대만큼의 효과를 보기 위해서는 4개의 조건이 충족되어야 함을 강조하고 있는데, 전체 시민사회와의 대화 개선, 다양한 시장참가자들과의 친밀한 파트너십, 시민과 기업을 위한 정보의 효율적 규정, 단일시장법률 적용에 관한 철저한 감독이 그것이다.[16]

(2) 단일시장법 Ⅱ

EU는 단일시장법 Ⅰ에 이어 2012년 10월 3일 유럽의회, 이사회, 유럽경제사

---

12) http://ec.europa.eu/growth/single-market/smact/(2018년 5월 25일 방문) 참조.

13) Communication from the Commission to the European Parliament, the Council, the Economic and Social Committee and the Committee of the Regions: Single Market Act - Twelve levers to boost growth and strengthen confidence "Working together to create new growth," SEC(2011) 467 final, pp. 6-20.

14) Communication from the Commission, SEC(2011) 467 final, p. 3.

15) Communication from the Commission, SEC(2011) 467 final, p. 4.

16) Communication from the Commission, SEC(2011) 467 final, pp. 20-22.

회위원회 및 지역위원회에 대한 집행위원회의 통보(Communication from the Commission to the European Parliament, the Council, the European Economic and Social Committee and the Committee of the Regions: Single Market Act Ⅱ - Together for new growth)를 발표하였다. 단일시장법 Ⅱ라고 불리는 동 통보는 단일시장법 Ⅰ을 기초로 하여 새로운 성장이라는 핵심구상에 초점을 맞춘 4개의 동력을 규정하고 있는데, 역내시장에서의 완전히 통합된 네트워크 개발, 국경을 넘어 시민과 사업체의 이동성 촉진, 유럽 전역에 디지털경제의 지원, 그리고 사회적 기업, 사회통합과 소비자 신뢰의 강화가 그것이다.[17] 보다 구체적으로 네트워크 개발과 관련하여서는 철도교통, 해상교통, 항공교통과 에너지를, 이동성 촉진과 관련하여서는 시민의 이동성, 재정적 접근, 사업 환경을, 디지털경제와 관련하여서는 서비스, 디지털단일시장, 정부조달과 전자송장(electronic invoicing)을, 사회적 기업 등과 관련하여서는 소비자, 사회통합과 사회적 기업을 우선순위를 가진 장치로 규정하고 있다.[18] 한편 동 통보의 등장 배경에는 단일시장법 Ⅰ에 제안된 12개의 핵심구상 중 11개는 유럽의회와 이사회의 동의조차 받지 못한 데다 심각한 경제위기 때문에 우선순위를 따져 추가 조치를 준비할 필요가 있었기 때문이다.[19]

Ⅲ. 기본적 자유: 상품의 자유이동

1. 개요

EU 내에서 상품의 자유이동은 이를 제한하는 다양한 수단을 금지함으로써 가능해진다. 이러한 수단에는 보호주의의 가장 명확한 형태로 EU기능조약 제28조에서 제30조까지 규정되어 있는 국내상품보다 외국상품의 가격을 올리는 목적을

---

17) Communication from the Commission to the European Parliament, the Council, the European Economic and Social Committee and the Committee of the Regions: Single Market Act Ⅱ - Together for new growth, COM(2012) 573 final, p. 5.
18) Communication from the Commission, COM(2012) 573 final, pp. 18-19 참조.
19) Communication from the Commission, COM(2012) 573 final, pp. 4-5.

가진 관세 및 각종 부과금이 해당될 수 있을 것이다. 또한 국가는 수입상품을 차별
하는 세금을 부과함으로써 국내상품에 유리한 혜택을 부여할 수 있는데, 이에 관한
규정은 EU기능조약 제110조에서 제113조에 규정되어 있다. 이외에 동 조약 제34
조부터 제37조에 규정하고 있는 수입상품에 대한 수량제한이나 이와 동일한 효력
을 갖는 조치의 부과를 통해서도 상품의 자유이동을 방해하고 무역에 장벽을 초래
할 수 있다.[20] 즉, 관세와 부과금, 차별적 세금, 수량제한 등을 금지함으로써 EU
내 상품의 자유이동이 보장된다.

2. 재정조치: 관세와 세금

1) EU기능조약

EU기능조약 제28조 제1항[21]에 의하면 EU는 관세동맹의 설립을 위해 회원국
간에 수입상품과 수출상품에 대한 관세(customs duties) 및 이와 동일한 효력을 갖는
모든 부과금(all charges having equivalent effect)을 금지할 의무를 규정하고 있다. 또
한 이러한 내용은 동 조약 제30조[22]에서 다시 한번 확인할 수 있다. 특히 여기서
동일한 효력을 갖는 부과금에 대해 금지하는 것은 엄격한 의미에서 관세와 유사한
무역장벽을 유발하는 보호주의적인 조치를 차단하기 위해서이다.[23]

한편 차별적 과세와 관련이 있는 EU기능조약 제110조[24]에 의하면 EU회원국

---

20) Craig and De Búrca, *op. cit.*, p. 611.
21) "1. The Union shall comprise a customs union which shall cover all trade in goods and which shall involve the prohibition between Member States of **customs duties on imports and exports and of all charges having equivalent effect**, and the adoption of a common customs tariff in their relations with third countries."(필자 강조)
22) "**Customs duties on imports and exports and charges having equivalent effect** shall be prohibited between Member States. This prohibition shall also apply to customs duties of a fiscal nature."(필자 강조)
23) Craig and De Búrca, *op. cit.*, p. 614.
24) "No Member State shall impose, directly or indirectly, on the products of other Member States any internal taxation of any kind in excess of that imposed directly or indirectly on similar domestic products.
Furthermore, no Member State shall impose on the products of other Member States any internal taxation of such a nature as to afford indirect protection to other products."

은 다른 회원국의 상품에 대해 유사한 국내상품에 직간접적으로 부여하는 내국세를 초과하여 부과하여서는 안 되며, 이러한 내국세는 다른 상품에 대해 간접적 보호를 부여할 목적을 가져서는 안 된다. 제110조의 목적은 의외로 간단한데, 제28조에서 제30조의 목적, 즉 상품의 자유로운 유통이 차별적인 내국세에 의해 방해받지 않도록 하기 위한 것이다.25)

제110조 제1문은 직접차별뿐만 아니라 원산지 국가에 따라 상품의 과세를 명확히 차별하지는 않지만, 다른 회원국의 상품에 대해 보다 많은 부담을 지우는 세법상의 규칙과 같은 간접차별도 포함한다.26) 또한 제110조 제2문은 엄밀히 말해 동일하지는 않지만 서로 경쟁관계에 있는 상품에 적용되는 불평등한 과세 규정을 다루기 위한 것으로, 그 목적은 이러한 차별적 과세가 국내상품에 대한 간접적 보호를 부여하지 못하도록 하는 것이다.27)

EU기능조약 제28조에서 제30조와 제110조에서 제113조 사이의 관계에 관한 일반원칙은 이들 세트 조문이 서로 배타적이라는 것이다. 양 세트 조문이 모두 국가에 의한 재정부과금의 징수와 관련이 있지만, 제28조에서 제30조는 국경을 넘은 상품에 대해 부과하는 관세 또는 부과금을 규율하는 반면, 제110조에서 제113조는 일단 특정 회원국에 들어온 상품에 대한 차별을 금지하는 것으로 국가 내부의 재정정책을 다루는 것을 목적으로 하기 때문이다.28)

2) EU사법재판소의 판례법

EU사법재판소(Court of Justice of the European Union, 이하 'CJEU')는 역내시장의 완성이라는 기본적 목적을 달성하기 위하여 EU기능조약 제28조에서 제30조를 엄격하게 해석하여 왔다. CJEU는 관세와 부과금의 '목적'(purpose)이 아닌 '효력'(effect)에 주목하고 관세와 '동일한 효력을 갖는 부과금'을 넓게 해석하였으며, 해당 조문에 대해 매우 제한적인 예외만을 인정하고 여하한의 위반은 그 자체로(*per se*) 불법으로 선언하였다.29)

---

25) Craig and De Búrca, *op. cit.,* p. 620.
26) *Ibid.,* p. 621.
27) *Ibid.,* p. 625.
28) *Ibid.,* p. 632.

한편 EU기능조약 제110조에서 제113조와 관련한 CJEU의 판례법은 논쟁의 여지가 있는데, 해당 조문의 규정이 복잡하고 어려운 문제, 즉 문제의 상품이 동종인지와 다른 과세가 국내상품을 보호하기 위한 목적인지 및 환경보호를 이유로 과세의 차이가 허용될 것인지 등에 관해 판단해야 하기 때문이다.[30]

특히 제110조 제1문 및 제2문과 관련하여 만약 상품이 동종인 경우 제1문이 적용되고, 그렇지 않은 경우 제2문의 대상이 될 수 있다. CJEU는 초창기 판결에서 문제의 상품이 동일한 과세분류 체계에 속하는 경우 동종상품으로 간주된다고 판단하였다.[31] CJEU는 문제의 과세가 제110조 제1문 또는 제2문에 해당하는지에 대한 자세한 분석 없이 내려진 판결은 비난하였다.[32] 그리하여 CJEU는 제110조 제1문 또는 제2문에 의해 법적 분석을 해야 하는지를 결정하는 데 있어 신중한 태도를 보여 왔다.[33] 예컨대 1986년의 *John Walker* 사건에서 문제의 과실주가 제110조 제1문의 목적상 위스키와 동종인지가 쟁점이 되었는데, 이때 상품의 물리적 특성, 알코올 도수와 제조공정, 소비자 기호 등을 분석하여 알코올 도수와 제조공정이 동일하지 않으므로 동종상품이 아니라고 판단한 뒤, 제110조 제2문에 따라 해당 과세를 평가한 바 있다.[34]

3. 비재정조치: 수량제한[35]

1) EU기능조약

EU기능조약을 자세히 들여다보면 상품, 사람, 서비스, 자본이동의 자유를 규정하고 있는 조항들로부터 비차별의무를 도출해 낼 수 있다.[36] 예를 들어, EU기능

29) Case 7/68 *Commission v Italy* [1968] ECR 423, para. 2; Craig and De Búrca, *op. cit.,* pp. 611, 613.
30) *Ibid.,* p. 612.
31) Case 27/67 *Firma Fink-Frucht GmbH v Hauptzollamt München-Landsbergerstrasse* [1968] ECR 327, p. 232.
32) Craig and De Búrca, *op. cit.,* p. 626.
33) *Ibid.,* p. 627.
34) Case 243/84 *John Walker & Sons Ltd v Ministeriet for Skatter og Afgifter* [1986] ECR 875, paras. 11-15; Craig and De Búrca, *op. cit.,* p. 627.
35) "수량제한"에 관한 내용은 이주윤, "EU법상 상품무역에 관한 비차별원칙과 PPMs의 적용," 『국제경제법연구』 제10권 제1호, 2012, pp. 79-88에서 발췌하여 정리하였음.

조약 제34조, 제45조, 제49조, 56조는 (최혜국대우가 아닌) 내국민대우에 관해 다루고 있긴 하지만,[37] 일반적으로 직접 및 간접차별에 적용될 수 있는 규정들이다.[38] 특히 상품(goods)[39]과 관련한 EU기능조약 제34조(舊EC조약 제28조, 舊EEC조약 제30조)와 제35조(舊EC조약 제29조, 舊EEC조약 제34조)는 직접효력(direct effect)을 가지며,[40] EU법상 일반원칙의 하나로 간주되고 있다.[41] 이들 조문은 무역에 있어 차별적 장벽의 제거를 주된 목적으로 하고 있는 것으로 언급된다.[42]

EU기능조약 제34조와 제35조에 의하면 회원국 사이에서 수입 및 수출의 경우 수량제한(quantitative restrictions) 및 이와 동일한 효력을 갖는 모든 조치(measures of equivalent effect to quantitative restrictions, 이하 'MEQR'이라 부름)는 금지되어야 한다고 규정하고 있다.[43] 이들 조항은 수량제한의 일반적 폐지를 규정하고 있는 GATT

---

36) Thomas Cottier, "The Constitutionalism of International Economic Law," in Karl Matthias Meessen (ed.), *Economic Law as an Economic Good: Its Rule Function and its Tool Function in the Competition of the Systems* (Munich: Sellier European Law Publisher, 2009), pp. 320-321; Karsten Engsig Sørensen, "The Most-Favoured-Nation Principle in the EU," *Legal Issues of Economic Integration*, Vol. 34, No. 4, 2007, p. 319; 어떤 학자들은 평등대우원칙 또는 舊EC조약 제10조의 신의성실원칙으로부터 최혜국대우의무를 도출할 수 있다고 주장하기도 한다. *Ibid.*

37) *Ibid.*; 舊EC조약 제12조(EU기능조약 제18조)는 내국민대우의 일반적 표현으로 주장되지만, 동 조항이 차별의 다른 측면까지 언급하고 있는지는 분명하지 않다. *Ibid.*, pp. 319-320; WTO법과 대조적으로 EU법은 최혜국대우와 내국민대우를 별개로 규율하고 있지는 않다. Marise Cremona, "Neutrality or Discrimination? The WTO, the EU and External Trade," in Gráinne de Búrca and Joanne Scott (eds.), *The EU and the WTO: Legal and Constitutional Issues* (Oxford: Hart Publishing, 2003), p. 171.

38) Christopher Hilson, "Discrimination in Community Free Movement Law," *European Law Review*, Vol. 24, No. 5, 1999, p. 451.

39) CJEU의 확립된 판례법에 따르면 상품이라는 용어는 "화폐로서의 가치가 있으며, 그 자체로서 상거래의 대상이 될 수 있는 제품"(products which can be valued in money and which are capable, as such, of forming the subject of commercial transactions)으로 정의될 수 있다. Case 7/68 *Commission v Italian Republic* [1968] ECR 423, p. 428; Case C-97/98 *Jägerskiöld v Gustafsson* [1999] ECR I-7319, para. 30.

40) Case 74/76 *Iannelli & Volpi SpA v Ditta Paolo Meroni* [1977] ECR 557, para. 13; Case 83/78 *Pigs Marketing Board v Raymond Redmond* [1978] ECR 2347, para. 67.

41) Miguel Poiares Maduro, *We The Court: The European Court of Justice and the European Economic Constitution* (Oxford: Hart Publishing, 1998), p. 26.

42) Craig and de Búrca, *op. cit.*, p. 640.

43) 제34조: "Quantitative restrictions on imports and all measures having equivalent effect shall be prohibited between Member States."; 제35조: "Quantitative restrictions on exports, and all measures having equivalent effect, shall be prohibited between Member States."; 수출의 제한금지에 관한 EU기능조약 제35조의 적용은 상대적으로 덜 복잡한 편이다. Stephan B. Gregor, *The Market Freedoms as a Specific Form of Human Rights*, Lund University, Master Thesis, 2007, p. 6.

1994의 제XI조와 매우 유사한 측면이 있다.[44]

EU기능조약 제34조에 규정되어 있는 '수량제한'은 수입, 수출 또는 이동 중인 상품에 대한 완전한 혹은 부분적 제한에 해당하는 조치를 의미하는데,[45] 여기에는 완전한 금지나 쿼터가 포함된다.[46] 수량제한은 법률규정에 기초할 수도 있지만 행정관행과도 관련이 있을 수 있으므로 숨겨진 쿼터 역시 동 조항의 대상이 된다. 한편 제34조(제35조도 역시)에 규정되어 있는 수량제한과 'MEQR'의 경우, 명확한 구별도 어려울뿐더러 양자에 동일한 규칙이 적용되므로 구별의 실익도 크지 않다.[47] 판례법상 양적 조치로 간주되었던 경우를 현재는 MEQR로 간주하는 등, CJEU는 더 이상 양자 간의 확고하고도 일관된 구별을 유지하려는 것처럼 보이지 않는다.[48] 수량제한보다 넓은 의미를 갖는 MEQR이 어느 정도의 범위까지를 포함하는지에 관해서는 소위 *Dassonville, Cassis de Dijon, Keck* 사건에서 주목할 만한 판결이 나왔는데, 이에 대해서는 아래에서 자세히 살펴보도록 하겠다.

EU기능조약 제34조와 제35조에 규정된 무역제한조치의 철폐는 회원국의 보호주의를 금지하고,[49] 더 나아가 상품의 자유이동이 왜곡되는 것을 막을 수 있기 때문에[50] 결국 동 조약 제26조에 규정되어 있는 역내시장의 통합을 달성하는 데 기여할 수 있을 것이다.[51]

---

44) 한편 현재까지 WTO패널이나 항소기구가 GATT 제XI조를 원용한 경우는 많지 않다. Joanne Scott, "Mandatory or Imperative Requirements in the EU and the WTO," in Catherine Barnard and Joanne Scott (eds.), *The Law of the Single European Market: Unpacking the Premises* (Oxford: Hart Publishing, 2002), p. 287, fn. 63 참조.

45) Case 2/73 *Riseria Luigi Geddo v Ente Nazionale Risi* [1973] ECR 865, para. 7: "The prohibition on quantitative restrictions covers measures which amount to a total or partial restraint of, according to the circumstances, imports, exports or goods in transit."

46) Case 13/68 *SpA Salgoil v Italian Ministry of Foreign Trade, Rome* [1968] ECR 453, p. 461; Josephine Steiner and Lorna Woods, *EU Law*, 10th ed. (Oxford: Oxford University Press, 2009), p. 417; European Commission, *Free Movement of Goods: Guide to the application of Treaty provisions governing the free movement of goods* (Luxembourg: Publications Office of the EU, 2010), p. 11.

47) *Ibid.*

48) Steiner and Woods, *op. cit.,* p. 418.

49) Maduro, *op. cit.,* pp. 60, 145.

50) Sørensen, *op. cit.,* p. 318.

51) Dirk Ehlers (ed.), *European Fundamental Rights and Freedoms* (Berlin: De Gruyter, 2007), p. 226; Cremona, *op. cit.,* p. 159; Emily Reid, "Regulatory Autonomy in the EU and WTO: Defining and Defending Its Limits," *Journal of World Trade*, Vol. 44, No. 4, 2010, p. 878.

2) EU사법재판소의 주요 판례

(1) 일반적 접근

수량제한과 MEQR의 금지와 관련하여 CJEU는 지금까지 '차별'이라는 용어
는 역내시장 규정에 따라 고정적인 것이 아니라, 계속해서 해석의 변경이 필요하다
고 판시하여 왔다.[52] 또한 CJEU는 비차별원칙이 EU법에 기원을 두고 있기 때문에
비회원국들에는 적용되지 않는다고 판단하였다.[53]

CJEU는 차별의 개념이 법률상 차별(직접차별)과 사실상 차별(간접차별)을 의미
할 정도로 매우 광범위하다고 판시하였지만,[54] 직접차별과 간접차별을 명확히 구
별하지는 않았다.[55]

(2) MEQR의 해석에 관한 판례법

EU사법재판소는 MEQR과 관련하여 잘 확립된 판례법을 형성하고 있는데,
먼저 1974년 *Dassonville* 사건에서 MEQR의 의미와 범위에 관해 중요한 판결을
내리고 있다. 동 사건에서 재판소는 심지어 비차별적 조치일지라도 舊EC조약 제28
조(EU기능조약 제34조)의 대상이 될 수 있다고 판시하였다. 여기서 CJEU는 舊EC조
약 제28조상의 MEQR은 당해 조치가 국내 및 수입상품에 대한 차별 가능성이 없
음에도 불구하고 "공동체 역내무역을 직접 또는 간접적으로, 실질적 또는 잠재적으
로 방해할 수 있는" 규칙을 의미한다고 판시하였다.[56] 따라서 *Dassonville* 사건에
서의 핵심적 문제는 관련 규칙이 무역에 대한 제한적 '효력'(effects)을 갖는지 여부

---

52) Gráinne de Búrca, "Unpacking the Concept of Discrimination in EC and International Trade law,"
    in Catherine Barnard and Joanne Scott (eds.), *The Law of the Single European Market: Unpacking
    the Premises* (Oxford: Hart Publishing, 2002), p. 185; Tamara Perišin, *Free Movement of Goods and
    Limits of Regulatory Autonomy in the EU and WTO* (The Hague: T.M.C. Asser Press, 2008), p. 18.

53) Cremona, *op. cit.,* p. 167.

54) Ehlers, *op. cit.,* p. 233; Perišin, *op. cit.,* p. 18.

55) Scott, *supra* note 44, p. 271.

56) Case 8/74 *Procureur du Roiv Dassonville* [1974] ECR 837, para. 5: "All trading rules enacted by
    Member States which are capable of hindering, directly or indirectly, actually or potentially,
    intra-Community trade are to be considered as measures having an effect equivalent to quantitative
    restrictions."; Maduro, *op. cit.,* p. 51; Gareth Davies, "'Process and Production Method'-Based Trade
    Restrictions in the EU," in Catherine Barnard (ed.), *Cambridge Yearbook of European Legal Studies,*
    Vol. 10, 2007-2008, p. 74.

에 달려 있었다.[57) 동 사건 이전에도 국내상품과 수입상품에 차별적 대우를 부여하는 조치뿐만 아니라 동등하게 적용되는 조치에도 위 조항의 적용대상이 될 수 있다는 집행위원회지침 70/50이 존재하였다.[58)

이후 가장 유명한 1979년 *Cassis de Dijon* 사건에서 CJEU는 '비차별적으로 적용되는 조치'(indistinctly applicable measures)도 舊EC조약 제28조에 포함된다고 판결하였다.[59) 무엇보다 중요한 것은 여기서 비차별적으로 적용되는 조치란 국내 및 수입상품의 구별 없이 적용되며, 수입제한의 정도와는 상관없이 상품의 자유이동에 효과적인 장벽을 야기할 수 있는 규칙을 의미한다는 사실이다.[60)

추후의 판례법은 시장접근을 고려의 대상에 포함시키면서 비차별, 즉 MEQR의 개념을 계속해서 발전시켜 나갔다.[61) *Cassis de Dijon* 판결과는 대조적으로 CJEU는 1993년 *Keck* 사건에서 "국내규정이 국내에서 활동하는 모든 관련 무역업자에게 적용되고, 동 규정이 다른 회원국의 상품 및 국내상품의 마케팅에 법률 및 사실상 동일한 방법으로 영향을 미치는 한에 있어서는 다른 회원국의 상품에 대해 특정한 판매방식(certain selling arrangements, bestimmte Verkaufsmodalitäten, certaines modalités de vente)을 제한하거나 금지하는 국내규정의 적용은 회원국 간의 무역을 방해하기 위한 것이 아니다"라고 판결함으로써, 舊EC조약 제28조의 범위에 제한을 가하였다.[62) 여기서 언급된 두 가지의 요건이 충족된다면, (판매촉진과 광고방식과 같은) '특정한 판매방식'을 제한하는 국내규칙은 舊EC조약 제28조상의 MEQR

---

57) Ehlers, *op. cit.,* p. 234.
58) Commission Directive 70/50/EEC of 22 December 1969 based on the provisions of Article 33 (7), on the abolition of measures which have an effect equivalent to quantitative restrictions on imports and are not covered by other provisions adopted in pursuance of the EEC Treaty, OJ L 13, 19/01/1970 pp. 29-31; Jochem Wiers, *Trade and Environment in the EC and the WTO: A Legal Analysis* (Groningen: Europa Law Publishing, 2003), pp. 50-53; Perišin, *op. cit.,* p. 19.
59) Case 120/78 *Rewe-Zentral AG v Bundesmonopolverwaltung für Branntwein* [1979] ECR 649, para. 8; Stephen Weatherill, *Cases and Materials on EU law*, 8th ed. (Oxford: Oxford University Press, 2007), pp. 375-377.
60) Catherine Barnard, *The Substantive Law of the EU: The Four Freedoms*, 4th ed. (Oxford: Oxford University Press, 2013), p. 91; Perišin, *op. cit.,* p. 20; Gareth Davies, *European Union Internal Market Law*, 2nd ed. (London: Cavendish Publishing, 2003), pp. 25-26.
61) Perišin, *op. cit.,* p. 198.
62) Joined Cases C-267/91 and C-268/91 *Criminal proceedings against Bernard Keck and Daniel Mithouard* [1993] ECR I-6097, para. 16; Ehlers, *op. cit.,* p. 235.

에 해당하지 않게 된다. 그러나 특정한 판매방식이라는 모호한 문구가 심각한 법적 불확실성을 야기하였으며,63) 동 판결이 舊EC조약 제28조의 적용에 한계를 설정하려는 시도라는 점에서는 이해가 되지만, 상품의 특성에 관한 조치와 특정한 판매방식에 관한 조치를 구별함으로써 학계 및 실무가들로부터 신랄한 비판을 받았다.64)

Keck 사건 이후의 판례를 살펴보면 CJEU가 광고 제한과 관련하여 특정한 판매방식의 개념을 발전시키고 있음을 알 수 있다. 예컨대 De Agostini 사건에서 재판소는 문제가 된 TV광고의 제한이 국내상품과 수입상품에 법률 및 사실상 동일하게 적용되는 경우에는 舊EC조약 제28조의 범위에 속하지 않는다고 언급하였으며,65) Gourmet International 사건에서 주류광고의 금지는 주류의 해로운 효과에 대한 공중보건상의 보호가 역내통상에 영향을 덜 끼치는 조치에 의해 명확히 보장될 수 있는 경우에만 舊EC조약 제28조에 포함될 수 있음을 확인하였다.66) 다른 한편으로 비차별적인 '특정한 판매방식'이 수입상품의 시장접근을 막거나 실질적으로 방해하는 경우에는 舊EC조약 제28조의 위반이 될 수 있다.67) 현재의 EU법상 이러한 비차별원칙을 제대로 적용하기 위해서는 소위 Keck 공식의 의미와 범위를 좀 더 명확히 할 필요가 있다.

---

63) Daniel Wilsher, "Does Keck discrimination make any sense? An assessment of the non-discrimination principle within the European Single Market," *European Law Review*, Vol. 33, No. 1, 2008, p. 4; Perišin, *op. cit.*, p. 39.

64) Piet Eeckhout, "After Keck and Mithouard: Free Movement of Goods in the EC, Market Access, and Non-Discrimination," in Thomas Cottier · Petros C. Mavroidis and Patrick Blatter (eds.), *Regulatory Barriers and the Principle of Non-Discrimination in World Trade Law* (Ann Arbor: University of Michigan Press, 2000), p. 192; Perišin, *op. cit.*, pp. 30-31; Ehlers, *op. cit.*, p. 235; Wiers, *op. cit.*, p. 59.

65) Joined Cases C-34/95, C-35/95 and C-36/95 *KO v De Agostini (Svenska) Förlag AB & TV-Shop I Sverige AB* [1997] ECR I-3843, para. 47: "··· on a proper construction of Article 30 [now Article 34] of the Treaty, a Member State is not precluded from taking, on the basis of provisions of its domestic legislation, measures against an advertiser in relation to television advertising, provided that those provisions affect in the same way, in law and in fact, the marketing of domestic products and of those from other Member States, are necessary for meeting overriding requirements of general public importance or one of the aims laid down in Article 36 [now Article 36] of the Treaty, are proportionate for that purpose, and those aims or overriding requirements could not be met by measures less restrictive of intra-Community trade."

66) Case C-405/98 *KO v Gourmet International Products* AB [2001] ECR I-1795, para. 34.

67) Barnard, *op. cit.*, pp. 143-147; Perišin, *op. cit.*, p. 39; Eleanor Spaventa, "Leaving Keck behind? The free movement of goods after the rulings in *Commission v Italy* and *Mickelsson and Roos*," *European Law Review*, Vol. 34, No. 6, 2009, p. 917.

(3) 수량제한금지의 예외: 정당화 요건

수량제한금지의 예외와 관련하여 EU기능조약 제36조(舊EC조약 제30조, 舊EEC 조약 제36조)는 회원국 간의 수량제한의 금지가 공공질서(공공정책),[68] 건강보호 등을 근거로 정당화되는 수입, 수출 또는 이동 중인 상품에 대한 금지 또는 제한을 방해해서는 안 된다고 규정하고 있다. 그러나 그러한 금지 또는 제한이 회원국 간에 자의적 차별적 수단이나 무역에 위장된 제한을 구성해서는 안 된다.[69] 동 조항의 제2문은 GATT 1994의 제XX조 전문과 흡사한데, EC의 창립자들이 GATT의 관련 규정을 기초로 하여 舊EC조약 제30조를 포함한 네 가지 기본적 자유를 규정하였음을 알 수 있다.[70] 또한 차별이라는 용어를 명시적으로 사용하고 있는 舊EC 조약 제30조는 개인이 국내재판소를 상대로 원용할 수 있는 권리를 창설하고 직접 효력을 가진다.[71]

따라서 문제의 국내규칙이 차별적 성격을 가진다 하더라도 EU기능조약 제36 조에 의해 정당화될 수 있다. 그러나 CJEU는 흔히 동 조항을 엄격한 해석원칙에 의거해 좁게 해석해 왔으며, "동 조항은 상품의 자유이동원칙의 예외와 관련되어 있기 때문에 국내규칙이 비례의 원칙과 합치되고 선언된 목적을 달성하기 위하여 필요한 것인지를 입증할 책임은 국내당국에 있다"라고 판시하면서 비례의 원칙 (principle of proportionality)[72]을 준수하도록 요구하고 있다.[73]

---

68) 영문본에는 'public policy'(공공정책)로 규정되어 있으나, 독어본과 불어본 모두 'öffentlichen Ordnung ', 'ordre public'(공공질서)으로 규정되어 있어, 이하 본문에서는 '공공질서'로 번역하여 사용하도록 하겠다.

69) "The provisions of Articles 34 and 35 shall not preclude prohibitions or restrictions on imports, exports or goods in transit justified on grounds of <u>public morality, public policy or public security; the protection of health and life of humans, animals or plants; the protection of national treasures possessing artistic, historic or archaeological value; or the protection of industrial and commercial property</u>. Such prohibitions or restrictions shall not, however, constitute a means of arbitrary discrimination or a disguised restriction on trade between Member States."(필자 밑줄 강조)

70) Scott, *supra* note 44, p. 286.

71) Eeckhout, *op. cit.,* p. 200.

72) 문맥상 비례의 원칙은 해당 조치가 목적을 달성하기 위해 적절하고도 필요할 것(덜 제한적인 수단이 존재하지 않는)을 요구하는 것으로 판시되어 왔다. 비례의 원칙에 관한 보다 자세한 설명은 Perišin, *op. cit.,* pp. 48-51 참조.

73) Case C-17/93 *Criminal proceedings against J.J.J. Van der Veldt* [1994] ECR I-3537, para. 15.

(4) 수량제한금지의 새로운 예외: 필수적 요건

EU기능조약 제36조에 명시적으로 규정된 공공윤리, 공공질서, 공공안보 및 건강보호와 같은 정당화 요건이 열거적 성격(exhaustive nature)을 가진다는 주장에도 불구하고,[74] CJEU는 이러한 요건들만으로는 효과적인 법적 보호에 충분하지 않다는 이유로 다른 요건들을 창설하였다.[75] CJEU는 분쟁의 대상이 된 국내금지조치가 예컨대 환경보호의 분야에서는 소위 '필수적 요건'(mandatory requirements or imperative requirements)이라고 불리는 우선적 조건의 불문법적 근거에 의해 정당화될 수 있음을 인정하였다.[76] 이러한 필수적 요건은 재판소로 하여금 시장통합과 시장규칙 간의 모순적 사항을 보다 조화로운 방법으로 해석하도록 할 뿐만 아니라 舊EC조약 제30조에 규정된 목록을 완성하는 데 기여하였다.[77] 또한 재판소는 필수적 요건의 범위를 소비자보호, 사회보장체제의 재정적 균형 보장, 문화의 보존으로까지 확대하였는데, 이러한 요건들은 예시적(illustrative) 성격을 갖는다.[78]

한편 CJEU는 필수적 요건은 비차별적 조치(non-discriminating measures)와 비차별적으로 적용되는 조치(indistinctly applicable measures)와 관련하여서만 원용될 수 있다고 판단하였다.[79] 그러나 *De Agostini* 사건 이후, *Dusseldorp* 사건과 *Walloon Waste* 사건의 판결은 환경보호에 관한 '차별적 조치'도 필수적 요건에 의해 정당화될 수 있음을 인정하고 있다.[80] 특히 *PreussenElektra* 사건은 "환경보호기준은 다른 공동체정책의 명확화와 이행에 통합되어야 한다"라고 지적하였다.[81] 이러한 판

---

74) Reid, *op. cit.,* p. 879.
75) Case C-205/89 *Commission v Greece* [1991] ECR I-1361, para. 9; Joanne Scott, "On Kith and Kine (and Crustaceans): Trade and Environment in the EU and WTO," in J. H. H. Weiler (ed.), *The EU, the WTO, and the NAFTA: Towards a Common Law of International Trade?* (Oxford: Oxford University Press, 2000), p. 130; Perišin, *op. cit.,* p. 42; Ehlers, *op. cit.,* p. 242.
76) Case C-2/90 *Commission v Belgium* [1992] ECR I-4431, paras. 29, 32, 34; Scott, *supra* note 44, p. 269; Wiers, *op. cit.,* pp. 69, 122.
77) Scott, *supra* note 44, p. 269.
78) Ehlers, *op. cit.,* p. 249; Reid, *op. cit.,* p. 880, fn. 19; Scott, *supra* note 44, p. 269; Barnard, *op. cit.,* pp. 171-174; 이외에 필수적 요건의 예로 인용된 것에는 노동조건, 사회문화적 특성, 언론의 다양성 및 청소년보호 등이 있다. Steiner and Woods, *op. cit.,* p. 422.
79) Scott, *supra* note 44, p. 270; 즉, 직접적 차별조치의 경우에는 EU기능조약 제36조가 적용된다. Reid, *op. cit.,* p. 879, fn. 17.
80) Scott, *supra* note 44, pp. 272-273; Perišin, *op. cit.,* p. 43.
81) Case C-379/98 *PreussenElektra AG v Schhleswag AG, in the presence of Windpark Reußenköge III*

결은 비록 논쟁적이긴 하지만, 환경문제에 관한 필수적 요건은 舊EC조약 제6조(EU 기능조약 제11조)에 규정된 환경통합의무를 근거로 다른 필수적 요건과 동일한 법적 지위를 갖는 것은 아니라는 사실을 보여주는 것 같다.[82] 어쨌든 EU법상 필수적 요건의 개념은 유연성을 갖고 있는 것처럼 보인다.[83]

다시 *Cassis de Dijon* 판결로 거슬러 올라가보면 CJEU는 두 가지 중요한 원칙을 강조하고 있다. 즉, CJEU는 공동체법의 조화가 이루어지지 않은 경우 상품의 판매에 관한 국내법 사이의 차이로부터 발생하는 상품의 자유이동에 대한 장벽은 관련 규정이 '필수적 요건'을 충족하기 위해 필요하다고 인정되는 경우에 한해 수락되어야 한다는 합리성의 원칙(rule of reason)을 확인하였을 뿐만 아니라, 한 회원국에서 합법적으로 제조되고 판매된 상품은 다른 회원국에서 수락되고 판매가 허용되어야 한다고 판시함으로써 상호승인의 원칙(principle of mutual recognition, or functional parallelism)을 확립하였다.[84] 합리성의 원칙은 조화가 이루어지지 못한 규정과 관련하여 舊EC조약 제30조에 따라 정당화될 수 있는 조건을 확대시키는 데 중요한 역할을 수행함으로써[85] 국내규제의 자율성을 강화하였다.[86] 또한 CJEU가 동 판결에서 발전시킨 필수적 요건 역시 비례의 원칙을 준수해야 한다.[87] 비례의 원칙은 공동체법과의 합치성을 결정하는 기준이 되며, 기본적 자유의 향유에 대한 제한의 기준을 설정하고 있다는 점에서 통합의 도구인 동시에 개인의 권리 보호의 무기가 될 수 있다.[88]

GmbH and Land Schleswig-Holstein [2001] ECR I-2099, para. 76.

82) Scott, *supra* note 44, p. 274.

83) *Ibid.*, p. 293.

84) Case 120/78 *Rewe-Zentral AG v Bundesmonopolverwaltung für Branntwein* [1979] ECR 649, paras. 8, 14; Perišin, *op. cit.*, pp. 23-24; Barnard, *op. cit.*, pp. 91-93; J. H. H. Weiler, "Epilogue: Towards a Common Law of International Trade," in J. H. H. Weiler (ed.), *The EU, the WTO, and the NAFTA: Towards a Common Law of International Trade?* (Oxford: Oxford University Press, 2000), p. 219; Maduro, *op. cit.*, p. 51; Steiner and Woods, *op. cit.*, pp. 421-422, 423-424.

85) Craig and de Búrca, *op. cit.*, p. 684.

86) Reid, *op. cit.*, p. 880.

87) Case 120/78 *Rewe-Zentral AG v Bundesmonopolverwaltung für Branntwein* [1979] ECR 649, para. 8.

88) Reid, *op. cit.*, pp. 886-887.

(5) EU기능조약 제35조의 해석

EU기능조약 제35조에 규정되어 있는 '수출'이라는 용어는 회원국 간의 무역, 즉 한 회원국으로부터 다른 회원국으로의 수출을 의미하며, EU밖의 국가로의 수출에 대해서는 적용되지 않는다. EU기능조약 제34조와 제35조의 조항이 매우 유사한 용어로 규정되어 있지만, 제35조가 상품을 차별하는 조치에만 적용된다는 점에서 제34조와는 명확한 차이를 보이고 있다. 이러한 원칙은 EU사법재판소가 제35조는 "특정한 목적과 효력에 의해 수출 양식을 제한하며, 따라서 다른 회원국의 생산이나 무역을 희생하여 문제가 된 국가의 국내생산 또는 국내시장에 유리한 혜택을 제공하는 방법으로 회원국의 국내무역과 수출무역을 차별하게 만드는 국내조치와 관련이 있다"고 판단한 *Groenveld* 사건에서 확립되었다.[89] CJEU의 제35조에 대한 접근법은 대체로 수출에 실질적이고 특정한 효력을 미치며, 회원국의 무역과 수출 사이에 차별을 야기하는 무역장벽에 적용되는 것으로 보인다.[90] 그러나 CJEU는 *Lodewijk Gysbrechts* 사건에서 국내시장에 대한 혜택이 존재하는지 여부를 고려하지 않고 舊EC조약 제29조(EU기능조약 제35조) 위반을 결정하였는데, 점차 동 조항에 대한 해석을 확대하고 있는 것 같다. 또한 비차별적 조치에 대한 위반을 인정하고 있지 않으므로 정당화 요건과 관련하여 합리성의 원칙은 적용되지 않았는데, 舊EC조약 제30조에 규정된 예외만이 원용될 수 있다는 기존의 입장을 변경하여 동 사건에서는 舊EC조약 제29조를 위반한 국내조치는 추구하는 합법적 목적에 비례한다면 제30조에 규정된 예외나 공공질서의 필수적 요건에 의해 정당화될 수 있다고 판결하였다.[91] 이제 EU기능조약 제35조는 *Keck* 원칙을 인정하고 있지는 않지만 제34조와 점점 더 유사하게 해석되고 있는 것처럼 보인다.[92]

---

89) Case 15/79 *P.B. Groenveld BV v Produktschap voor Vee en Vlees* [1979] ECR 3409, para. 7.

90) Steiner and Woods, *op. cit.,* p. 437.

91) Case C-205/07 *Criminal proceedings against Lodewijk Gysbrechts and Santurel Inter BVBA* [2008] ECR I-9947, para. 45.

92) Steiner and Woods, *op. cit.,* p. 438.

Ⅳ. 기본적 자유: 사람, 서비스, 자본의 자유이동

1. 사람과 서비스의 자유이동

1) 사람의 자유이동

로마조약(특히, 舊EEC조약)은 사람과 회사의 자유이동에 대한 일반적 권리를 규정하지 않고, 회원국의 국민이면서 경제활동에 종사하는 '노동자', '자영업자나 회사', '서비스 제공자나 소비자'를 대상으로 (사람의) 자유이동을 규정하였고, 현재 EU기능조약 역시 제45조, 제49조, 제56조에서 이들에 대한 자유이동을 보장하고 있다.

2) 노동자의 자유이동

(1) EU기능조약과 이차적 입법적 행위

EU기능조약 제45조[93](舊EC조약 제39조)는 노동자의 자유이동에 관한 기본 규정인데, 노동을 목적으로 한 회원국의 노동자가 다른 회원국으로 자유롭게 이동할 수 있는 권리를 규율하고 있다. CJEU는 동조 제1항과 제2항에 규정된 '이동의 자유'와 '국적을 근거로 한 차별금지'라는 두 가지 원칙의 중요성을 반복하여 강조하여 왔다.[94] 이때 차별금지와 관련하여 간접적 차별 및 시장접근을 방해하는 요소

---

[93] "1. **Freedom of movement for workers** shall be secured within the Union.

2. Such freedom of movement shall entail the **abolition of any discrimination based on nationality** between workers of the Member States as regards employment, remuneration and other conditions of work and employment.

3. It shall entail the right, subject to **limitations justified on grounds of public policy, public security or public health**:

(a) to accept offers of employment actually made;

(b) to move freely within the territory of Member States for this purpose;

(c) to stay in a Member State for the purpose of employment in accordance with the provisions governing the employment of nationals of that State laid down by law, regulation or administrative action;

(d) to remain in the territory of a Member State after having been employed in that State, subject to conditions which shall be embodied in regulations to be drawn up by the Commission.

4. The provisions of this Article shall not apply to **employment in the public service**."(필자 강조)

역시 제45조의 위반이 될 수 있다.[95] 보통 간접차별의 일반적 유형으로는 법과 사실상 국민이 아닌 사람보다 국민이 보다 쉽게 충족할 수 있는 거주, 출생지요건 또는 교육지요건 등에 따라 조건부로 혜택을 부여하는 경우를 들 수 있다.[96]

또한 제45조 제3항에 의하면 공공질서, 공공안보 또는 공중보건을 근거로 한 자유이동은 제한될 수 있으며, 제4항상 '공공서비스상의 고용'에 대해서는 자유이동 원칙이 적용되지 않는다.[97] 한편 설립 및 서비스 제공의 자유와 관련하여 EU기능조약 제51조는 공공서비스상의 고용과 유사하지만 다른 표현을 사용하고 있는데, 즉 '공적 권한의 행사'(exercise of official authority)가 그것이다. 양자의 차이에 대해 벨기에 정부는 제45조 제4항은 제도적 개념(institutional concept)을 의미하는데 비하여 제51조는 기능적 개념(functional concept)을 암시한다고 설명하며, 제45조 제4항에서 중요한 것은 노동 자체의 성격이 아니라 노동자가 고용되는 제도라고 보았다.[98] 그러나 CJEU는 이러한 주장을 받아들이지 않았으며, '공공서비스상의 고용'이란 첫째 공법상 부여된 권한 행사의 참여와 관련이 있어야 하며, 둘째 국가의 일반적 이익을 보호하도록 제정된 의무를 포함하고 있어야 한다고 판단하였다.[99]

EU기능조약 제46조(舊EC조약 제40조)는 제45조에 규정된 자유를 실현하기 위한 유럽의회와 이사회의 입법권한을 규정하고 있는데, 이를 통해 EU노동자와 그 가족의 입국, 거주 및 대우의 조건을 규율하는 다양한 지침과 규칙이 채택되었다.[100] 이들 중 대다수가 EU시민과 그 가족의 이동 및 거주의 자유에 관한 지침 2004/38[101])에 의해 통합되었다. 지침 2004/38은 舊EC조약 제40조에 따라 부분적

---

94) Craig and De Búrca, *op. cit.,* p. 716.
95) *Ibid.*, pp. 728-729.
96) *Ibid.*, p. 729.
97) EU사법재판소는 '노동자'의 정의에 대해서는 확대 해석하는 경향을 보였으나, 제4항에 규정된 '공공서비스상의 고용'에 대해서는 제한적으로 해석하려는 접근법을 채택하였으며, 문제의 행위가 공공서비스상의 고용에 해당하는지 여부를 결정하는 것은 회원국이 아니라 재판소임을 분명히 하였다. Craig and De Búrca, *op. cit.,* pp. 734, 735.
98) *Ibid.*, p. 735.
99) *Ibid.*, pp. 735-736.
100) *Ibid.*, p. 718.
101) 공식 명칭은 'Directive 2004/38/EC of the European Parliament and of the Council of 29 April 2004 on the right of citizens of the Union and their family members to move and reside freely within the territory of the Member States amending Regulation (EEC) No 1612/68 and repealing Directives 64/221/EEC, 68/360/EEC, 72/194/EEC, 73/148/EEC, 75/34/EEC, 75/35/EEC, 90/364/EEC,

으로 국민이 아닌 사람의 입국 및 거주권에 관한 공식적 요건을 명확히 함으로써 이동의 자유와 고용인에 대한 제한의 폐지를 용이하게 하기 위해 채택되었다.[102] 동 지침의 가장 중요한 개혁 내용은 EU시민과 그 가족이 다른 회원국에서 5년간 합법적으로 거주한 이후에는 영주권(right of permanent residence)을 취득할 수 있는 권리를 도입한 것이었다.[103] 한편 지침 2004/38의 제27조에서 제33조는 입국 및 거주권과 관련하여 회원국이 공공질서, 공공안보 또는 공중보건을 이유로 하여 부과할 수 있는 제한을 규율하고 있는데, 여기서 중요한 것은 세 개의 다른 수준의 보호책, 첫째 EU법상 모든 개인을 위한 일반적 수준의 보호, 둘째 회원국의 영토에서 영주권을 획득한 개인을 위한 강화된 수준의 보호, 셋째 주최국에서 10년 동안 거주한 개인이나 소수자를 위한 극도로 강화된 수준의 보호 방안을 도입하였다는 점이다.[104]

또한 주목할 만한 것으로 지침 2004/38에 의해 개정된 실체적 권리와 사회보장혜택을 규정하고 있는 규칙 883/2004[105]를 들 수 있는데, 동 규칙은 그 자체로 권리를 창설하기 보다는 조약에 의해 규정된 일차적 권리의 행사를 보호하고 용이하게 하는 성격을 가졌다.[106] 이외에도 규칙 492/2011[107]는 노동자가 경제활동 수행을 위해 어떠한 차별 없이 타회원국으로 이동하고 고용에 접근할 수 있는 권리를 보장하고 있다.

(2) EU사법재판소의 판례법

EU사법재판소는 *Angonese* 사건에서 EU기능조약 제45조가 개인의 행위에도 수평적으로 적용될 수 있다고 지적함으로써 직접효력(horizontal direct effect)을 인정한 것으로 보이며, 상품의 자유이동에 관한 제34조가 사적 행위자가 채택한 조치가

90/365/EEC and 93/96/EEC'이다.

102) Craig and De Búrca, *op. cit.,* p. 741.

103) *Ibid.,* pp. 719, 746.

104) *Ibid.,* p. 755.

105) 공식 명칭은 'Regulation (EC) No 883/2004 of the European Parliament and of the Council of 29 April 2004 on the coordination of social security systems'이다.

106) Craig and De Búrca, *op. cit.,* p. 747.

107) 공식 명칭은 'Regulation (EU) No 492/2011 of the European Parliament and of the Council of 5 April 2011 on freedom of movement for workers within the Union'이다.

64 EU 통상법

아닌 국가의 조치에만 적용된다고 판단한 것과는 구별된다.108)

'노동자'의 정의와 관련하여 CJEU는 처음부터 이 문제는 EU법의 문제이지 국적법의 문제가 아님을 강조하며, EU법상 노동자는 단순히 변두리의 부수적인 것으로 간주되는 소규모의 활동을 배제하고, 실효적이고 진정한(effective and genuine) 의미의 직업 활동을 구하는 개인을 뜻하는 것으로 보았다.109) 한편 *Antonissen* 사건에서 구직자(job-seeker)와 관련하여 재판소는 적극적으로 직업을 찾고 있는 개인의 경우 완전한 의미의 노동자 지위를 갖지는 못하지만 EU기능조약 제45조의 대상이 된다고 판시하였다.110) 동 사건에 대한 재판소의 판단은 목적론적 접근법을 여실히 보여주고 있는데, 즉 해당 규정을 노동자의 자유이동을 보호하기 위한 목적에 초점을 맞추어 해석하고 있다.111)

유명한 *Bosman* 사건에서 CJEU는 다른 회원국의 노동시장에 대한 접근(access to the employment market)을 방해하는 '비차별적 규칙'도 제45조의 위반이 된다는 원칙을 확립하였다.112)

3) 서비스 제공의 자유와 회사설립의 자유

(1) EU기능조약과 이차적 입법적 행위

EU기능조약 제56조113)(舊EC조약 제49조)와 제49조114)(舊EC조약 제43조)는 회

---

108) Case C-281/98 *Roman Angonese v Cassa di Risparmio di Bolzano SpA* [2000] ECR I-4139, paras. 36, 48; Craig and De Búrca, *op. cit.,* p. 717.

109) *Ibid.,* p. 719.

110) Case C-292/89 *The Queen v Immigration Appeal Tribunal, ex parte Gustaff Desiderius Antonissen* [1991] ECR I-745, para. 13.

111) Craig and De Búrca, *op. cit.,* p. 727.

112) Case C-415/93 *Union royale belge des sociétés de football association ASBL v Jean-Marc Bosman, Royal club liégeois SA v Jean-Marc Bosman and others and Union des associations européennes de football (UEFA) v Jean-Marc Bosman* [1995] ECR I-4921, para. 103.

113) "Within the framework of the provisions set out below, **restrictions on freedom to provide services within the Union shall be prohibited** in respect of nationals of Member States who are established in a Member State other than that of the person for whom the services are intended.
The European Parliament and the Council, acting in accordance with the ordinary legislative procedure, may extend the provisions of the Chapter to nationals of a third country who provide services and who are established within the Union."(필자 강조)

114) "Within the framework of the provisions set out below, **restrictions on the freedom of establishment of nationals of a Member State in the territory of another Member State shall be prohibited**. Such

원국 사이에서 영구적 또는 일시적으로 이동하는 자영업자(self-employed persons)와 관련된 규정으로 서비스 제공의 자유(freedom to provide services)와 회사설립의 자유 (freedom of establishment)를 규율하고 있다. 먼저 서비스 제공의 자유는 개인이나 회사와 같은 서비스 공급자가 서비스 제공을 위하여 다른 회원국으로 이동하여 일시적으로 머무를 자유와 서비스 소비자가 서비스 제공을 받기 위하여 타국으로 이동할 자유를 포함하고 있다. 회사설립의 자유는 개인 사업가나 기업이 본점 또는 지사를 설립하기 위하여 다른 회원국으로 이동할 자유를 의미한다. 한편 여기서 '회사설립'(establishment)이란 불확정 기간 동안 다른 회원국에서 확고한 설립을 통해 경제활동을 추구하는 것으로 정의된다.[115)]

　EU기능조약 제51조(舊EC조약 제45조)는 회사설립의 자유에 관한 챕터의 규정이 관련 회원국에서 "공적 권한의 행사"와 연관된 활동에는 적용되지 않는다고 규정하고 있는데, 동 규정은 EU기능조약 제45조 제4항의 노동자를 위한 공공서비스 예외와 유사한 기능을 갖는다.[116)] 또한 EU기능조약 제346조 제1(b)항에 규정된 바와 같이 전쟁물자의 생산 및 교역과 관련된 안보의 필수적 이익보호를 위해서도 회원국은 여하한 필요한 조치를 취할 수 있다.

　서비스 제공의 자유와 회사설립의 자유에 관한 중요한 발전은 보험, 방송, 금융서비스, 전자상거래, 전자통신과 기타 '일반적인 경제이익을 갖는 서비스'(services of general economic interest, 즉 공공서비스)[117)]에 관한 이차적 입법적 행위의 제정을 통해 이루어졌다.[118)] 그중에서도 2005년 지침(Directive 2005/36/EC of the European Parliament and of the Council of 7 September 2005 on the recognition of professional qualifications)[119)]과 2006년 지침(Directive 2006/123/EC of the European Parliament and of the Council of 12 December 2006 on services in the internal market)[120)]이 가장 중요한

---

　　prohibition shall also apply to restrictions on the setting-up of agencies, branches or subsidiaries by nationals of any Member State established in the territory of any Member State."(필자 강조)

115) Craig and De Búrca, *op. cit.,* p. 764.

116) *Ibid.,* p. 769.

117) http://ec.europa.eu/competition/state_aid/legislation/sgei.html(2018년 5월 29일 방문) 참조.

118) Craig and De Búrca, *op. cit.,* p. 764.

119) https://eur-lex.europa.eu/legal-content/EN/TXT/?uri=celex%3A32005L0036(2018년 5월 29일 방문) 참조.

120) https://eur-lex.europa.eu/legal-content/EN/TXT/?uri=celex:32006L0123(2018년 5월 29일 방문) 참조.

실례로 언급된다.

(2) EU사법재판소의 판례법

EU사법재판소는 1974년 *Reyners* 사건에서 EU기능조약 제49조가 *Van Gend* 판결에서 공식화된 직접효력의 요건을 완전히 충족하지는 못하지만 직접효력을 갖는다고 판시하였다.[121] EU기능조약 제56조와 관련하여서도 직접효력을 인정하였는데, 서비스 규정은 회사설립 규정보다 통제할 문제가 많으며 이에 관한 유일한 해결은 지침의 채택을 통해 가능하다는 주장에 대해, 동 재판소는 적어도 해당 조문이 서비스를 제공하는 개인의 국적 또는 그가 서비스를 제공하는 지역이 아닌 곳에 거주한다는 사실에서 연유한 차별을 폐지하려고 하는 한에 있어서는 직접효력을 가지며 국내재판소에서 원용할 수 있다고 판단하였다.[122]

CJEU는 설립의 자유와 관련하여 비차별원칙의 중요성에도 불구하고, 다른 자유이동의 경우와 마찬가지의 광범위한 접근법을 채택하였는데, 즉 회원국에서 회사설립의 권리에 대한 장벽이나 회사를 설립하고자 하는 개인에 대한 시장접근의 제한은 내국민이나 외국인에 대해 미치는 차별적 영향과는 상관없이 정당화되지 않는 한 제49조에 의해 금지된다고 보았다.[123]

또한 CJEU는 EU기능조약 제52조 제1항에 규정되어 있는 예외사유, 즉 공공질서, 공공안보 및 공중보건에 근간을 둔 자유이동의 제한 이외에, 상품, 노동자의 경우와 마찬가지로 회원국이 서비스 제공의 자유와 회사설립의 자유를 제한하기 위해 원용할 수 있는 다양한 범위의 공공이익의 정당화 요건을 허용하였다.[124]

---

121) Case 2/74 *Jean Reyners v Belgian State* [1974] ECR 631, para. 32; Craig and De Búrca, *op. cit.,* p. 771.
122) Case 33/74 *Johannes Henricus Maria van Binsbergen v Bestuur van de Bedrijfsvereniging voor de Metaalnijverheid* [1974] ECR 1299, paras. 20, 21, 27; Craig and De Búrca, *op. cit.,* pp. 790-791.
123) *Ibid.*, p. 788.
124) *Ibid.*, p. 765.

2. 자본과 결제의 자유이동

1) EU기능조약과 이차적 입법적 행위

EU기능조약 제63조[125](舊EC조약 제56조)는 자본의 자유이동과 결제에 대한 제한 금지에 관해 규정하고 있다. 이는 4개의 기본적 자유 중의 하나로 초기 로마조약(舊EEC조약) 제67조[126]에 규정되어 있다가 마스트리히트조약에 의해 급진적으로 개정되었으며 현재 이에 관한 판례법이 축적되어 있다. 물론 사법부의 판단은 앞에서 살펴본 상품, 사람 및 서비스의 자유이동과 관련하여 제기되어 왔던 유사한 문제들을 제기하고 있다.[127] 또한 제63조의 규정은 회원국 간은 물론이고, 회원국과 제3국 간의 자본의 자유이동과 결제에 대한 모든 제한을 허용하지 않는데, 이는 가장 광범위한 자유를 부여한 것으로서 국적을 근거로 한 차별과 자본 이동을 방해할 여지가 있는 조치의 금지를 내용으로 한다.[128] 특히 자본의 이동을 회원국과 제3국 간으로까지 그 적용범위를 확대한 이유는 제3국 투자자에 대한 자본통제를 실시하고 자유화를 통한 단일통화의 신뢰도를 강화하며 EU기능조약 제119조에 규정된 자유시장경제 원칙에 기여하기 위해서이다.[129]

원래 로마조약상 자본의 자유이동에 관한 규정은 상품, 사람 및 서비스의 자유이동에 적용되는 것보다 덜 강행적인 성격을 갖고 있었다. 舊EEC조약 제67조 제1

---

125) "1. Within the framework of the provisions set out in this Chapter, **all restrictions on the movement of capital between Member States and between Member States and third countries shall be prohibited.**
  2. Within the framework of the provisions set out in this Chapter, **all restrictions on payments between Member States and between Member States and third countries shall be prohibited.**"(필자 강조)

126) "1. Member States shall, in the course of the transitional period and **to the extent necessary for the proper functioning of the Common Market, progressively abolish** as between themselves **restrictions on the movement of capital** belonging to persons resident in Member States and also any discriminatory treatment based on the nationality or place of residence of the parties or on the place in which such capital is invested.
  2. Current payments connected with movements of capital between Member States shall be freed from all restrictions not later than at the end of the first stage."(필자 강조)

127) Craig and De Búrca, *op. cit.,* p. 693.

128) http://www.europarl.europa.eu/atyourservice/en/displayFtu.html?ftuId=FTU_2.1.3.html(2018년 5월 29일 방문).

129) Barnard, *op. cit.,* pp. 584-585.

항은 자본 이동에 관한 제한은 공동시장의 적절한 기능수행을 위해 필요한 범위까지 점진적으로 폐지할 의무를 부여하고 있었으며, 제71조[130]는 회원국으로 하여금 자본 이동에 영향을 미치는 여하한 새로운 외환 제한의 도입을 억제하기 위해 노력할 의무를 규정하였다. 이사회는 이러한 조약 규정을 기초로 이사회지침 88/361[131]을 제정하여 회원국 간 자본 이동의 완전한 자유화를 목표로 삼았다.[132] 이외에 2007년에 유럽의회와 이사회는 결제서비스지침(Payment Services Directive, 소위 'PSD')[133]을 채택하여 EU 내 결제산업의 경쟁과 참여를 증대시키고 결제서비스공급자와 사용자를 위한 권리 및 의무를 규정하였다. 그러나 PSD는 2015년 PSD2[134]에 의해 (2018년 1월 13일자로) 폐지되었으며, PSD2는 기존의 전자결제수단에 대한 규칙을 개선하고 단일유로결제지역(Single Euro Payments Area)에 필요한 법적 근거를 마련하고 있다.[135]

　　1993년 11월 1일자로 발효한 마스트리히트조약에 의해 현재의 모습을 갖추게 된 자본의 자유이동에 관한 규정은 *Sanz de Lera* 사건에서 직접효력을 갖는 것으로 판시되었다. 즉, CJEU는 해당 조문이 어떠한 이행 조치도 요구되지 않는 명확하고 무조건적 금지를 규정하고 있기 때문에 개인이 동 조문을 원용할 권리를 갖는다고 판단하였다.[136]

　　한편 제63조는 국적을 근거로 하는 차별 조치뿐만 아니라 차별적이지 않더라도 자본 이동을 방해할 여지가 있는 조치를 모두 대상으로 한다.[137] EU기능조약

---

130) "Member States shall **endeavour to avoid** introducing within the Community any new exchange restrictions which affect the movement of capital and current payments connected with such movement, and making existing rules more restrictive. …"(필자 강조)

131) 공식 명칭은 'Council Directive 88/361/EEC of 24 June 1988 for the implementation of Article 67 of the Treaty'이다.

132) Craig and De Búrca, *op. cit.*, p. 694.

133) 공식 명칭은 'Directive 2007/64/EC of the European Parliament and of the Council of 13 November 2007 on payment services in the internal market amending Directives 97/7/EC, 2002/65/EC, 2005/60/EC and 2006/48/EC and repealing Directive 97/5/EC'이다.

134) 공식 명칭은 'Directive (EU) 2015/2366 of the European Parliament and of the Council of 25 November 2015 on payment services in the internal market, amending Directives 2002/65/EC, 2009/110/EC and 2013/36/EU and Regulation (EU) No 1093/2010, and repealing Directive 2007/64/EC'이다.

135) https://eur-lex.europa.eu/legal-content/EN/LSU/?uri=CELEX:32015L2366(2018년 5월 29일 방문).

136) Joined Cases C-163/94, C-165/94 and C-250/94 *Criminal proceedings against Lucas Emilio Sanz de Lera, Raimundo Díaz Jiménez and Figen Kapanoglu* [1995] ECR I-4821, paras. 41-47.

제65조 제1항[138]은 제63조의 예외를 구성하는데, 제1항에 규정된 조치와 절차는 동조 제3항에 규정된 바와 같이 자본과 결제의 자유이동에 대한 자의적 차별이나 위장된 제한을 구성해서는 안 된다.

2) EU사법재판소의 판례법

EU기능조약의 관련 조문은 자본에 관해 정의를 내리고 있지 않은데, CJEU는 이사회지침 88/361의 부속서 Ⅰ에 언급된 목록이 '자본 이동' 개념의 예시적 성격을 갖는다고 보았다.[139] 여기에는 외국인직접투자, 부동산 투자, 주식 및 증권 투자, 융자 및 신용대출, 기타 재정기관과의 거래 등이 포함된다. 문제의 조치가 자본이동의 제한에 해당하는지 여부는 위 지침을 참고하여 CJEU가 최종적으로 결정한다.[140]

EU기능조약 제65조 제1(b)항에 규정되어 있는 공공질서와 공공안보에 대해 CJEU는 다른 자유의 예외에 관한 판례법을 끌어와서 해석하는 경향이 있는데, 즉 해당 예외는 좁게 해석되고 해당조치를 취하는 회원국이 입증책임(burden of proof)을 지며, 문제의 제한조치의 경우 비례의 원칙을 준수해야 한다고 보았다.[141]

---

137) Craig and De Búrca, *op. cit.,* p. 695.

138) "1. The provisions of Article 63 shall be without prejudice to the right of Member States:
(a) to apply the relevant provisions of their **tax law** which distinguish between taxpayers who are not in the same situation with regard to their place of residence or with regard to the place where their capital is invested;
(b) to take all requisite measures to prevent infringements of national law and regulations, in particular in the field of **taxation and the prudential supervision of financial institutions**, or to lay down procedures for the declaration of capital movements for purposes of administrative or statistical information, or to take measures which are justified on grounds of **public policy or public security**."
(필자 강조)

139) Case C-222/97 *Manfred Trummer and Peter Mayer* [1999] ECR I-1661, paras. 13, 21.

140) Craig and De Búrca, *op. cit.,* p. 695.

141) *Ibid.,* p. 697.

V. 결 론

EU는 경제통합이라는 원대한 꿈을 달성하기 위해 역내시장의 완성을 주요 목표로 삼아 왔는데, 이와 관련하여 2011년과 2012년에 각각 단일시장법 Ⅰ, Ⅱ라 불리는 문건을 채택하였다. 또한 보다 개선된 역내시장을 형성하기 위해서는 4개의 기본적 자유라 일컬어지는 상품, 사람, 서비스, 자본의 자유이동이 실현되어야 하는데, 앞에서 EU기능조약 및 관련 EU규칙이나 지침의 규정과 CJEU의 판례를 통해 살펴보았다.

특히 EU법상 상품의 자유이동과 깊이 연관되어 있는 MEQR은 역내시장의 완성을 위하여 CJEU의 판례를 통해 매우 복잡하고도 창조적인 방법으로 발전하여 온 것을 발견할 수 있었다. 예컨대 직접적 차별조치의 경우 EU기능조약 제36조에 규정되어 있는 예외사유 중의 하나로 정당화되지 않는다면 동 조약 제34조의 위반이 되는 반면, 비차별적으로 적용되는 조치는 EU기능조약 제36조 뿐만 아니라 필수적 요건에 의해 정당화될 수 있다고 판단하였다.

EU는 조약의 관련 규정과 판례의 축적을 통해 역내장벽을 없애고 적절한 범위에서의 예외를 인정하는 가운데, 4개의 기본적 자유를 효과적으로 보장하기 위하여 끊임없이 노력해 오고 있다.

제 3 장

경쟁법과 경쟁정책

I. 서 론

EU하면 가장 먼저 떠오르는 것이 세계 최대 규모의 단일시장이다. 1950년 슈망선언으로 시작한 EU 통합의 역사는 점진적이지만 지속적으로 진행되어 현재 EU 28개국은 상품과 서비스, 자본과 인력의 역내이동을 자유화함으로써 명실공히 단일시장을 이루고 있다. 물론 이러한 EU 통합 운동에는 정치적 고려도 크지만, 경제적인 측면에서 보면 역내 단일시장 형성을 통해 규모의 경제를 극대화하고 시장의 효율성과 소비자 후생을 최대한 확보하는 것이 그 목표라고 할 수 있다. 그러나 역내 경제적 요소의 이동을 자유화하는 것만으로는 시장의 효율성이 보장되지 않는다. 규모의 경제는 그만큼 독점기업의 출현을 용이케 하며 이러한 독점기업들의 시장지배적 지위 남용행위는 당초 기대했던 시장의 효율성이나 소비자 후생 극대화를 불가능하게 한다. EU 경쟁법은 이러한 반경쟁적 행위에 대한 효과적인 규제를 통해 EU통합의 핵심인 단일시장이 제대로 작동할 수 있도록 하는 역할을 수행하고 있다.

또한 EU 경쟁당국은 기업 활동의 국제화 추세를 고려하여 외국소재 기업에 대해서도 적극적으로 EU 경쟁법을 역외적용하여 제재를 가하는 사례가 늘고 있다. 특히 EU는 기업의 전세계 매출액의 10%까지 과징금을 부과할 수 있어 2017년 6월 구글에 24억 2천만 유로(약 3조 원)라는 천문학적인 과징금을 부과하는 등 강력한 법 집행으로 전세계적인 주목을 받고 있다. 최근 우리 기업들의 영업활동도 국제화되어 대EU 교역 및 투자진출 규모가 커지고 있는 가운데, 이러한 EU 경쟁당국 정책집행의 대상이 되고 있어 EU의 경쟁정책을 더 이상 남의 일로 관망할 수 있는 상황이 아니다. 실제로 2017년 국내기업 S사와 그 자회사가 CRT 관련 담합행위에

약 1억 5천 84만 유로(약 1천 848억 원) 규모의 과징금을 부과 받은 사례가 있다.

2015년 12월 13일 한-EU FTA의 발효로 우리 기업들의 대EU 진출이 더욱 활발해지고 있는 상황에서 과징금 부과 등의 불이익을 최소화하기 위해서는 우리 기업들의 EU 경쟁법에 대한 이해가 매우 절실하다고 할 수 있다. 정부차원에서도 우리 기업들이 EU 경쟁법 적용으로 인한 피해를 방지하기 위해 업계와의 공조를 통해 효과적인 대응방안을 마련할 필요가 있으며, 또한 우리나라 역시 경쟁정책을 적극적으로 추진하고 있음을 감안, EU와 경쟁분야 정책경험 등을 공유하여 우리 정책에 반영하는 등 양자적인 협력을 강화해 나갈 필요가 있다. 2009년에 체결된 우리나라와 EU 간 경쟁협력협정이 이러한 협력을 위한 중요한 토대가 되고 있다.

이하에서는 먼저 EU의 통합과 함께 발전되어 온 EU 경쟁법과 경쟁정책의 발전과정을 개괄적으로 살펴보고자 한다. EU는 독특하게 국가보조금에 대한 규제도 경쟁법 차원에서 다루고 있으며, 최근에는 EU 역외국가들과의 경쟁분야 협력을 강화해 나가고 있는데, 이러한 국가보조금에 대한 규제의 발전과정과 제3국과의 경쟁분야 협력 현황도 EU의 여타 경쟁정책과 함께 살펴보고자 한다. EU 경쟁법은 실체적 차원에서 카르텔 등 반경쟁적 협약에 대한 규제, 지배적 지위의 남용행위에 대한 규제, 기업결합에 대한 규제 등으로 나누어 볼 수 있는데, 각각에 대한 관련 규정 및 판례 등을 중심으로 그 규제내용에 대해 구체적으로 살펴보고, 이후 실제 EU 경쟁법의 집행측면을 유럽집행위원회에 의한 집행측면과 개별 회원국 경쟁당국 및 국내법원에 의한 집행측면으로 나누어 살펴보며, 이들 간의 공조는 어떻게 이루어지고 있는지도 간략히 검토하고자 한다.

II. EU 경쟁정책 및 경쟁법의 발전

1. EU 경쟁법의 발전

오늘날 EU 경쟁법은 미국 반독점법과 함께 세계 각국 독점규제법의 모델이 되고 있지만 초기부터 그런 것은 아니었다. 1890년 셔먼법(Sherman Act) 제정 등

19세기 말부터 반독점 규정의 법제화가 개시된 미국에 비해 EU의 경쟁법 발달은 상대적으로 늦은 편이어서 제2차 세계대전 직후에도 유럽 각국은 고용유지, 혁신 지원, 과다경쟁 방지 등 다양한 명분으로 카르텔 등 기업 간 동맹을 오히려 장려하는 경우가 많았다. 이 단계에서 EU에 경쟁법이 도입되도록 한 데에는 미국의 역할이 컸던 것으로 평가되고 있다.[1] 미국은 경제협력개발기구(OECD) 내에서의 대화 등을 통해 유럽의 정책관료들로 하여금 국가별 경쟁정책 발전방향에 대해 연구하도록 독려해 나갔다. 이러한 미국의 노력은 결국 1951년에 서명된 유럽석탄철강공동체(ECSC)조약에 반독점(anti-trust) 관련 규정을 포함시킴으로써 성공을 거두게 되었다. 이 규정들은 향후 EU 경쟁법의 모태가 되었으며, 비록 약화된 형태로나마 1957년 EEC조약(일명, 로마조약)에 경쟁관련 규정이 포함되도록 하는 데 기여하였다.

EEC조약은 당초 제3조 제1항(g)에서 역내시장에서의 경쟁이 왜곡되지 않도록 보장할 것을 규정하고 있었으나, 동 조항은 일부 회원국의 반대로 최종 협상과정에서 조약에서 제외되었다.[2] 대신 EEC조약은 국가보조금과 반경쟁적인 합의(anti-competitive agreements), 지배적인 지위의 남용 등 일련의 반경쟁적 행위를 금지하고 있는데, 이는 현행 EU기능조약(TFEU)에서도 이어지고 있다. EEC조약 이후, 이러한 조약 규정을 실제 집행하고 보완하기 위해 분야별로 다양한 EU이사회 규칙들이 채택되었는데, 1962년 반독점 규제와 관련 집행위의 경쟁법 집행권한을 확인하는 이사회 규칙이 채택되었으며, 1989년에는 기업결합 규제에 관한 이사회 규칙이, 1999년에는 국가보조금 규제에 대한 이사회 규칙이 채택되었다. 이러한 규칙들은 이후 규제환경 변화 등을 고려하여 계속 개정되면서 집행위의 세부규칙과 EU사법재판소의 판례와 함께 EU 경쟁법의 실체를 이루고 있다.

EU 경쟁법 발전의 중요한 요인 중의 하나는 경쟁총국(DG Competition)을 중심으로 유럽집행위원회에 경쟁법 집행을 위한 강력한 권한을 부여하며, 효과적인 경쟁정책 추진을 위한 규정제정 권한을 부여한 점을 꼽을 수 있다. 앞에서 언급한 1962년 EU이사회 규칙은 집행위에 모든 경쟁제한적 합의를 신고하도록 하고, 이들에 대한 규정 적용면제 권한과 반경쟁 행위에 대한 광범위한 조사 및 벌금 부과

---

1) 주벨기에 · 유럽연합대사관(편), 「EU정책브리핑」, 개정판(외교부, 2016), 319면.
2) Derrick Wyatt and Alan Dashwood, *European Union Law* (Oxford: Hart Publishing, 2011), p.706.

권한 부여 등 강력한 집행 권한을 유럽집행위원회에 부여하였다. 또한 유럽집행위원회는 반경쟁적 행위 규제를 위한 규정의 제정 및 개정을 이사회에 제안[3]할 수 있을 뿐만 아니라, 이러한 규정을 실제 적용하기 위한 보다 상세한 보조 규정들을 집행위 규칙의 형태로 채택할 권한을 이사회로부터 위임받았다.[4] 이러한 권한에 따라 집행위는 변화되는 정책 환경을 고려하여 기존의 규칙을 개정하고 새로운 규칙을 제정하면서 보다 효과적으로 경쟁정책을 추진할 수 있게 되었다.

EU 경쟁법의 발전에 있어서 유럽집행위원회와 함께 EU사법재판소의 역할도 매우 컸다. 집행위의 모든 결정은 EU사법재판소의 검토 대상이 되며, 국내법원은 EU 경쟁법 해석이 쟁점이 된 경우 EU사법재판소에 선결적 평결을 요청할 수 있다. EU사법재판소의 결정은 집행위원회의 권한을 견제하는 역할 외에 판례법의 형성을 통해 EU 경쟁규범의 확립에 기여한 바가 크다고 할 수 있다.[5]

2. EU 경쟁정책의 기조[6]

EU 경쟁법은 1957년 EEC조약 이후 끊임없는 발전을 이루어 왔다. 그 과정에서 EU 경쟁당국은 EU 역내시장의 설립과 유지, 그리고 소비자 후생에의 기여를 경쟁정책의 목표로 일관되게 추진하여 왔다. 또한 최근에는 EU의 경쟁력 제고, 경제·사회·영토적 단일성(cohesion) 유지 및 지속가능한 발전이라고 하는 EU 공동체 전체의 목표와 경쟁정책을 일치시키기 위한 노력도 계속하고 있다.

1957년 EEC조약은 상품과 서비스, 자본 그리고 인력의 자유로운 이동과 관세동맹 등 유럽단일시장의 주요한 원칙을 규정하고 회원국 간 교역에 있어 관세와 수량 규제를 1969년까지 단계적으로 철폐토록 규정하였다. 이에 따라 EEC 설립 이후 가장 큰 정책과제는 회원국 정부에 의해 도입된 국가간 장벽(State-imposed barrier)을 점진적으로 철폐하는 것이었으며, EEC조약상의 경쟁관련 규정들은 민간

---

3) TFEU 제103조 제1항, 집행위의 제안은 유럽의회와의 협의를 거친 후 이사회에서 가중다수결에 의해 채택된다.
4) TEFU 제105조 제3항.
5) 주벨기에·유럽연합대사관(편), 앞의 책, 323면.
6) European Commission, Report on Conpetition Policy 2010(COM(2011) 328), pp.3-11.

기업에 의해 유사한 장벽이 도입됨으로써 정부에 의한 교역장벽 철폐가 무용화되는 것을 방지하도록 운영되었다. 즉 기업들이 시장분할, 가격차별 또는 병행수입의 제한 등을 통해 역내시장을 인위적으로 분할하려는 시도를 방지하기 위해 반독점 규정들을 강력히 집행하였다. 이 시기 대표적인 반독점 사건으로는 1966년 *Consten & Grundig* 사건[7]을 들 수 있다. 독일 전자제품 제조사인 Grundig사가 프랑스의 Consten사에게 프랑스 내 독점판매권을 부여하고 대신 다른 경쟁사 제품을 취급하지 않기로 하는 협정을 체결하였는데, 집행위는 이를 경쟁법 위반으로 무효화하였고, EU사법재판소도 집행위 결정을 인정하였다. 시장분할 카르텔과 같은 반경쟁적 관행에 대한 단속 노력은 1970년대에도 계속되었다.

1987년 단일유럽의정서(Single European Act)가 발효되었다. EEC조약이 유럽단일시장 추진에 대한 일반적 원칙을 규정했다면, 단일유럽의정서는 각종 규제철폐 및 자유화 촉진을 통해 실제적인 단일시장을 완성하려는 시도라고 볼 수 있다. 이에 따라 유럽기업들이 국경을 넘어서 기업을 인수하고 합병할 수 있는 가능성이 훨씬 높아지게 되었다. EU 경쟁당국은 1973년부터 유럽 차원의 중요성을 가진 기업 인수 및 합병을 검토하는 단일창구를 설치하여 운영하고 있었는데, 단일유럽의정서 발효 이후 새로운 현실을 반영하여 보다 공식적인 기업결합에 대한 규율 도입을 추진하였고, 이에 따라 1989년 기업결합에 관한 이사회 규칙이 최초로 도입되었다.

EU의 경쟁정책 및 집행은 역내 단일시장의 유지와 함께 소비자 후생 향상에 중점을 두고 추진되어 왔다. 기업결합에 대한 규제도 기업합병을 통한 지배적 지위가 가져올 소비자의 손실에 대한 우려를 해소하는 방향으로 운영되어 왔다. 경쟁제한적인 합의에 대한 규제에 있어서도 1990년대 이후 소위 효과 위주(effects-based) 접근방식을 통해 더 큰 소비자 손실을 가져올 수 있는 시장지배력을 가진 기업들 간 합의 규제에 보다 중점을 두어 왔고, 카르텔과 같이 가장 소비자 피해가 큰 합의와 기타 유형의 합의를 차별화 하여 경쟁당국의 제한된 자원을 소비자 피해가 더 큰 합의에 집중하면서 제한된 행정 자원을 보다 효율적으로 활용하고 있다.

유럽집행위원회는 경쟁정책을 통해 제한된 EU 역내 자원의 효율적 배분을 유도하고, 기업의 생산성과 혁신을 증대시켜 EU 경제의 전반적인 경쟁력을 증대시

---

7) *Consten and Grundig v. Commission* [1966] *ECR* 299, [1966] *CMLR* 418.

키기 위해 노력하고 있는 것으로 평가된다. 또한 뒤에서 살펴볼 국가보조금에 대한
규제에 있어서도 개별 회원국들의 국가보조금이 경제·사회·영토적 단일성 유지
및 지속가능한 발전이라는 EU 공동체 목표에 기여할 수 있도록 빈곤지역의 개발을
촉진하고, 빈곤계층에 대한 교육훈련 및 지원을 확대하는 방향으로 회원국들의 보
조금 정책이 운영되도록 유도하고 환경 친화적인 보조금 정책을 계속 강화해 나가
고 있다.

3. 국가보조금에 대한 규제

EEC조약에서 국가보조금에 대한 규제를 규정한 이후 EU는 국가보조금에 대
한 규제를 경쟁 차원에서 운영하고 있는데, 이는 28개 회원국으로 구성된 EU의
독특한 성격에 기인한 EU 경쟁법의 특징이라고 할 수 있다. 회원국들에 의한 교역
왜곡적인 국가보조금이 철폐되어야 EU 기업들이 각기 주재하고 있는 지역과 무관
하게 서로 공정한 조건하에 경쟁할 수 있다는 차원에서 국가보조금에 대한 규제는
EU 단일시장을 유지하는 중요한 수단이다. 또한 특정 산업에서의 우위를 위해 회
원국 간에 치열한 보조금 경쟁이 벌어질 경우 역내 자원배분의 효율성이라고 하는
경제적 측면에서도 부정적 영향을 미칠 뿐만 아니라, EU 통합이라는 EU의 궁극적
목표에도 장애요인이 될 것이기 때문에 EU는 국가보조금에 대한 규제를 경쟁법
차원에서 철저히 운영하고 있다.

그러나 그동안 EU회원국들이 사양산업의 쇠퇴에 따른 급속한 고용감소 방지
등의 목적으로 조선, 철강 및 석탄 산업 등에 다양한 보조금을 지급해 왔기 때문에
이러한 경쟁당국의 국가보조금 규제가 뿌리내리기는 쉽지 않은 현실이었다. EU사
법재판소도 1973년 *Commission v. Germany* 사건[8]에 가서야 집행위가 회원국에
대해 EU 경쟁법에 불합치되는 국가보조금을 다시 환수하도록 요구할 수 있음을
인정하였다. 그러나 동 사건 이후에도 집행위가 국가보조금 규제를 정책적으로 추
진하지는 못하였다. 1990년대에 들어 EU 경쟁당국은 대규모 제조업 분야를 시작
으로 서비스 분야에 이르기까지 국가보조금에 크게 의존하고 있는 비효율적인 국

---

8) *Commission v. Germany* (Case 70/72) [1973] *ECR* 813.

영기업들에 대한 규제를 시작하였다. 집행위는 1993년 이탈리아의 특정 공기업에
관한 Andreatta/Van Miert 협정, 2001년 독일 공기업에 관한 Monti/Koch- Weser
협정 등과 같은 개별적인 협정들을 회원국과 체결하여 공공기업에 대한 회원국
정부의 무제한적인 보증을 중단시켰다.[9]

    2005년에 이르러서는 집행위의 경쟁정책에서 카르텔에 대한 집행과 함께 국
가보조금에 대한 규제가 가장 중요한 정책으로 우선시 되었다. 유럽집행위원회는
2005년에 국가보조금의 규범 및 절차에 관한 포괄적인 개혁 내용을 담고 있는 5개
년 실행 프로그램을 채택하여 국가보조금 행동계획(State Aid Action Plan)을 실행하
였는데, 동 행동계획은 성장과 고용에 대한 기여가 높은 부분과 함께, R&D, 혁신업
무에 정부보조금의 집중을 주요 내용으로 하고 있었다.[10] 이러한 교역왜곡적인 국
가보조금을 축소하려는 집행위의 노력의 결과로 EU회원국의 정부보조금 비중이
1992년 GDP의 1.2%에서 2016년에는 0.69%로 낮아졌다. 반면 회원국의 국가보조
금 중에서 R&D, 지역개발, 환경 및 부실기업의 구조조정 지원 등 EU공동체 정책
목표에 부합하는 보조금의 비중은 1990년대 중반 50% 수준에서 2016년에는 94%
로 크게 증가하였다.[11]

4. 경쟁분야 국제협력 강화

    엄격한 경쟁법 집행은 장기적으로는 그 나라 경제 전체의 효율성을 증대시킬
수 있지만, 개별 기업 측면에서 볼 때는 분명 영업활동의 제약 등 비용적인 측면이
있는 만큼 한 나라가 다른 나라들과 비교하여 보다 엄격한 경쟁법 집행을 할 경우
그 나라의 기업들은 외국기업과의 경쟁에서 불리한 여건에 처해질 우려가 있다.
이에 따라 각국의 경쟁법 집행을 서로 조화시켜 나갈 필요가 있는데, 과거 EU 경쟁
담당 집행위원을 역임한 바 있는 Mario Monti 前이탈리아 총리도 2010년 유럽집행
위원장에 대한 보고서에서 국제적 차원에서 경쟁정책의 수렴 필요성을 강조한 바

---

 9) European Commission, *supra* note 6, p.7.
10) *Ibid.*, p.8.
11) http://ec.europa.eu/competition/state_aid/scoreboard/index_en.html(2018년 4월 15일 방문).

있다.12)

유럽집행위원회도 이러한 필요성을 인식, 계속 글로벌화 되어가는 국제경제 환경을 고려하여 EU 기업들에게 국제교역에 있어서 공정한 경쟁여건을 보장해 주는 것을 중요한 정책목표로 삼고 있다.13) 이에 따라 1990년대부터 주요 교역상 대국과의 양자 간 경쟁정책분야 협력을 강화해 나가면서, 또 다른 한편으로는 OECD, ICN(International Competition Network) 등을 통한 다자 차원의 협력 증대방안 을 모색하는 소위 양면전략(two fold strategy)을 구사하고 있다. 양자협력의 차원에 서 EU는 미국(1995년), 캐나다(1999년), 일본(2003년)에 이어 우리나라와 2009년 경 쟁법 집행에 관한 협력협정을 체결한 바 있다. 이들 협력협정은 상호 비밀이 아닌 정보의 교환과 경쟁정책 집행 시의 조화로운 협력을 주요 내용으로 하고 있다. 이 들 양자협력 협정은 또한 일방의 경쟁당국이 타방의 경쟁당국에게 특정사건에 대 하여 경쟁법을 집행하도록 요청하는 것을 허용하고 있으며, 자신의 경쟁법 집행 시 타방 당사국의 요청에 의해 타방 당사국의 중요한 이해(important interests)를 감 안할 수 있도록 규정하고 있다.

아울러 터키, 마케도니아 등 EU 가입후보국에 대한 경쟁법 및 정책에 대한 기술지원을 통해 EU 경쟁법 및 정책 확대에도 노력하고 있으며, 미가입 국가들에 대해서는 독립적인 경쟁당국의 설립, 집행능력, 법집행성과를 EU 회원국 가입 필 요조건 충족여부와 연계시켜 이를 가입후보국의 경쟁법 확산을 유도하는 전략으로 활용하고 있다. 또한 중국, 인도, 브라질 등 신흥개도국과의 협력도 강화하고 있는 데, 특히 지난 2008년부터 경쟁법을 도입하여 시행하고 있는 중국에 대해서는 사실 상 EU 측이 중국의 법제정 및 집행능력 배양 등에 대한 기술지원을 주도적으로 시행해 오고 있는 것으로 알려져 있다.14)

---

12) Report by Professor M. Monti to the President of the European Commission: A new Strategy for the Single Market, 9 May 2010.
13) European Commission, *supra* note 6, p.9.
14) 주벨기에 · 유럽연합대사관(편), 앞의 책, 345면.

III. EU 경쟁법의 주요 내용

1. EU 경쟁법 개관

EU 경쟁법이란 독립적인 별도의 법률이 아닌 EU기능조약(TFEU)상의 경쟁관련 조항들과 EU이사회나 유럽집행위원회가 이를 시행하기 위해 제정한 2차 규범인 각종 규칙(Regulation), 지침(Directive), 결정(Decision), 권고(Recommendation)들과 EU사법재판소의 관련 판례 등을 모두 포함하는 경쟁관련 법체계 전체를 총칭하는 것이다. 이 중 EU기능조약상의 규정들이 가장 본원적인 규범이라고 할 수 있다.

EU기능조약 제101조는 카르텔 등 경쟁제한적 협력행위에 대해 제102조는 지배적 지위의 남용에 대해 다루고 있다. 경쟁법 체계에 있어 또 다른 축을 이루는 합병 등 기업결합에 대해 과거에는 제101조와 제102조를 원용하여 규제가 이루어졌으나, 보다 명확한 규율 마련을 위해 1989년 EU이사회가 기업결합규칙을 제정하였다. 이 규칙은 기업결합 규제에 관한 실체적인 내용과 절차적인 내용을 모두 규정하고 있다. 조약 제103조는 절차조항으로서 이사회 규칙 및 지침 채택 절차를 규정하고 있고, 제105조에서는 경쟁법 집행에 관한 집행위의 역할을 규정하고 있는데, 특히 제3항에서는 집행위가 제103조에 따른 이사회 규칙 및 지침에 관련된 자체적인 규정을 채택할 수 있다고 규정하고 있다. 제106조는 일반적인 공공의 경제적 이익을 가져다주는 서비스 분야나 회원국이 독점의 필요성을 인정하는 영리적 성격의 공공부문에 대해서도 경쟁법 집행으로 인해 해당 사업전체의 성과를 저해하지 않는 한, 조약상의 경쟁규정을 적용해야 한다고 규정하고 있다.

제107조에서 제109조까지는 국가보조금에 대한 규제를 다루고 있다. 제107조 제1항에서는 한 회원국이 국가보조금을 통하여 특정사업자나 특정상품의 생산을 유리하게 함으로써 경쟁을 왜곡시키거나 왜곡시킬 우려가 있으며, 그리고 이러한 국가보조금이 EU회원국들 간의 교역에 영향을 미치는 경우에는 이를 규제토록 하고 있다. 제108조에서는 유럽집행위원회가 회원국과의 협조하에 회원국에 존재하는 모든 보조금 시스템을 상시적으로 조사하고, 집행위가 어떤 회원국이 지급하

고 있는 보조금이 역내시장과 양립할 수 없거나 남용되고 있다고 판단할 경우 해당 회원국이 시한 내 그러한 보조금을 중단하거나 변경하도록 규정하고 있다.

아래에서는 EU 경쟁법의 가장 핵심이라고 할 수 있는 제101조와 제102조, 그리고 기업결합규칙에 관해 살펴보고자 한다.

2. 경쟁제한적 협력행위 금지(EU기능조약 제101조)

EU기능조약 제101조 제1항은 회원국 간 교역에 부정적 영향을 줄 우려가 있고 역내시장 내의 경쟁을 저해, 제한, 왜곡("prevention, restriction or distortion")하는 목적 및 효과를 지니는 사업자("undertakings") 간의 합의, 사업자단체("associations of undertakings") 간의 결정 또는 협력행위를 금지하고 있다. 제101조 제1항은 금지되는 협력행위의 예로서 아래와 같이 5가지 유형을 들고 있다. 첫째 직·간접으로 구매가격 또는 판매가격을 지정하거나 기타 교역조건을 제한하는 행위, 둘째 생산·판매·기술개발·투자를 제한하거나 통제하는 행위, 셋째 시장과 공급원을 분할하는 행위, 넷째 동일한 거래임에도 불구하고 차별적인 조건을 부과하여 경쟁에서 불리하도록 하는 행위, 다섯째 계약의 성질상 또는 상업적 이용을 위해 계약의 목적과 관계없이 부가 의무를 계약당사자가 받아들이도록 계약을 체결하는 행위 등이다.

동 조항의 대상이 되는 협력행위는 수평적 합의(horizontal agreements)와 수직적 합의(vertical agreements)를 모두 포함한다.[15] 수평적 합의란 생산 및 마케팅 분야에 있어 동종제품 업체 간의 합의를 의미한다. 업체 간 시장을 지역적으로 분할하는 행위나 경쟁자에 대한 상품공급의 거부, 가격담합, 협회 또는 조합의 비회원사에 대한 차별적 조치, 경쟁금지 합의 등을 들 수 있다. 수직적 합의는 서로 상이한 경제 및 산업부문에서의 사업자 간 비경쟁적 분야에서의 담합을 의미한다. 생산자와 유통업체 또는 공급자와 수요자 간에 판매지역 제한, 수출 제한, 차별가격 적용, 재판매가격 지정, 품질보증 거부, 판매선 제한 등을 들 수 있다. 유럽집행위원회는 제101조 집행에 있어 수평적 합의와 수직적 합의를 구분하여 각각 별도의 가이드

---

15) 박덕영 외, 「EU법 강의」 제2판(서울: 박영사, 2012), 465면.

라인을 집행위 고시[16]로 제정하여 운영하고 있다.

제101조 제2항은 제1항에서 규정한 모든 합의 등은 자동적으로 무효화된다고 규정하고 있다. 따라서 동 규정 제3항에 규정된 예외에 해당되지 않는 한 제101조 제1항에 해당하는 합의는 무효이다. 다만 EU사법재판소는 이러한 합의를 일부로 서 포함하는 계약의 경우 계약 전체가 무효가 되는 것이 아니라 제101조에 위반하는 내용의 합의만이 무효로 되고, 그 외의 계약상의 조항들은 그러한 조항이 분리될 수 있는 한 유효성을 유지하는 것으로 보고 있다. 단, 핵심사항의 제한에 해당하는 경우 해당 조항이 무효로 되는 것만이 아니고 계약 전체가 무효로 된다.[17]

이러한 경쟁제한적인 합의의 경우에도 일정한 경우 예외를 허용되고 있는데, 제101조 제3항은 상품의 생산·판매의 개선 또는 기술적·경제적 진보의 촉진에 기여하는 동시에 소비자에 대해 그 결과로서 발생하는 이익의 공평한 분배를 행하는 것으로서, 1) 그 목적 달성을 위해 필요불가결하지 않은 제한을 참가 사업자에 게 과하거나, 2) 해당 상품의 실질적인 부분에 대해 참가 사업자에게 경쟁을 배제할 가능성을 주는 것에 해당하지 않는 합의 등에 대해서는 제101조 제1항이 적용되지 않음(inapplicable)을 선언할 수 있다고 규정하고 있다.

이러한 적용면제에는 두 가지 방식이 있다. 개별적인 사안별로 적용면제를 결정하는 경우와 유럽집행위원회가 EU이사회의 수권에 의해 일정한 종류의 합의를 일괄하여 적용면제하는 규칙을 제정하는 방식이 있다. 개별 적용면제의 경우 주로 2003년에 제101조 및 제102조 집행에 관한 새로운 이사회 규칙이 도입되기 전까지는 집행위에서 전속적인 권한을 가지고 있었으나, 2003년 이사회 규칙이 도입되어 회원국 경쟁당국도 이에 대한 권한을 행사하게 되면서 현재 집행위 보다는 주로 회원국의 경쟁당국에서 이를 활용하고 있고, 집행위는 일괄면제 방식을 주로 사용하고 있다.

2003년 이사회 규칙이 도입되기 이전에 적용되던 1962년 이사회 규칙은 제 101조 제1항에 해당하는 경쟁제한 협력행위를 한 기업에 대해 이를 유럽집행위원

---

16) Commission Notice - Guidelines on the Applicability of Article 81 to Horizontal Cooperation Agreements, OJ C 3 06.01.2001, Commission Notice - Guidelines on Vertical Restraints, OJ C 292 13.10.2000.

17) *Consten and Grundig v. Commission* [1966] *ECR* 299, [1966] *CMLR* 418.

회에 신고하도록 의무화하고 있다. 집행위가 이러한 신고를 접수하면 해당되는 행위가 제101조 제3항에 따른 적용면제에 해당되는지를 검토한 후, 제3항에 해당하는 경우로 인정되는 경우에 적용을 면제해 왔다. 그러나 유럽집행위원회의 업무량 증대 등에 따라 2003년 새로운 이사회 규칙이 도입되어 기업들의 신고의무를 폐지하고, 제101조 제3항을 포함한 제101조의 해석 및 적용권한을 개별 회원국의 법원 및 집행기관에까지 확대하였다.[18]

이에 따라 개별적인 경쟁제한적 합의 등에 대한 규제는 사전 규제가 아닌 사후 규제 방식으로 전환되어 기업들은 스스로의 책임하에 제101조 제1항을 위반하지 않는 합의를 체결할 수 있으며, 개별 회원국의 법원 및 집행기관이 이러한 합의들의 제101조 제1항 위반여부를 결정하는 책임을 지게 되었다. 다만 예외적인 경우에 특정한 계약에 대해 유럽집행위가 제101조 위반을 선언하거나 적용을 면제하는 권한은 여전히 보유한다.

일괄적 적용면제는 유럽집행위원회가 EU이사회 규칙 및 이사회 규칙의 위임을 받은 집행위 규칙에 근거하여 일정한 종류의 합의들을 일괄하여 면제하는 방식이다. 해당되는 규정상 이러한 일괄적 면제에 해당하는 합의들은 자동적으로 적용면제된다. 다만 계약내용 중 면제에 해당하지 않는 내용이 포함되어 있을 때는 집행위의 승인을 받아야 한다. 현재 집행위는 수직적 합의, 자동차의 유통과 서비스에 관한 합의, 기술이전 합의, 전문화 합의, 연구개발 합의, 보험 분야 합의, 해운 분야 합의 등에 대해 일괄 적용면제 규칙을 유지하고 있다.

제101조와 앞으로 살펴볼 제102조는 모두 반경쟁행위의 주체를 "사업자"(undertakings)로 규정하고 있다. EU기능조약에는 이에 대한 별도의 정의규정은 없으며, EU사법재판소는 *Mannesmann v. High Authority* 사건[19]에서 "독자적인 법적 존재에 부속되어 장기적인 경제적 목적을 추구하는 유형 또는 무형의 요소를 가진 단일 조직"(a single organization of personal, tangible and intangible elements, attached to an autonomous legal entity and pursuing a long term economic aim)이라는 다소 광범위한

---

18) Council Regulation (EC) No. 1/2003 of 16 December 2002 on the implementation of the rules on competition laid down in Articles 81 and 82 of Treaty.

19) *Mannesmann v. High Authority* (Case 19/61) [1962] *ECR* 357.

정의를 내린 바 있다. 이에 따라 개인으로부터 다국적 기업에 이르기까지 다양한
경제주체들이 법적으로 독립적이고 경제적인 목적을 추구한다면, "undertakings"
에 포함될 수 있다. EU사법재판소의 판례에 따르면 오페라 가수, 스포츠협회, 국영
기업, 공공기관, 사업자협회 등 다양한 주체들이 이에 포함되었다.[20]

다만 제101조의 해석과 관련하여 전통적으로 EU사법재판소는 미소원칙(*de
minimis* rule)을 적용하여 왔다. 즉 역내교역 및 경쟁에 대한 파급효과가 미미한 경쟁
제한 행위에 대해서는 제101조의 적용을 배제해 왔다. 1986년 이후 유럽집행위는
이러한 미소원칙에 따른 적용배제 범위를 고시("Notices on Agreements of Minor
Importance")의 형태로 발표하고 있는데, 2001년 12월 공보에 따르면 미소원칙이
적용되는 대상을 수직적 합의의 경우는 시장점유율 15%, 수평적 합의의 경우는
시장점유율 10% 이하로 규정하고 있다. 다만 이러한 경우에도 수직적 합의의 경우
최소 재판매가격, 상품이 판매될 지역이나 소비자에 대한 제한을 포함해서는 안 되
며, 수평적 합의의 경우 판매가에 대한 제한, 생산 제한, 시장 또는 고객의 배분 등을
포함해서는 안 된다. 이러한 내용을 포함할 경우 미소원칙이 적용되지 않는다.

제101조와 앞으로 살펴볼 제102조 모두 회원국 간 교역에 부정적 영향을 줄
우려("may affect trade between Member States")를 조치 적용의 요건으로 하고 있다.
양 조항 모두 부정적 영향의 우려(may)를 요건으로 하고 있으므로 이러한 반경쟁적
행위들이 실제로 회원국 간 거래에 영향을 미쳤다는 것을 입증해야 할 필요는 없으
며, 단순히 그러할 가능성이 있음을 보여주는 것으로 충분하다.[21]

3. 지배적 지위의 남용 금지(EU기능조약 제102조)

EU기능조약 제101조가 카르텔과 같은 복수의 기업에 의한 공동의 반경쟁적
행위에 관한 규제인 반면, 제102조는 특정 기업의 단독적인 반경쟁적 행위에 대해
규제하고 있다. EU기능조약 제102조는 역내시장 전체 또는 상당한 부분에서 지배
적 지위를 남용하는 사업자(undertakings)의 행위는 그 남용행위에 의해 회원국 간의

---

20) Tony Storey and Chris Turner, *Unlocking EU Law* (London: Hodder education, 2011), p.346.
21) *Ibid.*, p.350.

교역에 부정적 영향을 미칠 우려가 있는 경우에 역내시장과 양립할 수 없는 것으로 금지하고 있다.

제102조의 적용을 위해서는 우선 특정기업이 시장에서 지배적 지위를 가지고 있는지 여부가 결정되어야 하며, 이를 위해서는 관련시장(relevant market)의 범위를 어떻게 확정할 것인가가 중요한 쟁점이 된다. 반경쟁적 행위의 혐의를 받고 있는 기업 입장에서는 이를 가급적 넓게 잡고자 할 것이며, 제소하는 입장에서는 시장의 범위를 가급적 좁게 잡고자 할 것이다. 시장의 범위가 넓어질수록 지배적 지위를 입증하기가 어렵기 때문이다. EU사법재판소는 *United Brands* 사건, *Hoffmann* 사건 및 *Michelin* 사건 등에서의 판례를 통해 이에 관한 기본적인 원칙을 확립해 왔다.22) 이러한 판례들에서 관련시장은 관련되는 지리적인 시장(relevant geographical market)과 관련되는 상품시장(relevant product market)이 모두 고려되고 있다.

관련되는 상품시장의 범위를 결정하기 위해서는 해당 상품과 여타 상품 간의 수요와 공급의 교차탄력성이 고려된다. 즉, 해당 상품이 얼마나 쉽게 유사한 다른 상품으로 교체될 수 있느냐가 중요한 기준이 된다. 예를 들어, *United Brands* 사건의 경우 관련 상품시장을 폭넓게 신선과일 전체 시장으로 볼 것이냐, 아니면 좁게 바나나 시장으로 볼 것이냐가 쟁점이었다. EU사법재판소는 집행위의 의견을 존중, 관련되는 상품시장을 바나나 시장으로 좁게 보았다. 그 이유로는 바나나는 통상적으로 주로 환자, 노인 그리고 어린이들에게 소비되는 특정한 시장을 가지고 있으므로 관련되는 상품시장을 일반적인 신선과일 시장으로 넓게 보아서는 안 된다는 것이다. *Michelin* 사건에서도 관련되는 상품시장을 타이어 전체시장이 아닌 대형화물트럭용 타이어라는 좁은 시장으로 보았다. 계절적인 요인, 즉 해당 상품이 특정한 계절에만 공급될 수 있다는 점도 고려된다.

관련되는 지리적 시장이란 해당 상품이 팔릴 수 있는 지역적 범위를 말한다. *United Brands* 사건에서 EU사법재판소는 이를 업체 간 경쟁조건들이 충분히 동질적인 지역으로 규정한 바 있다. 행정상의 규제나 수송비용의 차이 등이 이러한 경

---

22) *United Brands v. Commission* [1978] *ECR* 207, [1978] 1 *CMLR* 429; *Hoffmann la Roche v. Commission* [1979] *ECR* 461, [1979] 3 *CMLR* 211; *Michelin v. Commission* [1983] *ECR* 3461, [1985] 1 *CMLR* 282.

쟁조건의 차이를 유발하는 것으로 볼 수 있다.23) 또한 *British Leyland* 사건에서처럼 해당 상품이나 서비스가 특정 한 회원국에서만 요구되는 경우에는 관련되는 지리적 시장이 그 회원국으로 국한될 수도 있다.24)

일단 관련되는 시장의 범위가 확정되면 해당 기업이 그 시장에서 지배적인 지위를 가지고 있는지를 검토해야 한다. 통상적으로 지배적인 지위라고 하면 시장점유율을 떠올리게 되지만, 앞에서 언급한 *United Brands* 사건, *Hoffmann* 사건 및 *Michelin* 사건 등 관련 판결에서 EU사법재판소는 특정한 시장점유율 요건을 규정하지 않고 있다. 재판소는 세 개의 사건 모두에서 지배적인 지위를 규정하는 가장 중요한 요인으로 해당 기업이 경쟁업체, 구입자, 공급자 등 시장의 여타 분야로부터 독립적으로 생산, 유통 등의 활동을 할 수 있는 능력 여부를 들고 있다.25)

어떤 기업이 단순히 관련되는 지배적 지위에 있다는 것만으로 제102조 조치의 대상으로 볼 수는 없다. 제102조 조치의 대상이 되기 위해서는 이러한 지배적 지위의 남용행위가 있어야 한다. 제102조는 이러한 남용행위에 해당하는 것으로 1) 부당한 구입가격·판매가격 또는 그 밖의 부당한 거래조건을 직·간접적으로 부과하는 행위, 2) 생산·판매 또는 기술개발을 소비자에게 불리하도록 제한하는 행위, 3) 거래의 상대방에 대해 동등한 거래에 대하여 다른 조건을 적용하여 그 상대방을 경쟁상 불리한 입장에 두는 행위, 4) 그 의무의 성격상 또는 상관행상 계약의 목적과 관련이 없는 추가적 의무의 수락을 계약의 조건으로 하는 행위 등을 예시하고 있다. *Hoffmann* 사건에서 EU사법재판소는 이러한 남용행위를 "해당 기업의 존재로 인해서 이미 경쟁의 정도가 약화된 시장의 구조에 부정적 영향을 미치기 위해 해당 상품 또는 서비스의 정상적인 경쟁 조건과는 다른 조건을 설정하는 조치를 통해, 시장에서 여전히 존재하는 경쟁 정도의 유지 또는 경쟁의 활성화를 저해하는 효과를 가진 행위"라고 정의하고 있다.

제101조와 마찬가지로 제102조의 경우도 반경쟁적 행위의 주체는 "undertakings" 이며, 회원국 간 교역에 부정적 영향을 줄 우려를 조치 적용의 요건으로 하고 있다.

---

23) 박덕영 외, 앞의 책, 470면.
24) *British Leyland plc v. Commission* [1986] *ECR* 3263, [1987] 1 *CMLR* 185.
25) Storey and Chris Turner, *supra* note 20, p.360.

반면 제102조 조치의 경우는 제101조 제3항에서 규정하고 있는 경우와 같은 별도의 예외조항은 없다는 차이가 있다. 제101조 및 제102조 조치의 대상이 되는 행위에 대해서는 이사회 규칙[26]에 따라 기본적으로 유사한 집행절차가 취해진다.

4. 기업결합에 관한 규제

인수 및 합병 등 기업결합에 관한 규제는 오랫동안 EU기능조약 제101조와 제102조의 확대해석을 통해 이루어져 왔는데, 이 조항들을 기업결합 규제의 법적 근거로 삼기에는 적절하지 않다는 지적이 제기됨에 따라, 보다 효과적인 기업결합 규제를 위해 1989년 12월 기업결합에 관한 이사회 규칙(Merger Regulation)이 채택되었다. 동 기업결합규칙은 기업결합에 관한 실체적인 규율 내용과 절차적인 내용을 모두 포함하고 있고, 1997년 6월과 2004년 1월 두 차례에 걸쳐 개정되었다. 동 규칙의 시행규칙으로서 유럽집행위원회는 집행위 규칙 802/2004호를 제정하였으며, 2008년 10월과 2013년 12월에 개정되었다.

유럽집행위원회에 의한 공동체 차원의 규제 대상으로서 상기 기업결합규칙이 적용되는 기업결합은 "EU 규모의 중요성"(Community Dimension)을 가진 것이어야 하며, 그렇지 않은 경우는 회원국 국내 경쟁당국의 규제에 맡겨진다. 기업결합규칙 제1조 제2항은 1) 기업결합의 당사자 기업 모두의 전세계 연간매출액 합계가 50억 유로를 초과하고, 2) 당사자 기업 중 적어도 2개사의 EU 역내에서의 연간매출액이 각각 2억 5천만 유로를 초과해야 하며, 3) 당사자 기업 각자가 EU 역내 매출액 중 2/3 이상을 동일한 회원국 내에서 얻지 않을 경우를 EU 규모의 중요성이 있는 것으로 보고, 동 규칙이 적용되는 집행위 관할대상으로 규정하고 있다.

기업결합규칙이 적용되는 공동체 관할대상은 1997년 및 2004년 규칙의 개정과 함께 확대되는 추세를 보이고 있는데, 1997년 개정 시에는 상기 요건에 해당하지 않더라도 1) 기업결합의 당사자 기업 모두의 전세계 연간매출액의 합계가 25억 유로를 초과하고, 2) 3개 이상의 회원국 각각에서 당사자 기업 모두의 연간매출액의 합계가 1억 유로를 초과하고, 3) 앞의 요건에 합치하는 3개 이상의 회원국 각각

---

26) Council Regulation (EC) No. 1/2003, *supra* note 18.

에서 당사자 기업 중 2개 이상의 연간매출액이 각각 2,500만 유로를 초과하고, 4) 당사자 기업 중 2개 이상의 EU 역내에서의 매출액이 각각 1억 유로를 초과하고, 5) 당사자 기업의 어느 쪽도 EU 역내매출액 중 2/3 이상을 동일한 회원국 내에서 얻지 않을 경우에는 EU 규모의 중요성을 가지는 기업결합으로 보도록 규정하였다. 이러한 원칙은 현행 규칙 제1조 제3항에 반영되어 있다. 2004년 개정 시에는 더 나아가 앞에서 언급된 조건에 해당하지 않는 경우에도 복수국 관할 사항에 대해 집행위가 관할권을 가질 수 있는 조항을 도입하였다. 이는 현 규칙 제4조 제5항에 반영되어 있는데, 특정 사안에 대해 3개 회원국 이상이 동시에 관할권을 갖는 경우 해당 기업이 회원국 경쟁당국에 공식 통보 이전에 집행위원회에 해당 기업결합을 집행위에서 검토해 줄 것을 청원할 수 있으며, 이러한 청원 15일 이내 회원국들의 이견이 없을 경우에는 동 사안에 대해 EU 규모의 중요성을 갖는 사항으로 집행위가 관할권을 갖도록 규정하고 있다. 이때 관할권을 갖는 회원국 중 하나라도 반대할 경우에는 이러한 관할권 이전은 이루어지지 않는다.

유럽집행위원회와 회원국 경쟁당국 간 관할권 문제와 관련하여 규칙 제9조는 특정 회원국이 집행위에 통보된 어떤 기업결합이 그 회원국 내 구분되는 시장(distinct market)의 경쟁에 중대한 영향을 미치거나 미칠 우려가 있음을 알려오는 경우, 집행위가 검토 후에 그 기업결합 건을 해당 회원국으로 이첩할 수 있다고 규정하고 있다. 또한 제22조는 규정상 EU 규모의 중요성을 가지는 기업결합에 해당하지 않는 사안은 아니지만, 회원국 간 교역에 영향을 미치고 요청을 하는 단수 또는 복수의 회원국의 경쟁에 심각한 영향을 미치는 경우에는 해당 회원국이 집행위에 동 기업결합의 심사를 요청할 수 있도록 규정하고 있다.

기업결합에 대한 심사가 개시되면 유럽집행위원회는 해당 기업결합이 EU 역내시장과 양립하는지 여부를 기준으로 허용 여부를 결정한다.[27] 특히 시장지배적 지위가 형성·강화되는 결과, 역내시장 또는 그 실질적인 부분에서 유효한 경쟁이 현저하게 저해되는 기업집중은 역내시장과 양립하지 않는 것으로 본다. 기업결합 심사 시 집행위는 시장구조, EU 내외의 현실 또는 잠재적인 경쟁, 시장에서의 당사

---

27) 구체적인 심사절차는 전충수, "단일시장의 기반, EU 경쟁법과 그 집행절차," 「위기의 유로, 진전되는 통합」(주벨기에유럽연합대사관, 2011) 참조.

자의 지위·경제력, 관련 상품의 수급동향, 진입장벽, 소비자의 이익으로 되는 기술진보와 경제발전에의 요인 등을 고려해야 한다. 기업결합 심사 결과 역내시장과 양립하지 않는 결합은 결정(decision)의 형식으로 금지된다. 기업결합규칙은 심사절차에 관해 상세한 절차를 규정하고 있는데, 뒤에서 여타 경쟁법 집행절차와 함께 보다 상세히 살펴보고자 한다.

Ⅳ. EU 경쟁법의 집행절차

1. EU 차원의 경쟁법 집행

1) 경쟁법 집행절차 개요

EU 경쟁법은 경쟁제한적 협력행위와 시장지배적 지위의 남용행위 규제(EU기능조약 제101조 및 제102조), 기업결합 심사, 국가보조금 심사 등 3가지로 구분하여 법 집행절차를 달리 규정하고 있다. 제101조 및 제102조 집행절차는 2003년 이사회 규칙(1/2003)에서 주로 다루고 있고, 이를 보충·시행하기 위한 집행위 규칙들이 제정되어 있다. 기업결합 심사절차는 2004년 기업결합규제에 관한 이사회 규칙(139/2004)에서, 국가보조금 심사절차는 2015년 이사회 규칙(2015/1589, 국가보조금 규제에 관한 세부규칙)에서 주로 규율하고 있다.

경쟁법 위반행위에 대한 조사는 기본적으로 유럽집행위원회에서 담당하는데, 집행위원회의 직권(ex officio)에 의한 경우, 회원국 기업 또는 개인의 조사 요구가 있는 경우, 기업들이 합의 체결을 자발적으로 신고하는 경우, 회원국 정부가 국가보조금 지급계획을 통보하는 경우 등에 개시된다. EU기능조약 제101조 및 제102조에 관한 집행위 조사는 충분한 사전심사를 통해 혐의가 있고 조사할 가치가 있는 사안에 대해 공식조사 절차에 착수하게 되나, 조사의 법적 기한은 없다. 기업결합 심사의 경우도 2단계 심사로 구분될 수 있는데, 제101조 및 제102조에 관한 조사와는 달리 심사별로 시한이 정해져 있다. 대부분 경우 1단계 심사(근무일 기준 25일 이내)에서 승인통과가 이루어지나, 추가적인 심층검토가 필요한 경우 2단계 심층조사(근무일 기준 90일 이내) 절차로 들어가서 최종적인 결정이 이루어진다.

국가보조금의 경우 회원국 정부는 보조금 지급계획이 있을 경우 충분한 시간을 두고 이를 집행위원회에 통보해야 하며, 집행위원회의 승인결정이 있기 전에는 계획된 국가보조금의 지급은 원칙적으로 금지된다. 집행위원회의 예비조사 결과 불법성 소지가 있는 경우 집행위원회는 공식적인 조사개시를 결정하게 되는데, 이 경우 해당국 정부는 1개월 이내로 이에 대한 입장(comments)을 집행위원회에 제출할 수 있다. 조사기간 중 조사대상 기업 또는 국가는 조사와 관련하여 집행위원회에 대해 협조해야 할 의무가 있고, 집행위원회는 조사대상 기업들의 영업비밀 등을 철저히 보호할 의무가 있다.

EU기능조약 제101조 및 제102조 관련 조사의 경우, 조사결과에 따라 사안의 중요성, 경쟁제한 행위의 지속기간 등을 고려하여 과징금(fines)을 부과하는데 해당 기업의 전년도 전세계 매출액의 10%까지 부과할 수 있다. 국가보조금에 관한 조사에서는 해당 보조금이 EU법 위반으로 판정된 경우, 이미 보조금을 받은 기업은 일정기간 내에 해당 보조금을 정부에 반환해야 한다. 집행위원회의 결정에 불복하는 기업 또는 정부는 EU사법재판소에 이를 제소할 수 있다. EU사법재판소의 검토는 EU기능조약 제263조에 따른 취소소송 또는 제265조에 따른 부작위소송 등의 형태로 진행된다.

이하에서는 EU기능조약 제101조 및 제102조 관련 조사 및 기업결합 심사절차를 보다 상세히 살펴보고자 한다.

2) EU기능조약 제101조 및 제102조 관련 조사절차[28]

EU 경쟁당국에 의한 조사개시의 원천은 크게 신고(complaint), 직권인지(*ex officio*), 적용제외 확인요청(Clearance Request)을 들 수 있다. 적용제외 확인요청이란 EU 경쟁당국에 EU기능조약 제101조 제3항에 의거하여 전략적 제휴, 네트워크 창설, 특허 풀, 공동마케팅과 같은 행위가 제1항에 따른 조치대상에 해당하지 않음을 선언해 줄 것을 요청하는 행위이다. EU 경쟁당국으로부터 적용제외 확인(decision of inapplicability)을 받을 경우 회원국 경쟁당국이나 국내법원을 통해 동일한 행위에

---

28) 전충수, 앞의 논문, 251-269면.

대해 제재를 받을 위험이 배제되는 효과가 있다.

　유럽집행위원회가 일단 법 위반 혐의를 인지하게 되면, 우선 초기평가(initial assessment)를 실시한다. 초기평가 후 사건을 종료시키거나 또는 회원국 경쟁당국에 사건을 이첩할 수도 있으며, 초기평가 결과 추가 조사가 필요하다고 판단되면 정식 조사에 착수(opening of proceedings)하게 된다. 유럽집행위는 법 위반 혐의가 있는 기업 및 제3자에 대한 정보요구, 진술청취, 현장조사, 업종조사 등 다양하고 강력한 조사권한을 보유, 행사하고 있다. 집행위는 자료제출 요청 또는 명령에 대해 허위 또는 기만적 정보를 제공하는 등 고의 또는 과실에 의해 조사에 협력하지 않은 경우, 전년도 전체 매출액의 1%까지 과징금을 부과할 수 있으며, 조사에 협력할 때까지 평균 매출액의 5%까지 이행강제금(periodic penalty payments)을 부과할 수도 있다.

　조사 결과 법 위반 혐의가 있다고 판단한 경우 피심인에게 심사보고서(Statement of Objections)를 송부하며, 이후 피심인은 경쟁당국이 보유한 자료를 열람(Access to file)한 후, 서면의견서(Reply to the Statement of Objections)를 제출하고, 청문(Oral hearing) 및 사건담당자와의 회의(State of Play meeting)에 참여하게 된다. 이러한 단계를 거친 후 집행위 경쟁총국에서 시정명령, 신고기각 결정, 경쟁법 적용배제 결정, 과징금 부과 제재 결정 등의 결정안을 작성하게 되며, 이러한 결정안은 개별 회원국 경쟁당국으로 구성된 자문위원회(Advisory Committee)와 논의 및 집행위 내 다른 업무를 담당하는 부서들과의 협의(Inter-service consultations)를 거쳐 유럽집행 위원 전체로 구성된 집행위원단 회의(College of Commissioners)에서 최종 결정된다. 유럽집행위원회는 이러한 최종 결정 이전에도 심각하고 회복할 수 없는 경쟁상 위험이 큰 경우, 직권으로 외견상 법 위반(*prima facie* finding of infringement)을 근거로 위반행위에 대해 임시금지 명령(Interim Measures)을 내릴 수 있다. 임시금지 명령은 특정한 기간을 정하여 적용해야 하며, 필요시 연장할 수 있다.

　EU 경쟁법은 행정적 비용을 절감하고 급변하는 시장 환경에 신속히 대응할 수 있도록 미국과 유사한 동의명령제를 두고 있다. 이에 따라 당사자들이 문제가 된 경쟁법상 우려를 해소시킬 수 있는 약속(Commitment)을 제시할 경우, 유럽집행 위에서 해당 행위의 법 위반 여부에 대한 판단 없이 조사를 종료하는 대신, 당사자들의 약속이 구속력을 갖도록 하는 결정을 내릴 수 있다. 당사자들이 약속을 이행하지 않거나 결정의 근거가 된 사실관계에 중대한 변화가 있는 경우, 또는 당초 당사자들이 제공한 정보가 불완전하거나 사실과 다를 경우 집행위는 언제든지 조사를 재개할 수 있다. 하드코어 카르텔과 같이 과징금 부과가 요구되는 사안에는 동의명령제가 적용되지 않으며, 동의명령제의 경우 조사과정에서 청문절차 및 심사보고서에 대한 의견서 제출 절차가 생략된다.

EU 경쟁법은 제101조 및 제102조 위반 행위에 대해 해당 사업자의 전년도 전세계 매출액의 10%까지 부과할 수 있는 매우 강력한 과징금 제도를 갖추고 있다. 이러한 10% 과징금 한도는 실체법 위반은 물론, 임시중지명령과 동의명령 위반 등 절차법 위반의 경우에도 적용된다. 또한 자회사의 위반행위에 대해 자회사의 중요 의사결정에 영향을 미친다고 판단되는 경우, 모회사에 대해서도 책임을 추정하여 공동으로 또는 분담하여 과징금을 납부하도록 하고 있다. EU 경쟁법은 과징금 부과 시 기본과징금을 산정한 후, 이에 가중 또는 감경요소를 반영하여 조정하는 2단계 과징금 산정방식을 사용하고 있다.

카르텔은 내부자의 신고가 없을 경우 적발하기 어렵다는 속성을 고려하여 내부자의 신고를 유도하기 위한 특별한 과징금 감면제도를 갖추고 있다. 이를 리니언시 감면(Leniency immunity) 제도라고 하는데, 카르텔 가담사실을 밝히고 EU 경쟁당국이 인정하는 정보와 증거를 최초로 제공한 사업체에 대해서는 과징금을 완전 면제해주며, 최초 신고자가 아닌 경우에도 중요한 증거를 제공한 후순위 사업자들에게도 과징금 일부 감면혜택을 주고 있다. 또한 심사과정에서 피심인들이 카르텔 가담사실을 인정하고 EU 경쟁당국이 제시한 심사보고서에 대해 서면의견 제출과 청문절차 등을 생략하여 신속한 사건처리에 협력하는 경우, 최종 부과과징금에서 10%를 감면해 주고 있는데, 이를 카르텔 합의절차(settlement procedure)라고 한다. 이러한 감면제도들은 모두 집행위 규칙의 형태로 도입되었다.

3) 기업결합 심사절차

기업결합규제에 관한 이사회 규칙(139/2004) 제4조 제1항은 EU 규모의 중요성을 가진 기업결합에 관하여 계약의 체결, 공개매수의 발표 또는 지배주식 취득 후

결합실시 이전까지 유럽집행위에 신고하도록 규정하고 있다. 해당 기업결합은 집행위 신고 및 집행위의 역내시장과 양립될 수 있다는 선언 이전까지 집행되어서는 안 된다. 다만 집행위는 당사자 기업 또는 제3자에게 미칠 영향 등을 고려하여 일정한 예외를 허용할 수 있다.

유럽집행위원회는 신고 접수 후 곧 제1단계 심사를 행한다. 심사 결과 1) 규제대상에 해당되지 않거나, 2) 규제대상에는 해당되나, 역내시장과 양립 가능할 경우 이를 결정의 형식으로 선언하며, 이에 따라 해당 기업결합은 원안대로 승인된다. 해당 기업결합이 규제대상에 해당되고, 역내시장과의 양립성에 대해 심각한 의심을 일으키는 것으로 인정되는 경우에는 2단계 심층심사 절차를 시작한다. 이러한 결정은 근무일 기준 25일 내에 이루어져야 한다. 단, 관계 회원국에서 이관을 요청한 경우 또는 당사자가 역내시장과 양립할 수 있도록 결합내용을 수정한 경우, 이 기간은 근무일 기준 35일까지 연장된다.

2단계 심층조사 단계에서 유럽집행위는 필요에 따라 정보요구, 현장조사 등을 통해 증거를 수집하고, 당사자에게 심사보고서를 송부한다. 당사자는 단계별로 자신의 의견을 표명할 기회를 갖는다. 유럽집행위는 자문위원회와의 협의를 거쳐 원안 승인, 조건부 승인, 또는 기업결합 금지 등의 최종적인 결정을 내리게 된다. 이러한 결정은 근무일 기준 90일 이내에 시행되어야 하며, 동 기간 중 이와 같은 결정이 없을 경우 역내시장 합치 선언으로 간주된다. 다만 당사자가 심층조사 개시 후 54일 이내에 역내시장과 양립할 수 있도록 결합내용을 수정한 경우, 동 기한은 105일로 연장된다. 당사자가 기한 연장을 요구하거나 유럽집행위가 연장을 요청하고, 당사자가 이에 동의하는 경우에도 기한이 연장될 수 있다. 그러나 이러한 기한 연장은 총 20일을 초과할 수 없다.

역내시장과 양립하지 않는 것으로 판정된 기업결합은 원칙적으로 금지된다. 집행위는 이미 실행된 기업결합에 대해 합병의 해소, 취득한 모든 주식 또는 자산의 처분 등을 통해 기업결합의 해제(dissolve)를 요구하고, 이를 보장하기 위한 적절한 조치를 명령할 수 있다. 집행위는 최종적인 판정 이전에도 특정한 경우 실효적인 경쟁조건을 유지하거나 회복시키기 위한 잠정조치를 취할 수 있다.

당사자 기업이 고의 또는 과실로 부정확한 또는 허위의 자료를 제공하는 경우,

당사자의 연간 총 매출액의 1%를 초과하지 않는 범위 내에서 과징금을 부과할 수 있다. 또한 당사자 기업이 고의 또는 과실로 기업결합을 신고하지 않거나 집행위의 결정에 반하여 기업결합을 실시한 경우에는 연간 총 매출액의 10%를 초과하지 않는 범위 내에서 과징금을 부과할 수 있다. 그밖에 집행위는 완전하고 정확한 자료의 제출, 현장조사 협조, 결정으로 부과된 의무의 이행 등을 강제하기 위해 당사자 기업에 대해 매일 평균 매출액의 5%를 초과하지 않는 범위 내에서 이행과징금을 부과할 수 있다.

[EU 경쟁법의 집행절차]

신고, 직권인지, 적용제외 확인요청

⇒ 초기평가 및 정식 조사

⇒ 심사보고서(Statement of Objections)

⇒ 자료접근열람 및 서면의견서 제출

⇒ 구술 청문(Oral hearing)

⇒ 자문위원회(Advisory Committee)와 논의

⇒ 집행위원회의 최종 결정

⇒ 결과 수용 or EU사법재판소 제소

---

2. 회원국 차원의 경쟁법 집행

1) EU 경쟁법과 회원국 경쟁법의 관계

EU 개별 회원국들은 EU 경쟁법과 별도로 각국의 독자적인 경쟁법을 제정하여 시행할 수 있다. 회원국 내에서의 거래에만 영향을 미치는 사안에 대해서는 회원국의 경쟁법 적용에 아무런 문제가 없겠지만, 회원국 간 교역에 영향을 미치는 사안에 대해서는 회원국의 경쟁법과 EU 경쟁법 간 충돌을 회피하기 위해 이들 간의 관계가 보다 명확히 규정될 필요가 있다. 이와 관련해서 경쟁 분야를 포함한

EU법 전체에 걸쳐 EU법 우위 및 직접효력의 원칙이 EU사법재판소의 판례를 통해 이미 확립되어 있다. 따라서 회원국 경쟁당국 및 국내법원도 EU 경쟁법과 자국의 경쟁법이 상충하는 경우 EU 경쟁법을 우선적으로 적용해야 할 의무가 있으며, 그렇지 않을 경우 이에 대해 유럽집행위원회 또는 여타 회원국이 EU사법재판소에 (의무)이행강제소송을 제기할 수 있으며, 자연인 또는 법인 등 사인의 경우도 회원국 국내법원에 EU법 위반을 근거로 제소할 수 있다. 국내법원에 대한 소송의 경우 국내법원은 EU법 해석에 관해 EU사법재판소에 선결적 평결을 요구할 수 있다.[29]

회원국 국내 경쟁법이 EU 경쟁법 보다 더 엄격한 수준을 요구할 수 있는지에 대해서는 해당 조치별로 차이가 있다. 2003년도 이사회 규칙은 EU기능조약 제101조에 따른 카르텔 등 경쟁제한적 협력행위에 대한 규제의 경우, 동 조항상 위반이 되지 않거나 적용면제로 되는 경우에는 회원국법에서도 위반으로 취급하지 않도록 함으로써 제101조보다 엄격한 국내법 집행을 금지하고 있다. 따라서 이러한 경쟁제한적인 협력행위에 대한 규제의 경우에는 각 회원국들이 국내 경쟁법을 EU 경쟁법과 조화시켜 나가야 한다. 반면 상기 이사회 규칙은 회사에 의해 취해진 단독적 행위에 대해서는 회원국이 보다 엄격한 국내법을 적용하는 것을 배제하지 않는다고 규정하고 있다. 이에 따라 제102조 조치, 즉 지배적 지위의 남용행위에 대한 조치의 경우에는 각 개별 회원국이 최소한 EU 경쟁법 수준의 규제를 보장하되, 정책적인 필요에 따라 EU 경쟁법보다 더 엄격한 국내 경쟁법 제정 및 집행을 허용하고 있다.

2) 회원국 경쟁당국에 의한 경쟁법 집행

계속적인 유럽집행위원회의 노력에 따라 경쟁법 집행이 EU 회원국 전체적으로 정착됨에 따라 유럽집행위는 그 집행권한을 점차로 회원국 경쟁당국에 이양하고, 대신 정책적인 중요성을 갖는 사건에 집중하는 추세를 보이고 있다. 회원국 확대와 경쟁법 적용이 필요한 새로운 분야의 출현 등으로 집행 업무가 급증하게 된 점도 이러한 추세에 기여하고 있는 것으로 보인다.

EU기능조약 제101조 및 제102조의 집행에 관한 1962년 이사회 규칙은 기업

---

29) 제8장 참조.

들이 이 규칙에 해당하는 조치들을 유럽집행위원회에 신고하도록 하고, 기본적으로 집행위가 이를 심사 후 승인 여부를 결정하도록 하고 있다. 그러나 2003년 이사회 규칙이 새로이 채택되면서 유럽집행위원회뿐만 아니라 회원국의 경쟁당국도 EU기능조약 제101조 및 제102조에 대한 집행권한을 갖게 되었다. 2003년 이사회 규칙 제5조는 회원국 경쟁당국이 EU기능조약 제101조 및 제102조를 적용할 권한이 있음을 명시하고 있다.[30]

이에 따라 동일한 경쟁법 위반 사건에 대해 EU 경쟁당국과 회원국 경쟁당국 간 관할권 중복의 문제가 발생한다. 유럽집행위원회와 회원국 경쟁당국은 유럽경쟁네트워크(ECN: European Competition Network)를 구성하여 사건의 배분과 규칙적용을 서로 조율하고 법집행 활동에 대한 정보를 공유하고 있다. 관련 유럽집행위원회 고시[31]에서는 관할권에 대해 상세히 규정하고 있는데, 기본적으로 3개 회원국 이상의 시장에 영향을 미치는 사건에 경우에는 집행위가 담당하고, 나머지 사건에 대해서는 법 위반 행위의 효력이 미치는 지역, 증거수집의 용이성, 사건처리 능력, 단호한 제재가능성 등을 고려하여 가장 적합한 상황에 있는 경쟁당국이 사건을 다루도록 하여 중복조사를 방지하고 자원을 효과적으로 활용할 수 있도록 하였다. 유럽집행위원회는 독자적으로 사건을 개시할 수 있고, 이 경우 회원국 경쟁당국은 동일행위에 대해 조사할 수 없으며, 조사가 진행 중인 사안은 절차를 중단한다.

또한 EU 전 회원국에 걸쳐 일관성 있고 통일된 방식으로 EU 경쟁법이 적용될 수 있도록 사건처리 과정에서도 유럽집행위원회, 특히 경쟁총국과 회원국 경쟁당국이 긴밀히 협력하고 있다. 예를 들어, 회원국 경쟁당국은 결정을 채택하기 30일 전에 반드시 집행위와 협의를 거쳐야 한다. 유럽집행위원회도 현장 조사 시 해당 지역 경쟁당국과 합동으로 조사를 진행하고, 피심인과의 청문과정에서 회원국 경쟁당국이 참여토록 통보하고 있으며, 최종 결정과정에 앞서 회원국 경쟁당국으로 구성된 자문위원회와의 협의를 거치는 등 경쟁법 집행과정에서 회원국 경쟁당국을 관여시키고 있다.

---

30) 기업결합심사의 집행위와 회원국 경쟁당국 간 관할권 문제는 앞 III.4 참조.
31) Commission Notice on Cooperation within the Network of Competition Authorities.

3) 회원국 법원에 의한 경쟁법 집행

BRT v. Sabam 사건[32])에서 EU사법재판소가 판결한 바와 같이, EU기능조약 제101조 및 제102조는 국내적으로 직접효력이 있으므로 회원국 국내법원은 국내 법원에 제소된 사건에 대해 EU 경쟁법을 적용하여 판단할 수 있다. 2003년 이사회 규칙은 제6조에서 국내법원이 제101조 및 제102조를 적용할 권한을 가진다는 점을 명시적으로 재확인하고 있다.

자연인이나 법인 등 사인의 경우 특정 회사의 경쟁법 위반행위로 인해 피해가 발생하였다고 하더라도 EU사법재판소에 직접 소송을 제기할 수 없고, 단지 유럽집 행위에 해당 위반행위를 신고할 수 있을 뿐이며, 사인의 신고에 대해 집행위가 반 드시 조사절차를 진행시켜야 할 의무가 있는 것은 아니다. 반면 사인의 경우에도 회원국 법원에 경쟁법 위반사건을 제소할 수 있고, 회원국 국내법에 근거하여 경쟁 법 위반사업자에 대한 손해배상청구소송 또는 금지소송을 제기할 수 있다. 이러한 점에서 볼 때, 사인의 경우에는 회원국 법원에 의한 경쟁법 집행절차가 보다 효과 적이라고 할 수 있다. 특히 최근 EU 지역 내 경쟁법 위반행위에 대한 집단소송 도입 움직임 등을 고려할 때, 회원국 법원의 역할이 보다 중요해지고 있다고 볼 수 있다.

회원국 국내법원은 재판과정에서 EU 경쟁법 위반 여부가 명확하지 않을 경 우, EU사법재판소에 선결적 평결을 요청하여 이에 따라 재판을 진행할 수 있다. 회원국은 자국 법원이 제101조와 제102조를 판단하는 경우, 즉시 유럽집행위원회 에 통보해야 한다. 아울러 회원국 법원은 유럽집행위원회의 결정과 상충하는 결정 을 내릴 수 없으며, 집행위가 조사를 진행하고 있는 사안에 대해서는 심리절차를 중단해야 한다. 반대로 회원국 법원은 유럽집행위원회에 경쟁법 적용에 관한 정보 와 의견 제출을 요청할 수 있다.[33])

---

32) *BRT v. Sabam* [1974] *ECR* 51, [1974] 2 *CMLR* 238.
33) Commission Notice on the Cooperation between the Commission and the National Courts.

V. 결 론

이상에서 EU의 통합과 함께 진행되어 온 EU 경쟁법과 경쟁정책의 발전과정과 주요 내용에 대해 살펴보았다. EU 경쟁법은 EU 단일시장의 형성 및 유지라는 여타 국가에서 볼 수 없는 독특한 정책목표와 함께 운영되고 있으며, 이에 따라 특정 회원국의 기업이 국가의 보조로 인해 유리한 경쟁여건을 누리지 못하도록 국가보조금에 대한 규제도 경쟁법 차원에서 다루고 있다. EU 경쟁법의 발전은 경쟁정책 및 법 집행을 담당하고 있는 유럽집행위원회와 공동체 사법기관인 EU사법재판소에서 주도하여 왔으나, 최근에는 경쟁법 집행이 회원국 차원에서도 정착되고 있고, 회원국 증가 및 경쟁정책 적용이 필요한 새로운 분야의 출현 등으로 경쟁업무가 폭증함에 따라 점차 개별 회원국의 경쟁당국과 국내법원이 큰 역할을 담당하고 있다.

EU회원국 간에 상품과 서비스, 자본과 인력의 이동을 자유화하는 역내시장을 형성하고, 이를 유지하는데 경쟁법과 경쟁정책이 중요한 역할을 하고 있다는 점에서 EU의 경쟁법 및 경쟁정책은 국제통상규범과 경쟁규범과의 교차점을 보여 준다고 할 수 있다. 전세계적으로 국가간 시장장벽이 점차 철폐되고 있는 상황에서 향후 두 분야의 연구가 병행되어야 할 필요성을 발견하게 된다. 또한 우리나라와 같이 FTA를 적극적으로 추진하고 있는 나라 입장에서 볼 때, FTA 체결을 통해 시장이 통합되는 상대국들과 경쟁분야 협력 강화도 함께 추진하는 것이 바람직하다고 보인다. 이러한 차원에서 한-EU FTA 발효에 앞서 2009년 7월 한-EU 경쟁협력협정이 체결된 것은 그 의미가 크다고 할 수 있다.

EU 경쟁법의 발전과정을 보면 제2차 세계대전 직후까지 그다지 경쟁 친화적이지 않았던 정책 환경에서 출발하여 오늘날 세계에서 가장 앞서 나가는 경쟁법 체제를 구축하기까지 유럽집행위와 EU사법재판소 간의 긴밀한 협력이 큰 역할을 하였음을 볼 수 있다. 경쟁정책이 EU법이 추구하고 있는 역내시장 형성에 핵심요소라는 공동의 인식하에 EU사법재판소의 각종 판결을 유럽집행위원회가 철저히 이행하는 동시에, 경쟁법 집행에 관한 유럽집행위원회의 권한을 EU사법재판소가

확인해 줌으로써 경쟁법 발전에 큰 기여를 하였는데, 이러한 경쟁당국과 사법부
간의 상호 협력은 여타 국가들에게도 좋은 모범사례로 평가된다.

2014년부터 2018년 3월 21일까지 32건의 카르텔에 대해 약 85억 유로(약 10조
9천억 원)의 과징금을 부과하는 등 EU의 경쟁법 집행은 약화되지 않고 있다.[34) 유
럽집행위원회는 엄격한 경쟁법 집행이 경제발전에 도움이 된다는 명분하에 카르텔
에 대한 강력한 대응입장을 계속적으로 유지하고 있으며, 특히 외국 기업들과의
경쟁에서 EU기업들이 자국의 경쟁법 때문에 불리한 여건에 처해지지 않도록 외국
기업들에 대해서도 EU 경쟁법의 역외적용을 적극적으로 실행하고 있는 상황이다.
이러한 상황에서 과징금 부과 등 불리한 대우를 받지 않기 위해서는 기업차원에서
도 EU 경쟁법에 대한 경각심을 갖고 철저한 사전대비가 필요하다. 한-EU 경쟁협
력협정 및 한-EU FTA 체결을 계기로 정부와 업계가 긴밀한 협력을 통해 EU 경쟁
법에 대한 이해를 제고하고, 이에 대한 대처방안을 함께 마련해 나가야 할 것으로
보인다.

---

34) http://ec.europa.eu/competition/cartels/statistics/statistics.pdf(2018년 4월 15일 방문).

제 4 장

EU법상 WTO 통상규범의 효력

Ⅰ. 서 론

유럽연합(European Union, 이하 'EU')은 EU사법재판소(Court of Justice of the European Union, 이하 'CJEU')[1]의 판결을 통해 자신이 회원으로 가입[2]하고 있는 세계무역기구(World Trade Organization, 이하 'WTO')를 규율하는 법과 WTO패널이나 항소기구가 내린 결정의 직접효력(direct effect)을 인정하지 않고 있다.[3] 따라서 EU

---

* 본 장은 이주윤, "WTO법의 직접효력에 관한 최신 CJEU의 입장 - CJEU의 *Biret, Van Parys, Ikea* 및 *FIAMM* 판결을 중심으로 -,"『국제법학회논총』제56권 제1호(2011년 3월), pp. 87-116 의 내용을 일부 수정을 거쳐 거의 그대로 발췌하였다.

1) 2007년 리스본조약에 의하여 EU사법재판소는 '사법재판소'(유럽(공동체)사법재판소(Court of Justice of the European Communities, 보통 European Court of Justice라 부름, 이하 'ECJ')의 명칭이 변경된 것임), '일반재판소'(일심재판소의 명칭이 변경된 것임)와 '전문재판소'(사법패널의 명칭이 변경된 것임)로 구성된다. 舊EU조약 제35조 제1항과 리스본조약에 의하여 개정된 EU조약 제19조 제1항, 제2항 참조.

2) 2009년 12월 1일자로 리스본조약이 발효함으로써, 법인격을 갖게 된 'EU'가 과거의 '유럽공동체'(European Communities, 이하 'EC' 또는 '공동체')를 대신하여 현재 WTO의 정식회원국으로 되어 있다. https://www.wto.org/english/thewto_e/countries_e/european_communities_e.htm(2018년 5월 25일 방문) 참조; 한편 WTO협정은 28개 EU회원국 전체와 EU가 함께 가입한 '혼합협정'(mixed agreement)에 해당한다. Piet Eeckhout, *External Relations of the European Union: Legal and Constitutional Foundations* (Oxford: Oxford University Press, 2004), pp. 190, 197-198; Nikolaos Lavranos, *Legal Interactions between Decision of International Organizations and European Law* (Groningen: Europa Law Publishing, 2004), pp. 27, 137; "국제기구, 그 회원국 일부 또는 전부 및 하나 이상의 제3국이 당사국이며, 동 국제기구 또는 회원국 중 어느 누구도 이행에 있어 완전한 권한을 갖지 않는 조약"으로 정의되는 혼합협정에 관한 자세한 설명은 Rass Holdgaard, *External Relations Law of the European Community: Legal Reasoning and Legal Discourses* (Alphen aan den Rijn: Kluwer Law International, 2008), p. 150; Trevor C. Hartley, *The Foundations of European Union Law: An Introduction to the Constitutional and Administrative Law of the European Union*, 7th ed. (Oxford: Oxford University Press, 2010), pp. 196-197 참조.

3) Oksana Tsymbrivska, "WTO DSB Decision in the EC Legal Order: Approach of the Community Courts," *Legal Issues of Economic Integration*, Vol. 37, No. 3, 2010, p. 185; Marco Bronckers, "From 'Direct Effect' to 'Muted Dialogue': Recent Developments in the European Courts' Case Law on the WTO and Beyond," *Journal of International Economic Law*, Vol. 11, No. 4, 2008, p. 885;

의 이차적 입법적 행위인 규칙(regulations)이나 지침(directives) 등이 WTO법을 위반한 것으로 보이거나 WTO분쟁해결기구(WTO Dispute Settlement Body, 이하 'DSB')가 WTO법의 위반을 결정한 경우에도, 관련 개인의 손해배상청구는 허용되지 않는다.[4] 현재 EU의 이러한 입장이 향후 빠른 시일 내에 변할 것 같아 보이지는 않지만, 지금도 여전히 매우 논쟁적인 테마로 인식되고 있다.[5]

특히 CJEU의 판결과 재판연구관(Advocate General, 이하 'AG')의 혁신적 의견을 통해 직접효력의 명시적인 허용 불가 입장이 간접적 인정 또는 인정 가능성을 열어 두는 것 같은 방향으로 선회하고 있는데, 이러한 일련의 판결들의 전개과정을 검토하는 것은 의미가 있다고 생각한다. 이를 위하여 2003년의 *Biret*, 2005년의 *Van Parys*, 2007년의 *Ikea* 및 2008년의 *FIAMM* 판결을 중심으로 CJEU의 입장 변화를 살펴보도록 하겠다. 무엇보다 본고에서는 EU법상 CJEU가 제시하는 WTO법 직접효력의 부인 근거를 자세히 검토하고, 이에 상반되는 주장을 주지한 후, EU법과 WTO법의 관계 정립에 있어 CJEU가 취해야 할 방향을 제안하도록 할 것이다.

II. WTO법의 직접효력에 관한 최근 CJEU의 판례법

1. CJEU의 전통적 입장과 예외

WTO법은 회원국으로 하여금 국내법상 직접효력을 부여할 의무를 지우지 않으며, WTO법과 국내법과의 구체적 관계를 설정하는 것은 국내재판소의 몫이다.[6]

본고에서 다루고 있지 않는 GATT 시절과 WTO 초기 단계에서 ECJ가 판단한 주요 판결인 1975년의 *International Fruit Company*, 1989년의 *Fediol v Commission*, 1991년의 *Nakajima v Council*, 1994년의 *Germany v Council*(일명, 바나나사건), 1999년의 *Portugal v Council* 사건들에 관한 자세한 내용은 Trevor C. Hartley, *European Union Law in a Global Context: Text, Cases and Materials* (Cambridge: Cambridge University Press, 2004), pp. 239-251; Holdgaard, *supra* note 2, pp. 276-284; Eeckhout, *supra* note 2, pp. 247-250, 292-299; Lavranos, *supra* note 2, pp. 36-38 참조.

4) Bronckers, *supra* note 3, p. 885.

5) Tsymbrivska, *supra* note 3, p. 185.

6) Thomas Cottier, "A Theory of Direct Effect in Global Law," in Armin von Bogdandy·Petros C. Mavroidis and Yves Mény (eds.) *European Integration and International Co-ordination: Studies in Transnational Economic Law in Honour of Claus-Dieter Ehlermann* (The Hague: Kluwer Law

CJEU는 1974년 이후 EU기능조약 제218조(舊EC조약 제300조)[7]에 따라 이사회가 체결한 국제조약이 "공동체법체제의 필수적 부분"(integral part of the Community legal system)임을 확립하였으며,[8] 조약준수의 원칙(principle of *pacta sunt servanda*)을 규정하고 있는 EU기능조약 제216조 제2항(舊EC조약 제300조 제7항)은 국제조약에 이차적 입법적 행위보다 상위의 지위를 부여하고 있는데, 이는 GATT 1947과 WTO법에 모두 적용된다.[9] 특히 동 조항은 일원론적 접근법에 따라 공동체가 체결한 조약의 완전한 직접효력과 우위를 확립한 것으로 주장되기도 하지만, 직접효력과 EU법우위의 원칙은 사건에 따라 재판소의 해석을 통해 발전되어 왔다.[10]

이러한 가운데 CJEU는 일관되게 EU법질서 속에서 GATT와 WTO법의 직접효력을 부인하는 판결을 내려왔다.[11] 그러나 동 결정으로 고통을 받는 개인은 여전히 희망을 저버리지 않고 계속해서 CJEU에 사건을 의뢰하고 있다.[12] 특히 무역업을 하는 개별영업자들은 EU기능조약 제340조 제2항(舊EC조약 제288조 제2항)[13]에 따라 공동체 기관의 비계약책임(non-contractual liability)으로부터 발생한 손해배상청

International, 2002), p. 103(Tsymbrivska, *supra* note 3, p. 187에서 재인용).

7) 舊EC조약 제300조는 리스본조약의 발효로 'EU기능조약'(Treaty on the Functioning of the European Union, 보통 'TFEU'라 부름) 제218조로 개정되었다.

8) Case 181/73 *R. & V. Haegeman v Belgian State* [1974] ECR 449, para. 5.

9) Case C-61/94 *Commission v Germany* [1996] ECR I-3989, para. 52; Christian Tietje, "The Status of International Law in the European Legal Order: The Case of International Treaties and Non-Binding International Instruments," in Jan Wouters·André Nollkaemper and Erika de Wet (eds.), *The Europeanisation of International Law: The Status of International Law in the EU and its Member States* (The Hague: T.M.C Asser Press, 2008), p. 58; Eeckhout, *supra* note 2, pp. 276-277; Lavranos, *supra* note 2, p. 28.

10) Eeckhout, *supra* note 2, p. 277.

11) Bronckers, *supra* note 3, pp. 885, 897; Fabrizio Di Gianni and Renato Antonini, "DSB Decision and Direct Effect of WTO Law: Should the EC Courts be More Flexible when the Flexibility of the WTO System has Come to an End?," *Journal of World Trade*, Vol. 40, No. 4, 2006, p. 777; 한편 흥미롭게도 EU회원국 중 독일, 아일랜드, 네덜란드 국내재판소는 TRIPs협정의 직접효력을 수락하였다. Peter Van den Bossche, *The Law and Policy of the World Trade Organization: Text, Cases and Materials*, 2nd ed. (Cambridge: Cambridge University Press, 2008), p. 70, fn. 277.

12) Enrico De Angelis, "Effects of WTO Law and Rulings into the EC Domestic Legal Order - A Critical Review of the Most Recent Developments of the ECJ Case-Law: Part 1," *International Trade Law and Regulation*, Vol. 15, No. 3, 2009, p. 88.

13) "In the case of non-contractual liability, the Union shall, in accordance with the general principles common to the laws of the Member States, make good any damage caused by its institutions or by its servants in the performance of their duties."; 동 조항은 'Community'가 'Union'으로 바뀐 것을 제외하고는 변경되지 않았다.

구와 EU기능조약 제263조(舊EC조약 제230조)[14])에 따라 이차적 입법적 행위의 합법성에 의문을 제기하는 취소소송을 신청하여 왔다.[15])

EU법상 직접효력은 개인이 국내 및 EU재판소에서 문제의 EU조치(정확히 말해, 구속력을 가진 모든 EU법)를 원용하는 것을 가능하게 해주는데, ECJ는 *Van Gend en Loos* 사건에서 발전시킨 공식, 즉 당해 조치의 규정은 분명하고 정확하며(clear and precise), 회원국 당국에 어떠한 재량도 허용하지 않으며(leave no discretion to the authorities of the Member State), 무조건적이며(unconditional), 공동체 또는 회원국에 의한 추가적 이행을 필요로 하지 않는다(require no further implementation by either the Community or the Member State)는 요건을 만족시켜야 직접효력을 갖는다고 판결하여 왔다.[16]) 그리하여 ECJ는 GATT 1947 또는 WTO법의 직접효력과 관련하여, 먼저 위에서 언급한 조건을 충족하는지를 분석하고, 이후 WTO협정의 목적과 문맥에 비추어 관련 조항을 검토하였다.[17]) 동 재판소가 WTO법의 직접효력을 부인한 이론적 및 실제적 이유에 대해서는 다음 장에서 자세히 검토할 것이다.

CJEU는 현재까지, 다음 두 가지 상황에서 예외적으로 WTO법의 직접효력을 인정한 바 있는데, 소위 *Nakajima* 예외와 *Fediol* 예외가 그것이다. 즉, 공동체가 특정한 의무(반덤핑의무)를 이행하려고 의도하거나(*Nakajima* 사건), 공동체 조치가 GATT의 정확한 규정을 명시적으로 언급한 경우에(*Fediol* 사건) 직접효력을 인정하였다.[18]) 그러나 실제적 관점에서 볼 때, CJEU가 인정한 두 가지 예외는 원용의

---

14) 동 조항의 내용상 변경된 사항은 본고의 범위를 벗어나므로 생략하기로 한다.

15) De Angelis, *supra* note 12, p. 89.

16) Case 26/62 *NV Algemene Transport- en Expeditie Onderneming van Gend & Loos v Netherlands Inland Revenue Administration* [1963] ECR 1; Case 104/81 *Hauptzollamt Mainz v C.A. Kupferberg & Cie KG a.A..* [1982] ECR 3641, para. 23; Paul Craig and Gráinne de Búrca, *EU Law: Text, Cases, and Materials*, 4th ed. (Oxford: Oxford University Press, 2008), pp. 268, 273; Hartley, *supra* note 2, pp. 210-214; Pieter Jan Kuijper and Marco Bronckers, "WTO Law in the European Court of Justice," *Common Market Law Review*, Vol. 42, No. 5, 2005, p. 1318; De Angelis, *supra* note 12, p. 89; Lavranos, *supra* note 2, p. 35.

17) De Angelis, *supra* note 12, pp. 89, 90.

18) Case C-69/89 *Nakajima All Precision Co. Ltd v Council of the European Communities* [1991] ECR I-2069, para. 31; Case 70/87 *Fédération de l'industrie de l'huilerie de la CEE (Fediol) v Commission of the European Communities* [1989] ECR 1781, paras. 19-22; Tsymbrivska, *supra* note 3, p. 185; De Angelis, *supra* note 12, p. 89; Lavranos, *supra* note 2, pp. 38, 138; Bronckers, *supra* note 3, p. 887; Gianni and Antonini, *supra* note 11, p. 777; Hartley, *supra* note 2, p. 199; Van den Bossche, *supra* note 11, p. 69; Anne Thies, The Liability of the European Community for Conduct

여지가 많지 않은 매우 제한적 상황에서만 적용될 뿐이므로 중요한 의미를 갖는다고 보기는 어려울 수 있다.[19] 한편 위에서 살펴본 CJEU의 전통적 입장은 최근 들어 패널 및 항소기구의 결정과 관련하여 모순점이 있긴 하지만 약간씩 변경되고 있는데, 아래에서 자세히 살펴보도록 하겠다.

2. *Biret* 사건

1) 사실관계와 CFI의 판결

프랑스에서 육류유통사업을 위해 설립되었다가 법정파산절차에 들어간 Biret International SA사(社)(이하 'Biret사')와 모회사인 Établissements Biret et Cie SA사(社)는 특정한 호르몬 처리가 된 쇠고기 및 송아지 고기에 대한 공동체로의 수입을 금지한 지침(Directives 81/602/EEC, 88/146/EEC, 96/22/EC)의 채택으로 피해를 입었다며, 2000년에 일심재판소(Court of First Instance, 이하 'CFI')에 舊EC조약 제288조 제2항을 근거로 손해배상을 청구하였다.[20] 이에 앞서 1996년 1월과 6월에 각각 미국과 캐나다는 위에서 언급한 EC의 지침이 WTO규정을 위반하였다며 패널에 판단을 청구하였고, 1997년 8월 18일 패널은 보고서에서 공동체가 SPS협정의 여러 규정을 위반하였다고 판단하였다. 이에 공동체는 항소하였고, 1998년 2월 13일 항소기구는 EC의 수입금지가 SPS협정의 제3조 제3항과 제5조 제1항에 합치되지 않는다고 결정한 보고서를 채택하였다. 공동체는 WTO의 법적 의무를 준수할 의향이 있지만 합리적 이행기간이 필요하다고 요청하여, 1999년 5월 13일자로 만료하

---

in the Context of International Trade Disputes, Dr. dissertation, München Uni., 2009, pp. 127-128; Eeckhout, *supra* note 2, pp. 299, 316-319; Kuijper and Bronckers, *supra* note 16, pp. 1323-1324; 소위 *Nakajima* 예외는 *Petrotub* 사건(Case C-76/00 P *Petrotub SA and Republica SA v Council of the European Union* [2003] ECR I-79)에서도 재확인되었다. *Ibid.*, p. 1347.

19) De Angelis, *supra* note 12, p. 92; 이후 CJEU가 위의 예외들을 적용하는데 있어 취한 보수적인 태도에 대해 많은 학자들은 비판하였다. Gianni and Antonini, *supra* note 11, p. 777, fn. 7.

20) Case T-174/00 *Biret International SA v Council of the European Union* [2002] ECR II-17, para. 23; Case T-210/00 *Établissements Biret et Cie SA v Council of the European Union* [2002] ECR II-47, para. 24; 동 사건에 관한 자세한 평석은 Anne Thies, "Case C-93/02, *Biret International SA v. Council: Biret* and beyond: The status of WTO rulings in EC Law," *Common Market Law Review*, Vol. 41, No. 6, 2004, pp. 1661-1682 참조.

는 15개월간의 이행기간을 부여받았다.[21]

2002년 1월 22일, CFI는 DSB 판결과 SPS협정의 직접효력 문제는 개별적으로 검토되어야 한다는 원고의 주장에도 불구하고, DSB 판결이 기초로 하고 있는 SPS 협정이 EC법상 직접효력을 갖지 않기 때문에 간단히 DSB의 결정도 직접효력을 갖지 않는다고 판결해 버렸다.[22] 또한 "WTO협정의 목적은 경제적 통합을 위해 국가 또는 지역기구 간의 관계를 규율하기 위한 것이지, 개인을 보호하기 위한 것은 아니다"라고 강조하며, 원고의 청구를 기각하였다.[23]

2) AG Alber의 견해와 ECJ의 판결

원고가 항소하자, 2003년 5월 13일 AG Alber는 소위 "코페르니쿠스의 혁신"(Copernican innovation)이라 불릴만한 진보적 입장, 즉 공동체는 합리적 기간 내의 DSB 판결의 불이행과 이로 인해 경제운영자(economic operators)에게 야기된 손해에 대해 EC법상 책임이 있을 수 있다는 견해를 제시하였다. 더 나아가, 그는 이런 상황에서는 DSB 판결이 직접효력을 가지며 개인은 ECJ에 소송을 제기할 수 있다고 보았다.[24] Alber는 일단 DSB 판결이 채택되면 WTO회원은 이행에 관한 재량적 권한이 제한되어 즉시 무조건적으로 이를 이행하여야 하며, 舊EC조약 제288조 제2항의 직무책임소송(Amtshaftungsklage)[25]에서 WTO법의 직접적용성(direct applicability)을 승인하는 것이 이행방법 결정에 관한 공동체의 입법 및 행정기관의 권한을 제한하는 것은 아니라고 판단하였다.[26] 그러나 WTO법의 직접적용성이

---

21) CFI, *Biret, supra* note 20, paras. 7-14; CFI, *Établissements Biret, supra* note 20, paras. 7-14; *European Communities-Measures Concerning Meat and Meat Products (Hormones)*, WT/DS26/R, WT/DS48/R, WT/DS26/AB/R, WT/DS48/AB/R.

22) De Angelis, *supra* note 12, p. 95; Tsymbrivska, *supra* note 3, p. 190.

23) CFI, *Biret, supra* note 20, paras. 62, 69; CFI, *Établissements Biret, supra* note 20, paras. 72, 79.

24) Opinion of Advocate General Alber delivered on 15 May 2003 in Case C-93/02 P *Biret International SA v Council of the European Union*, paras. 114, 127; Geert A. Zonnekeyn, "EC Liability for the Non-Implementation of WTO Dispute Settlement Decisions - Advocate General Alber Proposes a 'Copernican Innovation' in the Case Law of the ECJ," *Journal of International Economic Law*, Vol. 6, No. 3, 2003, p. 761; Tsymbrivska, *supra* note 3, p. 190; Gianni and Antonini, *supra* note 11, p. 781.

25) 동 소송과 관련하여서는 아래 Ⅲ.3.1)에서 자세히 논하도록 하겠다.

26) Opinion of Advocate General Alber, *supra* note 24, paras. 83, 93, 95.

Biret사에게 공동체로 하여금 수입금지조치의 폐지와 같은 특정한 조치를 취하도록 요구할 권리가 있다는 것은 아니며, 다만 일정한 조건이 만족되는 경우 금전적 손해배상은 받을 수 있다는 의미임을 강조하였다.[27] 한편 상호주의 원칙과 관련하여, 그는 직무책임소송에서 WTO법의 직접효력을 인정한다 하더라도 공동체의 교섭 권한이 영향을 받을 것 같지는 않으며, 다른 WTO회원과 비교하여 공동체 지위를 훼손하지는 않을 것이라고 설명하였다.[28]

그러나 2003년 9월 30일, ECJ는 원고가 소송을 제기한 시점이 공동체가 WTO 의무를 이행하기 위해 DSB에 의하여 주어진 합리적 기간이 만료되기 전이라는 이유로 AG Alber의 견해를 채택하지는 않았다.[29] 즉, ECJ는 1999년 5월 13일 이후 손해가 발생하지 않은 상황에서 EC는 어떠한 책임도 지지 않으므로, 공동체의 불이행의 결과 발생한 Biret사의 손해를 고려할 필요가 없다는 결론을 내렸다.[30] 그러나 동 재판소는 DSB 판결의 법적 효력에 관한 문제와 WTO법의 직접효력에 관한 문제는 별개라는 사실을 인정하며, 과거의 판례에서와는 달리 열린 태도를 취하는 듯 보였다.[31]

3) 평가

Biret 사건의 판결은 DSB 판결의 불이행에 대한 공동체 책임과 관련한 논쟁의 물꼬를 튼 판결로 평가된다. 특히 ECJ는 이행을 위한 합리적 기간이 만료되어 손해가 발생한 경우에 배상이 이루어져야 하는지에 대해서는 명시적으로 공언하지 않았기 때문에, 배상 가능성을 반 쯤 열어둔 것처럼 보인다.[32] 그러나 2005년, CFI는

---

27) *Ibid.*, paras. 93, 94.

28) *Ibid.*, para. 102; De Angelis, *supra* note 12, p. 96; Gianni and Antonini, *supra* note 11, p. 782.

29) Case C-93/02 P *Biret International SA v Council of the European Union* [2003] ECR I-10497, paras. 61-64; Case C-94/02 P *Établissements Biret et Cie SA v Council of the European Union* [2003] ECR I-10565, paras. 64-67.

30) Geert A. Zonnekeyn, "EC Liability for Non-Implementation of WTO Dispute Settlement Decisions - Are the Dice Cast?," *Journal of International Economic Law*, Vol. 7, No. 2, 2004, p. 488; Tsymbrivska, *supra* note 3, p. 191.

31) De Angelis, *supra* note 12, p. 96; Gianni and Antonini, *supra* note 11, p. 784; 한편 아래에서 살펴볼 *FIAMM* 사건에서는 두 개를 구분할 기준이 없다며, 동 의견을 부인하는 판결이 내려졌다. Tsymbrivska, *supra* note 3, p. 191.

32) Zonnekeyn, *supra* note 30, pp. 483, 484, 488; Van den Bossche, *supra* note 11, p. 69; Tsymbrivska,

Chiquita 사건에서 당사국 간의 협상의 여지는 심지어 이행을 위한 합리적 기간이 종료된 이후에도 존재한다고 판결함으로써, 위의 입장을 뒤집었다.[33]

한편 Alber의 견해와 관련하여 많은 학자들은 상호주의와 관련한 그의 논거를 비난하였는데, 특히 Bodgandy 교수는 그의 상호주의 주장은 정치적이며 법적으로는 관련이 없다고 설명하면서, 상호주의 원칙은 법적 평등원칙(principle of legal equality)으로부터 기인한 것이며, 상호주의를 근거로 한 WTO법의 직접효력 부인은 이러한 헌법적 원칙에 의하여 정당화된다고 보았다.[34] 또한 DSB의 판결은 준회원협정의 결정과 같이 입법적이 아닌 해석적이고 사법적인 성격을 가지므로, 동 판결에 법적 효력을 부여하는 것은 어렵다고 보았다.[35]

3. *Van Parys* 사건

1) 사실관계

ECJ는 2002년 10월 21일, 벨기에 Raad van State(국가평의회, Council of State)의 선결적 부탁절차에 의하여, 공동체 바나나시장의 공동조직을 설립하는 이사회규칙 (Council Regulations (EEC) No 404/93, (EC) No 1637/98)과 집행위원회규칙 (Commission Regulations (EC) Nos 2362/98, 2806/98, 102/1999, 608/1999)의 합법성에 관하여 판단하여 줄 것을 요청받았다. 동 사건은 벨기에에서 설립되어 20년 이상 에콰도르로부터 바나나를 수입하던 Léon Van Parys NV사(社)(이하 'Van Parys 사')와 위에서 언급한 공동체규칙에 의하여 에콰도르와 파나마에서 생산되는 바나

---

supra note 3, pp. 186, 191-192; Holdgaard, *supra* note 2, pp. 286-287; 그러나 어쨌든 ECJ의 태도는 매우 조심스러우며, 모든 가능성을 열어둔 것처럼 보인다는 견해도 있다. Armin von Bogdandy, "Legal Effects of World Trade Organization Decisions Within European Union Law: A Contribution to the Theory of the Legal Acts of International Organizations and the Action for Damages Under Article 288(2) EC," *Journal of World Trade*, Vol. 39, No. 1, 2005, pp. 47-48.

33) Case T-19/01 *Chiquita Brands International, Inc., and Others v Commission of the European Communities* [2005] ECR II-315, paras. 162-164; Tsymbrivska, *supra* note 3, p. 192; Gianni and Antonini, *supra* note 11, p. 786; *Chiquita* 사건에서 보여준 이러한 입장은 이후 *Van Parys* 사건에서도 그대로 이어졌다. *Ibid.*, p. 790; 또한 동 사건은 *Biret* 사건과 마찬가지로, WTO법과 DSB 판결의 직접효력은 별개의 문제라는 사실을 인정하였다. *Ibid.*, p. 785.

34) Von Bogdandy, *supra* note 32, p. 52; De Angelis, *supra* note 12, p. 96.

35) Von Bogdandy, *supra* note 32, pp. 49, 57; Thies, *supra* note 18, p. 116.

나의 일정량에 대해 수입허가서 발부를 거부한 벨기에행정당국(BIRB) 사이의 분쟁
이다.36) Van Parys사는 BIRB의 결정이 기반을 두고 있는 당해 공동체규칙이 WTO
협정에 합치되지 않기 때문에 불법이라며 동 소송을 제기하였다.37)

2) AG Tizzano의 견해와 ECJ의 판결

Biret 사건과의 가장 큰 차이는 동 소송이 손해배상을 위한 것이 아니라, EC조
치의 무효선언을 위한 것이라는 사실이다. 그러나 *Van Parys* 사건에서 AG Tizzano
는 *Biret* 사건의 Alber의 견해 및 결론의 상당부분을 공유하고 있는데, 그중에서
DSB 판결을 이행하는 것 이외에 다른 대안은 없으며, 해당 의무는 당사국 간의
협상에 의해서도 회피할 수 없다고 언급한 것은 주목할 만하다.38) 2004년 11월
18일, Tizzano는 DSB 판결은 공동체 조치의 합법성을 판단하는 기준으로 고려되
어야 하며, 재판소는 반대결론에 이르는 법적 주장을 승인해서는 안 된다고 강조하
였다. 이어 그는 바나나수입제도에 부여된 합리적 기간이 종료된 이후에도 공동체
의 동 제도가 여전히 WTO협정에 합치되지 않기 때문에, 모든 관련 규칙은 무효로
간주되어야 한다고 결론지었다.39)

2005년 3월 1일, ECJ는 Tizzano의 견해와는 대조적으로 매우 보수적인 입장
을 취하며, 비록 패널이나 항소기구가 공동체법이 WTO협정에 합치되지 않는다
고 판단하였더라도, Van Parys사가 해당 공동체법의 위반을 주장하며 ECJ에 소
송을 제기할 권리는 없다고 판결하였다.40) 왜냐하면 WTO 분쟁해결제도가 당사
국 간의 협상에 상당한 중요성을 부여하고 있는 상황에서, 재판소에 WTO협정과

---

36) Case C-377/02 *Léon Van Parys NV v Belgisch Interventie- en Restitutiebureau (BIRB)* [2005] ECR
I-1465, paras. 1-2, 31-34; 동 사건에 관한 자세한 평석은 Delphine De Mey, "The Effect of WTO
Dispute Settlement Rulings in the EC Legal Order: Reviewing *Van Parys v Belgische Interventie-
en Restitutiebureau* (C-377/02)," *German Law Journal*, Vol. 6, No. 6, 2005, pp. 1025-1031;
Nikolaos Lavranos, "The *Chiquita* and *Van Parys* Judgments: An Exception to the Rule of Law,"
Legal Issues of Economic Integration, Vol. 32, No. 4, 2005, pp. 449-460 참조.
37) ECJ, *Van Parys, supra* note 36, para. 35.
38) Opinion of Advocate General Tizzano delivered on 18 November 2004 in Case C-377/02 *Léon Van
Parys NV v Belgisch Interventie- en Restitutiebureau (BIRB)*, para. 57; De Angelis, *supra* note 12,
p. 97; Tsymbrivska, *supra* note 3, p. 193; Gianni and Antonini, *supra* note 11, pp. 787-788.
39) Opinion of Advocate General Tizzano, *supra* note 38, paras. 73, 106-107.
40) ECJ, *Van Parys, supra* note 36, paras. 38, 54.

합치되지 않는 국내법의 적용을 삼가라고 요구하는 것은 체약국의 입법 또는 행정기관이 협상을 통해 분쟁을 해결할 수 있는 가능성을 빼앗는 결과를 가져올 수 있기 때문이다. 또한 ECJ는 상호주의 논거와 관련하여 공동체법이 WTO협정에 합치되도록 보장할 직접적 책임을 갖는다고 인정하는 것은 공동체의 입법 또는 행정기관으로부터 무역상대국의 동일기관이 향유하는 재량을 박탈하는 것이라고 결정하였다.[41]

3) 평가

동 사건에서 ECJ의 매우 보수적 논거는 *Biret* 사건에서 제시되었던 직접효력의 가능성을 부정하고, 취소소송에서 WTO법의 직접효력을 인정하지 않는 기존의 판례법을 확인하며, DSB가 EC법의 WTO법 불합치성을 결정한 경우에도 역시 직접효력을 부인함으로써 판례의 적용범위를 확대시켰다. 또한 ECJ는 이러한 입장이 DSB에 의하여 주어진 합리적 이행기간이 만료된 이후에도 이행 문제에 있어 상호 수락할만한 해결에 도달할 때까지는 여전히 유효하다는 태도를 보여주었다.[42] 또한 *Van Parys* 사건은 DSB 판결을 준수하기 위해 채택된 공동체 조치와 이를 이행하기 위한 조치를 구별함으로써, *Nakajima* 예외의 적용을 회피하기 위한 방안을 확립하였다.[43]

4. *Ikea* 사건

1) 사실관계

ECJ는 2004년 8월 16일, 영국 1심법원(High Court of Justice of England and Wales) 형평법부(Chancery Division)의 선결적 부탁절차에 의하여 이집트, 인도 및 파키스탄에서 생산된 면 소재 침대보의 수입에 확정 반덤핑관세를 부과한 이사회규칙(Council Regulation (EC) No 2398/97)이 DSB 판결에 의하여 해석된 WTO반덤

---

41) *Ibid.*, paras. 42, 48, 51, 53.
42) De Angelis, *supra* note 12, pp. 98-99; Tsymbrivska, *supra* note 3, pp. 194-195.
43) *Ibid.*, p. 195.

핑협정과 공동체법(반덤핑규칙 384/96)[44]에 비추어 합법인지와 추후 채택된 이사회규칙들(Council Regulations Nos 1644/2001, 160/2002, 696/2002)이 반덤핑규칙 384/96에 합치되는지에 관하여 판단하여 줄 것을 요청받았다. 동 사건은 Ikea Wholesale Ltd사(社)(이하 'Ikea사')와 동 회사가 지불한 파키스탄과 인도가 원산지인 면 소재 침대보 수입에 대한 반덤핑관세의 상환을 거부한 관세 및 소비세 행정관(Commissioners of Customs & Excise) 사이의 소송으로부터 기인하였다.[45]

원고는 EC가 WTO반덤핑협정 제2.4.2조(덤핑마진 산정방식 - 제로잉)와 제2.2.2(ii)조(이윤산출방식)에 합치되지 않게 행동하였다고 판단한 2001년 3월 12일의 WTO 항소기구 보고서의 결론[46]을 토대로 이사회규칙 2398/97이 불법이라고 주장하였다.[47] 이후, EC가 DSB의 권고를 이행하기 위하여 취한 조치, 즉 침대보에 대한 반덤핑조치를 재평가한 이사회규칙 1644/2001과 손해와 인과관계의 결정을 재평가한 이사회규칙 696/2002와 관련하여, 2003년 4월 24일 항소기구는 EC가 반덤핑협정 피해판정에 관한 제3.1조와 제3.2조에 합치되지 않게 행동하였다고 판결하였다.[48]

2) AG Léger의 견해와 ECJ의 판결

2006년 4월 6일, AG Léger는 패널과 항소기구 결정의 구속력이 ECJ의 관련 법률 해석에 영향을 미침으로써, 공동체의 목적을 수행하는 공동체법질서의 자치를 위협할 것이라고 보았다. 따라서 그는 패널과 항소기구 보고서는 여전히 정치적

---

44) 공식명칭은 '유럽공동체 회원국이 아닌 국가의 덤핑수입품으로부터의 보호에 관한 1995년 12월 22일자 이사회규칙 384/96'(Council Regulation (EC) No 384/96 of 22 December 1995 on protection against dumped imports from countries not members of the European Community)이다. Case C-351/04 *Ikea Wholesale Ltd v Commissioners of Customs & Excise* [2007] ECR I-7723, para. 3 참조.

45) ECJ, *Ikea, supra* note 44, paras. 1-2, 25, 26, 36; 동 사건에 관한 자세한 평석은 Christoph Herrmann, "Case C-351/04, *IKEA Wholesale Ltd v. Commissioners of Customs & Excise*, Judgment of the Court of Justice of 27 September 2007, Second Chamber [2007] ECR I-7723," *Common Market Law Review*, Vol. 45, No. 5, 2008, pp. 1507-1518 참조.

46) *European Communities - Antidumping Duties on Imports of Cotton-type Bed Linen From India*, WT/DS141/AB/R.

47) ECJ, *Ikea, supra* note 44, paras. 16-18, 21.

48) *European Communities - Anti-Dumping Duties on Imports of Cotton-Type Bed Linen from India - Recourse to Article 21.5 of the DSU by India*, WT/DS141/RW.

기관인 WTO일반이사회에 의해 채택되는 단지 권고에 불과하며, ECJ를 구속하지 않는다는 견해를 제시하였다.[49]

ECJ는 2007년 9월 27일자 판결에서 Léger의 보수적 견해와 동일한 입장을 채택하였다.[50] ECJ는 먼저 *Biret* 사건과 *Van Parys* 사건의 판결문을 그대로 반복하였는데, 즉 WTO협정의 성격과 구조상, 동 협정은 원칙적으로 ECJ가 공동체 기관에 의하여 채택된 조치의 합법성을 심사할 수 있는 규칙에 포함되지 않는다고 언급하였다.[51] ECJ는 WTO반덤핑협정을 기초로 공동체의 반덤핑관세를 심사하는 것은 명시적으로 거부하였지만, 공동체기관이 덤핑마진 계산에 있어 제로잉관행을 인정하고 있지 않는 공동체법, 즉 반덤핑규칙 384/96의 제2조 제11항(이는 WTO반덤핑협정 제2.4.2조와 내용이 일치한다)에 합치되지 않는 방법으로 이사회규칙 2398/97에 따라 동 관행을 적용함으로써 명확히 실수를 범하였다고 보아, 침대보에 매겨진 반덤핑관세를 무효라고 판결하였다.[52]

3) 평가

ECJ는 DSB 판결의 직접효력을 부인하는 추가적 근거는 제시하시 않고, 동 판결의 직접효력 문제로부터 가능한 한 많이 벗어나서, 간접효력(indirect effect)을 부여하기 위한 작업에 모든 노력을 집중한 것으로 보인다.[53] Bronckers 교수는 ECJ가 개인이 WTO법을 기반으로 EC조치의 합법성에 이의를 제기할 수 없는 한, 가능한 한 WTO법에 합치게 EC조치를 해석하려는 의도(즉, 간접효력 혹은 조약합치해석의 원칙)를 보여주고 있음을 지적하였다.[54] 이러한 접근법은 WTO법의 직접

49) Opinion of Advocate General Léger delivered on 6 April 2006 in Case C-351/04 *Ikea Wholesale Ltd v Commissioners of Customs & Excise,* paras. 78-79, 94; Tsymbrivska, *supra* note 3, p. 199.
50) Enrico De Angelis, "Effects of WTO Law and Rulings into the EC Domestic Legal Order - A Critical Review of the Most Recent Developments of the ECJ Case-Law: Part 2," *International Trade Law and Regulation*, Vol. 15, No. 4, 2009, p. 138.
51) ECJ, *Ikea, supra* note 44, para. 29(ECJ, *Biret, supra* note 29, para. 52; ECJ, *Van Parys, supra* note 36, para. 39 참조).
52) ECJ, *Ikea, supra* note 44, paras. 35, 41-42, 57, 65.
53) De Angelis, *supra* note 50, p. 139.
54) Marco Bronckers, "Private Appeals to WTO Law: An Update," *Journal of World Trade*, Vol. 42, No. 2, 2008, pp. 256-257; Bronckers, *supra* note 3, p. 888.

효력을 반대하는 측에서도 지지를 받고 있으며,[55) 동 사건의 ECJ 역시 WTO 판결과의 불합치성을 회피하기 위하여 WTO 항소기구가 거부한 제로잉관행을 잘못되었다고 판결함으로써 이러한 입장을 채택하고 있는 것으로 보인다.[56)

5. *FLAMM* 사건

1) 사실관계와 CFI의 판결

동 사건은 이사회규칙(Council Regulation (EEC) No 404/93)에 의하여 확립된 공동체의 바나나수입제도에 관한 것으로, 이미 공동체 재판소에서 여러 차례 분쟁이 야기되었던 EC와 미국 사이의 소위 '바나나전쟁'에서 기인한 것이다. 1995년 미국과 4개국(에콰도르, 과테말라, 온두라스, 멕시코)이 제기한 소송에서, 1997년 9월 25일 항소기구는 EC의 제3국과의 무역제도가 ACP(아프리카, 카리브해, 태평양 지역)국가들로부터 수입하는 바나나에 유리한 특혜조항을 포함하고 있기 때문에 WTO협정에 합치되지 않는다고 판결하며, 공동체는 합리적 이행기간의 만료시점인 1999년 1월 1일까지 WTO의무를 준수할 것을 권고하였다.[57)

EC는 이를 위해 새 규칙(Council Regulation (EC) No 1637/98, Commission Regulation (EC) No 2362/98)의 제정을 통해 바나나수입제도를 개정하였으나, 미국은 새 제도 역시 문제가 있다고 보아, DSB로부터 공동체 물품의 수입에 보복관세를 부과할 권한을 부여받았다. 이 중에는 이탈리아에서 설립되어 각각 거치용 축전지(stationary batteries)와 안경집(spectacle cases)을 생산하던 Fabbrica italiana accumulatori motocarri Montecchio SpA and Fabbrica italiana accumulatori motocarri Montecchio Technologies LLC사(社)(이하 'FIAMM사')와 Giorgio Fedon & Figli SpA and Fedon America, Inc.사(社)(이하 'Fedon사')의 수출품이 포함되어 있었다. 공동체는 당사국과의 협상을 거쳐 새 규칙(Council Regulation (EC) No 216/2001)에 의하여 바나나수입

---

55) Kuijper and Bronckers, *supra* note 16, p. 1329.

56) ECJ, *Ikea, supra* note 44, paras. 35, 38; De Angelis, *supra* note 50, pp. 139-140.

57) *European Communities - Regime for the Importation, Sale and Distribution of Bananas*, WT/DS27/R, WT/DS27/AB/R.

제도를 다시 수정하였고, 2001년 4월 11일 미국과 동 분쟁을 해결하기 위한 양해각서를 체결하여, 미국은 동년 6월 30일자로 보복관세의 적용을 중지하였다.[58]

이에 FIAMM사와 Fedon사는 각각 2000년 3월과 2001년 6월, CFI에 WTO협정을 위반한 EC의 바나나수입제도로 인하여 1999년 4월 19일부터 2001년 6월 30일까지 미국에 추가로 관세를 지불하였다며, 舊EC조약 제288조 제2항을 기초로 하여 이사회와 집행위원회에 손해배상청구를 제기하였다.[59] 그러나 CFI는 2005년 12월 14일, 공동체 기관은 원칙적으로 WTO협정의 위반을 이유로 비계약적 책임을 질 수 없으며, 원고가 입은 피해는 공동체의 합법적 행위의 책임을 유발하기 위한 '이례적이고 특별한 손해'(unusual and special damages) 요건[60] 중 첫 번째 요건인 이례성(unusual)을 충족하지 못하였다며 동 청구서를 기각하였다.[61]

2) AG Maduro의 견해와 ECJ의 판결

원고가 항소하자, 2008년 2월 20일 AG Maduro는 공동체 기관의 WTO법 위반과 관련한 손해배상청구에서 *Fediol*과 *Nakajima* 예외를 제외하고 사법심사를 거부한 CFI의 판결을 지지한다는 견해를 제출하였다.[62] 그러나 Maduro는 WTO법의 적용이 WTO협정이 체약국에 부여한 협상의 여지 또는 WTO의무를 수행하는

---

58) Opinion of Advocate General Poiares Maduro delivered on 20 February 2008 in Joined Cases C-120/06 P and C-121/06 P *Fabbrica italiana accumulatori motocarri Montecchio SpA (FIAMM) and Others v Council of the European Union and Commission of the European Communities*, paras. 4-6; 동 사건에 관한 자세한 평석은 Anne Thies, "Cases T-69/00, *FIAMM and FIAMM Technologies*, T-151/00, *Le Laboratoire du Bain*, T-301/00, *Fremaux*, T-320/00, *CD Cartondruck AG*, T-383/00, *Beamglow Ltd* and T-135/01, *Giorgio Fedon & Figli S.p.A., Fedon S.r.l. and Fedon America USA Inc.*," *Common Market Law Review*, Vol. 43, No. 4, 2006, pp. 1145-1168; Katrin Arend, "EC Liability in the Absence of Unlawfulness - The FIAMM Case -," *Göttingen Journal of International Law*, Vol. 1, No. 1, 2009, pp. 199-218 참조.

59) Case T-69/00 *Fabbrica italiana accumulatori motocarri Montecchio SpA (FIAMM) and Fabbrica italiana accumulatori motocarri Montecchio Technologies, Inc. (FIAMM Technologies) v Council of the European Union and Commission of the European Communities* [2005] ECR II-5393, paras. 37, 48, 60-62; Case T-135/01 *Fedon & Figli and Others v Council and Commission* [2005] ECR II-29; Opinion of Advocate General Maduro, *supra* note 58, para. 7.

60) 이에 관한 자세한 설명은 Kuijper and Bronckers, *supra* note 16, pp. 1339-1340; Thies, *supra* note 18, pp. 203-211 참조.

61) CFI, *FIAMM, supra* note 59, paras. 113, 202, 211, 213.

62) Opinion of Advocate General Maduro, *supra* note 58, paras. 52, 89.

데 있어 상호주의와 균형유지에 영향을 미치지 하는 한, 즉 WTO협정의 성격과 구조가 체약국들에 허용하는 정치적 자유를 제한하지 않는다면 재판소는 이를 적용할 여지가 있음을 확인하였다.[63]

2008년 9월 9일의 ECJ의 판결은 *Biret* 사건에서와는 달리, 공동체 행위의 합법성에 관한 심사를 취소소송 또는 직무책임소송이냐에 따라 구분할 이유가 없으며, WTO협정의 직접효력과 DSB 판결의 직접효력을 구분할 기준이 없다고 보았다.[64] 또한 ECJ는 WTO 분쟁해결양해 제3조 제2항에서 볼 수 있듯이, DSB의 권고와 판결은 관련 협정에 규정된 권리와 의무를 증가시키거나 축소시킬 수 없는데, WTO의무 위반을 결정한 DSB 판결은 WTO협정의 당사국들로 하여금 그러한 판결이 없는 상황에서 개인이 관련 협정상 소지하고 있지 않은 권리를 개인에게 부여하도록 요구할 수는 없음을 강조하며, 항소인들의 청구를 기각하였다.[65]

3) 평가

Von Bogdandy 교수는 ECJ의 판결과 동일하게 DSB 판결에 직접효력을 인정한다면 직무책임소송에서는 허용하고 취소소송에서는 배제할 이유가 없다고 말하였다. 왜냐하면 직접효력은 취소소송에서도 국제법규범의 보호를 위해 준수해야 하는 핵심적 기준이라는 것이다.[66] 한편 ECJ는 동 사건에서 손해배상을 위해 개인이 동 재판소에서 WTO규정 또는 DSB 판결을 인용할 가능성을 차단시켜 버렸다. 또한 공동체 기관은 불법행위가 결여된 합법적 행위로 야기된 손해에 대해서는 책임이 없음을 강조하였다.[67] 이러한 ECJ의 입장은 WTO 분쟁해결제도의 법 지향적 성격을 인정한다면 불필요하며 문제가 있는 것으로 주장하는 학자도 있다. 즉, ECJ가 주장한 공동체의 합법적 행위의 책임을 유발하기 위한 '이례적이고 특별한 손해' 요건을 원용하는 대신, WTO에 합치되지 않는 공동체 행위의 불법성을 기초

---

63) *Ibid.*, para. 45.
64) Joined Cases C-120/06 P and C-121/06 P *Fabbrica italiana accumulatori motocarri Montecchio SpA (FIAMM) and Others v Council of the European Union and Commission of the European Communities* [2008] ECR I-6513, paras. 120, 126.
65) *Ibid.*, paras. 131, 134.
66) Von Bogdandy, *supra* note 32, p. 58.
67) Bronckers, *supra* note 3, pp. 891-892; Thies, *supra* note 18, p. 197.

로 하여 손해를 구제하는 것이 보다 논리적이라고 설명하였다.[68]

Ⅲ. WTO법의 직접효력에 관한 이론적 충돌과 해결

1. 직접효력 부인의 근거

WTO법에 직접효력을 부여하여야 하는지에 관한 문제는 치열한 이론적 논쟁의 대상이 되었는데,[69] CJEU의 경우 WTO법과 DSB 판결의 직접효력을 부인하는 근거를 크게 다음 두 가지로 들고 있다. 첫째, 1999년 *Portugal v. Council* 사건에서 발전한 '상호주의'(reciprocity)를 논거로 하고 있는데, 상호적이고 공동이익인 협약에 기반을 둔 WTO협정에 대해 공동체의 가장 주요한 무역 상대국들[70]의 국내법원이 동 협정의 직접효력을 인정하고 있지 않음을 강조한다. 따라서 공동체 행위의 합법성을 심사하는 것은 공동체의 입법 또는 행정기관으로부터 무역상대국의 동일기관이 향유하는 재량을 박탈함으로써 WTO법의 불평등한 적용을 낳을 것이라고 본다.[71] CJEU는 자신의 교섭 지위를 약화시키지 않으면서, EU기관들 간의 세력균

---

68) Arend, *supra* note 58, pp. 213, 217-218.

69) Thomas Cottier and Krista Nadakavukaren Schefer, "The Relationship Between World Trade Organization Law, National Law and Regional Law," *Journal of International Economic Law*, Vol. 1, No. 1, 1998, p. 93; WTO법의 직접효력에 대해서 이를 옹호하는 측과 비판하는 측 및 중립적 위치에 있는 측의 세 가지 부류로 나눠진다. 이에 관한 자세한 설명은 *Ibid.*, pp. 93-95 참조.

70) EU의 주요 무역상대국인 미국, 중국, 일본은 현재 국내법상 WTO법의 직접효력을 인정하고 있지 않다. Van den Bossche, *supra* note 11, p. 68; Tsymbrivska, *supra* note 3, p. 188; 또한 EU의 8대 무역상대국이자 EU가 3대 수출대상지인 한국(http://trade.ec.europa.eu/doclib/docs/2006/september/tradoc_113448.pdf(2018년 5월 25일 방문)) 역시 2009년 대법원 판결을 통해 WTO협정의 직접효력을 명시적으로 부인하고 있다. 주진열, "한국 대법원의 WTO협정 직접효력 부인 - 대법원 2009. 1. 30. 선고 2008두17936 판결을 중심으로-," 『서울국제법연구』, 제16권 1호(2009), 224, 227-233쪽 참조; 이에 앞서, 전북급식조례에 관한 대법원 판례(대법원 2005. 9. 9. 선고 2004추10 판결)가 WTO협정의 직접효력을 인정한 것인지에 관해 논쟁이 있었으나, 동 판결은 개인이 아닌 지방자치단체의 장인 전북교육감이 소송을 제기한 사건이기 때문에 직접효력을 인정한 것으로 보기는 어렵다. 同旨: 박노형, "한국 법원의 국제법 수용: WTO협정의 직접효력 문제," 『저스티스』, 통권 92호(2006. 7), 458-459쪽; 한편 한국 대법원이 국제법친화적 해석을 통해 2005년에 보여줬던 선도적 판결을 눈에 띨만한 논증도 없이 간단히 변경하였다는 사실은 약간의 아쉬움으로 남는다.

71) CFI, *FIAMM*, *supra* note 59, para. 108: "First, the Agreement establishing the WTO is founded on reciprocal and mutually advantageous arrangements which distinguish it from those agreements

형을 유지하고자 한다.[72] 또한 국제조약이나 규정에 직접효력을 부여하면 공동체 입법부의 민주적 선택에 변경이 불가능한 제약이 될 수 있다는 점에서 직접효력의 인정에 조심스러운 태도를 유지하고 있는 것이다.[73]

둘째, CJEU는 국내재판소에 WTO협정에 합치되지 않는 국내법 규정의 적용을 삼가라고 요구하는 것은 체약국의 입법 또는 행정기관으로 하여금 분쟁해결양해 제22조 제2항[74])에 의하여 상호 수락할만한 보상에 이르기 위하여 협상을 통한 잠정적 협정을 체결할 가능성을 박탈하는 결과를 가져올 것이라고 결정하였다.[75] 동 재판소는 '협상의 원칙'(principle of negotiations)에 기반을 두고 있는 WTO협정이 상당한 정도의 유연성을 갖추고 있는데, 이는 특히 예외 가능성을 포함하고 있는 규정들과 분쟁해결과정에서 취해야 할 조치에서 알 수 있다고 판단하였다.[76]

---

concluded between the Community and non-member States that introduce a certain asymmetry of obligations. It is common ground that some of the most important commercial partners of the Community do not include the WTO agreements among the rules by reference to which their courts review the legality of their rules of domestic law. To review the legality of actions of the Community institutions in the light of those rules could therefore lead to an unequal application of the WTO rules depriving the legislative or executive organs of the Community of the scope for manoeuvre enjoyed by their counterparts in the Community's trading partners."; Case C-149/96 *Portugal v Council* [1999] ECR I-8395, paras. 44-45; De Angelis, *supra* note 12, p. 93; Lavranos, *supra* note 2, p. 38; Bronckers, *supra* note 3, p. 886; Tsymbrivska, *supra* note 3, p. 188; Gianni and Antonini, *supra* note 11, pp. 789-790; Thies, *supra* note 18, p. 105; Kuijper and Bronckers, *supra* note 16, p. 1342; Piet Eeckhout, "Judicial Enforcement of WTO Law in the European Union - Some Further Reflections," *Journal of International Economic Law*, Vol. 5, No. 1, 2002, p. 95; Eeckhout, *supra* note 2, pp. 305-306.

72) De Angelis, *supra* note 12, p. 92.

73) Bronckers, *supra* note 3, p. 896.

74) "2. If the Member concerned fails to bring the measure found to be inconsistent with a covered agreement into compliance therewith or otherwise comply with the recommendations and rulings within the reasonable period of time determined pursuant to paragraph 3 of Article 21, such Member shall, if so requested, and no later than the expiry of the reasonable period of time, enter into negotiations with any party having invoked the dispute settlement procedures, with a view to developing mutually acceptable compensation…"

75) CFI, *FIAMM*, *supra* note 59, para. 109: "Second, to require the courts to refrain from applying rules of internal law which are incompatible with the WTO agreements would have the consequence of depriving the legislative or executive organs of the contracting parties of the possibility afforded by Article 22 of the DSU of entering into negotiated arrangements, even on a temporary basis, in order to arrive at mutually acceptable compensation."; Lavranos, *supra* note 2, p. 38; Kuijper and Bronckers, *supra* note 16, p. 1342; Thies, *supra* note 18, p. 105.

76) Joined Cases 21 to 24/72 *International Fruit Company NV and others v Produktschap voor Groenten*

이외에, CJEU는 WTO협정은 그 성격상 공동체 또는 회원국 재판소에서 직접 원용될 여지는 없다고 언급한 동 협정의 채택에 관한 1994년 이사회결정의 전문 (preamble)[77])에 주목하였으나, 이를 직접효력 부인의 결정적인 요소로 다루지는 않았다.[78]) 또한 WTO법이 직접효력을 인정한 준회원협정 또는 자유무역협정과 같이 법적으로 완벽하거나 통합적 성격을 가지고 있지는 않다고 보았다. 공동체는 위의 협정을 체결할 때, 정치적 및 경제적으로는 매우 강력한 당사국이자, 법적으로는 동 협정의 형성과 운영을 지배하는 위치에 있는데, 다자무역협정인 WTO체제 내에서는 공동체가 주요한 경제행위자이긴 하지만, 지배적 지위를 갖고 있지는 않기 때문이다.[79])

WTO법의 직접효력을 부인하는 것이 공동체에는 보다 많은 협상 권한을 부여하며, 공동체기관에는 보다 많은 이행 책임을 지도록 한다는 점에서 반드시 나쁜 것만은 아니라는 주장도 있다.[80]) 비록 CJEU는 직접효력을 인정하고 있지 않지만, 아래에서 살펴볼 조약합치해석의 원칙을 통해 국제법에 대한 준수를 보여주며, EU 법질서에 적대적인 것으로 간주되는 국제법규범은 거부하는 '문지기'(gatekeepers) 로서의 역할을 수행할 수 있다는 것이다.[81])

---

en Fruit [1972] ECR 1219, para. 21; Lavranos, *supra* note 2, p. 36; Gianni and Antonini, *supra* note 11, p. 778; Eeckhout, *supra* note 2, p. 311.

77) Council Decision 94/800/EC of 22 December 1994 concerning the conclusion on behalf of the European Community, with regard to matters within its competence, of the agreements reached in the Uruguay Round multilateral negotiations (1986-1994); 해당 전문: "… Whereas, by its nature, the Agreement establishing the World Trade Organization, including the Annexes thereto, is not susceptible to being directly invoked in Community or Member State courts, …"

78) Tsymbrivska, *supra* note 3, pp. 188-189; Eeckhout, *supra* note 2, p. 309; 왜냐하면 WTO가 舊EC조약 제300조 제7항에 의하여 회원국과 공동체를 구속하고, 동 조약 제230조에 의하여 회원국이 공동체 행위를 상대로 취소소송을 제기할 권한을 갖고 있다는 사실에 비추어 볼 때, 위 이사회 결정의 전문이 그처럼 폭넓은 영향력을 가질 수는 없기 때문이다. Kuijper and Bronckers, *supra* note 16, p. 1345.

79) Tietje, *supra* note 9, pp. 62, 63; Tsymbrivska, *supra* note 3, pp. 195-196.

80) Bronckers, *supra* note 3, p. 897.

81) *Ibid.*, pp. 885, 897; Francis Snyder, "The Gatekeepers: The European Courts and WTO Law," *Common Market Law Review*, Vol. 40, No. 2, 2003, pp. 333, 362.

2. 직접효력 부인의 근거에 대한 반론

법적 관점에서 볼 때 CJEU가 WTO법의 직접효력을 인정하지 않는 근거는 빈약하고 명확하지 않는 측면이 있는 것 같다.[82] 먼저 상호주의 논거와 관련하여 EC가 WTO규정에 직접효력을 부여함으로써 동 규정의 일관되지 못한 적용을 야기할 수 있다는 주장은 매우 설득력이 떨어진다. 오히려 반대로 직접효력의 인정이 WTO법의 적절하고 일관된 적용을 보장하는 데 이바지 할 수 있을 것이다. ECJ 자신도 이미 *Kupferberg* 사건에서 언급한 바와 같이, 상호주의는 직접효력 인정의 잣대가 되지 않는다.[83] 또한 *Biret* 사건의 AG Alber도 EU 대 기타 WTO회원의 협상 지위가 공동체법질서에서 WTO법의 직접효력을 인정함으로써 얼마나 영향을 미칠 것인지 가늠하기는 어려워 보인다고 주장하였다.[84]

또한 대안적 해결방안으로 분쟁해결양해 제22조 제2항에 규정된 잠정적 협상은 본질적으로 분쟁 타당사국의 태도와 행위에 의존하므로, 공동체의 행정 및 입법기관에 재량의 여지가 많이 주어지지는 않는다. *Biret* 사건에서 Alber가 적절히 지적한 바와 같이, 결국 DSB 판결을 이행하는 것 이외에 다른 대안은 존재하지 않는다.[85] 그리하여 WTO체제의 유연성은 공동체가 분쟁해결을 위한 모든 가능성을 이용한 뒤에는 희미해지고, 이후부터는 개인이 공동체 조치의 불법성을 원용하지 못할 이유가 없게 된다.[86]

사실상 WTO법에 어떠한 효력을 부여해야 하는지에 관한 결정을 행정 및 입법기관에 맡기는 것도 문제가 있는 것처럼 보인다. 왜냐하면 이사회나 집행위원회 같은 비사법기관들은 국제조약을 기초하고 가입하는 동안 이미 관련 법적 효력을 결정할 기회를 가진 바 있기 때문이다. 또한 CJEU가 아닌 이러한 정치적 기관들이 해당 국제조약의 법적 효력을 정할 권한을 갖는 것인지도 의심스럽다. 동 기관들에 완전한 권한을 넘김으로써, 심지어 CJEU가 이들 기관으로 하여금 WTO법을 위반

---

82) Lavranos, *supra* note 2, p. 40; De Angelis, *supra* note 12, pp. 91-92.
83) ECJ, *Kupferberg*, *supra* note 16, para. 18.
84) Lavranos, *supra* note 2, pp. 39-40; Opinion of Advocate General Alber, *supra* note 24, para. 101.
85) Lavranos, *supra* note 2, p. 39.
86) Gianni and Antonini, *supra* note 11, p. 793.

하도록 장려하고 있다는 주장도 제기된다.[87)]

한편 CJEU가 다른 국제조약에 직접효력을 부여하고 있는 사례를 주목할 필요가 있다. 예컨대 CJEU는 EU와 역사적으로 긴밀한 관계를 유지하고 있는 무역상대국들과의 협약인 Yaoundé협약에 직접효력을 부여하였다. 또한 CJEU는 *Portugal v. Council* 사건에서 WTO협정과 같이 상호적이고 공동이익인 협약과 일정한 비대칭 의무를 도입하거나 EC와 특별한 통합 관계를 창설하는 협약을 구분하여, 후자에는 직접효력을 부여하고 있다.[88)] 어떤 면에서는 WTO협정이 ECJ가 직접효력을 부여한 국제조약에 비해 강제관할권제도, 패널과 항소기구로 이루어진 2심체제 및 보복조치를 통한 이행강제 등을 통해 보다 사법화되고 발전된 체제로 보인다.[89)] 따라서 앞에서 언급한 구분은 명확한 기준을 찾을 수 없으며 부적절한 측면이 있다.[90)] 또한 공동체는 2001년 이사회규칙[91)]을 통해 반덤핑과 보조금 문제와 관련하여 개방적 입장을 채택하고 있는데, 즉 동 문제에 대한 DSB 판결을 준수하기 위하여 WTO법에 합치되지 않는 관련 공동체 법률은 개정 또는 폐지하도록 규정하고 있다.[92)]

WTO법의 직접효력을 거부하는 CJEU의 결정은 상당 부분 조약을 해석하는

---

87) De Angelis, *supra* note 12, pp. 91-92; 반대 견해는 다음 사건과 문헌 참조: ECJ, *Kupferberg, supra* note 16, para. 17; ECJ, *Portugal v Council, supra* note 71, para. 34; ECJ, *FIAMM, supra* note 64, para. 108; Case C-160/09 *Ioannis Katsivardas - Nikolaos Tsitsikas OE v Ipourgos Ikonomikon* [2010] ECR I- 4591, para. 32; Eeckhout, *supra* note 2, p. 310; Hartley, *supra* note 3, p. 249; Gaëlle Bontinck, The TRIPs Agreement and The ECJ: A New Dawn? Some Comments About Joined Cases C-300/98 and C-392/98, *Parfums Dior and Assco Gerüste*, Jean Monnet Working Paper 16/01, p. 20.

88) ECJ, *Portugal v Council, supra* note 71, para. 42; Lavranos, *supra* note 2, pp. 35-36; Eeckhout, *supra* note 2, p. 311; 한편 ECJ는 2008년 *Intertanko* 사건(Case C-308/06 *Intertanko and Others v Secretary of State for Transport* [2008] ECR I-4057)에서 공동체가 당사국인 유엔해양법협약의 해석과 관련하여서도 WTO식 접근법을 채택하였는데, 즉 동 협약의 목적, 전문과 용어에 의하여 드러난 성격과 광범위한 논리를 이유로 직접효력을 부인한다고 결정하였다. Bronckers, *supra* note 3, p. 894.

89) Kuijper and Bronckers, *supra* note 16, p. 1344.

90) De Angelis, *supra* note 12, p. 92.

91) Council Regulation (EC) No 1515/2001 of 23 July 2001 on the measures that may be taken by the Community following a report adopted by the WTO Dispute Settlement Body concerning anti-dumping and anti-subsidy matters; 한편 동 이사회규칙은 2015년에 제정된 규칙 2015/476에 의해 폐지되었다.

92) Lavranos, *supra* note 2, p. 147.

동 재판소의 재량으로부터 나온다. 그러나 이는 EU의 공동입장을 유지하는 데만 중요성을 부여하고, 국제관계에 있어 EU의 정치적 입지는 무시하는 일일 수 있다. CJEU는 개별 EU회원국이 여전히 WTO의 회원으로 존재하며, WTO 활동과 관련하여 모든 권한을 EU에 넘기지 않았으며, EU법상 회원국이 전통적으로 공동체 조치의 합법성 심사에 중요한 역할을 수행하는 구조를 염두에 두어야 할 것이다.[93] 한편 국제법의 준수 대신 EU의 인권보호를 선택한 ECJ의 *Kadi* 판결[94]이 국제법과 EU법의 관계를 조명하고 있다는 점에서 본고의 쟁점과 유사할 수 있지만, 전자는 EU법상 헌법적 원칙인 기본권 보호를, 후자는 주로 EU의 이차적 입법적 행위를 다루고 있어 분명 다른 접근법이 필요하다고 생각된다.

사실 WTO법에 직접효력을 부여하게 되면 EU법상 WTO법의 권위를 강화함으로써 법치주의를 증진시키며, 다른 WTO회원들이 따라야 할 모범적 사례로 기능할 수 있다.[95] 또한 WTO법에 합치되지 않는 공동체 조치로 피해를 입은 개인이 어떠한 구제수단도 없이 금전적 손해를 전부 감수해야 하는 불합리함을 개선하는 데 있어서도 중요한 역할을 수행할 수 있을 것이다.

3. 직접효력의 확대를 위한 대안

1) EU기능조약 제340조 제2항의 직무책임소송

CJEU는 앞에서 언급한 바와 같이, WTO협정은 개인이 재판소를 상대로 직접 제소할 수 있는 권리를 창설하지 않으며, 동 협정의 위반이 공동체의 비계약책임을 야기하지 않는다고 보고 있다.[96] 여기서는 WTO법의 직접효력과 관련하여 EU기능조약 제340조 제2항에 규정되어 있는 소송을 자세히 검토함으로써 직접효력의 인정 가능성을 찾고자 한다.

---

93) Kuijper and Bronckers, *supra* note 16, pp. 1350, 1354-1355.
94) 졸고, "인권법적 관점에서 본 국제법과 EU법의 관계 - ECJ의 *Kadi* 판결과 *Solange* 이론을 중심으로 -,"『국제법학회논총』, 제55권 제4호(2010. 12), 13-33쪽 참조.
95) Lavranos, *supra* note 2, p. 40.
96) Antonello Tancredi, "EC Practice in the WTO: How Wide is the 'Scope for Manoeuvre'?," *European Journal of International Law*, Vol. 15, No. 5, 2004, p. 938; 舊EC조약 제288조 제2항과 관련된 판례에 관해서는 *Ibid.*, fn. 18 참조.

WTO법을 위반한 공동체 기관의 행위의 결과로 손해를 입은 개인은 배상을 받아야 한다는 동 이론은 프랑스 행정법의 "공적 부담 앞의 평등원칙의 위반" (rupture de l'égalité devant les charges publiques)에서 기인한 것이다.[97] 독일어로 '직무 책임소송'(Amtshaftungsklage)이라 불리는 동 소송은 EU기관의 행위로부터 사권보호(Individuellen Rechtsschutz)에 기여한다.[98] 자연인과 법인이 능동적 소송주체(원고)가 되며, 여기에는 EU기관을 통해 손해를 입은 모든 특별한 법주체(예를 들어, 주(州)와 지방자치체 및 회원국)도 포함된다. 수동적 소송주체(피고)는 EU자체인데, 이 경우에 손해를 야기한 EU의 해당 기관과 집행위원회가 EU를 대리한다. 또한 소송물은 각 EU기관의 불법행위가 해당되는데, 특히 불법적 법적 행위(명령, 규칙)와 행정기관의 불법행위가 포함된다.[99]

앞에서 살펴본 바 있는 *Biret* 사건의 핵심적인 법적 쟁점은 DSB 판결이 SPS 협정의 관련 규정과 함께 또는 홀로 EU기능조약 제340조 제2항(舊EC조약 제288조 제2항)에 따라 책임을 야기하는지 여부였는데, 동 소송이 성립하기 위해서는 우선 다음 세 가지 조건을 충족해야 한다: (1) 공동체 기관의 행위가 불법이어야 하며, (2) 손해의 존재가 입증되어야 하며, (3) 관련 기관의 행위와 손해 사이에 인과관계가 존재하여야 한다.[100] 또한 ECJ는 공동체법이 개인에게 배상할 권리를 부여하기 위해서는 다음 세 가지 조건을 만족해야 한다고 판결하였다: (1) 위반된 법 규칙이 개인에게 권리를 부여하도록 의도된 것이어야 하며, (2) 위반이 충분히 중대하여야 하며, (3) 국가의 의무 위반과 피해 당사자가 입은 손해 사이에 직접적 인과관계가

---

97) Kuijper and Bronckers, *supra* note 16, p. 1317.

98) 직무책임소송은 우리 국내법상 국가배상법의 국가배상청구소송과 유사하다.

99) Alexander Thiele, *Europarecht*, 7. Auf. (Altenberge: Verlag Niederle Media, 2010), pp. 186-187; 舊EC조약 제288조 제2항에 관한 자세한 설명은 Alexander H. Türk, *Judicial Review in EU Law* (Cheltenham: Edward Elgar Publishing Ltd., 2009), pp. 239-297; Andrea Biondi and Martin Farley, *The Right to Damages in European Law* (Alphen aan den Rijn: Kluwer Law International, 2009), pp. 85-162 참조.

100) CFI, *Biret, supra* note 20, para. 45: "it is clear from Article 215[Article 288 EC] of the Treaty and settled case-law that in order for the Community to incur non-contractual liability a number of conditions must be met: the conduct alleged against the institutions must be unlawful, the existence of damage must be shown, and there must be a causal link between the alleged conduct and the damage."; CFI, *Établissements Biret, supra* note 20, para. 52; Von Bogdandy, *supra* note 32, p. 47; Hartley, *supra* note 2, pp. 468-469; Thies, *supra* note 18, p. 142; De Angelis, *supra* note 12, pp. 94-95; Case C-26/81 *SA Oleifici Mediterranei v EEC* [1982] ECR 3057, para. 16.

존재하여야 한다.101) 여기서 충분히 중대한 위반의 요건이 충족되는지를 판단하는 결정적 요인은 관련 공동체 기관이 자신의 권한의 한계를 분명하고도 중대하게 무시하였는지 여부이다.102)

위에서 살펴본 EU기능조약 제340조 제2항의 직무책임소송은 공동체 조치의 무효를 구하는 것이 아니라 손해배상을 위해 행위의 불법성을 인정하기 위한 것으로,103) 직접효력을 인정한다고 하더라도 *Biret* 사건의 Alber 주장과 같이 이행방법 결정에 관한 공동체의 입법 및 행정기관의 재량이 제한되지 않으며, EU로 하여금 특정한 조치를 취하도록 요구하는 것이 아닌 금전적 손해배상을 청구하는 것에 한정되는 것이다. 따라서 직무책임소송에서는 개인이 DSB 판결을 직접 원용할 가능성이 인정되어야 할 것으로 생각된다.

2) 조약합치해석의 원칙

'조약합치해석의 원칙'(principle of treaty-consistent interpretation)은 EU법상 자주 원용되었는데, WTO협정과 다른 국제조약에 동일하게 적용되어 왔다.104) 먼저 CJEU는 공동체가 체결한 국제조약이 이차적 입법적 행위보다 우위에 있다는 것은 동 법률은 가능한 한 당해 조약과 합치되는 방법으로 해석되어야 함을 의미한다고

---

101) "Community law confers a right to reparation where three conditions are met: the rule of law infringed must be intended to confer rights on individuals; the breach must be sufficiently serious; and there must be a direct causal link between the breach of the obligation resting on the State and the damage sustained by the injured parties."; Joined Cases C-46/93 and C-48/93 *Brasserie du Pêcheur SA v Bundesrepublik Deutschland and The Queen v Secretary of State for Transport, ex parte: Factortame Ltd and others* [1996] ECR I-1029, para. 51; Case C-352/98 *Laboratoires pharmaceutiques Bergaderm SA and Jean-Jacques Goupil v Commission of the European Communities* [2001] ECR I-5291, paras. 41-42; Case C-312/00 P *Commission of the European Communities v Camar Srl and Others* [2002] ECR I-1355, para. 53; P.J.G. Kapteyn et al (eds.), *The Law of the European Union and the European Communities: with reference to changes to be made by the Lisbon Treaty*, 4th ed. (Alphen aan den Rijn: Kluwer Law International, 2008), p. 477; Zonnekeyn, *supra* note 30, p. 488; John Fairhurst, *Law of the European Union*, 6th ed. (Harlow: Pearson Education Limited, 2007), p. 257; Kuijper and Bronckers, *supra* note 16, p. 1330; Eeckhout, *supra* note 2, pp. 252-253; Thies, *supra* note 18, p. 59.

102) ECJ, *Brasserie du Pêcheur, supra* note 101, para. 55; ECJ, *Bergaderm, supra* note 101, para. 43; Kapteyn et al (eds.), *supra* note 101, p. 478; Eeckhout, *supra* note 2, pp. 253, 369, 378.

103) Gianni and Antonini, *supra* note 11, p. 792.

104) Bronckers, *supra* note 3, p. 888; Kuijper and Bronckers, *supra* note 16, p. 1316; Eeckhout, *supra* note 2, p. 315.

보았다.[105]

최근 조약합치해석의 원칙은 DSB 판결에 대한 ECJ의 간접적 준수 행태를 보여주고 있다.[106] 왜냐하면 DSB 판결의 직접효력이 인정되지 않는다 할지라도 분쟁당사국은 여전히 이를 준수할 의무를 지며, CJEU는 해당 공동체 조치를 DSB 판결에 비추어 해석할 필요가 있다.[107] 따라서 이러한 해석 방식은 사실상 직접효력과 그다지 큰 차이가 있지 않은 결과를 야기할 수도 있다.[108] 또한 동 원칙은 위에서 살펴본 직무책임소송과 더불어, 직접효력이 인정되지 않더라도 EU의 무역정책과 개인의 권리 사이의 균형을 유지시켜 줄 수 있을 것이다.[109] 결국 CJEU는 WTO법의 직접효력을 부인하는 측에서도 거부감을 보이지 않는 조약합치해석의 원칙을 앞으로도 가능한 한 많이 적용하고 확대시킬 것임을 예견해 볼 수 있다.

Ⅳ. 결 론

EU법상 WTO법의 직접효력, 즉 개인이 WTO법을 근거로 하여 EU조치의 합법성 심사를 CJEU에 부탁할 수 있는지에 관한 문제에 대해, 동 재판소는 그 동안 *Nakajima*와 *Fediol* 예외의 두 가지 경우를 제외하고는 일관되게 이를 부인하는 판결을 내려왔다. 그러나 CJEU의 일부 판결들은 개인에게 WTO협정 또는 DSB의 판결에 따른 이차적 입법적 행위에 대해 이의를 제기할 수 있는 가능성을 열어둔 것처럼 보인다.

특히 *Biret* 사건의 AG Alber는 EU기능조약 제340조 제2항에 따른 직무책임소송에서 공동체는 합리적 기간 내의 DSB 판결의 불이행과 그 결과 개인에게 야기

---

105) ECJ, *Commission v Germany, supra* note 9, para. 52: "the primacy of international agreements concluded by the Community over provisions of secondary Community legislation means that such provisions must, so far as is possible, be interpreted in a manner that is consistent with those agreements."; Tietje, *supra* note 9, p. 59; Van den Bossche, *supra* note 11, p. 65; Kuijper and Bronckers, *supra* note 16, p. 1329; Eeckhout, *supra* note 2, p. 315.

106) Tsymbrivska, *supra* note 3, p. 201.

107) *Ibid.*, p. 202.

108) Kuijper and Bronckers, *supra* note 16, p. 1340.

109) *Ibid.*, p. 1342.

된 손해에 대해 EU법상 책임이 있으며, 이 경우에 DSB 판결은 직접효력을 가질 수 있다는 견해를 제시하였다. 또한 동 사건의 ECJ는 이행을 위한 합리적 기간이 만료된 후 손해가 발생한 경우에 배상이 이루어져야 하는지에 대해서는 명시적으로 공언하지 않았기 때문에, 반대 해석하면 어느 정도 배상 가능성을 염두에 둔 것처럼 보인다. 그러나 이러한 입장은 이후 사건에서 곧 변경되었고, *Van Parys* 사건에서는 다시 예전의 보수적 입장으로 회귀하였다.

Ikea 사건의 ECJ는 WTO법의 직접효력을 부인하는 측에서도 거부감을 보이지 않는 조약합치해석의 원칙을 간접적으로 적용하여, 해당 공동체 조치를 가능한 한 WTO법에 합치되게 해석하려는 의도를 보여주었다.

한편 *FLAMM* 사건에서 ECJ는 상호주의 원칙과 행정 또는 입법기관의 협상을 통한 협정 체결 가능성의 박탈을 이유로 WTO법의 직접효력을 부인하였다. 그리고 동 재판소는 *Biret* 사건에서와는 달리 공동체 행위의 합법성에 관한 심사를 취소소송과 직무책임소송에 따라 구분할 이유가 없으며, WTO규정의 직접효력과 DSB 판결의 직접효력을 구분할 기준이 없다고 덧붙였다. 그러나 직무책임소송은 공동체 조치의 무효를 구하는 것이 아니라 손해배상을 위해 행위의 불법성을 인정하기 위한 것으로, 직접효력을 인정한다고 하더라도 이행방법 결정에 관한 공동체의 입법 및 행정기관의 재량이 제한되지 않으며, EU로 하여금 특정한 조치를 취하도록 요구하는 것이 아닌 금전적 손해배상을 청구하는 것에 한정된다. 따라서 적어도 금전배상을 위한 직무책임소송에서는 개인이 DSB 판결을 직접 원용할 가능성이 인정되어야 한다고 생각된다. 이는 EU법상 WTO법의 권위를 강화함으로써 법치주의를 증진시키며, 다른 WTO회원국들이 따라야 할 모범적 사례가 될 수 있으며, WTO법에 합치되지 않는 공동체 조치로 피해를 입은 개인이 금전적 손해를 전부 감수해야 하는 불합리함을 개선할 수 있기 때문이다.

한편 한국의 경우 앞에서 언급한 2009년 대법원 판결에서 WTO협정의 직접효력을 명시적으로 부인한 바 있는데, 이는 다른 국가들과의 무역의존도가 특히 높은 우리나라에 부정적 영향을 미칠 수도 있을 것이다. 따라서 위에서 논의된 바와 같이, WTO법에 위배되는 국내법에 근거를 둔 처분의 무효나 취소를 구하는 무효 또는 취소소송이 아닌 적어도 금전배상을 위한 국가배상청구소송에서는 처분의 근거가 된 국내법이 WTO법에 위반됨이 명백한 경우에는 직접효력을 인정하여 금전적 손해를 본 개인의 피해를 배상해주거나, 조약합치해석의 원칙을 통해 간접적으로 WTO법을 인정하는 방안을 강구해 볼 수 있다.

제 5 장

무역구제제도와 TBR

I. 서 론

1995년 WTO 체제의 출범과 함께 관세양허를 통해 세계무역이 상당부분 자유화되고 통상장벽이 많이 허물어진 가운데, 미국과 EU 등 선진국들은 점점 더 '공정무역'(fair trade)에 관심을 기울이게 되었다. WTO회원들은 상대국의 덤핑과 보조금 또는 수입 증가 등으로 인해 '국내산업'(domestic industry)이 피해를 보게 되는 경우, GATT의 관련 규정 및 WTO설립협정 부속서 1A의 별도의 개별협정으로 규정되어 있는 반덤핑관세와 상계관세 또는 세이프가드조치를 통해 무역구제를 취할 수 있다.

EU의 경우 EU기능조약 제217조의 공동통상정책을 통해 통상에 있어서는 배타적 권한을 가지는데, EU는 다른 국가와의 무역에서 불공정한 행위로 인해 'EU산업'(Union industry)이 피해를 보게 되는 경우 EU차원의 무역구제조치를 발동할 수 있다. 한편 EU는 미국의 통상법 제301조와 비견되는 통상장벽규칙(Trade Barriers Regulation, 이하 'TBR')과 같은 일방적 무역조치를 통해 상대국의 무역활동에 대해 자의적 판단하에 관세 및 비관세조치를 통해 무역보복을 가하기도 한다.[1] 이러한 일방적 무역조치가 WTO법질서에서 허용되는지의 문제가 제기되고 있지만, 미국과 EU는 여전히 이러한 조치를 취하는 것을 포기하고 있지 않다.

본 장에서는 WTO 체제하의 EU의 무역구제제도와 일방적 무역조치인 TBR에 관해 자세히 살펴보도록 하겠다.

---

* 본 장의 내용 중 반덤핑법에 관한 서술은 2011년 무역위원회 정책연구과제인 <산업피해요소와 기타요인 분석 및 조사대상물품 제외에 관한 국내외 사례> 중 필자가 담당하였던 EU 부분에서 발췌하였다.

1) 변재웅·정종철, "미국과 EU의 일방적 무역규제수단 비교 연구," 『무역학회지』 제33권 제1호, 2008년 2월, 46쪽.

Ⅱ. EU의 무역구제제도

1. 개요

EU는 시장을 개방하고 무역자유화 약속을 수행하고 있는데, 덤핑이나 보조금과 같은 불공정무역 관행으로 인하여 산업에 실질적 피해를 입는 경우가 있다. 이런 경우를 대비하여 WTO협정 이외에 자신만의 무역구제법2)을 제정하여 무역피해의 구제책을 마련하고 있다.3) 여기에는 보통 '규칙'4)의 제정형식을 빌어 관련 사항을 입법화하는데, 아래에서 살펴보겠지만 WTO의 관련 협정, 즉 GATT 1994 제Ⅵ조의 이행에 관한 협정(Agreement on Implementation of Article Ⅵ of the General Agreement on Tariffs and Trade 1994, 이하 '반덤핑협정'(Anti-Dumping Agreement)이라 부름), 보조금 및 상계조치협정(Agreement on Subsidies and Countervailing Measures)과 세이프가드협정(Agreement on Safeguards)의 내용이 상당 부분 그대로 반영되어 있다.

2. 반덤핑기본규칙

1) EU 반덤핑법의 발전

EU의 반덤핑법은 1968년 최초의 기본규칙(Regulation (EEC) No. 459/68 of the Council of 5 April 1969 on protection against dumping or the granting of bounties or subsides by countries which are not members of the European Economic Community)5)이 제정된 이후, GATT체제의 관련 법률의 발전과 함께 개정되어 왔다. 케네디라운드

---

2) http://ia.ita.doc.gov/trcs/downloads/documents/eu/index.html(2018년 5월 22일 방문) 참조.

3) Themistoklis K. Giannakopoulos, *A Concise Guide to the EU Anti-dumping/Anti-subsidies Procedures* (AH Alphen aan den Rijn: Kluwer Law International, 2006), p. 1.

4) EU법의 이차적 연원 중 하나인 규칙(Regulation)은 일반적용성과 온전히 전체로서 법적 구속력을 가지며, 모든 회원국에서 직접 적용된다. EU기능조약 제288조 제2문과 제3문; 박덕영 외 16인 공저, 『EU법 강의』 제2판 (서울: 박영사, 2012), 68-69면 참조.

5) https://publications.europa.eu/en/publication-detail/-/publication/601ecff2-5419-4cee-b384-09d1862f6730/language-en(2018년 5월 22일 방문) 참조.

의 반덤핑협정은 EU법에 영향을 미쳤지만, 이와 대조적으로 도쿄라운드 및 우루과이라운드의 반덤핑협정은 유럽집행위원회와 이사회가 발전시킨 EU차원의 반덤핑 관행에서 일어나는 개선 사항들을 상당 부분 반영하였다.6)

1968년 기본규칙은 전문에서 동 규칙은 GATT 제VI조 및 반덤핑협정에 규정된 규칙을 적절히 고려하여 작성되어야 함을 밝히고 있다. GATT 또는 WTO에 관한 언급은 이후 규칙들에서도 일관되게 인용되었다.7) 또한 1968년 기본규칙은 덤핑과 피해에 관한 실체적 내용은 케네디라운드의 반덤핑협정과 매우 유사한 모습을 보이고 있다. 단지 주요한 차이점이라고 한다면 반덤핑관세의 부과는 공동체이익(Community interest)을 고려하여야 한다는 요건을 들 수 있을 것이다. 그 외에, 동 규칙은 집행위원회, 이사회 및 회원국 간의 역할을 구분하여 규정하고 있다.8)

1968년 기본규칙은 이후 1979년 규칙9)에 의하여 대체되었는데, 도쿄라운드에 따른 GATT법의 개정 내용을 반영하였고, 도쿄 반덤핑협정에 포함되지 않는 규정도 담고 있었는데, '비시장경제국가'(non-market economy countries)10)로부터 수입시 정상가격 및 보조금 결정에 관한 별도의 규정이 바로 그것이었다.11) 1980년대 초반, EU는 반덤핑조치의 급증으로 몇 가지 절차적 사항을 개정하였고, 1984년에

---

6) Henrik Andersen, *EU Dumping Determinations and WTO Law* (AH Alphen aan den Rijn: Kluwer Law International, 2009), p. 57.

7) *Ibid.*; EU 반덤핑규칙의 역사와 개정사항은 Clive Stanbrook and Philip Bentley, *Dumping and Subsidies: The Law and Procedures Governing the Imposition of Anti-dumping and Countervailing Duties in the European Community*, 3rd ed. (London: Kluwer Law International, 1996), pp. 15-16 참조.

8) Andersen, *supra* note 6, p. 57.

9) Council Regulation (EEC) No 3017/79 of 20 December 1979 on protection against dumped or subsidized imports from countries not members of the European Economic Community.

10) 비시장경제국가의 개념에 관해서는 Van Bael & Bellis, *EU Anti-Dumping and Other Trade Defence Instruments*, 5th ed. (AH Alphen aan den Rijn: Kluwer Law International, 2011), pp. 144-145 참조. 1979년 규칙상 '비시장경제국가'에는 알바니아, 아르메니아, 조지아, 키르기스스탄, 몰도바, 몽고와 중국, 카자흐스탄 및 베트남이 포함되었다; 아래에서 살펴볼 반덤핑기본규칙(2016/1036)에 의하면 중국, 베트남, 카자흐스탄, 북한, 알바니아, 아르메니아, 아제르바이잔, 벨로루시, 조지아, 키르기스스탄, 몰도바, 몽골, 타지키스탄, 투르크메니스탄, 우즈베키스탄이 '비시장경제국가'에 포함된다.

11) 시장경제국가와 비시장경제국가로 구분하여 정상가격과 보조금을 결정하던 방식은 규칙 2017/2321에 의해 '중대한 왜곡'(significant distortions) 여부를 기준으로 결정하도록 변경되었다. 즉, 국영기업이 차지하는 시장, 가격이나 비용에 대한 국가 개입, 국내기업에 대한 혜택, 파산법, 회사법 또는 재산법의 부적절한 집행과 차별적 적용, 급여의 왜곡 등이 존재하는 경우 '중대한 왜곡'이 있다고 판단한다.

새로운 규칙[12])이 발효하게 되었다. 그러나 4년 이후, 동 규칙은 1988년 규칙[13])에 의하여 대체되는데, 1988년 규칙은 덤핑 및 피해에 관한 조항을 개정하고 우회조치에 관한 내용을 도입하였다. 그러나 우회조치에 관한 조항은 *EEC- Regulation on Imports of Parts and Components* 사건[14])에서 GATT 1947의 내국민대우에 관한 제Ⅲ조 제2항 제1문을 위반한 것이므로, GATT 패널에 의하여 GATT법에 합치되지 않는 것으로 판단되었다. 이후 우회조치는 개정되어 1994년에 새로운 규칙[15])으로 제정되었다. 이것은 반덤핑협정을 우루과이라운드의 입장에서 고려하기 위한 것이었는데, 이는 곧 1996년 규칙[16])으로 대체됨으로써 단명하였다.[17])

그리고 EU는 1995년 1월 1일자로 발효한 WTO반덤핑협정에 규정된 반덤핑법을 수용하기 위하여 2009년 이사회규칙을 제정하였는데, 이는 수차례 개정을 거친 후 '2016년 6월 8일 EU회원국이 아닌 국가의 덤핑수입품으로부터의 보호에 관한 유럽의회와 이사회규칙'(Regulation (EU) 2016/1036 of the European Parliament and of the Council of 8 June 2016 on protection against dumped imports from countries not members of the European Union, 이하 '반덤핑기본규칙'이라 부름)[18])을 제정하였다. 그 후 반덤핑기본규칙은 2017년 12월 12일과 2018년 5월 30일자로 개정되었는데, EU는 이를 통해 기존 규칙을 현대화시켰다.[19])

---

12) Council Regulation (EEC) No 2176/84 of 23 July 1984 on protection against dumped or subsidized imports from countries not members of the European Economic Community.

13) Council Regulation (EEC) No 2423/88 of 11 July 1988 on protection against dumped or subsidized imports from countries not members of the European Economic Community.

14) *EEC - Regulation on Imports of Parts and Components*, BISD 37S/132, Report by Panel of 22 March 1990.

15) Council Regulation (EC) No 3283/94 of 22 December 1994 on protection against dumped imports from countries not members of the European Community.

16) Council Regulation (EC) No 384/96 of 22 December 1995 on the protection against dumped imports from countries not members of the European Communities.

17) Andersen, *supra* note 6, pp. 57-58.

18) http://eur-lex.europa.eu/legal-content/EN/ALL/?uri=CELEX:32016R1036#ntr2-L_2016176EN.01002101-E0002(2018년 5월 22일 방문) 참조; 반덤핑기본규칙은 제25조에 따라 2016년 7월 20일에 발효하였다.

19) Regulation (EU) 2017/2321, Regulation (EU) 2018/825 참조.

표. EU반덤핑기본규칙의 구성

조 문	내 용	조 문	내 용
전 문	취지와 목적	제14a조	대륙붕 또는 배타적 경제수역
제1조	원칙	제15조	위원회 절차
제2조	덤핑의 판정	제16조	현장실사
제3조	피해의 판정	제17조	표본추출
제4조	EU산업의 정의	제18조	비협조
제5조	절차의 개시	제19조	비밀유지
제6조	조사	제19a조	잠정단계에서의 정보
제7조	잠정조치	제20조	공개
제8조	가격약속	제21조	EU이익
제9조	조치 없는 조사종결; 확정관세의 부과	제22조	최종규정
제10조	소급	제23조	보고서와 정보
제11조	존속기간, 재심 및 환급	제23a조	위임권한의 행사
제12조	흡수	제24조	폐지
제13조	우회	제25조	발효
제14조	일반규정		

　　반덤핑기본규칙은 위의 표에서 알 수 있듯이 WTO반덤핑협정의 구조와 상당히 유사한데, 제1조에서 제11조까지는 거의 동일한 제목으로 이루어져 있으며, 특히 가장 중요한 조항인 덤핑과 피해의 판정 및 산업의 정의 역시 매우 유사하게 규정되어 있다.

2) 반덤핑조사 담당기관

　　EU법상 반덤핑과 관련한 주된 업무는 유럽집행위원회가 맡고 있다. 위의 반덤핑기본규칙에 의하면 집행위원회는 하나 혹은 그 이상의 국가의 수출업자가 EU에서 특정한 물품에 대해 덤핑을 하고 EU산업에 피해를 초래한다는 일견의 증거를 제공하는 청원서를 접수하게 되면, 45일 이내에 조사에 착수한다. 집행위원회는 잠정적 반덤핑관세의 부과 또는 동 관세 부과 없이 조사의 계속 또는 조사의 종료를 결정하는 잠정적 판단을 하게 되고, 확정적인 반덤핑관세의 부과 또는 반덤핑조치 없이 사건을 종료할 수 있다. 집행위원회는 조사가 시작된 지 15개월 이내에 여하한 조치를 취해야 한다. 또한 집행위원회는 우회조치 및 여타 불규칙한 현상을 확인 및 대응하기 위하여 반덤핑조치의 대상이 되는 모든 물품의 수입 수량과 가격을 감독한다.[20]

3) 실체적 요건

반덤핑조치는 해당 덤핑수입품이 EU산업에 피해를 초래하고 있다는 사실이 입증되는 경우 취해질 수 있는데, 즉 덤핑과 피해가 존재하고 양자 간의 인과관계 성립이라는 실체적 요건이 충족되어야 한다.

(1) 덤핑의 판정

반덤핑기본규칙 제1.2조에 의해 EU로 수출된 상품의 '수출가격'(export price)이 수출국 내에서 소비되는 동종상품에 대한 정상적 거래에서 비교 가능한 가격(즉, '정상가격'(normal value))[21]보다 낮을 경우 해당 상품은 덤핑된 것으로 간주된다.[22] 또한 동 규칙 제2.10조와 제2.11조에 의해 덤핑마진을 결정함에 있어 수출가격과 정상가격 간에 공정한 비교(fair comparison)를 하여야 한다.

(2) 피해의 판정

반덤핑기본규칙 제3.5조에 따라 덤핑수입품이 관련 EU산업에 미치는 영향에 대한 검토는 다음을 포함한 산업의 상태에 영향을 미치는 모든 관련 경제적 요소 및 지표에 대한 평가를 포함하여야 한다: (1) 해당 산업이 여전히 과거의 덤핑 또는

---

20) http://trade.ec.europa.eu/doclib/docs/2013/april/tradoc_151022.pdf(2018년 5월 22일 방문); 반덤핑기본규칙 제5조, 제6조, 제11조.
21) 반덤핑기본규칙 제6a(a)조에 의하면 '중대한 왜곡'이 존재할 경우 비슷한 경제발전 수준의 제3국의 생산가와 판매가, 국제가격 등을 정상가격 산정에 사용할 수 있다. http://eur-lex.europa.eu/legal-content/EN/TXT/?uri=CELEX:02016R1036-20171220(2018년 5월 25일 방문) 참조.
22) "A product is to be considered as being dumped if its export price to the Union is less than a comparable price for a like product, in the ordinary course of trade, as established for the exporting country."

보조금의 효과로부터 회복 과정에 있다는 사실 (2) 덤핑의 실제 마진의 크기 (3) 판매, 이윤, 생산량, 시장점유율, 생산성, 투자 수익률 또는 설비 가동률에서의 실제적이고 잠재적 감소 (4) EU가격에 영향을 미치는 요소 (5) 자금 순환, 재고, 고용, 임금, 성장, 자본 또는 투자 조달능력에 대한 실제적이며 잠재적인 부정적 영향.23)

그러나 위에서 언급한 피해요소는 동 규칙 제3.5조 제2문에 따르면 열거적인 것이 아니며, 하나 또는 여러 개가 반드시 결정적인 지침이 될 수는 없다. EU산업이 실질적 피해를 입었다고 판단하기 위하여 모든 피해요소들이 부정적 지표를 표시할 필요도 없다. 또한 피해요소 중 하나 또는 그 이상이 긍정적 지표를 표시한다고 하더라도, 부정적 지표가 긍정적 지표보다 중대한 것인지, 따라서 야기된 실질적 피해를 구제하기 위해 조치가 필요한 것인지를 판정하기 위하여 EU산업에 대한 전반적 상태가 평가될 것이다.24)

한편 실제로는 이익의 감소나 손실, 판매와 시장점유율의 하락 및 가격에 영향을 미치는 요소들이 다른 요소들에 비해 비중이 있는 것으로 나타났다.25) 예를 들어, *Biodiesel* 사건에서 대다수의 경제 지표들은 상당한 증가를 기록하였다: 생산성(+150%), 생산설비(+174%), 판매량(+143%), 시장점유율(2005년에 25.3%에서 해당 조사기간 동안 29.8%까지). 그러나 투자수익률(80% 감소)에 영향을 미친 이윤의 감소(2005년 18%에서 해당 조사기간 동안 6% 아래로 떨어짐)에 비추어, 집행위원회는 EU산업이 실질적 피해를 입었다고 판단하였다.26)

반덤핑조치와 관련된 WTO 분쟁해결절차에서 패널과 항소기구는 WTO반덤핑협정 제3.4조에 규정되어 있는 모든 피해요소가 특정 사건의 특정 산업의 상황과 관련하여 증명력을 가지는 것은 아니라는 사실에 주목하였다. 그러나 실제로 패널과 항소기구는 모든 요소들이 필수적으로 모든 사건에서 고려되어야 하며, 모든 요소의 검토 이후에야 조사당국이 특정 산업의 관련성 부족을 이유로 이를 기각할 수 있다고 강조하였다.27) 이러한 입장은 유럽집행위원회로 하여금 모든 반덤핑조

---

23) 반덤핑기본규칙 제3.5조 제1문.
24) Giannakopoulos, *supra* note 3, p. 54.
25) Van Bael & Bellis, *supra* note 10, p. 298.
26) *Biodiesel* (USA), 2009 OJ (L 67) 22.
27) *Mexico-Anti-Dumping Investigation of High Fructose Corn Syrup (HFCS) from the United States,*

사에 있어 제도적으로 반덤핑기본규칙 제3.5조에 규정된 모든 요소들을 검토하도록 만들었다.[28]

(3) 인과관계

피해 판정에 있어 마지막 단계는 덤핑과 피해 사이의 인과관계에 관한 질문이다. 인과관계에 관한 조사는 긍정적 테스트와 부정적 테스트의 두 가지로 이루어져 있는데, 긍정적 테스트는 조사대상물품이 실질적으로 EU산업의 상태에 영향을 끼쳤는지 여부를 확인하는 것으로,[29] 반덤핑기본규칙 제3.6조에 규정되어 있다. 동 규칙의 제3.6조에 의하면 제출된 모든 관련 증거를 통해 덤핑수입품이 피해를 야기하고 있다는 사실을 입증하여야 한다. 이때 제3.3조에 따라 확인된 물량과/또는 가격 수준은 제3.5조에 규정된 바와 같이 EU산업에 미치는 영향에 책임이 있으며, 이러한 영향은 실질적인 것으로 분류될 수 있는 정도까지 존재한다는 입증을 포함하여야 한다.

부정적 테스트는 반덤핑기본규칙 제3.7조에 따라 같은 시점에서 EU산업에 피해를 초래하는 덤핑수입품 이외의 모든 알려진 요소들은 이로 인하여 발생하는 피해는 덤핑수입품에 의한 것으로 귀속시켜서는 안 된다는 사실을 보장하기 위하여 검토되어야 한다는 것이다. 이점에서 관련될 수 있는 요소에는 (1) 덤핑가격으로 판매되지 아니하는 수입품의 수량 및 가격, (2) 수요 감소 혹은 소비 형태의 변화, (3) 제3국 생산업자와 EU 생산업자의 무역 제한적 관행 및 이들 간의 경쟁, (4) 기술개발, EU산업의 수출 실적 및 물품 생산성이 포함된다.

덤핑과 피해 사이의 인과관계 입증과 관련하여 반덤핑기본규칙 제3.7조는 WTO반덤핑협정 제3.5조와 유사한 내용의 기타 요인을 규정하고 있는데, 여기서 중요한 것은 덤핑수입품의 해로운 효과와 기타 요인의 해로운 효과를 분리하고 구별해야 한다는 것이다. 또한 위에 규정된 요인 이외에도, 유럽집행위원회는 대체 가능한 물품과의 경쟁, 다른 국내 생산업자와의 경쟁 및 환율 변동의 영향과 같은

WT/DS132/R, para. 7.128; *Thailand-Anti-Dumping Duties on Angles, Shapes and Sections of Iron or Non-Alloy Steel and H Beams from Poland*, WT/DS122/AB/R, paras. 121-128.

28) Van Bael & Bellis, *supra* note 10, p. 274.
29) *Ibid.*, p. 331.

요소들 역시 고려하는 경향을 보이고 있다.[30]

(4) EU산업의 정의

반덤핑기본규칙 제4.1조에 의하면 EU산업이란 동종상품에 대해 전체로서의 EU생산업자 또는 동종상품의 생산량이 전체 EU생산의 상당 부분을 구성하고 있는 생산업자를 의미하는 것으로 해석된다.

4) 절차적 요건

(1) 절차의 개시

반덤핑기본규칙 제5.1조에 의하면 자연인이나 법인, 또는 EU산업을 대신하여 행동하는 법인격을 갖고 있지 않은 단체는 서면으로 반덤핑조사절차를 개시할 수 있는데, 해당 청원서는 집행위원회 또는 집행위원회에 이를 전달한 회원국에 제출된다. 청원서가 없이도 EU회원국이 덤핑 및 EU산업에 끼치는 피해에 관한 충분한 증거를 소지하고 있는 경우, 해당 회원국은 즉시 집행위원회에 관련 증거를 통보해야 한다. 또한 동 규칙 제5.9조에 의해 절차를 개시하기에 충분한 증거가 있는 것이 명백한 경우, 집행위원회는 청원서 제출로부터 45일 이내에 조사를 개시해야 한다.

(2) 반덤핑조사

반덤핑기본규칙 제6.1조에 의하면 집행위원회는 EU회원국과 협력하여 일제히 덤핑과 피해에 대해 조사를 수행하는데, 조사기간은 절차 개시 직전부터 보통 6개월간 이루어진다. 또한 동 규칙 제16조에 의해 집행위원회는 일반적으로 관련 당사자의 자료를 검토하기 위해 실사를 수행하며, 관련 제3국에서도 조사를 실시할 수 있다. 조사는 절차의 종료 또는 확정조치의 채택과 함께 끝나게 되는데, 보통 절차 개시로부터 15개월을 초과하여서는 안 된다.[31]

(3) 조치 없는 절차의 종료

반덤핑기본규칙 제9.2조에 의하면 보호조치가 불필요한 경우 조사 또는 절차

---

30) *Ibid.*, p. 342.
31) 반덤핑기본규칙 제6.9조.

는 종료된다. 또한 집행위원회는 (회원국의 대표로 구성된) 위원회가 조사절차에 따라 반대 의견을 표명하는 경우 조사를 종료하여야 한다. 덤핑과 피해가 무시할 만한 것으로 간주되는 경우에도 절차는 종료된다.[32]

(4) 반덤핑관세의 부과

반덤핑기본규칙 제7.1조에 의하면 덤핑과 피해에 관한 잠정적 예비판정이 내려지고, EU의 이익을 위해 해당 피해를 막기 위한 즉각적인 개입이 필요한 경우에 잠정관세가 부과될 수 있다. 잠정관세는 규칙(regulations)의 형식으로 채택되는데 덤핑마진을 초과해서는 안 되며, 적은 마진으로도 EU산업에 끼치는 피해를 제거하기에 충분한 경우는 해당 마진보다 적게 부과해야 하며, 잠정관세 부과는 절차 개시로부터 7개월을 초과해서는 안 된다.

또한 반덤핑기본규칙 제9.4조에 의하면 최종적으로 확립된 사실에 의해 덤핑과 이로 인한 피해가 존재하고 EU의 이익을 위해 개입이 요구되는 경우 집행위원회는 확정적 반덤핑관세를 부과한다. 잠정관세와 마찬가지로 확정관세는 규칙의 형식으로 채택되는데 덤핑마진을 초과해서는 안 되며, 적은 마진으로도 그 피해를 제거하기에 적절하다면 적은 관세를 부과해야 한다. 또한 동 규칙 제10.1조에 따르면 잠정 및 확정관세는 소급해서 적용될 수 없다.

(5) EU의 이익

반덤핑기본규칙 제21.1조에 의하면 반덤핑조치의 부과가 EU의 이익에 해당되지 않는다고 결정되는 경우에는 적용될 수 없다. 이를 위해 EU산업 및 사용자와 소비자의 이익을 포함한 다양한 이익이 전반적으로 고려되어야 하며, 관련 당사자들은 자신의 견해를 제출할 기회를 부여받게 된다.

(6) 존속기간, 재심 및 환급

반덤핑기본규칙 제11.1조와 제11.2조에 의하면 반덤핑조치는 피해를 야기한 덤핑을 상쇄시키기 위하여 필요한 한도 내에서만 유효한데, 반덤핑관세의 부과로부터 5년 후에는 종료된다. 종료재심은 집행위원회의 주도나 EU생산업자의 요청

---

32) 반덤핑기본규칙 제9.3조.

에 의해 이루어지며, 반덤핑관세는 재심 기간 동안에는 유효하다. 또한 제11.8조에 의해 덤핑마진이 반덤핑관세보다 줄어들었거나 제거되었음을 수입업자가 입증할 수 있는 경우에 반덤핑관세는 환급될 수 있다.

(7) 사법심사

반덤핑기본규칙과 반보조금기본규칙은 관련 절차를 통해 채택되는 다양한 규칙(regulations)이나 결정(decisions)의 사법심사에 대한 조항을 두고 있지 않다. 따라서 EU기능조약의 일반규정이 여기에 적용된다. 먼저 자연인과 법인은 EU기능조약 제263조(舊EC조약 제230조)의 취소소송을 제기할 수 있는데, 예컨대 집행위원회의 조사 개시 거부에 관하여 소송을 시작할 수 있다.[33] 덤핑 또는 보조금에 대한 조사가 조치 없이 종료될 경우 집행위원회는 규칙이나 결정을 채택하게 되는데, 이는 취소소송의 대상이 될 수 있다. 또한 EU사법재판소는 (집행위원회가) 확정관세를 부여하지 않는 경우 적절한 이유를 적시해야 한다고 판시하였다.[34] 한편 EU기능조약 제265조(舊EC조약 제232조)의 부작위소송은 엄격한 시간제한 요건 때문에 그 이용에는 한계가 있는 것처럼 보이며, 대신 EU기능조약 제268조와 제340조(舊EC조약 제235조와 제288조)의 손해배상소송은 활용률이 늘어가는 것처럼 보인다.[35]

3. 보조금 및 상계관세 기본규칙

1) 반보조금기본규칙의 개요

EU는 무역구제제도의 하나로 반보조금규칙을 마련하고 있는데, 1997년 10월 6일자 이사회규칙(Council Regulation (EC) 2026/97 of 6 October 1997 on protection against subsidised imports from countries not members of the European Community)을 수차례 개정한 후, 현재 '2016년 6월 8일 EU회원국이 아닌 국가의 보조금을 받은 수입품으로부터의 보호에 관한 유럽의회와 이사회규칙'(Regulation (EU) 2016/1037 of the

---

33) Giannakopoulos, *supra* note 3, pp. 181, 182.
34) *Ibid.*, pp. 199, 200, 204, 205.
35) *Ibid.*, pp. 206-207.

표. EU반보조금기본규칙의 구조

조 문	내 용	조 문	내 용
전 문	취지와 목적	제21조	환급
제1조	원칙	제22조	재심과 환급에 관한 일반규정
제2조	정의	제23조	우회
제3조	보조금의 정의	제24조	일반규정
제4조	상계가능 보조금	제24a조	회원국의 대륙붕 또는 배타적 경제수역
제5조	상계가능 보조금액의 산정	제25조	위원회 절차
제6조	수혜자에 대한 혜택의 산정	제26조	현장실사
제7조	산정에 관한 일반규정	제27조	표본추출
제8조	피해의 판정	제28조	비협조
제9조	EU산업의 정의	제29조	비밀유지
제10조	절차의 개시	제29a조	잠정단계에서의 정보
제11조	조사	제30조	공개
제12조	잠정조치	제31조	EU이익
제13조	가격약속	제32조	상계관세조치와 다자구제조치 간의 관계
제14조	조치 없는 조사종결	제32a조	보고서
제15조	확정관세의 부과	제32b조	위임권한의 행사
제16조	소급	제33조	최종규정
제17조	존속기간	제34조	보고서
제18조	소멸 재심	제35조	폐지
제19조	중간 재심	제36조	발효
제20조	신속 재심		

European Parliament and of the Council of 8 June 2016 on protection against subsidised imports from countries not members of the European Union, 이하 '반보조금기본규칙'이라 부름)[36]을 제정하였다. 그 후 반보조금기본규칙은 2017년 12월 12일과 2018년 5월

30일자로 개정되었는데, EU는 이를 통해 기존 규칙을 현대화시켰다.[37]

　　반보조금기본규칙은 반덤핑기본규칙과 마찬가지로, 반보조금규칙의 적절하고도 투명한 적용을 보장하기 위하여 WTO체제의 보조금 및 상계조치에 관한 협정의 규정을 EU법으로 수용하고 있다. 또한 반보조금기본규칙 제1.1조에 의하면 EU 내의 자유유통으로 피해를 야기하는 상품의 제조, 생산, 수출 또는 운송에 직간접적으로 부여된 보조금을 상쇄하기 위해 상계관세를 부과할 수 있다. 반보조금기본규칙은 아래 표에서 보는 바와 같이 반덤핑기본규칙과 유사한 구조로 규정되어 있는데, 피해의 판정, EU산업의 정의, 절차의 개시, 조사, 잠정조치 및 확정관세의 부과와 절차의 종료 등이 여기에 해당된다.

2) 실체적 요건

(1) 보조금의 정의와 상계조치

　　반보조금기본규칙 제3조 보조금의 정의에 의하면 첫째 수입품의 원산국 또는 수출국 정부에 의한 재정적 기여(financial contribution) 또는 GATT 1994 제XVI조의 의미에 속하는 여하한 형태의 수입이나 가격지지가 존재하고, 둘째 이로 인해 혜택(benefit)이 부여되는 경우 보조금이 존재하는 것으로 간주된다. 또한 동 규칙 제4조에 의해 보조금은 기업이나 산업 또는 기업군과 산업군에 특정되는 경우에만 상계조치의 대상이 된다.

(2) 피해의 판정

　　반보조금기본규칙 제8.1조에 의하면 피해의 판정은 명확한 증거에 기초해야 하며, 보조금을 받은 수입품의 양, 동 수입품이 EU시장에서 동종상품의 가격에 미치는 효과 및 이로 인해 관련 EU산업에 미치는 영향에 대한 객관적 검토를 포함하여야 한다.

---

36) http://eur-lex.europa.eu/legal-content/EN/TXT/?uri=CELEX:32016R1037(2018년 5월 23일 방문) 참조; 반보조금기본규칙은 제36조에 따라 2016년 7월 20일에 발효하였다.
37) Regulation (EU) 2017/2321, Regulation (EU) 2018/825 참조.

(3) EU산업의 정의

반보조금기본규칙 제9.1조에 의하면 EU산업이란 위에서 살펴본 반덤핑기본
규칙과 마찬가지로 동종상품에 대해 전체로서의 EU생산업자 또는 동종상품의 생
산량이 전체 EU생산의 상당 부분을 구성하고 있는 생산업자를 의미하는 것으로
해석된다.

3) 절차적 요건

(1) 절차의 개시와 조사

반보조금기본규칙 제10.1조에 의하면 자연인이나 법인 또는 EU산업을 대신
하여 행동하는 법인격을 갖고 있지 않은 단체는 서면으로 절차를 개시할 수 있는
데, 해당 청원서는 집행위원회 또는 집행위원회에 이를 전달한 회원국에 제출된다.
청원서가 없이도 EU회원국이 보조금과 피해의 존재 및 양자 간의 인과관계에 관한
충분한 증거를 소지하고 있는 경우, 해당 회원국은 즉시 집행위원회에 관련 증거를
통보해야 한다. 또한 동 규칙 제10.11조에 의해 절차를 개시하기에 충분한 증거가
있는 것이 명백한 경우, 집행위원회는 청원서 제출로부터 45일 이내에 조사를 개시
해야 한다.

한편 규칙 2017/2321에 의해 추가된 제10.7조에 의하면 집행위원회는 조사
과정에서 확인된 여타 보조금과 관련하여 원산국 및/또는 수출국에 협의를 제공할
의무가 있다. 이는 조사하는 동안 발견된 추가적 보조금을 반보조금 조치 계산에
적절히 반영할 수 있도록 해 준다.

(2) 상계조치의 부과

반보조금기본규칙 제12.1조에 의하면 보조금과 피해에 관한 잠정적 예비판정
이 내려지고, EU의 이익을 위해 해당 피해를 막기 위한 즉각적인 개입이 필요한
경우에 잠정조치가 부과될 수 있다. 이때 잠정상계관세는 전체 보조금의 양을 초과
해서는 안 되며, 적은 관세로도 EU산업에 끼치는 피해를 제거하기에 충분한 경우
는 해당 양보다 적게 부과되어야 한다. 또한 잠정관세는 최대 4개월간 부과될 수
있다.[38]

반보조금기본규칙 제15.1조에 의하면 최종적으로 확립된 사실에 의해 보조금과 이로 인한 피해가 존재하고 EU의 이익을 위해 개입이 요구되는 경우에는 집행위원회에 의해 확정적 상계관세가 부과된다. 잠정상계관세와 마찬가지로 확정관세는 전체 보조금의 양을 초과해서는 안 되며, 적은 관세로도 그 피해를 제거하기에 적절하다면 적게 부과해야 한다. 또한 동 규칙 제16.1조에 따르면 잠정 및 확정상계관세는 소급해서 적용될 수 없다.

4. 세이프가드기본규칙

1) 세이프가드기본규칙의 개요

EU법상 세이프가드는 예견할 수 없이 급격하고도 갑작스런 수입의 증가로 인해 EU산업이 영향을 받는 상황에서 적용되어 왔는데, 세이프가드는 EU산업에 필요한 구조조정을 위한 임시방편을 제공하는 것을 목적으로 한다. 반덤핑 또는 반보조금조치와 달리 세이프가드는 무역이 공정한지 여부를 따지지 않기 때문에, 동 조치를 부과하기 위한 요건은 훨씬 엄격한 편이다.

EU는 세이프가드와 관련하여 세 개의 규칙을 마련하고 있는데, '2015년 3월 11일 수입품에 대한 공통규범에 관한 유럽의회와 이사회규칙 2015/478'(Regulation (EU) No 2015/478 of the European Parliament and of the Council of 11 March 2015 on common rules for imports, 이하 '세이프가드기본규칙'이라 부름), '2015년 4월 29일 특정 제3국으로부터의 수입품에 대한 공통규범에 관한 유럽의회와 이사회규칙 2015/755'(Regulation (EU) No 2015/755 of the European Parliament and of the Council of 29 April 2015 on common rules for imports from certain third countries) 및 '2003년 3월 3일 특정 제3국으로부터의 수입품에 대한 공통규범에 관한 규칙 519/94를 개정하며 중국을 원산지로 하는 수입품에 대한 과도기적 제품 특정적 세이프가드조치에 관한 이사회규칙 427/2003'(Council Regulation (EC) No 427/2003 of 3 March 2003 on a transitional product-specific safeguard mechanism for imports originating in the

---

38) 반보조금기본규칙 제12.5조.

Peoples's Republic of China and amending Regulation (EC) No 519/94 on common rules for imports from certain third countries)[39]이 그것이다.

여기서는 세이프가드기본규칙의 주요 조문을 중심으로 살펴볼 것인데, 동 규칙은 수입자유의 원칙에 기초하여 비회원국을 원산지로 하는 (섬유제품을 제외한)

표. EU세이프가드기본규칙의 구조

조 문		내 용	조 문		내 용
전 문		취지와 목적	제5장	제15조	세이프가드조치
제1장	제1조	일반원칙		제16조	
제2장	제2조	EU의 정보와 협의절차		제17조	
	제3조			제18조	
				제19조	
제3장	제4조	EU의 조사절차		제20조	
	제5조			제21조	
	제6조		제6장	제22조	최종규정
	제7조			제23조	
	제8조			제24조	
	제9조			제25조	
제4장	제10조	감시조치		제26조	
	제11조			제27조	
	제12조				
	제13조				
	제14조				

---

39) 규칙 427/2003은 규칙 2015/755 제23조에 의해 폐지되었다.

수입품에 대한 공통규범을 정립하며, EU가 자신의 이익을 보호하기 위해 필요한 감시조치와 세이프가드조치를 이행하는 것을 가능하도록 관련 절차를 정하는 것을 목적으로 하고 있다. 한편 규칙 2015/755는 특정 제3국 즉, 아제르바이잔, 벨로루시, 카자흐스탄, 북한, 투르크메니스탄, 우즈베키스탄을 대상으로 하여 이들 국가를 원산지로 하는 (섬유제품을 제외한) 수입품에 대한 공통규범을 정립하며, EU가 자신의 이익을 보호하기 위해 필요한 감시조치와 세이프가드조치를 이행하는 것을 가능하도록 관련 절차를 규정하고 있다.

2) 실체적 및 절차적 요건

(1) 정보 및 협의절차

세이프가드기본규칙 제2조에 의하면 수입 경향(trend)을 통해 감시조치(surveillance)나 세이프가드조치가 필요해 보이는 경우, EU회원국은 집행위원회에 이를 알려야 한다. 또한 집행위원회는 세이프가드위원회(Committee on Safeguards)의 지원을 받는데, 세이프가드위원회는 협의 및 조사절차 중 자신의 견해를 제시해야 한다.[40]

(2) 조사절차

세이프가드기본규칙 제5조에 의하면 집행위원회가 보기에 조사 개시를 정당화할 만한 충분한 증거가 존재하는 것이 명백한 경우, 집행위원회는 1달 이내에 조사를 시작하고 EU관보에 관련 사실을 게재한다. 한편 조사는 문제가 된 상품의 수입이 관련 EU생산업자에게 심각한 피해(serious injury)를 야기하였거나 야기할 우려가 있는지 여부를 결정하는 절차이다.[41] 동 규칙 제6.1조와 제6.2조에 의하면 집행위원회는 조사가 끝나고 세이프가드위원회에 결과보고서를 제출하여야 하며, 조사 결과에 따라 관련 조사를 종결하거나 감시조치나 세이프가드조치의 이행을 결정하게 된다.

---

40) 세이프가드기본규칙 제3조.
41) 세이프가드기본규칙 제4.2조.

(3) 감시조치

세이프가드기본규칙 제10조에 의하면 상품의 수입경향이 EU생산업자에게 피해를 야기할 우려가 있으며 EU의 이익을 위해 감시조치를 필요로 하는 경우, 집행위원회의 결정을 기초로 하여 관련 상품의 수입은 EU의 감시조치에 놓이게 된다. 집행위원회의 감시 결정은 위원회 절차에 따라 이행행위를 통해 이루어진다.42) 감시조치는 반드시 EU 전체를 대상으로 하지는 않는데, 즉 상품의 수입이 사전 감시조치에 놓이지 않은 경우에 집행위원회는 EU의 하나 혹은 그 이상의 지역에서 관련 수입품에 감시조치를 도입할 수 있다.43) 한편 EU회원국은 EU 또는 지역 차원의 감시조치가 취해지는 경우 매달 첫째 10일 이내에 집행위원회에 감시조치에 대해 통고하여야 한다.44)

(4) 세이프가드조치

세이프가드기본규칙 제16조에 의하면 EU의 이익을 보호하기 위해 조사절차에 따라 행동하는 집행위원회는 동종 또는 직접적으로 경쟁적인 상품의 EU생산업자에 심각한 피해를 야기하거나 야기할 우려가 있을 정도로 상당히 증가된 양 및/또는 조건에 따라 수입되는 경우, 해당 상품의 수입을 금지하기 위한 적절한 조치, 즉 세이프가드조치를 채택할 수 있다. 세이프가드조치 역시 EU의 하나 혹은 그 이상의 지역에 한정해서 적용될 수 있지만, 그러한 조치는 EU에 이미 들어와 자유유통 상태에 있는 모든 상품에 적용되어야 한다.45)

세이프가드조치의 기간은 EU생산업자의 입장에서 구조조정을 용이하게 하고 심각한 피해를 억제 또는 구제하기 위해 필요한 기간 동안으로 한정되는데, 원칙적으로 4년을 초과해서는 안 되며 조치의 전체 적용기간이 8년을 초과해서는 안 된다.46)

---

42) 세이프가드기본규칙 제10.2조.
43) 세이프가드기본규칙 제12조.
44) 세이프가드기본규칙 제14.1조.
45) 세이프가드기본규칙 제15.5조.
46) 세이프가드기본규칙 제19.1조와 제19.5조.

III. EU의 일방적 무역조치: 통상장벽규칙

1. 통상장벽규칙의 개념과 목적

1) 개요

EU의 제3국 시장으로의 수출을 방해하는 통상장벽에 대응하기 위해 제정된 '2015년 10월 6일 특히 세계무역기구의 보호하에 확립된 국제통상규칙상 EU의 권리 행사를 보장하기 위하여 공동통상정책 분야의 EU절차를 규정하는 유럽의회와 이사회규칙 2015/1843(Regulation (EU) 2015/1843 of the European Parliament and of the Council of 6 October 2015 laying down Union procedures in the field of the common commercial policy in order to ensure the exercise of the Union's rights under international trade rules, in particular those established under the auspices of the World Trade Organization; 보통 통상장벽규칙(Trade Barriers Regulation)이라 부름, 이하 'TBR')'는 2015년 11월 5일자로 발효되었다.[47]

TBR 제2.1조에 의하면 '통상장벽'이란 국제통상규칙이 행동의 권리를 확립하는 것과 관련하여 제3국에 의해 채택 또는 유지되는 여하한 무역관행을 의미한다. 여기서 '국제통상규칙'이라 하면 주로 WTO의 관할하에 채택되고 WTO협정의 부속서에 규정된 규칙을 말하는데, EU가 당사국이고 EU와 제3국 간 통상에 적용될 수 있는 규칙을 규정하고 있는 협정상 규칙도 해당될 수 있다.

2) 목적과 활용

TBR은 국제통상규칙에 따른 EU의 권리 행사를 보장하는 한편, 통상장벽으로 인한 피해를 제거하기 위하여 EU시장에 영향을 미치는 통상장벽에 대처하며, 통상장벽으로 인한 부정적인 통상 영향을 제거하기 위하여 제3국 시장에 영향을 미치

---

47) 통상장벽에 관한 최초의 규칙 3286/94는 현 TBR(규칙 2015/1843 제17조)에 의해 폐지되었다. TBR의 내용은 https://eur-lex.europa.eu/legal-content/EN/TXT/?uri=celex:32015R1843(2018년 5월 26일 방문) 참조.

는 통상장벽에 대처하는 것을 목적으로 한다.[48]

　1995년 이후 TBR은 수출시장의 통상장벽을 해소하기 위한 도구로 활용되어 왔다. EU의 사업가들은 집행위원회에 해외 판매의 제한, 외국 시장에서의 차별적 대우, 특허나 라이센스 취득의 어려움 또는 상품이나 서비스 수출에 있어 기타 불공정한 형태의 장벽 등을 조사해 달라고 요청하기 위해 TBR을 이용하였다. 또한 그동안 수 개의 기업이나 산업체는 수출시장에서의 문제뿐만 아니라 EU 역내시장에서의 피해를 야기하는 불공정한 외국의 무역관행을 다루기 위해 TBR을 이용해 왔다. 예컨대 TBR 사례들은 콜롬비아에서의 자동차제조업체, 터키에서의 의약품, 캐나다에서의 주류 등에 대한 수출 조건을 개선하는 데 일조하여 왔다.[49]

표. EU통상장벽규칙의 구조

조 문	내 용	조 문	내 용
전 문	취지와 목적	제10조	비밀유지
제1조	대상	제11조	증거
제2조	정의	제12조	절차의 종료 및 중지
제3조	EU산업을 위한 청원	제13조	통상정책조치의 채택
제4조	EU기업을 위한 청원	제14조	의사결정절차
제5조	청원절차	제15조	보고서
제6조	회원국에 의한 회부	제16조	일반규정
제7조	위원회 절차	제17조	폐지
제8조	유럽의회와 이사회에 대한 정보	제18조	발효
제9조	EU의 조사절차		

---

48) TBR 제1조 참조.
49) http://europa.eu/rapid/press-release_MEMO-09-434_en.htm?locale=en(2018년 5월 26일 방문).

2. TBR의 절차

1) 청원절차

TBR에 규정된 청원은 다음 세 가지 경우 중의 하나인데, 첫째 EU시장에 영향을 미치는 통상장벽의 결과 실질적 피해를 입은 EU산업, 둘째 제3국 시장에 영향을 미치는 통상장벽의 결과 무역에 끼치는 부정적 영향을 받은 하나 혹은 그 이상의 EU기업, 셋째 통상장벽을 고발하는 EU회원국이 집행위원회에 서면으로 청원을 제출할 수 있다.[50]

이러한 청원은 통상장벽과 이로 인한 피해나 부정적 영향의 존재에 대한 충분한 증거를 포함하고 있어야 한다.[51] 피해나 부정적 영향을 검토하는 과정에서 집행위원회는 EU의 관련 수입품이나 수출품의 양, EU산업의 경쟁업자의 가격, EU산업과 경쟁이 발생하는 시장으로의 수출량의 증가 비율, 원산국 또는 수출국의 수출능력 등과 같은 일정한 요건들을 고려해야 한다.[52]

2) 조사절차

TBR 제5.4조와 제6.5조에 의하면 청원서 제출 후 집행위원회는 45일 이내에 청원의 허용가능성에 대해 결정을 내려야 한다. 이때 해당 기간은 보충 정보의 제공을 위해 청원자의 요청이나 합의에 의해 정지될 수 있다.

TBR은 제7조에서 통상장벽위원회(Trade Barriers Committee)가 집행위원회를 지원하도록 규정하고 있으며, 제9.1조에서 집행위원회가 보기에 조사절차의 시작을 정당화하기에 충분한 증거가 존재하고 EU의 이해관계상 조사가 필요한 것이 명백한 경우, 조사를 시작하며 관보에 게재한다.

조사절차의 결과 EU의 이익을 위해 어떠한 조치의 채택도 필요한 것으로 보이지 않는 경우에 집행위원회는 해당 절차를 종료해야 한다. 또한 조사절차 이후, 관련 제3국이 만족스러운 조치를 취해서 EU에 의한 더 이상의 행동이 필요하지

---

50) TBR 제3조, 제4조, 제6조 참조.
51) TBR 제3.2조, 제4.2조, 제6.2조.
52) TBR 제11.1조, 제11.4조.

않는 경우에 해당 절차는 중단될 수 있다.53) 1996년 이후 총 24건의 조사절차가 개시되었는데, TBR은 음악, 섬유제품, 탄산음료와 같은 다양한 산업체의 요구를 만족시키기 위해 이용되어 왔으며, 브라질, 아르헨티나, 한국, 미국, 캐나다, 일본, 터키 등과 같은 다양한 무역 파트너의 관행을 검토하였다. 조사절차가 진행된 것 중 일부는 협상이나 제3국의 조치 및 WTO분쟁해결절차의 이용을 통해 합의가 이루어지기도 하였다.54)

3) 통상정책조치의 채택

TBR 제13.1조에 의하면 조사절차의 결과 제3국이 채택하였거나 유지하고 있는 장벽으로부터 야기된 피해나 부정적 영향을 제거할 목적으로 국제통상규칙상 EU의 권리 행사를 보장하기 위하여 EU의 이해관계상 조치가 필요하다고 판단되는 경우, TBR의 관련 규정을 기초로 하여 적절한 통상정책조치(commercial policy measures)가 결정되어야 한다. 이러한 조치에는 첫째 통상정책협상으로부터 나온 양허의 정지나 철회, 둘째 기존 관세의 인상 또는 수입품에 대한 여타 부과금의 도입, 셋째 수량제한이나 수출입조건을 변경하거나 관련 제3국과의 무역에 영향을 미치는 여타 조치의 도입이 포함된다.55)

IV. 결 론

위에서 살펴본 바와 같이, EU는 규칙이라는 형식을 빌려 WTO협정의 내용과 유사한 반덤핑, 보조금과 상계관세 및 세이프가드를 규율함으로써, EU산업이 입은 피해를 구제하기 위한 EU법을 제정하였다. EU의 무역구제제도에 의하면 집행위원회가 청원에 대한 조사를 진행하고 반덤핑관세, 상계관세 또는 세이프가드조치 등의 부과와 같은 조치를 취한다.

---

53) TBR 제12조.
54) http://ec.europa.eu/trade/policy/accessing-markets/dispute-settlement/trade-barrier-investigations/index_en. htm(2018년 5월 26일 방문) 참조.
55) TBR 제13.3조.

또한 EU는 무역상대국의 수출 방해에 맞서 통상장벽규칙이라 불리는 관세 및 비관세조치를 통한 일방적 무역보복조치를 취하기도 한다. 통상장벽규칙은 EU 산업, EU기업 또는 EU회원국의 집행위원회로의 청원과 집행위원회의 조사절차 및 통상정책조치의 채택을 자세히 규정하고 있는데, 수출시장에서의 통상장벽을 해소하는데 중요한 역할을 수행하여 왔다.

제 6 장

경제통화동맹

Ⅰ. 서 론

EU의 경제통화동맹(Economic and Monetary Union, 이하 'EMU')은 EU의 일차적 존재목적인 경제통합에 있어 주요한 단계를 형성한다. EMU는 구체적으로 회원국 사이의 경제정책의 조정, 정부부채와 재정적자의 제한을 통한 재정정책의 조정, 유럽중앙은행에 의해 운영되는 독립적인 통화정책 및 단일화폐인 유로와 유로존 국가의 운영을 대상으로 한다.

EMU 안에 경제정책을 책임지는 단일의 기관은 존재하지 않으며, 회원국과 EU기관 사이에 책임이 나뉘어져 있다. EMU의 주요 행위자를 살펴보면, 먼저 유럽이사회는 주요한 정책 방향을 설정하며, EU이사회는 경제정책을 조정하고, 회원국은 합의된 재정적자와 부채 한도 내에서 자신의 예산 규모를 결정하고, 유럽집행위원회는 이행과 준수를 감독하며, 유럽중앙은행은 통화정책의 일차적 목적인 가격 안정화를 확립하며, 유럽의회는 이사회와 함께 입법 업무를 수행한다. 또한 유로존 지역의 재무장관들로 구성된 유로그룹(Eurogroup)은 유로존 회원국 경제정책의 긴밀한 조정을 맡고 있다.[1]

본고에서는 EU경제통화동맹을 달성하기까지의 과정을 개관한 뒤, EU기능조약에 규정되어 있는 경제정책과 통화정책에 대해 자세히 살펴보도록 할 것이다. 또한 유럽재정위기로 인해 제기된 EMU의 문제점과 EU와 회원국 간의 충돌 및 그 해결을 위한 EU차원의 노력과 EU사법재판소의 관련 판결에 대해 검토하도록 하겠다.

---

1) https://ec.europa.eu/info/business-economy-euro/economic-and-fiscal-policy-coordination/economic-and-monetary-union/what-economic-and-monetary-union-emu_en(2018년 5월 28일 방문).

II. EMU의 주요 내용

1. EMU의 역사

1) 개요

1969년 6명의 초창기 공동체 회원국 대표는 경제통화동맹을 창설하기 위한 계획 설립에 찬성하였다. 룩셈부르크 수상인 Pierre Werner가 주재하는 그룹이 기초한 보고서를 기반으로 회원국들은 1980년까지 경제통화동맹을 달성하기 위한 단계별 계획에 동의하였으나, 브레튼우즈체제의 붕괴로 최종시한은 지켜지지 못하였다.[2] 이후 1988년 6월 27일과 28일, 독일 하노버에서 개최된 유럽이사회는 당시 집행위원회 의장이던 Jacques Delors를 단장으로 하는 위원회 하나를 설립하였는데, 여기서 경제통화동맹을 구현하기 위한 구체적 단계를 검토하고 제안하는 업무를 수행하도록 하였다.[3]

소위 Delors 위원회라고 불리는 동 위원회는 경제통화동맹을 3단계에 걸쳐 달성하도록 제안하였으며, 통화동맹을 위해 단일통화가 반드시 필요한 것은 아니지만, 단일통화가 경제통화동맹을 강화하고 공동체 통화정책을 촉진하며 환전에 드는 거래비용이 사라질 것으로 보았다.[4] 한편 단일통화는 국가가 통화정책의 일환으로 성장을 촉진하거나 제한하기 위한 이자율을 규제할 기회를 잃게 됨으로써 재정위기상황에서 이를 극복하는데 치명적 약점이 될 뿐 아니라, 다양한 경제수준을 갖는 국가들에서 국가간 차이를 두드러지게 할 우려가 있음이 주장되었지만, 대부분의 회원국은 단일통화의 이점이 단점을 능가한다고 판단하였다.[5]

---

2) Catherine Barnard, *The Substantive Law of the EU: The Four Freedoms*, 4th ed., (Oxford: Oxford University Press, 2013), p. 613.
3) Koen Lenaerts and Piet Van Nuffel, *European Union Law*, 3rd ed. (London: Sweet & Maxwell, 2011), p. 381.
4) *Ibid.*
5) Barnard, *op. cit.,* p. 614.

2) 제1단계

Delors 위원회의 보고서를 기초로 하여 1989년 6월 마드리드 유럽이사회는 EMU의 제1단계를 1990년 7월 1일자로 시작하도록 결정하였다. 제1단계는 먼저 경제적 측면에서 역내시장의 달성(상품, 사람, 서비스와 자본의 자유이동), 공동체의 지역 및 구조적 정책의 강화, 국내경제정책을 감독하는 새로운 절차의 도입, 예산 정책을 조정하기 위한 특별 규칙의 수용과 관련이 있다.

통화정책과 관련하여 제1단계는 자본 거래의 완전한 자유화를 추구하였다. 모든 회원국이 유럽통화체제(European Monetary System, 이하 'EMS')에 가입하여야 했으며, ECU(European Currency Unit, 유럽통화단위)의 사적사용에 관한 모든 장벽이 사라지고, 중앙은행장위원회(Committee of Central Bank Governors)가 자문권한을 갖게 되었다.[6]

3) 제2단계

마스트리히트조약의 중대한 변경이 EMU의 제2, 제3단계를 가능하도록 하였는데,[7] 덴마크와 영국은 EMU의 제3단계에 가입할지 여부를 결정할 수 있는 자유(opt-out)를 부여받아, EU조약상 예외적 지위를 획득하였다. 다른 회원국들은 원칙적으로 조약에 규정되어 있는 모든 조건을 만족시키는 즉시 EMU의 제3단계에 가입하도록 요구되었다.

제2단계는 1994년 1월 1일자로 시작되었는데,[8] 자본과 결제의 이동이 자유화되었으며, 회원국과 공동체 경제정책은 어떠한 구속력 있는 제재 없이, 조약에 규정되어 있는 감독 절차와 규칙을 준수하여야만 하였다. 각 회원국은 제3단계를 위해 중앙은행의 독립적 지위를 준비하였고,[9] 통화정책은 여전히 회원국의 권한에 속하였으며, 舊EC조약 제4조 제2항상 공동체의 단일통화로 규정된 "ecu"의 통화

---

6) Lenaerts and Van Nuffel, *op. cit.,* p. 382; Barnard, *op. cit.,* p. 614.
7) *Ibid.,* p. 613.
8) 舊EC조약 제116조 제1항: "The second stage for achieving economic and monetary union shall begin on 1 January 1994."
9) 舊EC조약 제116조 제5항 참조.

가치는 동결되었다.10)

유럽통화기구(European Monetary Institute)는 EMS의 운영을 감독하였으며, 중앙은행 간의 협의를 조직하고 제3단계를 위한 제도를 기초하였다.11) 1998년 6월 1일자로 유럽통화기구는 제3단계를 준비하여 설립된 유럽중앙은행(European Central Bank)으로 대체되었다.12) 1995년 12월 15일과 16일에 개최된 마드리드 유럽이사회는 "ecu"라는 단어를 일반용어로 사용하도록 결정하였으며, 유럽통화단위를 "유로"(euro)로 부르고 ECU를 의미하였던 모든 조약상의 규정을 유로를 뜻하는 것으로 해석할 것에 합의하였다.13)

4) 제3단계

1999년 1월 1일, 단일통화의 채택을 위한 조건을 충족한 11개의 회원국 간에 제3단계가 시작되었다.14) 1998년 7월 1일 이전, 이사회는 회원국이 EU기능조약 제140조 제1항과 제2항(舊EC조약 제121조 제1항과 제2항)15)에 규정된 단일통화 채택

---

10) 舊EC조약 제118조 참조.
11) 舊EC조약 제117조 참조.
12) 舊EC조약 제123조 제1항과 제2항 참조.
13) Lenaerts and Van Nuffel, *op. cit.,* p. 383.
14) 舊EC조약 제121조 제4항(리스본조약에 의해 폐지); 11개 회원국에는 오스트리아, 벨기에, 독일, 핀란드, 프랑스, 아일랜드, 이탈리아, 룩셈부르크, 네덜란드, 스페인 및 포르투갈이 해당된다. 한편 영국과 덴마크는 제3단계로 이동하지 않겠다는 의사를 통보하였다. 그리스와 스웨덴은 해당 조건을 충족하지 못하였는데, 그리스는 2000년에 관련 조건을 충족하여 2001년 1월 1일자로 EMU의 제3단계에 참여하게 되었다. 그러나 스웨덴은 2003년 국민투표에서 유로 채택이 거부되고, 이후 의도적으로 유럽환율메커니즘(European Exchange Rate Mechanism Ⅱ, 이하 'ERM Ⅱ')에 가입하지 않아 해당 조건의 준수를 회피하고 있다. Lenaerts and Van Nuffel, *op. cit.,* p. 384; Barnard, *op. cit.,* p. 617.
15) "1. At least once every two years, or at the request of a Member State with a derogation, the Commission and the European Central Bank shall report to the Council on the progress made by the Member States with a derogation in fulfilling their obligations regarding the achievement of economic and monetary union. These reports shall include an examination of the compatibility between the national legislation of each of these Member States, including the statutes of its national central bank, and Articles 130 and 131 and the Statute of the ESCB and of the ECB. The reports shall also examine the achievement of a high degree of sustainable convergence by reference to the fulfilment by each Member State of **the following criteria**:
- **the achievement of a high degree of price stability**; this will be apparent from a rate of inflation which is close to that of, at most, the three best performing Member States in terms of price stability,
- **the sustainability of the government financial position**; this will be apparent from having achieved

을 위한 조건을 충족하였는지 여부를 결정하여야 했다. 해당 조문 및 의정서에 자세히 규정되어 있는 소위 '4개의 수렴조건'(four convergence criteria)을 간단히 설명하면, 첫째 높은 수준의 가격안정성 달성, 즉 최근 1년간 소비자물가상승률이 가장 낮은 3개 회원국 평균 물가상승률 +1.5%p 이내, 둘째 정부재정 지위의 지속가능성, 즉 재정적자가 경상 GDP의 3% 이내, 정부부채 잔액이 경상 GDP의 60% 이내, 셋째 최소 2년간 자국화 환율을 ERM Ⅱ의 환율 변동허용폭(고정중심환율 ±15.0%) 이내로 유지, 넷째 최근 1년간 소비자물가상승률이 가장 낮은 3개 회원국 평균 명목장기 금리 +2.0%p 이내를 충족하여야 유로를 도입할 자격을 갖게 된다.[16]

한편 1999년 1월 1일자로 11개 회원국의 통화가 유로로 대체되었지만, 유로의 사용은 결제 금액의 송금에만 한정되었고, 2002년 1월 1일이 되어서야 유로가 표시된 지폐와 동전이 시장에 나오게 되었다.[17] 2007년 1월 1일 슬로베니아, 2008년 1월 1일 키프로스와 몰타, 2009년 1월 1일 슬로바키아, 2011년 1월 1일 에스토니아, 2014년 1월 1일 라트비아, 2015년 1월 1일자로 리투아니아가 유로화를 도입하여 2018년 5월 현재, (11개의 원년 멤버와 그리스를 포함한) 총 19개의 국가가 유로존에 가입하고 있다.[18]

---

a government budgetary position without a deficit that is excessive as determined in accordance with Article 126(6),

- **the observance of the normal fluctuation margins provided for by the exchange-rate mechanism of the European Monetary System, for at least two years, without devaluing against the euro,**
- **the durability of convergence achieved by the Member State with a derogation and of its participation in the exchange-rate mechanism being reflected in the long-term interest-rate levels.**
2. After consulting the European Parliament and after discussion in the European Council, the Council shall, on a proposal from the Commission, decide which Member States with a derogation fulfil the necessary conditions on the basis of the criteria set out in paragraph 1, and abrogate the derogations of the Member States concerned.

The Council shall act having received a recommendation of a qualified majority of those among its members representing Member States whose currency is the euro. These members shall act within six months of the Council receiving the Commission's proposal.

The qualified majority of the said members, as referred to in the second subparagraph, shall be defined in accordance with Article 238(3)(a)."(필자 강조)

16) '수렴조건에 관한 제13의정서'(Protocol No 13 on the Convergence Criteria) 참조.
17) Lenaerts and Van Nuffel, *op. cit.,* p. 384.
18) *Ibid.,* p. 385; https://en.wikipedia.org/wiki/Eurozone(2018년 5월 28일 방문) 참조.

2. 경제정책

EU기능조약은 제120조부터 제126조까지 EU의 경제정책(economic policy)[19]에 관해 규정하고 있다.[20]

조항	조항 제목
제120조	시장경제지향(Marktwirtschaftliche Ausrichtung)
제121조	경제정책의 조정(Koordinierung der Wirtschaftspolitik)
제122조	중대한 어려움(Gravierende Schwierigkeiten)
제123조	공공기관에 대한 금융지원 금지(Verbot von Kreditfazilitäten für öffentliche Einrichtungen)
제124조	공공기관의 재정기관에 대한 특권적 접근 금지(Verbot bevorrechtigten Zugangs zu Finanzinstituten für öffentliche Einrichtungen)
제125조	긴급구제금융 금지(Haftungsausschlüsse)
제126조	과도한 재정적자 회피와 예산분야(Vermeidung übermäßiger Defizite; Haushaltsdisziplin)

1) 경제정책일반지침

EU회원국의 경제정책은 EU조약 제3조와 EU기능조약 제120조에 규정된 EU의 목적 달성에 기여하여야 하는데, EU기능조약 제122조(舊EC조약 제100조)는 집행위원회의 제안에 따라 회원국 간 연대의 정신으로 이사회에 "경제상황에 적절한 조치를 결정할" 권한을 부여하고 있다. 동 조약 제122조 제2항은 동일한 절차에 따라 이사회로 하여금 통제할 수 없는 예외적 상황, 예컨대 2010년 5월 유럽재정위기와 같은 심각한 위협이나 어려움에 처한 회원국에 EU차원의 재정적 지원을 제공하는 것을 허용한다.[21]

---

19) EU기능조약 제5조 제1항에 의하면 회원국은 EU 내의 경제정책에 대해 조정권한을 가지며 이를 위해 이사회는 광범위한 가이드라인과 같은 조치를 채택하여야 한다. 한편 조정권한에 관한 제2조 제3항에 따라, 회원국은 EU가 제공할 권한이 있는 규정 내에서 경제 및 고용정책을 조정하여야 한다.
20) EU기능조약의 조항 제목에 관해서는 Rolf Schwartmann, *Völker- und Europarecht: Mit WTO-Recht und Zusatztexten im Internet*, 10. Aufl. (Heidelberg: C.F.Müller, 2015) 참조.

이러한 목적을 위해 집행위원회의 권고에 따라 행동하는 이사회는 비록 법적 구속력이 없긴 하지만 회원국의 경제정책일반지침(Broad Economic Policy Guidelines) 의 초안을 작성하고, 이의 결과물을 유럽이사회에 보고하여야 한다. 유럽이사회는 이를 기초로 하여 결론을 도출하고, 이사회는 이에 따라 가이드라인을 규정한 권고를 채택하여야 하며, 해당 권고를 유럽의회에 알려야 할 의무가 있다.[22)]

2) 안정성장협약

EU회원국의 경제정책은 각 회원국과 EU에서의 경제성장의 다자감독 및 EU 기능조약 제121조 제2항의 경제정책일반지침과의 일치를 수단으로 하여 조정되어 왔다. 경제정책의 조정은 EMU의 제3단계에 참여하지 않는 회원국에도 역시 영향을 미치는데, 이는 회원국 경제성과의 지속적인 수렴을 보장하기 위한 것이다. 조약에 기반을 둔 절차를 보충하기 위해 1997년에 합의되고 2005년에 업데이트가 된 '안정성장협약'(Stability and Growth Pact)에 따르면, 회원국은 매년 안정화 또는 수렴 프로그램을 통해 자신의 예산 상태가 가격안정화(price stability) 및 지속가능한 성장(sustainable growth)을 위한 적절한 기반을 형성하거나 자신이 이를 위해 적합한 조치를 취하고 있는지를 보여주어야 한다.[23)] EU기능조약 제121조 제3항에 따라 집행위원회는 관련 상황을 평가하는 이사회에 정기적으로 보고서를 제출할 의무가 있다. 또한 동조 제5항에 의해 이사회의장과 집행위원회는 다자감독의 결과물을 유럽의회에 보고하여야 한다.

한편 회원국의 경제정책이 가이드라인에 합치되지 않거나 EMU의 적절한 기능을 위험에 빠뜨릴 가능성이 있는 경우에는 집행위원회가 관련 회원국에 경고 조치를 내릴 수 있으며, 집행위원회의 권고를 바탕으로 이사회는 해당 회원국에 필요한 권고를 내릴 수 있고, 집행위원회의 제안에 따라 이러한 권고를 공표하도록 결정할 수 있다.[24)]

21) Lenaerts and Van Nuffel, *op. cit.,* p. 386.
22) EU기능조약 제121조 제2항 참조.
23) Lenaerts and Van Nuffel, *op. cit.,* pp. 386-387; Barnard, *op. cit.,* p. 619.
24) EU기능조약 제121조 제4항.

3) 긴급구제금융 금지

EU기능조약 제123조 제1항은 유럽중앙은행 또는 국내중앙은행으로 하여금 EU기관, 기구, 사무소나 전문기구, 중앙정부, 지역 및 지방공공기관, 공법상 규율되는 여타 기구에 대한 금전적 자금조달(융자)을 금지하고 있다. 또한 제124조는 건전성 검토(prudential considerations)에 기초하지 않는 한, 위에서 언급한 실체가 재정기관에 특권적 접근을 하지 못하도록 규정하고 있다.

무엇보다 소위 '긴급구제금융 금지'(no bail out) 조항이라 불리는 제125조 제1항25)은 EU 또는 특정 회원국이 다른 회원국의 채무(commitments)에 책임을 지지 않음을 선언하고 있다. 그러나 제125조의 규정은 제123조의 규정보다는 덜 엄격한 편으로, 회원국에 대한 모든 재정지원을 금지하는 것은 아니다.26) 한편 2010년 유럽재정위기가 도래하였을 때 동 조항 때문에 문제가 발생하였는데, 이에 관해서는 아래에서 논의하도록 하겠다.

4) 과도한 재정적자 회피

EU기능조약 제126조 제1항에 의하면 회원국은 과도한 재정적자(excessive deficits)를 피해야 하며, 집행위원회가 회원국의 예산상황과 정부부채에 대해 감독하는 기능을 가진다. EU기능조약에 부속된 과도한 재정적자절차에 관한 제12의정서(Protocol (No 12) on the excessive deficit procedure)에 규정된 바와 같이, 정부의 재정적자는 GDP의 3%를, 정부부채는 GDP의 60%를 초과해서는 안 된다.

만약 회원국이 이러한 기준을 충족하지 못하거나 집행위원회가 판단하기에 과도한 재정적자의 위험이 있는 경우, 집행위원회는 보고서를 기초하고 경제재정

---

25) "1. **The Union shall not be liable for or assume the commitments** of central governments, regional, local or other public authorities, other bodies governed by public law, or public undertakings of any Member State, without prejudice to mutual financial guarantees for the joint execution of a specific project. **A Member State shall not be liable for or assume the commitments** of central governments, regional, local or other public authorities, other bodies governed by public law, or public undertakings of another Member State, without prejudice to mutual financial guarantees for the joint execution of a specific project."(필자 강조)

26) Barnard, *op. cit.,* p. 618.

위원회(Economic and Financial Committee)는 이에 관해 의견을 제시하여야 한다. 또한 집행위원회가 보기에 과도한 재정적자가 존재하거나 발생할 수 있는 경우, 관련 회원국에 의견을 보내고 이사회에 이를 통고하여야 한다.27) 이사회가 집행위원회의 제안에 따라 해당 회원국의 의견을 청취한 뒤 과도한 재정적자가 존재한다고 결정하면, 이사회는 집행위원회의 권고에 따라 그 회원국에 (대중에 공개하지 않는) 권고를 채택한다.28) 한편 권고에 규정된 기간 내에 실효적인 행위가 없었던 것으로 보이는 경우, 이사회는 자신의 권고를 공개할 수 있다.29) 회원국이 계속해서 이사회 권고를 이행하지 않는 경우, 이사회는 특정한 기간 제한을 두고 구제조치를 취하도록 통고할 수 있다.30)

한편 위에서 언급된 EU기능조약 제126조 제1항에서 제9항과 관련하여, 동 조약 제258조와 제259조에 규정된 집행위원회 또는 회원국이 다른 회원국을 상대로 EU사법재판소에 소송을 제기할 권한은 행사될 수 없으나,31) 제126조 제11항에 따라 부여된 제재조치의 집행에 대해서는 해당 소송을 제기할 수 있다.

또한 EU기능조약 제126조 제14항에 규정된 바와 같이, 회원국의 과도한 재정적자 관련 절차를 이행하기 위한 내용은 제12의정서 및 이사회가 작성한 안정성장협약에 규율되어 있다.32)

3. 통화정책

EU기능조약은 제127조부터 제133조까지 EU의 통화정책(monetary policy)33)에 관해 규정하고 있다.

---

27) EU기능조약 제126조 제3항에서 제5항 참조.
28) EU기능조약 제126조 제6항과 제7항 참조.
29) EU기능조약 제126조 제8항.
30) EU기능조약 제126조 제9항.
31) EU기능조약 제126조 제10항.
32) Lenaerts and Van Nuffel, *op. cit.*, p. 391.
33) EU기능조약 제3조에 의하면 유로를 사용하는 회원국의 통화정책에 대해서는 EU가 배타적 권한을 행사한다. 따라서 제2조 제1항에 의해 EU만이 해당 분야에 대해 입법적 행위와 법적으로 구속력 있는 행위를 채택할 권한을 가진다.

조항	조항 제목
제127조	유럽중앙은행체제의 목적과 업무(Ziele und Aufgaben des ESZB)
제128조	지폐와 동전의 발행(Ausgabe von Banknoten und Münzen)
제129조	유럽중앙은행체제의 구조와 규정(Struktur des ESZB; Satzung)
제130조	유럽중앙은행과 국내중앙은행의 독립성(Unabhängigkeit von EZB und nationalen Zentralbanken)
제131조	회원국의 합치의무(Anpassungspflicht der Mitgliedstaaten)
제132조	입법적 행위(Rechtsakte)
제133조	유로와 관련된 입법적 행위(Rechtsakte betreffend den Euro)

1) 통화정책의 목적

EMU에 참가하는 회원국의 통화정책은 EU기능조약 제282조에 의해 법인격을 갖는 유럽중앙은행과 회원국의 국내법상 설립된 중앙은행들의 네트워크로 구성된 유럽중앙은행체제(European System of Central Banks, 이하 'ESCB')에 의해 온전히 결정된다.[34] ESCB의 일차적 목적은 가격안정화(price stability)를 유지하는 것이며, 자유경쟁에 바탕을 둔 시장경제원칙에 따라 EU조약 제3조에 규정된 EU의 목적 달성에 기여하기 위하여 EU의 일반적 경제정책을 지원하는 것이다.[35] 한편 유럽중앙은행과 국내중앙은행은 회원국 또는 EU의 정치적 기관과 완전히 독립적으로 ESCB 내에서 운영된다.[36]

2) 통화정책의 내용

ESCB의 네 가지 기본적 업무는 다음과 같다:[37]

(1) EU통화정책을 수립하고 이행하는 것,

(2) 환율 관련 업무를 수행하는 것,

(3) 회원국의 공식외환보유고를 관리하는 것,

---

34) Barnard, *op. cit.*, p. 617.
35) EU기능조약 제127조 제1항.
36) EU기능조약 제130조.
37) EU기능조약 제127조 제2항.

(4) 결제제도의 매끄러운 운영을 조성하는 것.

유럽중앙은행은 국내중앙은행이 준수해야 하는 공동통화정책의 운영을 위해 필요한 가이드라인을 작성한다. 또한 유럽중앙은행은 자신의 업무 완수에 필요한 범위에서 규칙과 결정을 채택하며, 권고와 의견을 제시할 수 있다.[38]

ESCB는 재정시스템의 안정성과 신용기관의 건전성 감독(prudential supervision)과 관련하여 권한 있는 당국이 수행하는 정책의 매끄러운 운영에 기여할 책임을 갖는다.[39] 특별입법절차에 따라 이사회는 규칙의 형식으로 유럽의회와 유럽중앙은행의 자문을 구한 뒤, 유럽중앙은행에 신용기관 및 (보험회사를 제외한) 기타 재정기관의 건전성 감독에 관한 정책을 수행할 특별한 임무를 만장일치로 부여할 수 있다.[40]

유럽중앙은행은 EMU 제3단계에 참여하는 회원국 내에서 유로지폐 발행에 권한을 부여하는 배타적 권리를 가지며, 유럽중앙은행과 국내중앙은행이 해당 지폐를 발행하게 되는데, 이는 EU 내에서 법정 통화(legal tender)의 지위를 갖는 유일한 지폐가 된다.[41]

4. 유로존에 속하지 않는 회원국의 지위

EU 단일통화 채택의 전제조건을 준수하지 않은 회원국은 유예국(derogation) 체제에 속하게 되며, 자신만의 통화정책을 수행하고 자신만의 화폐를 보유하며, 이사회의 환율 관련 협정 체결 업무에 참여하지 않는다.[42] 또한 EMU 제3단계에서 발효 중인 주요 규칙들이 이들에게는 적용되지 않는다.[43] 예컨대 유예국 국가들은

---

38) Lenaerts and Van Nuffel, *op. cit.,* p. 393.
39) EU기능조약 제127조 제5항.
40) EU기능조약 제127조 제6항.
41) EU기능조약 제128조 제1항.
42) Lenaerts and Van Nuffel, *op. cit.,* p. 395; 2018년 4월 현재, 유예국 지위를 갖는 회원국에는 불가리아, 크로아티아, 체코, 헝가리, 폴란드, 루마니아, 스웨덴의 7개국이 있으며, 영국과 덴마크는 opt-out 지위를 누리고 있다. http://europa.eu/rapid/press-release_MEMO-16-2117_en.htm(2018년 5월 28일 방문).
43) EU기능조약 제139조 제2항 예시목록 참조.

과도한 재정적자를 이유로 이사회의 제재 대상이 되지 않으며, 유럽중앙은행의 결정에 구속되지 않고 유럽중앙은행 집행이사회 회원에 대한 투표권을 가지지 못한다.[44) 그럼에도 불구하고, 이들은 과도한 재정적자를 피해야 하며,[45) 이러한 목적을 위해 매년 수렴계획을 제출해야 한다. 또한 적어도 2년에 한 번 또는 유예국의 요청에 의해 집행위원회와 유럽중앙은행은 EMU 달성에 관한 유예국의 의무 수행의 진척에 관해 이사회에 보고해야 한다.[46) 이사회는 유럽의회의 자문과 유럽이사회의 토론을 거친 후, 집행위원회의 제안에 따라 유예국이 필요한 요건을 완수하였는지를 결정하고, 해당 회원국의 유예를 해제할 수 있다.[47) 이러한 결정이 나는 경우, 유로를 통화로 사용하는 회원국의 만장일치에 따라 행동하는 이사회는 집행위원회의 제안을 기초로 유럽중앙은행의 자문을 거친 후, 관련 회원국의 통화와 유로화의 교환 비율을 결정하고 유로 도입을 위해 필요한 조치를 취해야 한다.[48)

Ⅲ. 유럽재정위기에 따른 EU의 대응

1. 유럽재정위기와 조약 개정

1) 유럽재정위기의 경과

2010년 5월, 그리스가 구제금융을 신청하면서 촉발된 유럽재정위기는 당시 17개의 유로존 국가 가운데 스페인, 아일랜드, 포르투갈, 이탈리아에 이르는 5개의 국가들이 공공부채의 증가와 심각한 재정적자 및 높은 실업률로 인해 국가부도에 직면하는 사태로 번지게 되었다.[49) 이러한 재정위기로 인해 EU회원국 간에 유럽통합 및 유로존의 운용에 관한 중대한 회의가 생겼을 뿐만 아니라, 국제적으로도 지

---

44) Lenaerts and Van Nuffel, *op. cit.,* p. 395.
45) EU기능조약 제126조 제1항과 제139조 제2항 참조.
46) EU기능조약 제140조 제1항.
47) EU기능조약 제140조 제2항.
48) EU기능조약 제140조 제3항.
49) Barnard, *op. cit.,* p. 621.

역통합, 특히 단일통화 사용에 대한 불신이 싹트게 되었다.

2010년 5월 2일, 유로존 국가들은 먼저 집행위원회의 조정과 감독을 받는 약 800억 유로 규모로 이루어진 그리스 구제금융기금(Greek Loan Facility)을 창설하였다. 바로 며칠 뒤, EU와 유로존 국가들은 두 개의 긴급기금 설립으로 이를 보완하였는데, EU기능조약 제122조 제2항[50]을 기반으로 하여 600억 유로 규모를 갖춘 모든 EU회원국을 위한 유럽재정안정화기구(European Financial Stability Mechanism)와 4,400억 유로 규모의 가용 능력을 갖고 있지만 유로존 국가를 위해 조약의 법적 근거 없이 설립된 유럽재정안정기금(European Financial Stability Facility)이 그것이다.[51]

그리하여 지난 몇 년간, 이러한 기금은 그리스, 아일랜드, 포르투갈과 스페인의 불완전한 금융 분야의 재정적 지원을 제공하는 데 이용되어 왔다. 그러나 이는 단지 일시적 미봉책에 불과하였다.[52]

좀 더 구조적으로 EMU를 강화하기 위하여 영구적 구제기금의 창설이 요청되었으며, 유럽이사회는 2010년 10월 28일과 29일 회동에서 유로존 전체의 재정안정을 도모하기 위한 영구적 위기관리시스템을 설립하는 것에 동의하였다. 특히 EU기능조약 제125조의 긴급구제금융 금지조항의 개정 없이, 필요한 최소한의 변경에 관해 회원국 간 합의를 이끌어 낼 수 있도록 이사회의장을 초빙하였다.[53]

2) 재정위기 해결을 위한 조약 개정

2010년 12월 16일과 17일 회의에서 유럽이사회는 벨기에 정부의 제안을 기초로 유로존 국가와 관련하여 EU기능조약 제136조에 제3항[54]을 새로 추가하기 위하

---

50) "2. Where a Member State is in difficulties or is seriously threatened with **severe difficulties** caused by natural disasters or exceptional occurrences beyond its control, the Council, on a proposal from the Commission, may grant, under certain conditions, **Union financial assistance** to the Member State concerned. The President of the Council shall inform the European Parliament of the decision taken."(필자 강조)

51) Vestert Borger, "The ESM and the European Court's Predicament in *Pringle*," *German Law Journal*, Vol. 14, No. 1, 2013, p. 114; Barnard, *op. cit.,* pp. 622-623.

52) Borger, *op. cit.,* pp. 114-115.

53) *Ibid.,* p. 115.

54) "3. **The Member States whose currency is the euro** may establish a **stability mechanism** to be activated if indispensable to safeguard the stability of the euro area as a whole. The granting of

여 EU조약 제48조 제6항의 약식개정절차(simplified revision procedure)를 이용하기로 결정하였다.[55] 유럽의회, 집행위원회와 유럽중앙은행의 의견을 수렴한 후, 2011년 3월 25일 유럽이사회는 결정 2011/199를 채택하였다.[56] 기존 EMU의 법적 구조로 현재의 위기상황을 극복하기에는 무리가 있었고, 무엇보다 기존의 법적 시스템으로는 국가부채와 재정적자의 어려움에 직면한 회원국을 지원할 수 없었으므로, EU와 유로존 국가들은 새로운 해결책을 모색하게 된 것이다. 특히 EU회원국들은 EU기능조약 제125조의 긴급구제금융 금지 조항을 삭제하기 보다는, 특별법적 성격을 갖는 새로운 조항을 추가하는 방식을 선택하였다.[57]

EU기능조약 제136조 제3항은 세 가지 점에서 주목할 필요가 있는데, 첫째 동 규정은 ESCB가 아닌 '회원국'이 안정화기구를 채택하도록 허용함으로써 제123조에 위배되지 않는다. 둘째 새로운 안정화 개념을 도입하고 있는데, 즉 안정화는 더 이상 제127조 제1항의 가격안정화가 아닌 유로존 전체의 안정화와 관련이 있다. 셋째 제공된 자금이 회원국의 긴급구제금융이 아니라는 사실을 보장하기 위하여 엄격한 조건을 요구하고 있다.[58]

사실 유럽이사회결정 2011/199는 2013년 1월 1일자로 발효하는 것을 염두에 두었으나, EU의 모든 회원국이 자신의 헌법상 필요한 요건에 따라 승인을 거친 후에야 효력을 가질 수 있었기 때문에, 마지막으로 체코의 국내절차가 2013년 4월 23일에 완료되어 동 결정은 2013년 5월 1일에 발효하였다.[59]

한편 동 결정은 리스본조약에 의해 창설된 '약식개정절차'가 처음으로 사용된

---

any required **financial assistance** under the mechanism will be made subject to strict conditionality." (필자 강조)

55) '약식개정절차'의 이용은 EU기능조약 제136조 제3항에 빠르게 효력을 부여하기 위한 유일한 현실적인 방안이었다. Thomas Giegerich, "The Federal Constitutional Court's Deference to and Boost for Parliament in Euro Crisis Management," *German Yearbook of International Law*, Vol. 54, 2011, p. 652.

56) European Council Decision amending Article 136 of the Treaty on the Functioning of the European Union with regard to a stability mechanism for Member States whose currency is the euro (2011/199/EU).

57) Bruno de Witte, "The European Treaty Amendment for the Creation of a Financial Stability Mechanism," *European Policy Analysis*, June 2011, p. 7.

58) Barnard, *op. cit.,* p. 623.

59) https://en.wikipedia.org/wiki/Treaty_Establishing_the_European_Stability_Mechanism(2018년 5월 28일 방문) 참조.

것이다. 리스본조약에 의해 개정된 EU조약 제48조는 조약의 개정절차에 관해 규정하고 있는데, 그중에서 제2항부터 제5항까지는 '보통개정절차'(ordinary revision procedure)를, 제6항은 '약식개정절차'를 규율하고 있다. 소위 '가교조항'(passerelle clause)이라 부르는 제7항은 이사회의 의사결정방식과 입법절차를 유럽이사회의 만장일치 결정에 의해 변경할 수 있도록 하고 있는데, 제2약식개정절차에 해당된다.[60] EU조약 제48조 제6항[61]은 제7항에 비해 넓은 범위에 적용이 가능한데, 즉 EU기능조약 제3부(EU의 역내정책과 행동)와 관련하여 EU권한을 증가시키는 경우를 제외하고 모두 약식개정의 대상이 될 수 있다.

3) 유럽안정화기구의 설립

조약 개정과 병행하여, 2012년 2월 2일 유로존 국가들은 위에서 살펴본 한시적 구제기금이었던 유럽재정안정화기구와 유럽재정안정기금을 대체하는 '유럽안정화기구를 설립하는 조약'(Treaty Establishing the European Stability Mechanism)에 서명하였다. 룩셈부르크에 소재한 동 유럽안정화기구는 재정적 어려움에 빠진 회원국을 위해 금융지원을 하는 상설기구로서 최대 5,000억 유로 규모의 가용 능력을 가지고 있다. 2012년 9월 27일자로 유럽안정화기구를 설립하는 조약이 발효하였는데, 2018년 4월 현재 모든 유로존 국가들이 가입하고 있다.[62]

원래 동 조약은 2012년 7월 1일자로 발효를 예정하고 있었는데, 독일 좌파당

---

60) https://eur-lex.europa.eu/legal-content/EN/TXT/?uri=LEGISSUM%3Aai0013(2018년 5월 28일 방문) 참조.

61) "6. The Government of any Member State, the European Parliament or the Commission may submit to the European Council proposals for revising all or part of the provisions of Part Three of the Treaty on the Functioning of the European Union relating to the internal policies and action of the Union.
The European Council may adopt a decision amending all or part of the provisions of Part Three of the Treaty on the Functioning of the European Union. The European Council shall act by unanimity after consulting the European Parliament and the Commission, and the European Central Bank in the case of institutional changes in the monetary area. That decision shall not enter into force until it is approved by the Member States in accordance with their respective constitutional requirements.
The decision referred to in the second subparagraph shall not increase the competences conferred on the Union in the Treaties."(필자 강조)

62) https://en.wikipedia.org/wiki/Treaty_Establishing_the_European_Stability_Mechanism(2018년 5월 28일 방문) 참조.

(Die Linke)의 헌법소원으로 인하여 조약의 발효 시기가 늦춰진 것이었다. 2012년 9월 12일자 판결에서 독일 연방헌법재판소는 동 조약의 비준이 독일 기본법에 합치하는 것으로 결정하였고,[63] 그 후 독일이 비준서를 기탁한 9월 27일에 발효한 것이다.[64]

2. 조약 개정에 관한 EU사법재판소와 국내재판소의 대응

1) *Pringle* 사건에 관한 EU사법재판소의 결정

소위 *Pringle* 사건은 2012년 4월 13일 아일랜드 국회의원인 Pringle이 아일랜드 법원에 EU기능조약 제136조를 개정하는 유럽이사회결정의 합법성에 관해 의문을 제기하였고, 아일랜드 법원이 다시 EU사법재판소에 선결적 부탁을 한 사건이다.[65]

2012년 11월 27일자 판결에서 EU사법재판소는 먼저 재판소의 관할권 문제와 관련하여, 유럽이사회결정이 EU기능조약 제3부에 관련된 사항으로 어떠한 새로운 EU차원의 권한을 창설하는 것은 아니므로 EU조약 제48조 제6항에 규정된 절차적 요건이 충족되었다고 판단하였다.[66]

본안에서 원고가 주장하기로 유로존 국가를 위한 안정화기구는 본질적으로 가격안정화를 보장하고 유로를 안전하게 하기 위한 것으로, 이는 EU기능조약 제3조(1)(c)에 규정된 EU의 배타적 권한에 속하는 통화정책이라고 보았다. 따라서 회원국이 유럽안정화기구라는 국제조약의 형태로 법적 구속력이 있는 행동을 채택할 권한은 없다고 강조하였다.[67] 반면에 EU회원국은 유럽안정화기구가 EU의 배타적 권한에 속하지 않는 경제정책과 관련이 있다고 주장하였는데, EU사법재판소는 통

---

63) BVerfG, 2 BvR 1390/12.

64) Borger, *op. cit.,* p. 116.

65) Case C-370/12 *Thomas Pringle v Government of Ireland, Ireland and The Attorney General* [2012] ECR I-756, paras. 1-2.

66) *Ibid.,* para. 36; Borger, *op. cit.,* p. 122.

67) Paul Craig, "Pringle: Legal Reasoning, Text, Purpose and Teleology," *Maastricht Journal of European and Comparative Law*, Vol. 20, No. 1, 2013, p. 5.

화정책의 일차적 목적은 가격안정화에 관한 것으로 이는 EU기능조약 제136조 제3
항과 유럽안정화기구의 목적인 유로존 전체의 안정화와는 구별되는 것이라고 결정
하였다.[68] 또한 동 재판소는 EU기능조약 제123조의 금지는 유럽중앙은행과 국내
중앙은행에만 적용되며, 문제의 유럽안정화기구를 설립하는 조약은 회원국에 의한
재정지원과 관련이 있으므로 제123조를 위반하지 않는다고 판결하였다.[69]

결론적으로 *Pringle* 판결을 통해 EU사법재판소는 유럽안정화기구를 승인함
으로써 회원국들에 대한 향후 재정지원의 길을 열어 두었으며, 무엇보다 '전면적
통화거래 계획'(Outright Monetary Transactions programme)을 기반으로 하여 유럽중앙
은행이 재정위기를 겪는 국가의 국채 관련 시장에 개입할 수 있도록 하였다.[70]

2) 독일 연방헌법재판소의 입장

위에서 잠깐 언급한 바 있듯이, 독일 좌파당은 EU기능조약 제136조를 개정하
는 유럽이사회결정이 독일 기본법 제20조, 제23조, 제38조, 제79조(기본법의 개
정)[71]를 위반하였다며 연방헌법재판소에 헌법소원을 제기하였다.[72] 동 판결에서
연방헌재는 EU기능조약 제136조 제3항이 시장 규율을 완화시킴으로써 제125조의
예외처럼 보이지만, 이는 수락가능한 것이라고 판단하였다. 왜냐하면 독일이 EMU
제3단계 참여를 동의하게 만든 전제조건인 안정화연합(stability union)의 근간이 여
전히 작동하고 있기 때문이다. 즉, 유럽중앙은행의 독립성, 가격안정화에 대한 중
점, 긴급구제금융 금지, 과도한 재정적자를 회피할 의무 등과 같은 안정화연합의
주요 요소들이 그대로 적용된다고 판단하였다.[73]

---

68) *Ibid.*; Barnard, *op. cit.*, p. 623; Case C-370/12 *Thomas Pringle v Government of Ireland, Ireland and The Attorney General* [2012] ECR I-756, para. 56.

69) Barnard, *op. cit.*, p. 624; Case C-370/12 *Thomas Pringle v Government of Ireland, Ireland and The Attorney General* [2012] ECR I-756, paras. 123-128.

70) Borger, *op. cit.*, p. 127.

71) 독일 기본법의 국문 번역본은 http://search.ccourt.go.kr/ths/bk/ths_bk0201_P1.do(2018년 5월 28일 방문) 참조.

72) BVerfG, 2 BvR 1390/12, S. 33, 243(판결문 영어본은 http://www.bundesverfassungsgericht.de/haredDocs/Entscheidungen/EN/2014/03/rs20140318_2bvr139012en.html;jsessionid=868E6CA61DB242B9698ED0044727A612.1_cid370(2018년 5월 28일 방문) 참조).

73) Borger, *op. cit.*, p. 137.

IV. 결 론

EU의 경제통화동맹은 공동체 형성의 초창기부터 논의되어 왔으나, 마스트리히트조약의 채택으로 그 달성이 본격화되었다. 1990년 제1단계를 시작으로 1994년 제2단계, 1999년 제3단계의 출범과 함께 유로화가 사용되기에 이르렀고, 2018년 4월 현재 총 28개의 EU회원국 중 19개의 국가가 유로존에 가입하고 있다.

EU기능조약은 EMU의 달성과 관련하여 EU의 경제정책과 통화정책에 대해 규정하고 있는데, 경제정책 분야에서는 긴급구제금융 금지와 과도한 재정적자의 회피 등을 중요하게 다루면서 안정성장협약을 통해 회원국 예산의 가격안정화 및 지속가능한 성장에 대해 규율하고 있다. 또한 통화정책은 유럽중앙은행체제에 의해 결정되도록 규정하고 있는데, 동 체제의 일차적 목적은 가격안정화이며, EU통화정책의 수립과 이행 및 환율과 결제제도 운영 등을 기본적 업무로 삼고 있다.

한편 2010년 유럽재정위기의 촉발로 유로존 국가에 대한 재정지원이 문제가 되었는데, 이에 관한 적절한 법적 기반을 마련하기 위해 EU기능조약 제136조에 제3항을 추가하는 조약 개정을 실시하였다. 해당 조약 개정의 합법성을 놓고 소송이 제기되어 각각 EU사법재판소와 독일 연방헌법재판소에서 이와 관련한 청구를 다루게 되었는데, 양 재판소 모두 문제의 조약 개정이 기존의 조약 규정에 위배되지 않는다고 판단하였다. 이러한 판결을 통해 EU회원국에 대한 상시적 재정원조가 가능하게 되었으며, EU 및 국내차원의 유럽재정위기 극복을 위한 노력을 잘 보여주었다.

제 7 장

환경보호체계와
환경 관련 통상규정

Ⅰ. 서 론

2005년 2월 16일 교토의정서, 2016년 11월 4일 파리협정이 발효한 이래 세계 각국은 이산화탄소 등 온실가스 감축목표를 달성하기 위하여 온갖 노력을 기울이고 있다. 특히 우리 정부는 국제사회의 온실가스 감축 움직임에 적극적으로 대응하고 있는바, 온실가스 배출량을 2030년 배출전망(BAU) 대비 37%를 감축하기로 결정하였다.[1]

교토의정서가 발효한 이래 가장 적극적으로 의무감축을 이행하고 있고, 환경보호 문제에 있어서 모범적인 태도를 보이는 곳이 EU인 것으로 보인다. 교토의정서상의 의무감축 물량은 1990년 대비 8%이지만 EU는 이미 이를 달성하였고, 배출권거래제도도 가장 활성화 되어 있다. EU는 2008년 '20-20 기후에너지패키지'를 발표하여 2020년까지 온실가스 배출을 20% 감축하고, 재생에너지 사용을 20% 이상으로 늘리며, 에너지효율을 20% 증가시킬 것을 천명하였다.[2] 또한 EU는 '2030 기후에너지정책 프레임워크' 채택을 통해 2030년까지 온실가스 배출을 1990년 대비 최소 40% 감축하고, 재생에너지 사용을 최소 27% 이상으로 늘리며, 에너지효율을 최소 27% 증가시키겠다는 목표를 발표하였다. 장기적으로는 '2050 저탄소로드맵'을 통해 2050년에 이르러서는 온실가스 배출을 1990년 대비 80~95%까지 실질

---

1) https://unfccc.int/process/the-paris-agreement/status-of-ratification; http://www.mofa.go.kr/www/brd/m_20152/view.do?seq=365390&srchFr=&srchTo=&srchWord=&srchTp=&multi_itm_seq=0&itm_seq_1=0&itm_seq_2=0&company_cd=&company_nm=&page=3(2018년 5월 15일 방문).

2) Andrew Jordan, Dave Huitema and Harro van Asselt, "Climate Change Policy in the European Union: an Introduction," in Andrew Jordan, Dave Huitema, Harro van Asselt, Tim Rayner and Frans Berkhout (eds.), *Climate Change Policy in the European Union* (Cambridge: Cambridge University Press, 2010), p. 11; https://ec.europa.eu/clima/policies/strategies/2020_en(2018년 5월 15일 방문).

적으로 감축하겠다는 목표를 세우고 있다.[3]

　EU가 기후변화 대응을 위하여 마련한 각종 대책에는 통상 관련 규제조치들이 다수 존재하고 있다. 2015년 12월 13일부터 한-EU FTA가 발효하게 되어, 외견상으로 보기에 각종 관세 철폐 조치 등으로 무역상의 혜택이 증대할 것으로 기대되지만, 실질적으로는 EU의 경우 각종 통상 관련 비관세장벽이 존재하고 있고, 특히 각종 환경규제조치들을 발동하고 있는 것이 엄연한 현실이다. '환경'이라는 보호대상을 넘어 환경산업이 신성장동력으로 주목받고 있는 오늘날, 환경보호가 우리 기업들의 수출에 대한 장벽으로 작용하지 않도록 하기 위해서는 각 국가별로 환경과 통상 간의 관계 및 법체계가 어떻게 구축되어 있는가에 대한 고찰이 필요한 시점이다. 한-EU FTA의 효과를 극대화하기 위하여 EU의 각종 환경규제조치를 이해하는 것이 필수적이며, 나아가 그러한 환경규제조치의 EU법체계상 근거를 살펴보는 것은 매우 중요한 의미를 갖는다고 할 수 있다.

　따라서 본고에서는 환경보호와 국제통상 분야에 있어 대표적인 선진국이자 기후변화 대응 논의가 가장 활발하다고 할 수 있는 EU에서 환경보호 관련 조항과 환경 관련 통상 문제를 둘러싼 법적 체계가 어떻게 구축되어 있는지를 파악하고자 한다. 특히 EU기능조약(TFEU)상[4] 환경 관련 통상조항들의 구조와 그 운용상황을 알아보기 위하여[5] 환경보호에 관한 기본적 조항들을 먼저 살펴보고, 환경 관련 통상조항들을 검토한다.

---

3) 주벨기에·유럽연합대사관, 「EU정책브리핑」, 제3차 개정판 (서울: 외교부, 2016), 583-584면; https://ec.europa.eu/clima/policies/strategies/2030_en; https://ec.europa.eu/clima/policies/strategies/2050_en (2018년 5월 15일 방문).

4) Consolidated Versions of the Treaty on the Functioning of the European Union. 2009년 12월 1일 발효한 리스본조약에 의하여 개정된 EC조약을 말하는데, 리스본조약에 의하여 조약의 명칭을 EU기능조약으로 변경하였다.

5) Simon Baughen, *International Trade and the Protection of the Environment* (London: Routledge, 2007), 제5장 'Trade and Environment within EC'에서 이에 관한 쟁점들을 잘 정리하고 있다.

II. EU기능조약상의 환경 관련 규정

1. 일반 원칙

EU조약(TEU)은[6] 제3조에서 EU의 다양한 목표들을 제시하고 있는데, 동조 제3항은 '경제개발에 있어서 조화롭고, 균형적이며, 지속가능한 개발' 및 '질적 수준이 높은 환경보호 및 개선'을 규정하고 있다.[7] 나아가 EU기능조약(TFEU)은 제11조에서 "환경보호 요건은 지속가능한 발전을 촉진하기 위하여 공동체 정책과 활동의 정의와 이행에 통합되어야 한다"고 규정하여 환경보호의 중요성을 강조하고 있다.[8] TEU 제3조와 TFEU 제11조는 큰 틀에서 EU의 주요 정책기조로서 환경보호와 지속가능한 발전을 규정하고 있다. 즉, 유럽연합의 기본적인 틀을 구성하는 두 개의 조약, TEU와 TFEU에서 환경보호와 지속가능한 개발을 EU의 목표로 언급

---

6) 여기서 EU조약은 1993년 마스트리히트조약에 의하여 채택되고, 암스테르담조약, 니스조약, 2009년 12월 1일 발효한 리스본조약 등에 의하여 개정된 TEU, 즉 Treaty on European Union을 말한다. 현재 유럽연합을 규율하는 주요한 틀은 TEU와 TFEU, 두 개의 조약이라고 할 수 있다.

7) TEU Article 3 (ex Article 2 TEU)
   "3. The Union shall establish an internal market. It shall work for the sustainable development of Europe based on balanced economic growth and price stability, a highly competitive social market economy, aiming at full employment and social progress, and a high level of protection and improvement of the quality of the environment. It shall promote scientific and technological advance.
   It shall combat social exclusion and discrimination, and shall promote social justice and protection, equality between women and men, solidarity between generations and protection of the rights of the child.
   It shall promote economic, social and territorial cohesion, and solidarity among Member States.
   It shall respect its rich cultural and linguistic diversity, and shall ensure that Europe's cultural heritage is safeguarded and enhanced.
   5. In its relations with the wider world, the Union shall uphold and promote its values and interests and contribute to the protection of its citizens. It shall contribute to peace, security, the sustainable development of the Earth, solidarity and mutual respect among peoples, free and fair trade, eradication of poverty and the protection of human rights, in particular the rights of the child, as well as to the strict observance and the development of international law, including respect for the principles of the United Nations Charter."

8) TFEU Article 11 (ex Article 6 TEC)
   "Environmental protection requirements must be integrated into the definition and implementation of the Union policies and activities, in particular with a view to promoting sustainable development."

하고 있다는 점에서 이들 개념이 EU 전체를 관통하는 주요 기본규정으로 기능한다고 볼 수 있다.

2. TFEU 제20장: 환경보호

EU의 구체적인 환경정책은 EU기능조약 제20장 환경 챕터, 즉 제191조부터 제193조에 잘 나타나 있다.

제191조 제1항은 EU 환경정책의 목적을 열거하고 있는 바, 환경에 관한 EU의 정책이 i) 환경의 질적 향상, 보존, 보호, ii) 인간건강의 보호, iii) 천연자원의 신중하고 합리적인 이용, iv) 특히 기후변화에의 대응 등 지역적 또는 범지구적 환경 문제를 다루는 국제적 차원의 조치 촉진 등의 목표들을 달성하는 데 기여하여야 한다고 규정하고 있다.[9] 제2항에서는 높은 수준의 환경보호를 목표로 하면서 다양한 지역적 특성을 바탕으로 하여 특히 사전주의 원칙과 잠정조치의 적용가능성을 열어두고 있으며, 환경피해에 대한 오염자 부담원칙 등을 규정하고 있다.[10] 제3항에서는 EU의 환경정책이 이용 가능한 과학·기술적 자료, EU 내 다양한 지역에서의 환경적 상황, 잠재적 이익 및 행동 비용 또는 부작위, 지역 내 균형발전과 EU 전체의 경제·사회적 발전 등의 요소를 고려해야 한다고 명시하고 있다.[11] 제4항은

---

9) TFEU Article 191 (ex Article 174 TEC)

  "1. Union policy on the environment shall contribute to pursuit of the following objectives:
  - preserving, protecting and improving the quality of the environment,
  - protecting human health,
  - prudent and rational utilisation of natural resources,
  - promoting measures at international level to deal with regional or worldwide environmental problems, and in particular combating climate change."

10) "2. Union policy on the environment shall aim at a high level of protection taking into account the diversity of situations in the various regions of the Union. It shall be based on the precautionary principle and on the principles that preventive action should be taken, that environmental damage should as a priority be rectified at source and that the polluter should pay.

  In this context, harmonisation measures answering environmental protection requirements shall include, where appropriate, a safeguard clause allowing Member States to take provisional measures, for non-economic environmental reasons, subject to a procedure of inspection by the Union."

11) "3. In preparing its policy on the environment, the Union shall take account of:
  - available scientific and technical data,
  - environmental conditions in the various regions of the Union,
  - the potential benefits and costs of action or lack of action,

EU와 회원국이 각각 그 권한 범위 내에서 제3국 및 권한 있는 국제기구와 협력할 것을 규정하고 있다.[12]

제192조는 제294조에 규정된 입법절차의 한 유형으로 보통입법절차에 따라 환경에 관한 공동체 정책목표를 달성하기 위한 조치의 법적 근거를 규정하고 있다.[13] 즉, TEU와 TFEU에 규정되어 있는 환경보호 관련 내용뿐만 아니라, 필요시 EU차원에서도 2차적 입법을 할 수 있고, 특히 구체적인 이행과 관련해서는 EU회원국들이 각자의 국내입법을 통해서도 할 수 있다. EU의 환경관련 입법은 TFEU 제294조의 공동결정(co-decision)의 형식으로 규칙(regulations)이나 지침(directives)의 형태로 제정될 수도 있고,[14] 역내시장의 성립과 운용을 지시하는 조화 조치를 다루는 TFEU 제114조에 의해서도 제정될 수 있다. 환경책임지침(Environmental Liability Directive 2004/35)이 제192조를 통하여 도입된 환경 입법에 관한 조화의 예라고 할 수 있고, GMO 규제에 대한 EU차원의 입법(Regulation 1829/2003 on genetically modified food and feed)은 제114조에 따라 도입된 조화로운 환경입법의 대표적인 예이다.[15]

마지막으로 제193조는 제192조에 의거하여 회원국이 EU차원의 조치보다 더 엄격한 환경보호 조치를 취하는 것을 허용하고 있다. 각 개별 국가에서 보다 강화된 환경보호 조치를 취하고자 하는 경우 동 조치가 EU조약에 합치되어야 하고,

---

- the economic and social development of the Union as a whole and the balanced development of its regions."

12) "4. Within their respective spheres of competence, the Union and the Member States shall cooperate with third countries and with the competent international organisations. The arrangements for Union cooperation may be the subject of agreements between the Union and the third parties concerned.
　　The previous subparagraph shall be without prejudice to Member States' competence to negotiate in international bodies and to conclude international agreements."

13) TFEU Article 192 (ex Article 175 TEC)
　　"1. The European Parliament and the Council, acting in accordance with the ordinary legislative procedure and after consulting the Economic and Social Committee and the Committee of the Regions, shall decide what action is to be taken by the Union in order to achieve the objectives referred to in Article 191."

14) 유럽의회와 이사회가 공동으로 또는 집행위원회가 채택하는 규칙은 온전히 전체로서 법적 구속력을 가지며, 모든 회원국을 구속한다. 이에 반해 지침은 EU차원에서 달성해야 하는 결과를 정해 놓고, 그 구체적인 이행방안은 회원국에게 맡기는 방식의 입법형태이다.

15) https://ec.europa.eu/food/plant/gmo/legislation_en(2018년 5월 15일 방문); EU법의 연원과 입법절차에 대해서는 박덕영 외, 「EU법강의」 제2판(서울: 박영사, 2012), 65-96면 참조.

유럽집행위원회에 통보되어야 한다. 그러나 그 조치의 허용성 여부는 제34조와 제
35조, 제36조 및 합리성 기준에 따라 검증되며, 궁극적으로는 EU사법재판소가 최
종적인 판단을 하게 된다.

3. 주요 환경 관련 지침과 규칙의 내용

EU의 경우 이웃 국가간의 국경이 매우 인접하고 있다는 지리적 특성 때문에
하천·대기 등의 자연환경을 밀접하게 공유하고 있다. 1990년대 EU 내에서의 전기
전자제품 폐기물은 연간 약 600만 톤으로 매년 5%씩 증가하였으나 별다른 전처리
과정 없이 매립 또는 소각되었기에 매립지오염이 문제되었다. 이에 2000년 6월,
유럽집행위원회의 제안으로 RoHS와 WEEE의 두 가지 지침이 나오게 되었는데,[16]
각각 2011년 6월과 2012년 7월에 개정되면서 구 지침들은 더 이상 적용되지 않는
다.[17]

(1) RoHS(유해물질사용제한지침)

RoHS[18]는 전기·전자제품의 유해물질의 사용을 제한하는 지침으로 그 대상
은 WEEE에 해당하는 품목 중 특정한 의료기기를 제외한[19] 전기·전자제품이다.
폐전기·전자제품의 처리 및 재활용 과정에서 재활용성을 저해하거나 환경오염문
제들을 야기할 수 있는 특정 유해물질의 사용을 제한하고 덜 해로운 물질들로 대체
하도록 의무화하며, 현존하는 전기·전자제품의 유해물질 사용금지 규제의 본격적
인 시작이라 할 수 있다.[20] 기존의 RoHS를 개정한 RoHS II에 따르면 RoHS상의
특정개념과 의무에 대해서 더욱 엄격하고 상세하게 규정하였으며, 범주를 개방하

---

16) 「실무자를 위한 환경규제 대응 길라잡이」, 지식경제부 외, 2010.12. 9면.
17) http://eur-lex.europa.eu/legal-content/EN/TXT/?uri=CELEX:32011L0065; http://eur-lex.europa.eu/legal-
    content/EN/TXT/?uri=CELEX:32012L0019(2018년 5월 15일 방문).
18) Directive 2002/95/EC of the European Parliament and of the Council of 27 January 2003 on the
    restriction of the use of certain Hazardous Substances in electrical and electronic equipment.
19) 이식과 의료시술과정에서 감염될 수 있는 의료기기(카테고리8)와 측정 및 통제장비(카테고리
    9)를 제외; RoHS II에서는 이들 유형이 모두 대상품목에 포함되었다(Directive 2011/65/EU, 제2
    조와 Annex I 참조).
20) 「주요국제환경규제 이슈 분석 보고서」, 환경부·한국환경산업기술원, 2009.12. 35면.

여 RoHS의 적용대상 품목을 확대하였다.[21]

(2) WEEE(폐전기·전자제품처리지침)

WEEE[22]는 당시 EC설립조약 제175조(현 EU기능조약 제192조)에 근거하여 환경을 보호하기 위한 목적으로 2003년 2월 13일에 발효한 지침으로 소비자에 의해 사용된 후 소각, 매립되지 않은 전기, 전자장비에 포함된 모든 부품, 부속품과 소모품을 생산자로 하여금 일정한 비율로 회수하여 재활용하도록 의무화한 지침이다.[23]

주요 전기, 전자제품별로 회수(recovery), 재사용(reuse) 및 재활용(recycle) 비율을 정하고 있으며, 이 비율을 준수하는 기업의 전기·전자제품만이 EU 내에서 판매가능하다. 이는 전자제품을 폐기물이 아닌 자원으로 인식하고, 해당 전자제품을 '자원'으로 회수하여 최종처리를 하는 것을 생산자의 의무로 두고 있다. 이는 폐전기·전자제품의 발생을 억제(사전예방)하고 재사용, 재활용, 재생 등을 통한 폐전기·전자제품의 최종 처리량을 저감하여 폐전기·전자제품에 대한 전과정(Life Cycle)에서의 환경성을 개선한 것으로 과거의 EPR(Extended Producer's Responsibility)보다 발전된 부분이라고 할 수 있다.[24] 한편 개정된 WEEE II에 의하면 EU회원국들은 2016년부터 2018년까지 시장에 출시되는 전기·전자제품에 대해 45%, 2019년부터 2021년까지 시장에 출시되는 전기·전자제품에 대해 65% 또는 회원국 내 발생된 폐전기·전자제품에 85%의 수거율을 달성하여야 하며, 2018년 8월 15일부터 의료기기를 포함한 모든 전기·전자제품이 회수 목표의 대상이 된다.[25]

RoHS와 WEEE는 지침으로서 EU회원국들이 자국법으로 전환·시행한 뒤에야[26] 비로소 규제위반에 대한 페널티가 발생된다. 따라서 EU회원국별로 단속기관,

---

21) 「실무자를 위한 환경규제 대응 길라잡이」, 지식경제부 외, 2010.12. 20면.
22) Directive 2002/96/EC of the European Parliament and of the Council of 27 January 2003 on waste electrical and electronic equipment.
23) 「실무자를 위한 환경규제 대응 길라잡이」, 지식경제부 외, 2010.12. 51면. 2005년 8월 13일에 규제가 시작되었지만 아직 적발 건수는 많지 않다고 한다.
24) 위의 책, 53면.
25) Directive 2012/19/EU, 제1조와 제2조, 제7조 참조; 주벨기에·유럽연합대사관, 앞의 책, 603-604면.
26) EU회원국들은 RoHS II와 관련하여 (해당 지침 제25조에 의해) 2013년 1월 2일까지 이행을 완료하였으며, 개정된 WEEE와 관련하여서는 (해당 지침 제24에 근거하여) 2014년 2월 14일까지 이행을 완료하여야 하는데, 2018년 4월 현재 독일은 아직 이행절차를 집행위원회에 통보하지

규제내용 및 단속시점, 처벌 등이 다를 수 있으므로 각 회원국별로 규제준수에 대한 전략수립이 필요할 것이다.[27]

(3) REACH(신화학물질관리제도)

EU에서는 1967년부터 화학물질규제제도를 두고 있으며, 동 제도에서는 1981년 9월 18일을 기점으로 '신규화학물질'과 '기존화학물질'을 분류하고 있다. 신규화학물질에 대해서는 제조·수입업자가 안전성평가를 하고 이를 바탕으로 행정부가 심사를 하여 물질의 안전성을 확인하고 있다. 약 3만여 종에 이르는 기존화학물질에 대해서는 행정부가 안전성평가를 직접 실시하여 조치를 취하고 있었으나, 조치의 근거에 대한 입증이나 다른 EU회원국 간의 조정에 시간이 걸리는 문제 때문에 신규물질에 대한 안전성평가를 실시할 수 있었던 것은 몇 건에 불과하였다.

이를 극복하기 위해서 2001년 2월, 유럽집행위원회는 '이후의 화학물질정책에 대한 전략백서'를 채택하여, 공업용 화학물질의 심사 및 규제의 구조를 대폭 수정하여 리스크 평가·관리를 강화하는 방침을 밝혔고, 새로운 화학물질규제로서 REACH[28]를 도입할 것을 제안하였다. 2006년 12월에 EU의 2차적 법원 중 최상위 법률에 해당하는 규칙(regulation)으로 채택되었으며, EU의 28개 회원국은 물론 유럽경제지역(EEA: European Economic Area)에 속하는 3개국(노르웨이, 아이슬란드, 리히텐슈타인)도 REACH의 적용을 받게 된다. 2007년 6월부터 시행되었으며 유럽화학물질청(ECHA)이 발족한 2008년부터 본격적으로 규제가 실시되었다.[29]

REACH의 시행으로 산업계는 스스로 자신이 취급하는 물질에 대한 위해성 및 입증책임을 갖게 되어, 사전등록, 신고, 허가, 제한 등의 의무를 부담하게 되었다. REACH의 기본적인 적용대상은 '물질'이며, 이는 물질 자체뿐만 아니라 혼합물 및 완제품 내에 포함되어 있는 물질 모두를 포함한다.[30]

않은 상태이다.

27) 「실무자를 위한 환경규제 대응 길라잡이」, 지식경제부 외, 2010.12. 13면.

28) Regulation (EC) No 1907/2006 of the European Parliament and of the Council of 18 December 2006 concerning the Registration, Evaluation, Authorisation and Restriction of Chemicals (REACH), establishing a European Chemicals Agency.

29) 자세한 내용은 https://echa.europa.eu/regulations/reach/understanding-reach; http://www.mofa.go.jp/mofaj/area/eu/reach_0602.html(2018년 5월 17일 방문) 참조.

30) 「산업계 EU REACH 대응 실무매뉴얼」, 환경부·한국환경산업기술원, 2009.12, iv면.

III. EU 환경법과 회원국의 국내조치

1. 일반 원칙

EU는 28개국 각 회원국들의 독립된 주권을 보장하고 있으며, 일정 분야에 한하여 공동 혹은 배타적인 관할권을 행사하고 있다. 이러한 EU만의 독특한 구조에 따라 EU차원에서 모든 회원국에 공통된 법을 적용할 필요가 있으며, 이에 따라 법의 조화(harmonization)가 요구된다. 환경에 관하여는 EU차원의 환경규범 존재 여부에 따라 EU차원의 환경법과 회원국의 환경법 간의 적용 규정이 다르므로 각각을 구별하여 살펴보아야 한다.

우선 EU차원의 환경 관련 규정이 있는 경우에는 각 회원국의 환경 관련 법규범은 EU 환경규정과 조화를 이루어야 한다. 제193조는 "제192조에 따라 채택된 환경조치는 회원국이 보다 엄격한 환경조치를 유지하거나 도입하는 것을 방해하지 않아야 하며, 이러한 조치는 조약과 합치하여야 한다"고 규정하고 있다. 반면 EU차원의 환경 관련 규정이 없는 경우에는 개별 국가별로 규제가 가능하며, 각 개별 회원국의 법규범이 무역제한적인 성격을 갖는 경우, 각 회원국의 환경 관련 법규범은 TFEU 제34조, 제35조, 제36조와 같은 일반 규정의 적용을 받는다.

2. TFEU 제114조: 역내입법의 조화

각 개별 회원국이 환경 관련 규범을 제정하는 경우, 역내입법의 조화와 관련된 TFEU 제114조의 적용을 받게 된다.[31] 제114조는 두 가지 방법으로 그와 일치하지

---

31) Article 114 (ex Article 95 TEC)

"1. Save where otherwise provided in the Treaties, the following provisions shall apply for the achievement of the objectives set out in Article 26. The European Parliament and the Council shall, acting in accordance with the ordinary legislative procedure and after consulting the Economic and Social Committee, adopt the measures for the approximation of the provisions laid down by law, regulation or administrative action in Member States which have as their object the establishment and functioning of the internal market."

않는 국내적 조치를 다루는데, 회원국이 기존의 조치를 유지하고 있는지, 또는 회원국이 그와 일치하지 않는 새로운 국내적 조치를 추구하는지에 따라 그 적용 규정이 달라진다.

만약 회원국이 조화 조치의 채택 이후 기존의 국내규정을 유지하고자 한다면 이는 제114조 제4항의 문제로, 이 경우 회원국의 해당 규정은 제36조에서 언급된 중대한 필요성에 근거하거나, 환경보호 또는 노동환경보호에 근거하여 유지될 필요성이 있다고 인정되어야 한다. 또한 이러한 조치를 취한 회원국은 관련 조항과 그 조치를 유지하는 근거를 유럽집행위원회에 통보하여야 한다. 회원국은 집행위가 거절통보를 할 때까지는 해당 조치를 유지할 수 있다.

한편, 회원국이 EU차원의 조화 규정보다 더 엄격한 새로운 조치를 취할 경우에는 같은 조 제5항이 적용된다. 이 경우 해당 회원국은 반드시 환경보호 또는 노동환경보호와 관련된 새로운 과학적 증거에 기초하여야 한다.

집행위원회는 통보 후 6개월 이내에 제114조 제4항과 제5항의 조치에 대하여 자의적 차별이나 회원국 간 무역에 대한 위장된 제한이 있는지에 대한 검토를 거쳐 승인 또는 거부를 해야 한다. 집행위의 결정 통보가 없는 경우에는 승인된 것으로 본다.[32]

IV. 환경 관련 통상조항들의 기본 구조

EU기능조약 제34조,[33] 제35조,[34] 제36조[35]는 EU시장 내에서 상품의 자유로

---

32) TFEU 제114조 제6항 참조.
33) TFEU Article 34 (ex Article 28 TEC)
   "Quantitative restrictions on imports and all measures having equivalent effect shall be prohibited between Member States."
34) TFEU Article 35 (ex Article 29 TEC)
   "Quantitative restrictions on exports, and all measures having equivalent effect, shall be prohibited between Member States."
35) TFEU Article 36 (ex Article 30 TEC)
   "The provisions of Articles 34 and 35 shall not preclude prohibitions or restrictions on imports, exports or goods in transit justified on grounds of public morality, public policy or public security; the protection of health and life of humans, animals or plants; the protection of national treasures

운 이동과 관련된 기본적인 조항들이다. 제34조는 회원국 간의 수입품에 대한 수량제한금지규정으로 수량제한과 관련된 모든 조치를 금지하도록 규정하고 있다. 제34조에 명시된 'measures having equivalent effect'라는 문구로 인해 외견상 정당한 (even-handed) 조치라도 그것이 무역제한적인 효과를 지닐 때는 일단 제34조의 적용을 받게 된다. 제35조는 회원국 간의 수출품에 대한 수량제한금지규정으로 수출수량 제한과 관련된 모든 조치를 금지하고 있다.

제36조는 제34조와 제35조에 대한 예외규정으로 공중도덕, 공공정책 또는 안보, 인간, 동·식물의 건강을 위한 조치 등을 이유로 하는 수입 또는 수출제한을 허용하고 있다. 물론 이러한 제한은 자의적인 차별이나 회원국 간 무역의 위장된 제한을 구성하지 않는다는 조건하에서만 가능하다.36)

비록 제36조에서 명시적으로 규정하고 있는 예외의 범위에는 속하지 않지만, 국내상품과 수입상품의 구별 없이 적용되는 조치가 정당화되는 또 하나의 근거는 이른바 '합리성 기준'(rule of reason)인데, 이는 EU사법재판소(이하 'CJEU')의 *Cassis de Dijon*37) 판결에서 구체화되었다. 즉, CJEU는 EU차원에서의 조화규정이 없는 경우에 환경보호 등 다양한 필수적 목적을 위한 국내법상의 강제적 요건(mandatory requirements)이 실효성(effectiveness)을 갖기 위해서는 ⅰ) 해당 조치가 필수적이며, ⅱ) 추구하는 목적과 비례하여야 하고, ⅲ) 역내시장을 최소한으로 제한하여야 한다는 3가지 기준을 제시하고 있다. 여기서 다양한 필수적 목적이란 '재정적 감독의 실효성, 공중보건의 보호, 상업적 거래의 공정성 및 소비자 보호' 등을 들 수 있을 것이다.

EU조약상의 통상 관련 규정들은 무역과 환경 문제에 있어 WTO 보다는 더 단순한 구조로 되어 있다. GATT에서 규정하고 있는 최혜국대우원칙과 내국민대우원칙이 존재하지 않으며, SPS나 TBT와 같은 개별 협정도 존재하지 않는다. 그러나 WTO와 EU기능조약 간의 가장 큰 차이는 EU의 경우 EU기능조약 제36조에서

---

possessing artistic, historic or archaeological value; or the protection of industrial and commercial property. Such prohibitions or restrictions shall not, however, constitute a means of arbitrary discrimination or a disguised restriction on trade between Member States."

36) 관련 사례 등은 Paul Craig and Gráinne de Búrca, *EU Law: Texts, Cases and Materials*, 4th ed. (Oxford: Oxford University Press, 2008), pp. 666-722 참조.

37) *Cassis de Dijon* (Case 120/78) [1979] ECR 649.

열거되어 있는 이유로(on grounds of) 상대적으로 수월하게 무역규제를 할 수 있음에 반하여, GATT 제20조 제(b)항의 경우 필요성(necessity) 요건을 규정하고 있다. 즉, GATT는 제20조에 열거된 항목에 한하여 무역규제를 정당화할 수 있음을 인정하고, 제20조 제(b)항상의 필요성 요건을 엄격하게 해석하고 있으며, 나아가 제20조 두문(chapeau)상의 요건도 충족시켜야 하므로 환경 예외를 인정받기가 매우 어려운 구조로 되어 있다. 또한 WTO 통상규범의 개정은 회원국의 총의(consensus)라는 어려운 요건을 필요로 함에 반하여, EU는 필요시 보다 시의적절하게 다양한 종류의 입법과정과 입법유형을 통하여 전반적인 환경기준의 조정을 꾀할 수 있다는 점에서 상황에 따른 대처가 보다 유연하다고 할 수 있을 것이다.

V. TFEU 제34조 & 제35조: 수출입제한 금지

회원국의 환경조치와 EU 역내시장에서의 자유로운 상품이동에 관련된 조약 규정과의 양립성을 평가하는 데 있어서는 제34조와 제35조가 적용된다. 이들 규정은 기본적으로 상품의 수출과 수입에 있어서 수량제한을 금지한 것으로 GATT 제11조와 유사한 규정으로 이해될 수 있으며, 단지 수입과 수출을 분리하여 규정한 정도라고 할 수 있다.

1. 제34조: 수입제한금지

TFEU 제34조는 EU회원국 간의 상품수입에 있어서 수량제한이나 이와 동등한 조치를 취하는 것을 금지하고 있다. 여기서 말하는 조치(measures)에는 회원국, 지방정부와 같은 공공기관에 의한 조치 및 비구속적 조치를 포함하며, 정부의 부작위도 포함된다. 사인(私人)의 행위는 규정에서는 언급하고 있지 않으나, 회원국의 입법이 사인에게 규제적 권한을 부여하였다면 이 역시 포함된다고 보아야 할 것이다. 수입상품의 전반적 또는 부분적인 제한을 포함하고, 직·간접적인 조치도 포함된다.

제34조에서 말하는 상품(goods)이란 경제적 가치를 지니는 모든 형태의 상품이 이에 해당한다. 여기서 경제적인 가치는 긍정적인 가치뿐만 아니라, 쓰레기 폐기와 같이 비용부담을 수반하는 상품도 포함된다. 동등한 효과를 갖는 조치(measures having equivalent effect)를 판단할 때에는 이른바 *Dassonville* formula[38]라고 하여 차별적인 의도가 있어야만 제34조의 위반 요건을 충족하는 것은 아니다.[39] 일응 중립적으로 보이는 조치일지라도 국내상품보다 수입상품에 대하여 부정적인 효과를 갖게 한다거나 그러한 효과가 잠재적으로 나타날 우려가 있다면 그것만으로도 동등한 효과를 갖는 조치에 해당하게 된다.

2. 제35조: 수출제한금지

과거 CJEU는 *Groenveld* 사건에서 네덜란드가 취한 말고기의 가공, 제조, 저장의 금지조치는 제35조의 적용범위에 해당하지 아니한다고 하였는데, 그 이유로 이 조치는 수출품의 유형을 제한하는 특정한 목적 또는 효과(specific object or effect)가 없기 때문이라고 하였다.[40] *Oebel* 사건에서도 제과점에서 야간 노동을 제한한 행위가 그 생산된 제품이 국내용인지 수출용인지를 구별하지 않았기 때문에 제35조 위반에는 해당하지 않는다고 판단하였다.[41] 오로지 'distinctly applicable', 즉 국내상품과 수입상품에 명백하게 차별적으로 적용되는 경우만이 제35조의 적용범위에 속한다고 본 것이다.

3. 제34조와 제35조 위반에 대한 문제제기 방법

제34조와 제35조 위반에 대해서는 다음과 같은 경로로 문제 제기를 할 수 있다. 즉, TFEU 제258조[42]에 의거하여 집행위원회가 회원국을 상대로 제소할 수도

---

38) *Procureur du Roi v Dassonville* (Case 8/74) [1974] ECR 837.
39) *Dassonville* 사건의 주요 내용에 대해서는 Stephen Weatherill, *Cases and Materials on EU Law,* 9th ed. (Oxford: Oxford University Press, 2010), pp. 316-317 참조.
40) *Groenveld* (Case C-15/79) [1979] ECR 3409.
41) *Oebel* (Case 155/80) [1981] ECR 1993.

있고(*Commission v. Member States*), 드물기는 하겠지만 제259조⁴³⁾에 의거하여 회원 국이 다른 회원국을 제소할 수도 있다(*A Member State v. Another Member State*). 또한 국내 법원에서 동 조항들의 해석이 문제가 되는 경우에는 제267조⁴⁴⁾에 의거하여 CJEU에 선결적 판결(preliminary rulings)을 부탁할 수도 있을 것이다.

제34조, 제35조 위반은 또한 개인이 문제의 회원국을 상대로 하여 손해배상을 제기할 수 있는 권리를 발생시킨다. 손해배상을 청구하기 위해서는 ① 그 규칙이 제소한 개인에게 해당 권리를 부여하고, ② 그 위반이 충분히 심각하여야 하며, ③ 회원국의 위반 사실과 제소 대상 간에 직접적인 관련이 있어야 하는 등의 조건

---

42) TFEU Article 258 (ex Article 226 TEC)
　　"If the Commission considers that a Member State has failed to fulfil an obligation under the Treaties, it shall deliver a reasoned opinion on the matter after giving the State concerned the opportunity to submit its observations.
　　If the State concerned does not comply with the opinion within the period laid down by the Commission, the latter may bring the matter before the Court of Justice of the European Union."
43) TFEU Article 259 (ex Article 227 TEC)
　　"A Member State which considers that another Member State has failed to fulfil an obligation under the Treaties may bring the matter before the Court of Justice of the European Union.
　　Before a Member State brings an action against another Member State for an alleged infringement of an obligation under the Treaties, it shall bring the matter before the Commission.
　　The Commission shall deliver a reasoned opinion after each of the States concerned has been given the opportunity to submit its own case and its observations on the other party's case both orally and in writing.
　　If the Commission has not delivered an opinion within three months of the date on which the matter was brought before it, the absence of such opinion shall not prevent the matter from being brought before the Court."
44) TFEU Article 267 (ex Article 234 TEC)
　　"The Court of Justice of the European Union shall have jurisdiction to give preliminary rulings concerning:
　　(a) the interpretation of the Treaties;
　　(b) the validity and interpretation of acts of the institutions, bodies, offices or agencies of the Union;
　　Where such a question is raised before any court or tribunal of a Member State, that court or tribunal may, if it considers that a decision on the question is necessary to enable it to give judgment, request the Court to give a ruling thereon.
　　Where any such question is raised in a case pending before a court or tribunal of a Member State against whose decisions there is no judicial remedy under national law, that court or tribunal shall bring the matter before the Court.
　　If such a question is raised in a case pending before a court or tribunal of a Member State with regard to a person in custody, the Court of Justice of the European Union shall act with the minimum of delay."

을 충족하여야 한다.

VI. TFEU 제36조: 무역제한의 정당화

1. 제36조의 주요내용

　　제36조는 제34조나 제35조를 위반하는 조치에 대한 정당화 사유를 한정적으로 열거하고 있다. 그중 환경보호와 관련된 근거는 '인간, 동·식물의 건강과 생명의 보호'이다. 그러나 이 조항은 건강 또는 생명에 위협이 되지 않는 환경보호에 관하여는 명시적으로 언급하지 않고 있다. 과거 *Wallon Waste*[45] 사건에서 Wallonia의 인간과 동식물의 생명과 건강보호에 위험하지 않은 쓰레기 수입 금지는 제36조를 근거로 정당화될 수 없다는 판결이 있었다. 그러나 환경보호 조치에 담겨져 있는 목적은 제36조에 열거된 예외 적용 판단에 있어서 매우 중요한 요소라 할 수 있다. CJEU는 그동안 판례를 통하여 다음과 같은 기준을 충족하는 경우에 있어서는 비록 제36조에서 구체적으로 언급되지는 않았더라도, 합리성 기준을 근거로 하여 수출입을 제한할 수 있는 것으로 판단하고 있다.

2. 필수적 목적과 합리성 기준

　　제36조 제2문에서 언급하고 있는 수출입제한 가능사유 이외에도 무역제한은 정당한 사유가 있는 경우에는 가능한 것으로 보고 있다. 필수적 목적의 개념은 *Cassis de Dijon* 사건에서 논의된 것으로 "문제의 상품 판매와 관련하여 회원국 국내법 간에 상이한 규정으로 인하여 공동체 내에서 상품의 이동을 방해하는 조치들은 그 규정들이 필수적 목적, 특히 재정 관리의 효율성, 공중보건의 보호, 상업적 거래의 공정성과 소비자의 보호와 연관된 것들을 만족시키기 위해 필요한 것들로 인식되는 선까지는 수락될 수 있다"고 보았다.[46]

---

45) *Commission v Belgium (Walloon Waste)* (Case C-2/90) [1992] ECR I-4431.

이 개념은 제36조와는 두 가지 점에서 다르다. 우선 이 개념은 제34조와 제35조에 대한 예외를 규정하지 않는다. 우선 필수적 목적이 존재하는 경우, 그것이 필요하고 비례성의 원칙을 준수한다면 해당 조치는 그 범위 내에서 정당화될 수 있다는 것을 의미한다. 둘째, 필수적 목적의 목록은 제36조상의 예외 사유와 같이 제한된 것이 아니며, 상황에 따라 변화할 수 있다는 점이다. 어떠한 조치가 필수적인지 여부는 합리성 기준에 따라 판단하는데, 그 조치가 합리적인 목적을 위한 조치인지의 여부는 구체적인 사안에 따라 판단하여야 할 것이다.

3. 비례성의 원칙

과거 많은 환경 관련 사건들이 비례성 원칙을 고려하지 않은 채 판단되었으나, 최근 일부 환경 관련 사건에서 비례성 심사가 적용되었다. 1981년 *Danish Bottles* 사건에서 덴마크 정부는 맥주와 탄산음료는 승인된 형태의 재활용 용기에 담겨 판매하도록 하고, 금속용기의 사용은 금지시켰다. 또한 1984년에는 승인받지 못한 용기에 대하여는 판매를 금지시켰다. CJEU는 이러한 조치들이 일단 제34조를 위반하는 것이라고 하였으나, 이러한 환경보호를 위한 조치는 필수적 목적으로 인식되었고 그 필요성 역시 인정되었으며, 해당 조치 외에 다른 대안도 발견되지 않았다고 판단하여 이 조치를 정당화하였다.[47]

4. 비차별적으로(indistinctly) 적용되는 조치

합리성 기준에 따른 무역제한의 정당화는 국내상품과 수입상품 간에 비차별적으로 적용되는 조치에만 가능하다. 차별적으로 적용되는 조치는 제36조에 의해서만 정당화될 수 있다. 그런데 이 조항에서는 예외를 매우 좁고 한정적으로 열거하였고, 더욱이 환경보호 그 자체에 대한 직접적인 문구도 없다. 따라서 환경보호

---

46) *Cassis de Dijon* (Case 120/78) [1979] ECR 649, para. 8. 이른바 *Cassis de Dijon* Formula의 상세한 내용에 대해서는 Stephen Weatherill, *op. cit.*, pp. 351-356 참조.

47) Simon Baughen. *op. cit.*, pp. 147-148.

조치의 분류는 그 조치의 정당성을 판단하는 데 있어 매우 중요하다.

Aher-Wagen 사건에서 CJEU는 건강과 환경의 중첩적 효과를 고려하여 해당 조치를 정당화하였지만, 그 조치가 제36조 또는 합리성 기준에 의해 정당화되는지에 대해서는 구체적으로 밝히지 않았다.[48] 또한 Preussenelektra 사건에서 CJEU는 문제되는 조치가 UN기후변화협약 및 교토의정서에 근간을 둔 EU의 우선목표인 온실가스 감축이라는 목표를 이루어야 한다는 점에서 정당화될 수 있다고 매우 추상적으로 판결하였다.[49] 그러나 CJEU는 왜 해당 조치가 정당화될 수 있는지에 관한 근거는 명확하게 밝히지 않았다.

그동안 EU가 환경보호와 기후변화 대응 등에 있어서 취해 온 적극적인 조치 등으로 볼 때, 향후 EU는 판결이나 정책, 또는 입법을 통하여 매우 진보적인 행보를 보일 것으로 예상된다. 특히 향후 기후변화 대응과 같은 범국가적 대책의 이행에 해당하는 사안의 경우 허용가능성이 매우 높을 것으로 보인다.

Ⅶ. 결 론

무역과 환경의 균형에 대한 EU의 접근은 WTO협정의 경우와 많은 차이를 보인다. WTO와 달리 EU는 환경보호를 단순히 자유무역의 예외가 되는 '부정적 요소'로 보지 않으며, 오히려 공동체의 본질적 목표 중의 하나로 삼는다. 또한 EU는 WTO와 달리 스스로 유연한 입법적 역량을 보유함으로써, 제114조 또는 제192조를 통해 환경기준을 강화할 수 있다. 그러나 이러한 '긍정적 접근'은 비교적 높은 수준의 경제발전을 이룬 회원국들 사이에서만 가능하다는 제약이 있기도 하다.

조화(harmonization) 문제와 관련하여 개별 회원국들에게 EU차원의 조화된 입법 영역 내에서 환경기준을 강화할 수 있는 권한이 어느 정도까지 부여되어 있는지에 대한 문제가 새로이 제기되기도 한다. 대부분의 환경 관련 조화는 제114조 또는

---

48) Aher-Wagen (Case C-389/96) [1998] ECR I-4473.
49) Preussenelektra (Case C-379/98) [2001] ECR I-2099. 이 사건의 주요 내용은 Damian Chalmers, Gareth Davies & Giorgio Monti, European Union Law, Second edition (Cambridge: Cambridge University Press, 2010), pp. 896-897 참조.

제192조에 근거하여 이루어지는데, 이때 입법적 근거를 어느 규정으로 삼는가에 따라 회원국들에게 부여되는 환경기준 강화의 권한 범위가 달라진다.

또한 GATT 수량제한금지와 유사한 구조를 갖고 있는 수출입제한금지를 규정하고 있는 TFEU 제34조와 제35조는 GATT 제20조와 유사한 구조를 가진 TFEU 제36조의 규정에 따라 제한될 수 있다. EU는 TFEU 제36조 규정에 따른 조치에 따라 무역을 제한할 수 있으며, 나아가 합리성 기준에 따라 필수적 목적이 있는 경우에도 무역제한을 허용하고 있다.

최근 들어 EU는 EU조약상의 환경보호 관련 조항에 근거하여 각종 규칙이나 지침 등을 제정하여 환경 관련 통상조치들을 채택하고 있다.[50] 이들 규정에 대한 정확한 이해가 없이는 우리 기업들이 EU 역내시장을 공략하는데 한계가 있을 것이다. 2015년 한-EU FTA가 발효된 가운데, EU가 취하고 있는 각종 환경 관련 통상조치들이 자칫하면 우리의 무역 증대의 걸림돌이 될 수도 있을 것이다. 특히 우리 중소기업들이 이러한 장벽들에 대한 이해를 포기하고 스스로 수출을 단념하는 경우도 있는 점을 고려한다면, 정부가 이에 대한 종합적인 대책을 세워나가야 할 것이다.[51] 또한 그들이 취하는 조치 중에서 우리에게도 도움이 될 만한 조치는 적극적으로 도입하여 지구온난화시대에 전향적으로 대처하여야 할 것이다.

---

[50] 새로운 화학물질 관리에 관한 규칙(REACH / Regulation 1906/2006) 등 다양한 환경 관련 통상규제조치들에 대해서는 주벨기에·유럽연합대사관, 앞의 책, 605-609면 참조.

[51] 환경부 & 한국환경산업기술원, 「기업의 선제적 대응을 위한 주요국제환경규제 이슈 분석보고서」(2009.12.) 및 「산업계 EU REACH 대응 매뉴얼」(2009.12.), 외교통상부, 「2007 EU의 무역관련 환경기준」(2007.10.), 지식경제부 국제환경규제 기업지원센터, 「실무자를 위한 환경규제 대응 길라잡이」(2011.5.)의 발간은 정부의 적극적 대응의 좋은 예라고 할 수 있을 것이다.

제 8 장

역내 통상분쟁 해결

I. 서 론

유럽연합(EU)은 그 태동부터 경제 공동체인 동시에 법 공동체라고 할 수 있다. 1951년 4월 ECSC 조약(파리조약)으로 현실화된 EU 통합의 역사는 1987년 단일유럽의정서 발효, 1993년 마스트리히트조약 발효, 2003년 니스조약 발효, 2009년 12월 리스본조약 발효 등 늘 새로운 조약의 체결 및 발효를 통해 진일보되어 왔으며, 자유로운 상품 및 서비스의 이동 등 단일시장에 관한 회원국 상호 간 및 회원국과 EU 간의 권리와 의무도 모두 회원국 간의 조약 및 조약에 근거한 EU규범(규칙, 지침, 결정 등)에 기초하고 있으며, EU사법재판소의 판례를 통해 발전되어 왔다.

그러나 이러한 규범을 실제로 집행하는 28개 회원국별로 조약의 해석 및 집행 관행에 있어 차이가 있을 수 있고, 특히 EU법의 일부(특히, 지침)는 회원국들의 개별 입법을 통해 이행되도록 되어 있기 때문에 동일한 권리와 의무에 관한 사안도 실제 집행은 회원국별로 차이가 있을 수밖에 없다. EU 단일시장 설립에 따라 상품과 서비스의 회원국 간 이동이 활발해지면서 이러한 집행에 있어서의 차이로 인해 각종 통상분쟁이 발생하는 것은 어쩌면 자연스러운 현상이라고 할 수 있으며, 결국 이러한 분쟁을 얼마나 미연에 방지하고 신속히 해결할 수 있느냐가 단일시장의 운영, 더 나아가 EU의 운영에 매우 중요한 문제일 수밖에 없다.

24개의 다양한 공용어를 사용하고 있는 28개의 주권국가로 이루어진 공동체에서 전 회원국에 걸쳐 EU법의 통일적인 집행을 담보하고 회원국 간에 발생하는 분쟁을 효과적으로 해결하는 것은 결코 쉬운 일이 아니다. 유럽집행위와 EU사법재판소 등 EU기관들뿐만 아니라 각 회원국들의 정부 및 사법기관이 여러 가지 시행착오를 겪으면서 모두 이를 위해 노력하고 있고, 이러한 노력과 시행착오는 경제통합을 추진하고 있는 여타 지역공동체에서도 주의 깊게 지켜보아야 할 부분이다. 특히 한-EU FTA를 계기로 하여 우리 기업들의 대EU 진출확대가 예상되는 상황에서 EU의 역내 통상분쟁 해결 절차는 결코 남의 일만이 아니다. EU회원국에 투자진출한 우리 기업들이 주재하는 회원국 정부 또는 제품의 거래가 이루어지는 여타 회원국 정부의 EU법 위반행위 해결을 위해 EU 역내적인 통상분쟁 해결절차를 잘 활용한다면 보다 효과적으로 EU 단일시장의 혜택을 누릴 수 있을 것이다.

이하에서는 EU의 역내 통상분쟁 해결절차를 소송이전 단계라고 할 수 있는 행정절차와 본격적인 소송단계인 사법절차로 구분하여 먼저 유럽집행위 등 EU기관을 통한 행정절차에 의해 회원국의 위법행위를 해결할 수 있는 방안에 대해 알아보고, 다음으로 EU사법재판소와 회원국 국내법원 제소 등 사법적인 절차를 통한 위법행위 해결방안에 대해 검토해 보고자 한다. EU법 위반행위는 회원국뿐만 아니라 EU의 각종 기관에 의해서도 발생할 수 있는 점을 감안하여 EU사법재판소를 통해 회원국의 위법행위로 인한 분쟁해결절차와 함께 EU기관의 위법행위로 인한 분쟁해결절차에 대해서도 살펴보고자 한다. 아울러 한-EU FTA를 비롯하여 우리나라와 EU 간 각종 국제협정 체결이 증가되고 있는 상황임을 감안하여, EU의 특정 회원국이 이러한 국제조약상의 의무 위반 시 해당 국제협정상의 분쟁해결절차 이외에 EU의 역내 분쟁해결절차를 통해 해결할 수 있는 방안에 대해서도 검토해 보고자 한다.

II. 행정절차를 통한 분쟁해결

1. EU법 집행을 위한 유럽집행위의 역할

EU 28개 회원국은 모두 자국의 법체계 내에서 정해진 기한 내 EU규범에 합치되는 이행조치를 취하는 등 EU규범을 충실히 이행해야 할 법적인 책임이 있으며, 회원국의 규범 불이행으로 인한 분쟁 발생 시 이는 궁극적으로 EU사법재판소의 판정을 통해 해결된다. 그러나 모든 분쟁을 사법적 절차를 통해 해결하는 것은 비효율적이므로 사전에 회원국들의 이행 상황을 점검하고 불이행시 이의 시정을 요구하는 등 행정적인 절차를 통해 분쟁을 예방하고 초기에 해결할 필요가 있는데, 유럽집행위원회(European Commission)가 바로 이런 책임을 담당하고 있다. 유럽집행위원회는 회원국 정부로부터 독립되어 EU전체의 이익을 대변하기 위한 기관으로 EU의 정책 이행, 예산의 관리 및 집행 등 EU의 일상적인 업무를 수행하는 행정기관의 역할을 담당하고 있다. 임기 5년의 집행위원장(President) 1명과 27명의 집행위원(Commissioners)을 두고 있으며,1) 기능별로 총 31개의 총국(Directorates-General)과 서비스 담당 부서 그리고 각 집행위원들 간의 업무를 조정하는 역할을 수행하는 사무처(Secretariat-General)로 구성되어 있다. EU법 집행의 경우 사안별로 여러 총국이 관련되므로 사무처가 각 총국과 협조하여 EU법 집행에 관한 업무를 총괄하고 있다.

　　EU조약 제17조는 집행위원회가 EU의 제 조약(Treaties, EU조약과 EU기능조약을 의미)과 조약에 따라 채택된 각종 조치들의 이행을 확보해야 하며, EU사법재판소의 통제하에 EU법의 적용을 감시해야 한다고 규정하고 있다. 또한 EU기능조약 제258조는 보다 구체적으로 집행위원회가 회원국이 제 조약에 따른 의무(obligation under the Treaties)를 이행하지 않았다고 판단하는 경우, 이의 이행을 위해 의무불이행 회원국에 대해 이유를 첨부한 의견서 송부 및 EU사법재판소 제소 등 소위 "의무이행절차"(Enforcement Action)를 취할 수 있도록 규정하고 있다. 여기서 제 조약에 따른 의무란 EU조약 및 EU기능조약에 규정된 의무뿐만 아니라 EU 통합 관련 조약 등 EU회원국들이 동의한 1차적인 규범과 이러한 1차 규범에 근거하여 이사회, 집행위원회, 유럽의회 등에서 제정하는 규칙, 지침, 결정 등의 2차 규범과 EU가 제3국과 체결한 국제조약까지도 포함하는 것으로 넓게 해석된다. 또한 EU법을 준수해야 하는 회원국(Member State)이란 회원국의 중앙정부뿐만 아니라 지방정부도 포함하며 사법기관을 포함한 모든 국가기관을 포함한다.2)

　　이렇게 보면 집행위가 그 적용을 감시해야 하는 EU법의 범위는 실로 방대하

---

1) 보다 구체적으로는 1명의 집행위원장, 1명의 제1 부집행위원장, 1명의 부집행위원장이자 외교안보정책 고위대표, 4명의 부집행위원장, 21명의 집행위원들로 구성되어 있다. https://ec.europa.eu/commission/commissioners/2014-2019_en(2018년 4월 17일 방문).

2) 박덕영 외, 「EU법 강의」 제2판(서울: 박영사, 2012), 145면.

다고 할 수 있다. 규칙(regulation)과 지침(directive)의 경우만 보더라도 2010년 기준, EU는 대략 8,400개의 규칙과 2,000개의 지침을 가지고 있는 것으로 알려져 있다. EU법의 범위가 방대하고 EU법을 준수해야 하는 기관이 다양한 만큼, 규범 위반 사례도 많을 수밖에 없다.[3] 유럽집행위원회의 보고서[4]에 따르면 2016년 말 기준 약 1,657건의 위반사례에 대해 의무이행절차가 진행 중이다. 회원국별로 보면 스페인과 독일이 91건으로 위반건수가 가장 많고, 다음이 벨기에(87건), 그리스(86건) 순이다. 에스토니아(30건), 몰타(31건), 덴마크(34건) 등이 위반건수가 가장 적은 국가들이다. 이슈별로 보면 전체 위반사례 중 역내시장 관련 사건이 270건으로 가장 많고, 환경 관련 사건이 269건, 재정안정화 및 재무서비스 관련 사건이 230건으로 이 세 분야가 전체 위반사례의 약 46%를 차지하고 있다.

감시해야 할 EU법의 범위도 방대하고 이를 이행하는 주체도 다양하다 보니 이를 집행위가 모두 직접 감시하는 것은 사실상 불가능하다고 할 수 있다. 이에 따라 집행위는 위반 사례 적발의 상당 부분을 외부의 신고(complaints)에 의존하고 있다. 2016년에 의무이행절차가 시작되기에 앞서 개인, 기업, 단체 등 외부로부터 3,783건의 신고를 접수받았으며, 집행위는 자체적으로 520건의 조사를 시작하였다. 가장 많은 신고의 대상이 된 회원국에는 이탈리아(753건), 스페인(424건), 프랑스(325건)가 있으며, 이슈별로 보면 사법과 소비자(919건), 고용(679건), 역내시장(483건), 세제 및 관세(406건), 환경(348건)의 5개 분야가 전체 신고의 약 75%를 차지하고 있다.

유럽집행위는 2016년에 의무이행절차가 진행 중이던 사건 총 673건을 종결하였는데, 이 중 520건이 이유를 첨부한 의견서를 발송하기 전에 해결되었으며, 126건은 의견서 발송 이후 EU사법재판소 제소 이전에 해결되었다. 결국 전체 협정위반사례 중 41%가 사법절차로 가기 전 유럽집행위의 행정절차 과정에서 해결된 것으로 EU회원국들이 부득이한 사유로 EU법 위반사례가 발생하더라도 가급적 사법절차 회부 이전에 해결하려고 노력하고 있음을 볼 수 있다. 2009년 12월 리스본

---

3) European Commission, 28th Annual Report on Monitoring the Application of EU Law 2010(COM (2011) 588).
4) European Commission, 34th Annual Report on Monitoring the Application of EU Law 2016(COM (2017) 370).

조약의 발효로 집행위가 EU법 이행조치를 통보하지 않은 회원국에 대해 EU사법재판소 제소 단계에서 재정적인 제재를 동시에 재판소에 요청할 수 있게 됨으로써[5] 행정조치 단계에서의 분쟁해결 유인이 보다 커졌다고 볼 수 있다.

　집행위는 계속적으로 증가하는 의무이행절차에 대한 행정적 부담을 경감시킬 수 있도록 사전절차로서 CHAP와 EU Pilot이라는 두 가지 기술적인 개선방안을 도입하였다. 2009년 9월 도입된 CHAP는 회원국들의 EU법 이행에 관한 문의 및 위반신고를 효과적으로 등록하고 처리하기 위해 고안된 IT 시스템이다. CHAP은 IT기술을 활용하여 일반인들이 EU법 이행과 관련한 문의 및 위반신고를 신속히 그리고 적절하게 집행위 관련부서에 전달하고 체계적인 회신이 가도록 지원하고 있다.[6] EU Pilot 프로그램은 집행위와 회원국 담당자들 간의 효율적인 연락을 통해서 EU법 이행관련 질의에 대한 회신 및 분쟁해결을 보다 신속히 하기 위해 2008년 4월부터 운영되고 있는 집행위와 회원국 간 네트워크 시스템이다. EU Pilot이라는 네트워크를 통해 집행위 관계자는 스스로 발견한 위반사례 및 위반신고들을 회원국에 쉽게 문의할 수 있다. 2008년 출범 당시 15개 회원국이 자발적으로 참여하였고, 2013년 7월까지 모든 회원국이 서명을 완료하였다.[7]

2. 의무이행절차

　앞에서 살펴본 바와 같이, 유럽집행위는 자체적인 점검 또는 외부의 신고를 통해 회원국의 EU법 위반행위를 발견하게 되면 일단 해당 회원국과의 비공식적인 협의를 통해 해결방안을 모색하게 된다. 하지만 이러한 비공식적인 협의를 통해 문제가 해결되지 않을 경우, 집행위는 EU기능조약 제258조에 따라 본격적인 의무이행절차에 들어가게 된다. 동 조약 제258조는 집행위가 어떤 회원국이 EU법상의

---

5) TFEU 제260조 제3항.
6) 2012년 4월 2일자로 CHAP의 새로운 개선사항을 담은 집행위원회의 통보가 채택되었는데, 새로운 IT 시스템이 집행위원회로 하여금 시민, 기업 및 시민사회의 이해관계에 보다 직접적으로 대응하도록 만들고 있다. https://eur-lex.europa.eu/legal-content/EN/LSU/?uri=CELEX:52012DC0154(2018년 4월 17일 방문).
7) http://ec.europa.eu/internal_market/scoreboard/_archives/2015/04/performance_by_governance_tool/eu_pilot/index_en.htm(2018년 4월 17일 방문).

의무를 이행하지 않았다고 판단할 경우 해당 국가에 이유를 붙인 의견서("reasoned opinion")를 제시해야 하며, 해당 회원국이 집행위 의견서상의 내용을 이행하지 않을 경우 EU사법재판소에 동 건을 제소할 수 있다고 규정하고 있다.

EU기능조약 제258조는 EU조약 제17조에서 규정하고 있는 집행위의 EU법 수호자로서의 역할을 실현하기 위한 중요한 도구라고 할 수 있다. 다만 이러한 집행위의 역할을 보완할 수 있도록 EU기능조약 제259조는 회원국의 경우에도 다른 회원국이 조약상의 의무를 위반하였다고 판단하는 경우에는 동 건을 EU사법재판소에 제소할 수 있다고 규정하고 있다. 그러나 이러한 회원국의 역할은 집행위의 역할에 대한 보완적인 성격이라는 한계를 가진다. 즉, 회원국이 EU사법재판소에 제소하기 위해서는 먼저 집행위에 동 건을 제기해야 한다. 집행위는 회원국의 위반 문제 제기 시 양 당사국에 의견을 요청한 후, 위반으로 판단되는 경우 이유를 첨부한 의견서 송부 등 제258조상의 절차가 그대로 적용되고, 집행위가 3개월 이내 의견서를 제출하지 않을 경우 위반 문제를 제기한 회원국이 직접 EU사법재판소에 제소할 수 있다. 실제로 회원국이 다른 회원국을 상대로 EU사법재판소에 소를 제기하는 경우는 지금까지 매우 드물지만,[8] 집행위의 판단착오 가능성 등에 대비한 일종의 보호장치로서의 역할을 하고 있다고 볼 수 있다

집행위 및 회원국과는 달리 자연인과 법인 등 사인의 경우 회원국의 EU법 위반으로 자신의 권리가 침해당했을 경우라 할지라도 직접 회원국에 대해 의무이행조치를 실시하거나 EU사법재판소에 소를 제기할 수 없다. 대신 앞에서 살펴본 바와 같이, 집행위에 특정 회원국의 의무위반 행위를 신고(complaint)할 수 있다. 또한 사인은 EU법을 위반한 EU기관을 상대로 제한적인 경우에 EU사법재판소에 제소할 수 있고, EU법을 위반한 회원국의 국내법원에 소를 제기할 수 있는데, 이러한 EU사법재판소 및 국내법원에 의한 사법절차는 뒤에서 살펴보고자 한다. 집행위에 의한 의무이행절차는 ① 위반행위 발견 → ② 집행위 내부 검토 → ③ (검토결과 조치 진행 필요시)해당 회원국에 의견제출 요청 → ④ (검토결과 위반여부 인정 시)해당 회원국에 집행위 의견서 발송 → ⑤ (회원국이 의견서 불수용 시)EU사법재판소에 제

---

8) Paul Craig and Gráinne de Búrca, *EU Law: Text, Cases and Materials,* 5th ed. (Oxford: Oxford University Press, 2011), p.433.

소→⑥ EU사법재판소의 판정 등의 순서로 진행된다. ①에서 ④까지는 행정절차로, ⑤부터 ⑥까지는 사법절차로 볼 수 있다.

집행위가 일단 회원국의 EU법 위반 혐의가 있다고 보고 의무이행절차를 진행시키기로 결정하는 경우, 해당 회원국에게 위반혐의에 대해 의견을 제출할 것을 요청하는 공식 서한(소위 "warning letter" 또는 "letter of formal notice")을 송부한다. 이 서한 송부 절차는 의무이행조치를 취하는 공식적인 절차로서 이 단계에서 분쟁의 주제내용(subject matter)이 결정되며, 이후에 집행위는 이 이상으로 분쟁의 범위를 확대시킬 수 없다. 집행위는 서한을 송부하면서 일정 시한 내 회원국이 의견을 제시할 것을 요구한다. 이러한 의견제시 시한은 사안의 성격 및 집행위와 해당 회원국 간의 협의 정도 등을 고려하여 합리적이어야 한다.

일단 집행위가 통보서한을 보내면 집행위와 회원국 간에 해결을 위한 추가적인 협의가 있게 된다. 이러한 협의가 성공적이지 못할 경우, 집행위는 해당 회원국에 이유가 첨부된 의견서(reasoned opinion)를 발송할 수 있다. 위반이라고 판단하는 사유와 함께 이행을 촉구하는 내용이 포함된다. EU기능조약은 의견서 발송과 관련하여 "shall"이라는 용어를 사용하고 있지만, 집행위가 반드시 의견서를 발송해야 할 의무가 있다고 해석되지는 않는다. 우선 집행위는 회원국이 EU법을 위반했다고 판단하는 경우에만 발송하므로 재량사항이라고 볼 수 있다.

통보서한과 마찬가지로 집행위 의견서도 분쟁의 대상을 한정하는 역할을 하며, 이후 집행위가 EU사법재판소에 동 건을 제소할 경우 향후 절차에서 통보서한 및 집행위 의견서 이상으로 분쟁의 대상을 확대할 수 없다. 즉, 집행위 의견서에서 언급되지 않은 사안에 대해 이후의 분쟁과정에서 집행위가 이를 제기할 수 없다. 통보서한과 집행위 의견서와 관련해서 집행위 의견서가 통보서한에 언급된 분쟁의 대상을 확대해서는 안 되지만, 법적으로 보다 상세하게 기술하는 것은 가능하다. 집행위는 지적된 위반행위를 철회하기 위해 필요한 절차들을 기술할 필요는 없지만, 어떠한 조치를 취하지 않아 이 점이 절차의 핵심일 경우 어떤 조치를 취해야 하는지를 구체적으로 언급해 주어야 한다.9)

EU기능조약 제258조 제2문에 따라 의견서에는 회원국이 이행을 완료해야 하

---

9) Derrick Wyatt and Alan Dashwood, *European Union Law* (Oxford: Hart Publishing, 2011), p.140.

는 시한을 설정해야 한다. 이 시한은 EU사법재판소 제소 등 향후 절차 진행에 중요
하다. 시한 내 회원국이 이행을 완료하지 않을 경우, 집행위는 이를 EU사법재판소
에 제소할 수 있다. 판례는 회원국이 시한 내 문제가 되는 조치를 철회하지 않았지
만 나중에 소급하여 조치를 철회하였을 경우에도 집행위가 사법절차를 진행할 수
있다고 판시한 바 있다.[10] 통보서한에서와 마찬가지로 의견서상의 이행 완료시한
도 합리적이어야 한다. EU사법재판소는 집행위가 설정한 시한이 합리적이지 못하
다고 판단하는 경우, 이를 대체할 다른 시한을 설정할 수는 없지만 비합리적인 시
한에 근거해 취해진 집행위의 제소를 기각할 수 있다.[11]

집행위의 의견서는 그 자체로서 법적인 구속력을 갖는 행위가 아니기 때문에
취소소송의 대상이 되지 못한다.[12] 또한 집행위가 조치를 취하지 않기로 결정할
경우 절차는 종료된다. 집행위가 이러한 조치를 취하는 것은 자체적인 판단에 따른
것이며, 반드시 어떤 조치를 해야 할 의무가 있는 것은 아니다. 또한 EU사법재판소
가 집행위 결정의 적정성에 대해 판단할 수도 없다.[13]

3. SOLVIT, 유럽의회 청원 절차 및 유럽 옴부즈만 제도

이상에서 주로 집행위를 통한 분쟁의 행정적 해결절차에 대해 살펴보았다.
유럽집행위 이외에도 다양한 기관들에 의한 분쟁해결 절차가 이용가능하다.

집행위와 회원국이 공동으로 운영하고 있는 SOLVIT 시스템이 대표적이다.
동 시스템은 개인 및 업계 등 민간분야와 회원국 정부기관 간에 여러 국가가 관련
된(cross border) 분쟁이 발생했을 때, 이를 해결하는 온라인 네트워크 시스템이다.
각 회원국별로 SOLVIT 센터를 지정하여, 집행위에서 전체적인 총괄을 하면서 각
회원국의 SOLVIT 센터를 연결하는 네트워크를 구축, 특정 회원국 정부기관이 역
내시장 규정을 잘못 적용하였을 경우에 10주 안에 문제를 해결하도록 하고 있다.
EU 회원국 이외에도 아이슬란드, 리히텐슈타인, 노르웨이 등도 참여하고 있다. 비

---

10) *Commission v. Austria* (Case C-209/02) [2004] *ECR* I-1211.
11) *Commission v. Belgium* (Case 293/85) [1988] *ECR* 305.
12) 박덕영 외, 앞의 책, 147면.
13) Derrick Wyatt and Alan Dashwood, *supra* note 9, p.141.

공식적인 문제해결 메커니즘은 계속해서 신속하고 실용적인 문제해결을 하고 있다. 집행위가 후원하고 각 회원국 당국 간의 네트워크인 SOLVIT은 매년 더 많은 사례들을 다루고 있다. 2016년의 경우 97개의 사건이 성공적으로 해결되었으며, 74%의 사건이 10주 이내에 해결되었다.[14] 한편 2017년 5월 2일 집행위는 SOLVIT 강화에 관한 행동계획을 포함하고 있는 EU 내에서 단일시장의 기능 강화를 위한 일련의 조치를 발표하였다.[15]

    유럽의회도 일정한 역할을 수행하고 있다. 유럽의회의 청원위원회에서는 EU 권한사항에 대한 일반인들의 청원을 접수하여 검토하고, EU법상의 권리를 침해당했다고 판단될 경우 해당 회원국, 지방정부 또는 다른 공공기관에 이에 대한 해결을 요구한다. 2016년 청원위원회 보고서에 따르면 2015년의 경우 총 1,431건의 청원이 접수되었고, 943건의 청원이 받아들여졌으며, 483건의 청원은 수락되지 않았다. 청원이 가장 많은 분야는 환경 분야가 174건(9.2%)으로 가장 다수이다. 환경 분야에 이어서 사법 분야가 142건(7.5%)이며, 역내시장 분야가 139건(7.3%), 기본권과 교통 분야 역시 각각 84건(4.4%)으로 다수를 차지하고 있다. 다음으로 보건 관련 이슈가 78건(4.1%), 고용 관련 이슈가 74건(3.9%)을 차지하고 있다.[16] 한편 2010년 11월에 공표된 유럽의회와 집행위 관계에 관한 기본협정(Framework Agreement on Relations between the European Parliament and the European Commission)에 따라 EU법 위반에 관한 정보 및 협력에 관한 더욱 광범위한 조항이 마련되었으며, 2018년 2월 17일에 집행위원 및 집행위원장의 정치적 책임에 관한 내용이 일부 개정되었다.[17]

    유럽 옴부즈만은 독립적이고 중립적인 기관으로 EU기관들의 행정행위를 감시하는 기능을 수행하는데, EU기관들의 행정행위에 대한 각종 불만을 조사한다. EU기관들 중 EU사법재판소의 사법적 행위는 옴부즈만의 영역에서 제외된다. 불법적인 행정조치, 불공정 또는 차별적 조치, 권력남용, 회신거부 또는 정부제공 거

---

14) http://ec.europa.eu/internal_market/scoreboard/performance_by_governance_tool/solvit/index_en.htm(2018년 4월 18일 방문).
15) http://ec.europa.eu/solvit/_docs/2017/com-2017-255_en.pdf(2018년 4월 18일 방문).
16) Report on the activities of the Committee on Petitions 2015(2016/2146(INI)).
17) https://eur-lex.europa.eu/legal-content/EN/TXT/?uri=LEGISSUM%3Aai0041(2018년 4월 18일 방문).

부, 부당한 처리지연 등에 대해 감시하는 기능을 수행한다. EU시민, 거주자, EU에 등록사무소가 있는 업체, 단체는 누구나 불만을 제기할 수 있다. 또한 불만 제기를 위해 반드시 문제가 된 행정행위에 대해 개인적으로 영향을 받을 필요는 없다. 불만을 제기하기 위해서는 문제가 되는 행정행위를 인지한 후 2년 이내에 문제를 제기해야 하며, 우선 먼저 그 문제를 해결하기 위해 EU 관계기관을 접촉한 후에 제기해야 한다. 문제제기는 서면으로 해야 하는데, 유럽 옴부즈만 웹사이트에 마련된 온라인 불만제기 형식을 이용하여 전자적으로 송부해도 되고, 이를 프린트하여 우편으로 보내도 무방하다. EU의 24개 공용어 모두 가능하다. 유럽 옴부즈만은 EU 행정기관에 대해 조사하는 직책이므로 회원국 중앙정부 또는 지방정부에 관한 불만을 조사할 수 없으며, 사인에 대한 불만도 조사할 수 없다. 각 회원국에는 국가별 또는 지역별로 옴부즈만이 있어 해당 정부의 행정행위에 대한 감시역할을 수행한다. 유럽 옴부즈만과 각 국별, 지역별 옴부즈만 그리고 유럽의회의 청원위원회는 European Network of Ombudsman을 구성하여 상호 협력하고 있다.

III. EU의 사법절차를 통한 분쟁해결

1. EU법 집행을 위한 EU사법재판소의 역할

1951년 ECSC설립조약에 의해 설립된 EU사법재판소(Court of Justice of the European Union: CJEU)는 EU의 최고사법기관(judicial authority)으로서 EU 법률이 모든 회원국에서 동일한 방법으로 해석되고 적용되도록 보장하는 일을 맡고 있다.[18] EU사법재판소에 관해서는 EU조약 제19조, EU기능조약 제251조에서 제281조까지 규정하고 있으며, 리스본조약에 의해 EU조약 및 EU기능조약에 부속된 의정서(protocol)의 형태로 된 EU사법재판소규정(Statute of the Court of Justice of the European Union)은 재판소 구성, 조직과 소송절차 등을 상세히 다루고 있다. 사법재판소는 EU기능조약 제253조에 따라 이사회의 승인을 받아 절차규칙(Rules of

---

18) EU조약 제19조 제1항.

Procedure)을 채택한다.

룩셈부르크에 소재하고 있는 EU사법재판소는 사법재판소(Court of Justice), 일반재판소(General Court)[19] 및 전문재판소(Specialized Courts)로 구성되어 있다. 2009년 12월 리스본조약 발효에 따라 과거 유럽사법재판소(European Court of Justice)가 사법재판소로, 유럽일심재판소(European Court of First Instance)가 일반재판소로 명칭이 변경되었으며, 과거 사법패널(judicial panel)을 대체하는 전문재판소를 일반재판소에 부속하여 둘 수 있도록 하고 있다.

사법재판소는 회원국의 공동합의(common accord)에 의해 임명되는 회원국 당 1명의 재판관으로 구성된다. EU기능조약은 재판관 임명 전 EU기능조약 제255조에 의해 설치되는 패널과의 협의를 거칠 것을 요구하고 있다. 재판관들의 임기는 6년으로 중임가능하며 재판관들은 매 3년마다 14명씩 교체된다. 재판관은 나머지 재판관들과 재판연구관(Advocates-General)의 일치된 의견에 의하여 해임되는 경우를 제외하고 누구에 의해서도 해임되지 않는다. 재판관들은 그들 중 1명을 소장(President)으로 선출하는데 임기는 3년으로 중임가능하다. 사법재판소는 3명 또는 5명의 재판관으로 구성되는 소재판부(Chamber), 15명으로 구성되는 대재판부(Grand Chamber), 전원재판부(full Court)의 형태로 재판을 담당할 수 있다. 계류된 사건 중 거의 대부분은 소재판부에서 처리되며, 회원국이나 EU기관이 당사자가 된 소송에서 이들이 요구할 경우 대재판부에서 사건을 심리한다. 전원재판부는 유럽 옴부즈만이나 집행위 위원 해임 등 EU사법재판소규정에 정해진 경우 및 재판소에서 예외적으로 중요한 사건이라고 판단하는 경우에 한해 개최된다.[20]

일반재판소는 사법재판소의 업무 부담을 경감시키기 위해 1989년에 설치되었다. 회원국 당 적어도 1명씩의 재판관으로 구성되며(2019년에 회원국 당 2명의 재판관으로 증가될 예정), 특별히 어렵거나 중요한 사건의 경우 전원재판부를 구성하며, 단독재판부나 3명 또는 5명의 재판관으로 구성되는 소재판부, 15명의 재판관으로 구성되는 대재판부에서 재판을 한다. 일반재판소는 EU사법재판소규정에 따라 사

---

19) EU기관에 근무하는 직원들 간의 소송을 다루는 EU행정법원(European Union Civil Service Tribunal)은 2016년 9월 1일자로 일반재판소 재판관의 수가 47명으로 증가하면서 해당 관할권이 일반재판소로 이전되고, EU행정법원은 폐지되었다.
20) EU사법재판소규정 제16조.

법재판소에 유보된 사건, 전문재판소에서 다루는 사건을 제외하고 취소소송사건, 부작위소송사건, 비계약상의 손해배상사건 혹은 계약상의 소송사건, 직원소송사건, EU와 체결된 계약상의 중재조항에 따른 소송사건 등의 일심재판소로 역할을 수행한다. 일반재판소가 일심재판소로서 판결한 사건의 경우, 그와 관련한 법률문제에 한정하여 2개월 이내에 사법재판소에 상소가 가능하다.

보다 구체적으로 사법재판소와 일반재판소의 업무분장을 살펴보면, 앞으로 살펴볼 EU사법재판소의 기능 중 의무이행강제소송은 사법재판소의 관할에 전속적으로 속한다. 취소소송 및 부작위소송의 경우 다소 복잡한데, 회원국이 유럽의회 및 이사회를 상대로 한 제소는 사법재판소의 관할이다. 다만 이사회를 상대로 하는 소송의 경우에도 국가보조금(state aid), 반덤핑조치 및 이행권한에 관한 사항은 예외적으로 일반재판소의 관할이다. 또한 집행위 등 EU기관에서 다른 EU기관을 상대로 한 취소소송 및 부작위소송도 사법재판소의 관할이다. 이상을 제외한 나머지 취소소송 및 부작위소송, 특히 자연인이나 법인 등 사인이 제기하는 소송은 일차적으로 일반재판소의 관할이다. 선결적 평결의 경우 EU기능조약 제256조 제3항에 따라 EU사법재판소규정이 정하는 특정분야에 대해 일반재판소도 선결적 평결을 할 수 있으나, 아직 실제로 활용되지는 않고 있어 사법재판소의 관할로 볼 수 있다. 향후 일반재판소가 선결적 평결을 하게 되는 경우에도 EU법의 통일성과 일관성에 영향을 줄 수 있는 원칙에 관한 결정을 하여야 할 때는 이를 사법재판소에 회부할 수 있으며, 일반재판소에서 이루어진 선결적 평결에 대해 EU법의 통일성과 일관성에 심각한 위협을 제공할 수 있는 경우에 사법재판소에서 재심(review)의 대상이 될 수 있다.

일반재판소에 부속되는 전문재판소는 유럽의회와 이사회의 보통입법절차(ordinary legislative procedure)에 따라 설치되며, 재판관할권의 범위는 그것을 설치하는 규칙에 의하여 결정된다. 전문재판소의 재판관은 이사회에 의하여 만장일치로 임명된다. 기능조약 제257조에 따르면 전문재판소를 설립하는 규칙에 사실문제에 대해서도 일반재판소에 상소할 수 있다고 규정되어 있지 않는 한, 법률문제에 한하여 일반재판소에 상소할 수 있다. 이러한 상소사건의 경우, EU법의 통일성과 일관성을 심각히 위협하는 예외적인 경우를 제외하고는 일반재판소의 판결에 대하여 사법재판소로 상소하는 것은 인정되지 않는다.

EU사법재판소의 특징 중의 하나는 재판관을 지원하기 위해 재판연구관 (Advocates-General)을 두고 있다는 점이다. EU기능조약 제252조에 의하면 사법재판소는 8명의 재판연구관으로부터 지원을 받는다고 규정하고 있다. 리스본조약에 의해 EU조약 및 EU기능조약에 부속된 "사법재판소 내 재판연구관 수에 관한 EU기능조약 제252조에 관한 선언"에 따라 재판연구관의 수는 8인에서 11인으로 증가되었으며, 이 중 6인은 독일, 프랑스, 이탈리아, 스페인, 영국과 폴란드 출신으로 상임 재판연구관이 되며, 나머지 5명은 순번제로 운영된다. 이들은 재판관과 동일한 지위로서 임명, 해임, 신분상의 지위 등은 재판관에게 적용되는 사항이 그대로 적용된다. 재판연구관의 기본적인 임무는 본인에게 맡겨진 사건에 대해 이유를 붙인 의견서(reasoned submissions)를 제출하는 것이다. 이들이 제출하는 의견은 재판소를 구속하지 않지만, 재판관들이 판결을 할 때 그 의견서를 고려하는 것이 일반적이며, 이 의견서는 판결문과 함께 판결집에 공표된다.

EU 개별 회원국들이 각기 다른 공용어와 법률체계를 가지고 있는 점을 고려하여 EU사법재판소는 다언어(multilingual) 체제를 유지하고 있다. 의무이행강제소송, 취소소송, 부작위소송 등은 소송과정에서 소송신청에 사용된 EU의 24개 공용어 중 하나가 해당 사건의 언어가 되어 모든 절차가 해당 언어로 진행되며, 선결적 평결의 경우 평결을 요청한 회원국 국내법원의 공용어가 해당 사건의 언어가 된다. 구두변론은 필요에 따라 EU의 여러 공용어로 동시통역이 이루어진다. 재판소의 심리(deliberation)는 통역 없이 이루어지는데, 일반적으로 재판관들은 불어로 심리를 진행한다. 재판 진행을 위해 지불해야 하는 비용(court fees)은 없으며, 재판과정에서 소송비용 전체 혹은 일부분을 부담하기 어려운 당사자의 경우에는 재판소에 사법구조(legal aid)를 신청할 수 있다.

2. 회원국의 위반행위로 인한 분쟁해결절차: 의무이행강제소송

회원국의 EU법 위반행위에 대한 EU사법재판소의 분쟁해결절차인 의무이행 강제소송은 앞에서 살펴본 집행위의 의무이행절차의 연속선상에서 살펴볼 수 있

다. 즉, 집행위는 의견서 발송 이후 그 의견서에 정하여진 기일 내에 당사국이 문제
가 되는 조치를 철회, 또는 의무사항을 이행하지 않을 경우 EU사법재판소에 제소
할 수 있는 권한을 갖게 된다. 다만 이러한 제소에 시한이 정해져 있지는 않으므로
집행위는 회원국이 자신의 행위를 재검토하도록 시간을 줄 수도 있다. EU사법재판
소 제소 시 집행위는 어떤 특정 이익이 있음을 입증할 필요는 없으며, 다만 문제가
되고 있는 의무가 제대로 이행되고 있지 않다는 주장을 입증해야 한다. 법원은 집
행위 주장의 법적인 근거만을 요구하는 것이 아니라 상세한 사실관계와 회원국이
의무를 불이행하게 된 배경까지도 요구한다.

이렇게 사법적인 절차가 개시되면 EU사법재판소는 문제되는 회원국이 과연
의무이행을 하지 않았는지 여부를 판단한다. EU사법재판소의 심사는 집행위가 회
원국에 발부한 의견서의 내용에 기초하게 되며, 이러한 의견서에 제시되어 있지
않은 사항에 대해서는 판단하지 않는다. 물론 집행위의 판단은 재판소를 전혀 구속
하지 않는다. 재판과정에서 회원국들은 여러 가지 이유를 들어 불이행이 불가피했
음을 설명하지만, 많은 경우 이러한 주장은 인정받지 못한다. 회원국의 국내헌법상
권한배분, 국회해산, 노조의 반대 등과 같은 국내적인 법적, 정치적인 이유는 의무
불이행에 관한 항변의 근거가 될 수 없다.[21] 또한 의무 불이행 혐의를 받고 있는
회원국이 다른 회원국이나 EU기관들도 의무 이행을 하지 않고 있기 때문에 자신도
이에 대한 보복으로 의무이행을 하지 않았다거나, 다른 회원국들도 똑같이 행동하
고 있는데 왜 자신만 문제 삼느냐는 항변도 인정받을 수 없다.[22] 회원국들이 불가
항력적 상황(*force majeure*)을 불이행의 근거로 제시했으나 인정받지 못한 사례도
있다.[23]

사법재판소는 심리결과 해당 회원국이 조약상의 의무를 이행하지 못했다고
판정할 수 있다. 이때 법원은 불이행을 야기한 행위 또는 부작위를 특정하여 선언
한다. 하지만 이런 불일치를 해소하기 위해 회원국이 무엇을 해야 하는지 지침을
내릴 권한은 없다. 또한 EU규범에 위반되는 것으로 판정된 국내조치들을 무효화할

---

21) *Commission v. Belgium* (Case 77/69) [1970] *ECR* 237.
22) *Commission v. France* (Case 237/78) [1979] *ECR* 2729.
23) *Commission v. Italy* (Case 101/84) [1985] *ECR* 2629.

권한을 가지고 있지도 않다.24) 다만 회원국은 EU기능조약 제260조 제1항에 따라 법원의 판정에 합치시키기 위해 필요한 조치를 취해야 할 의무가 있으며, 불이행 시에는 제260조 제2항에 따른 추가적인 절차가 진행된다. 회원국의 조치는 즉시 개시되어야 하며, 가능한 빨리 완료되어야 한다.25)

당초 EU조약상에는 사법재판소의 결정 불이행 시 이에 대한 제재수단에 관한 조항이 없었으나, 1980년대 들어 사법재판소의 불일치 판정을 받는 사례들이 증가 하면서 판정을 제대로 이행하지 않는 회원국들에 대해 재정적인 제재수단을 가함 으로써 이행절차를 강화할 필요성이 제기되었다.26) 이에 따라 1993년 11월에 발효 된 마스트리히트조약은 금전적인 제재수단을 가할 수 있는 근거를 마련하였다. 이 제도는 현 EU기능조약 제260조 제2항에 규정되어 있는데, 해당 회원국이 이러한 조치를 취하지 않은 것으로 집행위가 판단하는 경우, 집행위는 해당 회원국에게 소명의 기회를 부여한 후 해당 회원국이 판결을 준수하지 않은 부분을 특정하는 이유를 붙인 의견서를 발하여야 한다. 그리고 해당 회원국이 집행위가 정한 기간 내에 판결을 이행하기 위한 필요한 조치를 취하지 않는 경우, 집행위는 다시 EU사 법재판소에 그 문제를 제기할 수 있다. 이때 집행위는 상황에 따라 적절한 경우 해당 회원국이 지불하여야 할 총 금액 혹은 벌과금을 특정하여야 한다. 또한 EU사 법재판소도 해당 회원국이 재판소의 판결을 이행하지 않음을 알게 되면 그에 대하 여 벌과금을 부과할 수 있다.

2009년 12월에 발효된 리스본조약에 따라 이러한 제제조항이 더욱 강화되었 다. 새로 도입된 EU기능조약 제260조 제3항에 의하면 EU지침에 따른 국내법령 도입을 통보하지 않는 회원국에 대해 집행위에서 EU사법재판소에 제소하는 단계 에서 부과되어야 할 벌과금을 통보할 수 있으며, EU사법재판소가 위반판결을 할 경우 집행위가 통보한 벌과금의 범위 내에서 벌과금을 함께 부과할 수 있도록 하였 다. 제260조 제2항 절차는 EU사법재판소의 판정 이후 회원국의 판정 불이행 시 다시 집행위의 제소에 의해서만 벌과금 부과가 가능한 반면, 제3항 절차에서는 바

---

24) Derrick Wyatt and Alan Dashwood, *supra* note 9, pp.142-143.

25) *Commission v. Belgium* (Case 227-230/85) [1988] *ECR* 1.

26) Tony Storey and Chris Turner, *Unlocking EU Law* (London: Hodder education, 2011), p.77.

로 위반판결과 동시에 벌과금 부과를 가능하도록 함으로써 회원국들의 EU지침 이행을 보다 충실히 하도록 유도하고 있다.

3. EU기관의 위반행위로 인한 분쟁해결절차: 취소소송, 부작위소송 및 손해배상소송

EU사법재판소는 EU기관의 EU법 위반행위로 인한 분쟁해결 기능도 수행하는데, 이에는 취소소송(action for annulment)과 부작위소송(proceedings for failure to act)이 있으며, 이러한 소송결과 위반이 확인될 경우 위반으로 발생한 손해에 대한 손해배상(action for damages) 제도가 있다. 앞서 살펴본 회원국의 EU법 위반행위에 대한 의무이행강제소송의 경우 자연인 또는 법인 등 사인의 제소가 불가능한 반면, EU기관의 위반행위에 관한 취소소송 및 부작위소송의 경우에는 제한된 범위 내에서 사인의 제소를 허용하고 있다는 차이점이 있다.

1) 취소소송

EU사법재판소는 EU의 입법적 행위의 합법성을 심사하여 위법하다고 판단되는 경우 이를 취소할 수 있는 권한을 가진다. 회원국의 독자적인 행위는 이러한 취소소송의 대상이 되지 아니한다. EU기능조약 제263조는 EU사법재판소가 입법적 행위(legislative acts), 이사회, 집행위원회, 유럽중앙은행의 행위, 제3자에게 법적 효력을 발생시킬 의도를 가진 유럽의회나 유럽이사회(European Council)의 행위의 합법성을 검토하도록 규정하고 있다. 또한 EU의 각종 기구(bodies, offices or agencies)의 제3자에게 법적 효력을 발생시킬 의도를 가진 행위의 합법성도 검토하도록 하고 있다. 다만 이사회, 집행위원회, 유럽중앙은행의 행위 중 법적인 구속력이 없는 권고나 의견은 검토대상에서 배제하고 있다.

이러한 취소소송은 회원국, 유럽의회, 이사회, 집행위원회에 의하여 제기될 수 있으며, 유럽중앙은행, 감사원 및 지역위원회의 경우는 그들의 고유권한을 보호할 목적으로 이러한 소송을 제기할 수 있다고 하고 있다. 자연인이나 법인 등 사인의 경우도 본인에게 발하여진 행위이거나, 자기에게 직접적(direct), 개별적(individual)

이해관계가 있는 행위, 시행조치를 필요로 하지 않는 것으로서 자기에게 직접적 이해관계가 있는 규제적 행위에 대하여 취소소송을 제기할 수 있다고 규정하고 있다. 이들은 권한의 부재, 필수적인 절차 위반, 제 조약(EU조약 및 EU기능조약) 또는 그 적용과 관련한 법 규칙 위반, 권한 남용을 사유로 이와 같은 취소소송을 제기할 수 있다.

이러한 취소소송은 조치가 공표된 날로부터 혹은 원고에게 고지된 날로부터, 혹은 고지가 없는 경우에는 원고가 알게 된 날로부터 2개월 이내에 제기되어야 한다. EU기능조약 제264조는 EU사법재판소가 심리결과 소송이 충분한 근거가 있을 경우 문제가 되는 행위를 무효로 선언하여야 한다고 규정하고 있다. 필요한 경우 EU사법재판소는 무효로 선언된 행위의 효력이 확정적으로(definitive) 무효인지 여부를 명시할 수 있다. 무효 선언으로 발생하는 규제의 공백으로 인한 혼란을 방지하기 위해 일부 사건에서는 EU사법재판소가 해당 행위에 대해 무효선언을 하면서도 다른 대체조치가 마련될 때까지 그 효력을 유지시킨 사례도 있다.[27] 취소소송의 경우 EU사법재판소가 문제가 되는 조치의 무효를 선언할 수 있을 뿐 특정한 조치를 취하도록 요구할 수는 없다.

2) 부작위소송

EU기능조약 제265조는 유럽의회, 유럽이사회, 이사회, 집행위원회 또는 유럽중앙은행이 제 협정에 위반하여 어떤 조치를 취하지 않았을 경우, 회원국이나 다른 EU기관이 EU사법재판소에 소송을 제기할 수 있다고 규정하고 있다. 이를 통상 부작위소송이라고 한다. 상기 제265조는 EU의 기타 기구(bodies, offices or agencies)의 부작위 행위에 대해서도 소송을 제기할 수 있다고 규정하고 있다. 취소소송과 마찬가지로 회원국의 행위는 부작위소송의 대상이 되지 아니한다.

가장 포괄적으로 부작위소송을 제기할 수 있는 기관은 회원국과 다른 EU기관이다. EU조약 제13조에서는 EU기관을 유럽의회, 유럽이사회, 이사회, 유럽집행위원회, EU사법재판소, 유럽중앙은행 및 감사원을 언급하고 있다. 이 중 EU사법재판소는 부작위소송 제도를 운영해야 하는 기관이므로 실제 부작위소송을 제기할 수

---

27) 박덕영 외, 앞의 책, 161면.

있는 주체는 회원국 이외에 유럽의회, 유럽이사회, 이사회, 집행위원회, 유럽중앙은
행 및 감사원이라고 할 수 있다.

　　자연인과 법인도 제한된 범위 내에서 부작위소송을 제기할 수 있다. 자연인이
나 법인이 부작위소송을 제기할 수 있는 경우는 EU기관이 자신에게 법적 구속력을
결여하는 권고나 의견이 아닌 기타의 EU행위를 취하지(address) 않는 경우라고 규
정되어 있다. 앞에서 살펴본 취소소송의 요건과 비교해 볼 때, 취소소송의 경우는
자신이 아닌 제3자에게 발하여진 행위의 경우에도 자신이 직접적, 개별적 이해관
계가 있는 경우에는 취소소송을 제기할 수 있는 자격을 부여하는 반면, 부작위소송
의 경우에는 EU행위가 자신에게 발하지 않는 경우로 한정되어 있다. 즉, 자신에게
직접적, 개별적 이해관계가 있는 행위가 제3자에게 발하지 않는 경우는 부작위소
송 제기사유로 언급하고 있지 않다. 이러한 문안상의 차이에도 불구하고 최근의
EU사법재판소의 판례는 자연인이나 법인의 부작위소송 제기권과 관련하여 취소
소송과 같은 조건으로 판단하는 경향을 보이고 있다.[28]

　　부작위소송을 제기하기 위해서는 먼저 EU법상 의무에 대해 부작위 상태에
있는 해당기관에게 요구되는 행위를 할 것을 요청하는 것이 선행되어야 한다. 해당
기관이 이러한 요구를 받은 때로부터 2개월 이내 자신의 입장을 밝히지 않는 경우,
그로부터 2개월 이내에 소송을 제기할 수 있다. 만약 이러한 요청에 대해 해당
기관이 입장을 표명할 경우 부작위소송을 제기할 수 없다. 이때 문제가 되는 것은
이러한 요청에 대해 해당기관이 아무런 행동을 할 의사가 없음을 행위 요청자에게
통보하는 경우이다. 부작위소송은 EU기관에 의한 처분이 있는 경우에는 이용될
수 없으며, 이러한 처분에는 적극적 처분뿐만 아니라 소극적인 거부처분도 포함되
기 때문에 어떤 행위요청에 대해 해당기관이 거부 통보를 한 경우도 이러한 소극적
인 처분에 해당되기 때문에 부작위소송의 대상이 되지 않으며,[29] 취소소송을 통해
이러한 처분에 대한 적법성 및 유효성 심사를 요청할 수 있을 뿐이다

　　부작위소송의 결과 EU법상 취해져야 하는 조치가 취해지지 않았다고 인정되
면 EU사법재판소는 부작위로 인한 EU법 위반을 선언한다. 그러나 EU사법재판소

---

28) 박덕영 외, 위의 책 164면.
29) 박덕영 외, 위의 책 169면.

는 소송당사자가 원하는 조치를 EU기관을 대신하여 채택할 권한을 갖고 있지 않다. 취소소송의 경우 EU사법재판소의 무효판결로 소송당사자는 소기의 목적을 달성했다고 볼 수 있지만, 부작위소송의 경우에는 그렇지 못하다. EU기능조약 제266조는 해당 기관이 부작위 확인 판정에 따라 필요한 조치를 취하도록 규정하고 있다. 이에 따라 해당 기관은 EU법 이행을 위한 행위를 하여야 할 의무를 부담하게 되지만, 여전히 어떻게 이행할지는 해당 기관의 재량사항으로 남게 된다.

3) 손해배상소송

EU기능조약 제340조 제2문은 비계약상 책임의 경우 EU는 소속 기관 또는 그 직원이 직무수행 중에 초래한 손해를 회원국 법질서에 공통되는 법의 일반원칙에 따라 배상하도록 규정하고 있으며, 동 조약 제268조는 이러한 손해배상과 관련한 분쟁에 대해 EU사법재판소의 관할권을 인정하고 있다. 회원국뿐만 아니라 자연인이나 법인 등 사인도 EU사법재판소에 손해배상 소송을 제기할 수 있으며, 소송은 손해가 발생한 시점으로부터 5년 이내에 제기되어야 한다. 소송의 대상과 관련해서 EU사법재판소는 소송의 대상이 되는 기관이나 직원을 특정해야 한다고 판정함으로써[30] EU전체를 대상으로 하는 손해배상소송은 허용하지 않고 있다.

손해배상을 위해서는 손해의 발생, 문제가 되는 기관의 위반행위, 위반행위와 손해의 인과관계 등 3가지 요건이 갖추어져야 한다. 손해의 발생은 신체적인 손상 및 경제적인 손해를 포함하며, 제한적으로 미래의 경제적 손실도 인정된 사례가 있다. EU사법재판소에 대한 손해배상소송은 EU의 책임인 경우에만 제기할 수 있다. 회원국의 EU법 위반에 따른 국가(배상)책임도 인정되지만, 회원국에 대한 손해배상소송은 해당 회원국의 국내법원에서만 제기할 수 있다.

---

30) *Werhahn Hansamuhle v. Council* (Case 63-69/72) [1973] *ECR* 1229.

IV. 회원국의 사법절차를 통한 분쟁해결

1. EU법 집행을 위한 국내법원의 역할: EU법과 국내법의 관계

앞에서 살펴본 의무이행강제소송 등 EU사법재판소에 대한 소송제기는 극히 예외적인 경우를 제외하고 기본적으로 집행위 또는 회원국 정부에 의해서만 가능하며, 개인이 직접적으로 EU사법재판소에 대해 소송을 제기할 수는 없다. 개인의 경우는 EU법 위반 행위가 발생한 국내법원에 해당 위반행위를 취한 또는 EU법상 취해야 하는 조치를 취하지 않은 국가기관을 상대로 제소할 수 있다. EU법은 각 회원국 국내법원에서도 각 회원국의 법보다 우위에 있으며, 국내법 체계에 직접 적용되기 때문에 회원국 정부 또는 기타 국가기관이 EU법 위배 행위가 있다면 해당 국내법원의 판결을 통해 분쟁을 해결할 수 있다.

EU와 같이 자신과 회원국의 입법권한이 병존하는 상황에서는 늘 EU규범과 개별 회원국의 규범이 서로 중첩되거나 충돌할 가능성이 있다. 특히 경제통상 분야에서 EU와 회원국의 규범이 자주 충돌할 경우 각 경제주체들의 정상적인 교역이나 투자 행위가 어려울 것이며, 단일시장 자체가 제대로 운영되기 어렵다. 이러한 사태를 방지하고 법적 안정성을 이루기 위해 확립된 원칙이 EU법의 우위 원칙이다. 이 원칙에 따르면 구속력 있는 EU법은 회원국의 헌법을 포함하여 어떠한 유형의 국내법보다 우월하고 모든 회원국 기관을 구속하게 된다. 따라서 EU 규정과 양립될 수 없는 새로운 회원국의 입법조치는 채택될 수 없으며, EU법에 상충되는 현행 국내법은 자동적으로 적용이 배제된다.

이러한 EU법 우위의 원칙은 조약에 명문화되어 있지는 않지만, 1964년 *Costa v. ENEL* 사건 이후 EU사법재판소의 판례에 따라 확인된 바 있다. 프랑스와 네덜란드 국민투표 부결로 실패한 2003년 7월 헌법제정조약안에서는 EU법이 회원국법보다 우위에 있다는 점을 규정하였지만, 리스본조약에서는 이를 삭제하였다. 대신 리스본조약안을 합의했던 2007년 7월 정부간회의(IGC; Inter-Governmental Conference)에서 EU사법재판소의 판례를 통해 EU법이 회원국 법보다 우위에 있다는 점을 상기하고, 특히 EU법 우위 원칙을 확인하는 각료이사회 법무실(Council Legal Service)의 의견을 포함한 선언을 채택한 바 있다.[31]

EU법과 회원국 국내법의 관계와 관련하여 또 하나의 중요한 원칙이 직접효력의 원칙이다. 직접효력의 원칙이란 EU법이 개인에게 직접적으로 권리와 의무를 부여하여, 개인이 회원국의 법원을 비롯한 회원국의 국내기관에서 이를 직접 원용할 수 있다는 의미이다. 이는 국제법이 국내법상 다른 이행입법을 필요로 하지 않고 자동적으로 구속력을 가지는 "직접적용"의 개념과는 구분된다. 예를 들어, EU기능조약 제288조에 따라 EU규범 중 규칙(Regulation)의 경우 회원국 내에서 직접적용(directly applicable in all Member States)되나, 회원국 기관의 추가적인 입법조치가 필요한 지침(Directive)의 경우에는 직접적용되지 않는다.[32]

EU법의 직접효력 원칙 역시 EU법 우위의 원칙과 마찬가지로 조약에 명시되어 있는 개념은 아니고, EU사법재판소의 판결을 통해 확립되어 온 개념이다. 1963년 *Van Gend & Loos* 사건 이후 EU사법재판소는 EU법 규정이 분명하고 정확하며 무조건적이며(clear, precise and unconditional), 개인에게 권리를 부여하고(conferred rights on individuals) 있다면 해당 규정에 대해 직접효력을 인정해 오고 있다. EU규범 중 규칙(Regulation)이나 결정(Decision)의 경우 직접효력을 가진다는 점이 명확하나, 이들과 달리 실제 이행을 위해 회원국의 국내입법이 필요한 지침(Directive)의 경우에도 직접효력을 인정해야 하는지는 이견이 있을 수 있다.

EU사법재판소는 지침의 경우에도 원칙적으로 직접효력을 가질 수 있다고 판정하는 한편, 지침의 특수성을 고려하기 위해 직접효력을 사인과 회원국 간의 관계에 적용되는 수직적 효력과 사인 간 관계에 적용되는 수평적 효력으로 구분하여 수직적 직접효력을 인정하는 한편, 수평적 직접효력은 원칙적으로 배제하고 있다.[33] 대신 수평적 효력 미비를 보정하기 위하여 소위 "간접효력"이라는 개념을 도입하였다. 즉, 회원국 법원이 국내법을 지침의 입장에서 해석하도록 요구함으로써 간접적으로 사인 간에도 수평적 효력이 가능하도록 하였다.[34] 또한 1991년

---

31) 동 선언("Declaration concerning primacy")은 리스본조약에 제17호 선언으로 부속되었다.
32) 직접효력과 직접적용에 관한 차이에 관하여는 박덕영 외, 앞의 책, 105면 참조.
33) *Defrenne v. SABENA* (Case 43/75) [1976] *ECR* 455.
34) *Von Colson and Kamann v. Land Nordhein-Westfalen* (Case 14/83) [1984] *ECR* 1891.

Francovich 사건35)에서 EU사법재판소는 회원국의 EU법 위반행위로 인한 개인의 손해에 대한 "국가책임"(state liability) 개념을 도입하였다. 이에 따라 개인이 지침을 이행하지 않은 국가의 부작위로 인해 타인과의 관계에서 발생한 손해에 대해 국가를 상대로 손해배상소송을 제기할 수 있게 되었다. 이로써 지침이 상정하고 있는 사인 간의 권리와 의무에 관해 사인 간 소송을 진행하는 대신, 국가를 상대로 소송을 진행하도록 함으로써 지침의 수평적 효력을 배제하면서도 유사한 효과를 볼 수 있게 되었다.

2. 선결적 평결(Preliminary Rulings)

EU법 우위 및 직접효력 원칙에 따라 국내법원이 EU법 위반 사건에 대한 판정을 한다고 하더라도 동일한 EU법에 대한 판정이 회원국별로 차이가 있다면 효율적인 분쟁해결시스템으로 작용하기 어려울 것이다. 특히 EU가 24개의 공용어를 가지고 있어 모든 EU규정들이 이들 24개 언어로 번역되고 언어본별 우위가 없다는 점을 고려한다면, 동일한 규정에 대해서도 회원국 법원별로 각기 다른 해석을 할 가능성이 매우 높다고 볼 수 있다. 이러한 문제점을 해결하기 위해 특정 분쟁에 대해 국내법원이 판정을 내리는 경우에 EU법 해석에 관해서는 해당 국내법원이 EU사법재판소에 의견을 문의, 그 의견에 따라 분쟁에 대한 최종 판정을 내리는 선결적 평결제도가 도입되었다.

EU기능조약 제267조는 EU사법재판소가 제 조약의 해석과 EU기관과 기타 기구가 한 행위의 유효성 및 그에 대한 해석과 관련하여 선결적 평결을 행할 수 있다고 규정하고 있다. EU사법재판소의 선결적 평결은 단순한 의견이 아니며 평결을 요청한 회원국 국내법원을 구속한다. 즉, 국내법원은 EU사법재판소의 선결적 평결에 따라 사건을 판결해야 한다. 특히 EU사법재판소의 선결적 평결은 이를 요청한 국내법원뿐만 아니라 동일한 법적 문제가 발생하는 다른 모든 회원국 국내법원에 대해서도 구속력을 가진다. EU사법재판소는 EU법의 해석뿐만 아니라 규칙이나 지침과 같은 이차적 규범의 경우 동 규범의 유효성(validity)에 대해서도 평결

---

35) *Francovich and Bonifaci v. Republic of Italy* (Cases C-6, 9/90) [1991] *ECR* I-5357.

을 내릴 수 있다. 그러나 EU조약과 같은 일차적 규범이나 국내법의 유효성에 대해서는 판정할 수 없다. 여기서 중요한 것은 EU사법재판소는 단순히 EU법을 해석할 뿐이며, 이를 실제 사건에 적용하여 판정을 내리는 것은 국내법원이라는 점이다. 이러한 차원에서 동 제도를 "선결적"(preliminary) 평결이라고 지칭하는 것이며, 이는 상소절차와는 분명히 구분된다.

선결적 평결을 규정하고 있는 EU기능조약 제267조는 회원국의 법원이나 재판소(court or tribunal)가 선결적 평결을 요청할 수 있다고 규정하고 있는데, 이때 "법원이나 재판소"의 구체적 범위가 쟁점이 될 수 있다. EU사법재판소는 평결을 요청하는 기관의 범위와 관련하여 기능적인 접근을 하고 있다. 즉, 명칭과 무관하게 법에 의해 설립되었는지, 상시적인(permanent) 기관인지, 강제관할권을 갖추고 있는지, 당사자 간(inter partes) 절차인지, 독립적인지 등의 다양한 요소들을 고려하여 선결적 판정을 요청할 수 있는 기관인지 여부를 결정한다.[36] 따라서 *Broekmeulen* 사건[37]에서 "Appeals Committee of the Royal Netherlands Society for the Protection of Medicine"과 같이 법원이나 재판소의 명칭을 갖추지 않은 기관의 경우에도 선결적 평결을 요청할 수 있는 반면, 설령 법원의 명칭을 갖고 있더라도 상기 언급된 요소들을 갖추지 못할 경우에는 선결적 평결을 요청할 수 있는 법원으로 인정받지 못한다. 사인 간의 계약에 의하여 선임된 중재인은 독립적이라고 하더라도 강제관할권을 갖추고 있지 않기 때문에 선결적 판정을 요청할 수 있는 법원이나 재판소에 해당하지 않는다고 보고 있다.

EU기능조약 제267조에 따라 국내법원의 선결적 평결 요청은 일반적으로는 재량사항이지만, "더 이상의 사법적 구제수단이 없는" 법원의 경우에는 EU법 해석 적용이 문제되는 경우에 의무적으로 선결적 평결 요청을 하도록 하고 있다. 이처럼 선결적 평결 요청이 의무적인 법원의 범주와 관련하여 이 법원은 해당 회원국 내에서 최고법원을 의미하는 것인지, 아니면 해당 사건을 심리하는 데 있어서 최종법원을 의미하는 것인지 두 가지 해석이 가능할 것으로 보인다. 예를 들어, 국내 소송법상 일정한 경우에만 최고법원으로의 상고를 허용하는 경우 이에 해당하지 않는

---

36) Tony Storey and Chris Turner, *supra* note 26, pp.98-100.
37) *Broekmeulen* (Case 246/80) [1981] *ECR* 2311.

사건에서 하위법원이 선결적 판정을 의무적으로 요청해야 하는지가 문제가 된다. EU사법재판소의 판례는 해당 사건을 심리하는 최종법원을 의미하는 것으로 보고 있다.[38]

또한 선결적 판정을 의무적으로 요청해야 하는 최종심의 경우에도 가상의 (hypothetical) 또는 판정과 무관한 질문이거나 문제가 되는 EU법에 관한 질문이 기존의 EU사법재판소의 판결에 의해 이미 답변된 것이거나 EU법의 적용이 너무나 명백하여(acte clair) 이에 대한 해석을 얻을 합리적인 필요성을 느끼지 못하는 경우에는 선결적 평결을 요청해야 할 의무에서 면제된다. 다만 마지막의 경우에 대해서 EU사법재판소는 이러한 예외의 남용을 우려하여 해당 국내법원이 여타 회원국 법원이 EU사법재판소도 똑같이 명백하게(equally obvious) 판단할 것으로 확신할 수 있어야 한다고 강조하고 있다.[39] 또한 선례가 있는 경우 선결적 평결을 요청해야 할 의무에서는 면제되지만, 평결을 요청하는 것을 금지하는 것은 아니다. 따라서 국내법원이 EU사법재판소의 새로운 판단을 기대하고 자발적으로 선결적 평결을 요청할 수 있다.

국내법원의 선결적 평결요청이 있을 경우, EU사법재판소는 예외적인 경우를 제외하고는 이에 응하여야 한다. EU사법재판소가 선결적 평결요청을 거부할 수 있는 예외적인 경우는 인위적인(contrived) 분쟁의 경우처럼 평결 요청 절차가 남용된 경우, 요청된 질문이 본안 사건의 해결과 무관한 경우, 또는 사실관계나 법률관계에 관한 배경 정보가 부족한 경우 등이다.[40] 선결적 평결과 관련하여 별도의 시한이 정해져 있지는 않다. 그러나 EU사법재판소는 아동구금 사건이나 개인의 신체적 자유가 걸려있는 예외적인 긴급 사건들을 다룰 수 있도록 2008년 긴급 선결적 평결절차를 도입하였다. 그러나 이 경우에도 구체적인 시한이 정해져 있지는 않으며, EU기능조약 제267조는 EU사법재판소가 "가급적 지체 없이"(with the minimum of delay) 조치를 취하도록 규정하고 있을 뿐이다.

현재 EU사법재판소의 선결적 평결과 관련해서 과도한 업무량으로 인한 판결

---

38) 박덕영 외, 앞의 책, 178-181면.
39) Derrick Wyatt and Alan Dashwood, *supra* note 9, p.224.
40) Tony Storey and Chris Turner, *supra* note 26, pp.96-97.

지연이 문제가 되고 있다. 2017년도 EU사법재판소의 연례보고서에 따르면 현재 각 회원국 국내법원의 선결적 평결 요청으로부터 EU사법재판소의 평결까지 평균 16개월이 소요된다고 한다.[41] EU사법재판소의 평결이 있기 전까지는 평결을 요청한 국내법원이 재판절차를 진행할 수 없다는 점을 감안한다면 이는 큰 문제가 아닐 수 없다. 선결적 평결 업무량이 폭발적으로 늘어난 데에는 EU회원국의 증가와 이에 따른 공용어의 확대, 선결적 평결을 요청할 수 있는 법원에 대한 신축적인 해석, 규칙 및 지침 등 EU법 자체의 확대 등이 지적되고 있다. 이러한 문제점을 해결하기 위해 다양한 개선방안이 제안되고 있다. 이와 관련하여 일반재판소의 참여방안이 강하게 제기되고 있다. EU기능조약 제256조 제3항에 따라 일반재판소도 특정한 분야에서 선결적 평결을 할 수 있도록 규정되어 있다. 그러나 현실적으로는 이 "특정한 분야"를 구체적으로 어떻게 한정할 것인가에 대한 합의가 도출되지 않고 있어 실제로는 활용되지 않고 있는 현실이다.

3. 국제협정 위반 분쟁에 대한 국내법원 제소 문제

지금까지 주로 EU기본조약이나 규칙 및 지침과 같은 EU 이차법 위반행위를 상정하고, 이로 인한 분쟁의 해결절차에 대해 살펴보았다. EU가 제3국과 체결한 국제협정상의 의무도 이와 동일한 절차가 적용될 수 있는지 살펴볼 필요가 있다.

EU기능조약 제216조 제2항에 따라 국제협정은 EU기관 및 회원국에 대해 구속력이 있다. 즉, EU기관과 회원국들은 국제협정의 조항들을 준수해야 할 의무가 있다. 또한 EU가 체결한 국제협정의 조항들은 EU법체제의 불가분의 일부분을 이루고 있다. 유럽집행위의 의무이행절차 및 의무이행강제소송의 근거를 부여하고 있는 EU기능조약 제258조상 "제 조약상의 의무"(obligations under the Treaties)는 EU조약, EU기능조약 등과 같은 일차법(primary law) 및 규칙이나 지침과 같은 이차법상의 의무뿐만 아니라 EU가 제3국과 체결한 국제협정상의 의무도 포함하는 것으로 해석된다는 점은 앞에서 설명한 바 있다. 따라서 국제협정상의 의무도 다른 이차법과 마찬가지로 지금까지 살펴보았던 집행위의 의무이행절차 및 EU사법재판

---

41) Court of Justice of the European Union, *2017 Annual Report: The Year in Review*, 2018.

소의 의무이행강제소송, 취소소송, 부작위소송의 대상이 될 수 있다.

그렇다면 개인이 여타 EU법 위반사례와 마찬가지로 국제협정 위반 사례에 대해 위반행위가 발생한 회원국의 국내재판소에 제소할 수 있는지 여부가 문제가 된다. 물론 이러한 국제협정의 이행을 위해 별도의 규칙이나 지침, 결정 등과 같은 EU이차법이 마련되었다면, 개인은 이러한 법 위반을 근거로 위반행위가 발생한 회원국의 국내재판소에 제소할 수 있다. 예를 들어, 한-EU FTA의 품목별 원산지 기준 이행을 위해 집행위 규칙[42]이 채택된 바 있는데, 만일 어떤 회원국이 이 규칙을 위반하였다면 이로 인해 피해를 입은 개인이나 업체는 해당 회원국의 국내법원에 집행위 규칙 위반으로 소송을 제기할 수 있다.

이러한 별도의 이차적 입법이 없는 경우에는 해당 국제협정의 조항이 국내적으로 직접효력을 갖느냐에 따라 국내법원에 해당 협정을 직접 원용하여 소송을 제기할 수 있는지가 결정된다. 이처럼 법원이나 행정기관에 의해 국내적으로 직접 적용될 수 있는 효력을 국제협정의 자기집행력이라고도 한다. 즉, 특별한 입법 없이도 국내에서 적용될 수 있는 직접적인 효력을 갖는 국제협정을 자기집행적 협정, 그렇지 않은 협정을 비자기집행적 협정이라고 한다.

앞에서 살펴본 바와 같이, EU법의 경우 회원국 국내법상 직접효력의 원칙은 EU조약에서 별도로 규정한 바는 없으나, EU사법재판소의 판례로써 확립되었다. 그러나 국제협정의 직접효력에 대해서는 EU법상 명확한 규정이 없으며, EU사법재판소도 직접효력의 인정 또는 불인정에 관해 단일한 입장을 취하고 있지 않다. 다만 EU사법재판소는 판례를 통해 일정한 조건을 충족시킬 경우 국제협정상의 조항들이 직접효력을 가질 수 있다는 입장을 취해 왔다. *Meryn Demirel v. Stadt Schwabish Gmund* 사건에서 EU사법재판소는 직접효력을 인정하기 위해 협정의 문구(wording), 목적과 성격을 고려해야 하고, 해당 조항들이 명확하고 정확한 의무를 포함해야 하고, 집행을 위해서 추가적인 조치의 채택을 요구하지 않아야 한다고 언급한 바 있다.[43] 협정의 목적 및 성격과 관련해서는 해당 협정이 얼마나 법적으로 공식적인(formal) 구조하에 체결되고 운영되는지를 위주로 판단하고 있다.

---

42) Commission Regulation (EU) No. 1006/2011, 28 Oct. 2011.
43) *Meryn Demirel v. Stadt Schwabish Gmund* (Case 12/86) [1987] *ECR* 3719.

통상협정의 경우에도 이러한 개별 사안별 검토 입장을 취하고 있다. WTO협정 및 GATT협정의 경우 그 직접효력에 대해 EU사법재판소는 다소 제한적인 입장을 취하고 있다. 즉, WTO협정의 목적 및 성격에 대한 검토 결과, EU사법재판소는 WTO협정의 경우 상호주의에 근거한 협상의 원칙에 근거한 것이므로 예외적인 경우를 제외하고는 대체로 직접효력을 인정하기 어렵다고 판시하였다.44) WTO 분쟁해결절차에서 어느 특정 국내법이 WTO규범에 위반된다고 결정된 경우에도 EU 사법재판소는 그 결정의 직접효력을 부인하고 있다. WTO 분쟁해결절차 역시 당사자 간의 협상에 상당한 중요성을 부여하고 있다는 점을 근거로 하고 있다. 반면 그동안 EU가 체결해 왔던 FTA(Association Agreement, Cooperation Agreement 등 포함) 조항들의 경우 그 직접효력이 인정된 사례가 다수 있다. EU사법재판소 판례는 무조건적이고 정확한 의무를 성립하는 것으로 간주되는 FTA 조항들은 직접효력을 가질 수 있다고 판정하였다.45)

독일 연방재정법원이 EU사법재판소에 선결적 평결을 요청한 사건인 *Hauptzollamt* 사건에서 독일 연방법원의 질문 중의 하나는 당시 EEC와 포루투갈간 FTA의 특정 조항이 개인에게 공동시장에서 권리를 부여하는 직접 적용가능한 법인가하는 점이었다. 해당 조항은 당사자 간에 동종제품에 대한 차별적인 재정관행 또는 조치를 금지하는 조항이었다. EU사법재판소는 이 사건에서 동 조항에 대한 검토 후, 이 조항의 직접효력을 인정하였다. 또한 FTA 등 협정상 규정에 따라 설립되는 협의기구의 결정과 관련해서도 EU사법재판소는 이러한 결정들도 발효시점부터는 EU법체제의 불가분의 일부를 이루며, 이러한 결정들이 국내법원에서 직접효력이 있는지 여부에 대해서는 협정의 직접효력에 적용되는 동일한 기준이 적용된다고 판정하였다.

결론적으로 FTA를 비롯하여 EU가 제3국과 체결한 국제협정의 경우, 개인이 동 국제협정을 직접적인 근거로 국내법원에 제소할 수 있는지 여부는 협정의 문안, 목적 및 구성 등에 비추어 사안별로 결정된다고 볼 수 있다. 다만 국제협정 자체에서 직접효력 또는 자기집행력을 명시적으로 배제하고 있는 경우가 있다. 예를 들

---

44) *T. Port GmbH & Co. KG v. Council* (Case T-2/99) [2001] *ECR* II-2093.
45) *Hauptzollamt Mainz v. C.A. Kupferberg & Cie KG a.A.* (Case 104/81) [1982] *ECR* I-3641.

어, 한-EU FTA 서비스 분야의 경우는 양측의 양허표 모두 양허상의 권리 및 의무는 자기집행적 효력이 없으므로 직접 자연인 또는 법인에게 권리를 부여하지 않는다고 규정46)함으로써 명시적으로 직접효력을 부인하고 있다. 이런 경우에는 양측 간 합의에 따라 직접효력을 배제하였으므로 이를 직접적으로 원용하여 국내법원에 제소할 수 없다고 본다. 한-EU FTA의 상품 등 여타 분야의 경우에는 이러한 규정이 없다.

여기서 한-EU FTA의 잠정적용 및 서명을 승인한 EU이사회 결정 제8조를 살펴볼 필요가 있다. 동 결정 제8조는 "이 협정이 EU 또는 회원국 법원이나 법정에서 직접 원용될 수 있는 권리나 의무를 부여하는 것으로 해석되지 않는다"라고 규정하고 있다.47) 앞에서 설명한 바와 같이, 한-EU FTA 서비스 양허는 협정문상 직접효력을 배제하고 있으나, 여타 분야의 경우 이러한 직접효력의 배제 조항이 없다. 따라서 서비스 양허를 제외한 나머지 한-EU FTA의 내용은 EU가 체결한 국제협정으로서 EU기능조약 제267조에 따라 EU사법재판소의 해석의 대상이 되는 "EU규범"에 포함되며, 앞에서 살펴본 EU사법재판소의 판례에 따라 그 직접효력을 일괄적으로 부정하거나 긍정하는 대신, 1) 해당 협정의 목적, 2) 해당 조항이 명확하고 정확한지, 3) 추가적인 이행을 요하지 않는지 등의 기준을 가지고 사안별로 판단하여야 할 것이다.

상기 이사회 결정은 이러한 EU사법재판소의 판례와 배치되는 것으로 이러한 이사회의 결정이 EU사법재판소의 판결에 어떤 영향을 미칠 수 있는지 검토가 필요하다. 그동안 국제협정은 EU법의 일부분으로서 이사회 결정 등과 같은 EU기관의 행위보다 더 중요한 법원으로 인정받아 왔고, EU사법재판소의 국제협정의 직접효력 검토 시 협정 자체의 목적이나 성격, 해당 규정의 문구 등의 검토를 통해 직접효력 여부를 결정하였으며, 이사회 결정과 같은 EU법 해석의 권한이 없는 여타 EU기관의 입장을 고려한 사례가 없다는 점을 통해 볼 때, 이사회의 결정만으로 한-EU

---

46) Korea-EU FTA Annex 7-A-1 para.6, Annex 7-A-2 para.6, Annex 7-A-3 para.9, Annex 7-A-4 para.9.
47) Article 8, Council Decision of 16 September 2010 on signing, on behalf of the European Union, and provisional application of the Free Trade Agreement between the European Union and its Member States, of the one part, and the Republic of Korea, of the other part (2011/265/EU), OJ L 127/1.

FTA의 직접효력을 일괄적으로 배제하는 것은 법적인 논란의 소지가 있다고 본다. 다만 상기 이사회 결정과 무관하게 그간 EU사법재판소는 EU가 체결한 FTA의 직접효력을 다수 인정하여 왔으나, WTO협정에 대해서는 직접효력을 매우 예외적으로만 인정해 온 만큼, WTO협정과 마찬가지로 매우 포괄적인 통상협정으로서 양 당사자 간의 오랜 협상의 결과물이라고 볼 수 있는 한-EU FTA의 직접효력 인정여부는 EU사법재판소의 협정 검토 결과에 달려있다고 하겠다.

국제협정의 국내법상 직접효력 문제와 국제법적인 구속력 문제는 구분되어야 한다. 앞에서 언급된 바와 같이, EU기능조약 제216조 제2항 및 그동안의 EU사법재판소의 판례에 따라 EU가 체결한 국제협정은 EU기관 및 회원국에 대해 구속력이 있다. 즉, EU기관과 회원국들은 동 협정의 조항들을 준수해야 할 국제법적인 의무가 있다. 어떤 협정의 조항에 대해 직접효력을 인정받지 못한다는 것은 어떤 사인이 그 협정의 조항을 직접 근거로 하여 국내법원에 소송을 제기할 수 없다는 것이지, 회원국 또는 EU기관의 해당 조항 위반이 용인된다는 것은 아니다. 협정의 위반행위에 대해서는 협정 당사자 간 협정상 규정된 분쟁해결절차가 적용될 뿐만 아니라, 앞에서 살펴본 바와 같이 회원국의 위반행위에 대해서는 유럽집행위의 이행강제소송의 대상이 될 수 있으며, EU기관의 위반행위에 대해서는 회원국, EU기관 또는 위반행위로 인해 피해를 입은 개인이 직접 취소소송 및 부작위소송을 EU사법재판소에 제기하는 등 다양한 EU의 역내 분쟁해결절차가 이용될 수 있다.

V. 결 론

어떤 EU회원국이 재화 및 서비스의 이동과 같은 통상문제와 관련하여 EU법상 불합치되는 조치를 취하였거나 EU법상 취해야 하는 조치를 취하지 않았을 경우 통상분쟁이 발생한다. 이상에서 살펴본 바와 같이, 이때 분쟁의 일방 당사자가 되는 개인이나 국가는 다양한 역내 분쟁해결절차를 이용할 수 있다. 우선 유럽집행위원회, 유럽의회, 옴부즈만 등 각종 EU기관이 마련하고 있는 행정적인 절차를 통해 분쟁을 해결할 수 있다. 이때 가장 대표적인 것은 유럽집행위의 의무이행절차로서 개인의 신고를 통하거나 집행위의 자체적인 모니터링 결과, 어떤 회원국의 EU법 위반행위가 인지된 경우 유럽집행위는 이를 시정하기 위한 조치를 취할 수 있다.

이러한 행정적인 절차를 통해서도 분쟁이 해결되지 않는 경우에 사법적인 절차를 통해 분쟁을 해결할 수 있다. 사법적인 분쟁해결절차에는 크게 EU사법재판소에 제소하는 방안과 국내법원에 제소하는 경우가 있다. EU사법재판소 절차의 경우, 극히 예외적인 사항을 제외하고는 개인이 직접 제소할 수는 없으며, 개인의 요청에 따라 유럽집행위나 여타 회원국 정부가 EU사법재판소에 제소해야 한다. 개인의 경우, 실제 위반행위가 이루어진 회원국의 국내법원에 위반행위를 한 국가기관을 상대로 제소하는 것이 보다 일반적이다. EU법의 회원국 국내법에 대한 우위 및 직접효력 원칙에 의거하여 국내법원은 해당 국가기관의 EU법 위반여부와 관련된 사건에 대해 판정하고, 일정한 경우 EU법 위반행위로 발생한 피해에 대한 국가배상을 판결할 수 있다. 다만 각 회원국 법원별로 EU법에 대한 각각의 다른 해석이 나오지 않도록 각 회원국의 최종심을 맡은 법원의 경우, EU법의 해석에 관하여는 EU사법재판소에 선결적 평결을 구하여 해당 사건에 대한 판정을 내리도록 되어 있다.

EU가 공동체로서 제3국과 맺은 국제협정도 EU법체제에 포함되므로 국제협정상의 의무위반 여부에 관한 분쟁도 EU의 역내 분쟁해결절차의 대상이 될 수 있다. 즉, 특정 회원국의 국제협정 위반행위로 인해 피해를 입은 개인은 유럽집행위 등을 통한 행정적인 절차를 시도할 수 있고, EU사법재판소 절차 및 국내법원 제소 등 사법적인 절차도 활용할 수 있다. 이때 EU사법재판소 절차의 경우, 극히 예외적인 사항을 제외하고는 개인이 직접 제소할 수 없으므로 개인의 요청에 따라 유럽집행위나 여타 회원국 정부가 EU사법재판소에 제소해야 한다.

우리 기업들이 EU지역에 투자하는 중요한 요인 중의 하나는 EU 내 한 회원국에 투자하더라도 EU회원국 전체를 포함하는 세계 최대 규모의 역내시장의 혜택을 누릴 수 있다는 점일 것이다. 상품과 서비스 그리고 인력과 자본 이동의 자유화를 포함하는 역내시장의 원칙은 EU조약과 하위 규정 및 지침 등 EU법 규범에 명시되어 있는 것이므로 EU지역에 투자하는 우리 기업들이 EU 진출이익을 극대화하기 위해서는 EU의 역내시장 규범에 대한 내용을 잘 알아야 하겠지만, 동시에 특정 회원국이 이러한 역내시장에 관한 EU규범을 위반하였을 경우, 이를 해결할 수 있는 EU의 역내 분쟁해결절차에 대한 이해도 매우 중요하다고 하겠다.

또한 한-EU FTA를 비롯하여 경제통상 분야에서 EU와 우리나라 간 각종 국제협정이 체결되고 있는 상황에서 EU의 어느 회원국이 해당 협정에 위배되는 조치를 취했을 경우, 협정 자체에 규정된 협의절차 및 분쟁해결절차도 이용할 수 있겠지만, 이와 병행하여 EU 역내 분쟁해결절차를 이용하는 방안도 검토해 볼 수 있다. 다만 국제협정을 직접적으로 원용하여 EU회원국 국내법원에 제소하기 위해서는 해당 협정의

자기집행력이 인정되어야 하는데, 모든 국제협정의 조항들이 자기집행력을 인정받는 것은 아니므로 이에 대한 사전 검토 작업도 필요하다고 할 수 있다.

제 9 장

WTO 주요 통상분쟁 사례

I. 서 론

WTO 분쟁해결제도는 회원국들의 성실한 WTO규범 이행을 확보하기 위한 핵심적인 기반으로서 WTO 세계무역체제의 유지와 발전에 지대한 역할을 수행하고 있다. GATT체제에서부터 발전되어 온 분쟁해결절차는 우루과이라운드를 거치면서 WTO의 설립과 함께 대폭 개편되어 현재 가장 효율적인 국가간 분쟁해결절차로 평가되고 있다.

기존의 GATT체제하의 분쟁해결절차와 비교하여 WTO 분쟁해결절차는 분쟁해결양해(DSU)를 채택하여 통합된 분쟁해결절차에 의한 분쟁해결이 가능하게 됨으로써 전체 WTO협정의 일관된 적용이 확보되었고, 기존의 단심제를 양심제로 바꾸고 상설적인 상소기구를 설립함으로써 협정 해석에 관한 법적인 엄밀성을 제고하고, 판례를 통한 WTO 법체제의 발전에 크게 기여하고 있다. 특히 기존 GATT 체제하에서는 분쟁해결절차에 의한 최종 판결을 담은 패널보고서나 상소기구보고서가 모든 회원국들이 동의해야 채택되는 총의(consensus) 방식인 반면, WTO체제하에서는 모든 회원국이 기각하기로 합의해야 기각이 가능한 부정적 총의(negative consensus) 방식을 채택함으로써 패소국의 반대에도 불구하고 보고서 채택을 가능케 하여 판정의 법적 구속력을 보다 강화하였다.

이러한 분쟁해결절차 자체의 개선뿐만 아니라 서비스와 지식재산권 등 새로운 경제통상 분야가 새로이 WTO체제에 편입됨으로써 분쟁해결절차의 대상이 되었다는 점도 중요한 변화라고 볼 수 있다. GATT 47년 동안 제소 건수가 300건 미만인데 비해, WTO 출범 후 10년 만에 제소 건수가 300건을 넘어섰고, 2018년 4월 말까지 544건의 분쟁해결을 위한 협의 요청이 제기되는 등[1] 분쟁절차가 활발히 이용되고 있는 것은 WTO회원국들이 분쟁해결절차에 대해 상당한 신뢰를 가지고 있으며, 실제로 매우 효과적으로 운영되고 있음을 반증하는 것이라 볼 수 있다. EU도 WTO 분쟁해결절차에 대해 매우 긍정적으로 평가하고 있다.[2] EU는 현 WTO 분쟁해결체제가 여타 국제 분쟁해결절차와 비교하여 신속히 그리고 효과적으로 분쟁을 해결하고 있으며, WTO협정에 의한 시장접근 보장 및 강대국들의 일방적인 무역조치를 방지하는 데 중요한 역할을 수행하고 있는 것으로 평가하고 있다. 실제로 EU는 미국에 이어 두 번째로 많이 WTO 분쟁해결절차를 활용하고 있으며, 현행 DSU의 개선을 위해 진행 중인 DSU 개정협상에도 적극적으로 참여하고 있다.

이하에서는 1995년 WTO 출범 이후 EU의 WTO 분쟁해결절차 이용 현황을 시기별 및 상대국별로 개괄적으로 살펴보고, 특히 우리나라와 EU 간 WTO 분쟁해결 현황 및 주요 특징들을 살펴보고자 한다. 이후 EU가 미국과 맞제소를 진행한 민간항공기 분쟁, 중국의 수출규제 조치에 대한 천연자원 분쟁 그리고 우리나라와 맞제소를 진행하였던 조선분쟁의 사례들을 개별적으로 살펴보고자 한다. 본고의 목적상 사례 분석 시 해당되는 WTO협정에 대한 본격적인 법률적 검토보다는 전체적인 분쟁의 배경, 주요 쟁점에 대한 양측 입장 및 판정 결과, 이행결과 등에 중점을 두어 살펴보고자 한다. 끝으로 현재 다자적으로 진행되고 있는 DSU 개정협상에서의 EU의 주요입장에 대해서도 간략히 살펴보고자 한다.

II. EU의 WTO 분쟁해결절차 이용 현황

1. EU의 WTO 분쟁해결 이용 개관[3]

1995년 WTO 출범 이후 EU는 총 181건의 분쟁에 직접 당사자로 참여하였고 169건의 분쟁에 제3자로 참여하는 등 미국에 이어 두 번째로 높은 참여도를 보이

---

1) http://www.wto.org/english/tratop_e/dispu_e/dispu_status_e.htm(2018년 5월 1일 방문).
2) http://ec.europa.eu/trade/policy/accessing-markets/dispute-settlement/(2018년 5월 1일 방문).
3) 본항의 통계들은 WTO 웹사이트(www.wto.org)에서 인용하였다(2018년 4월 기준).

고 있다.4) 미국의 경우 직접 참여한 255건의 분쟁 중 미국이 제소한 분쟁이 117건, 제소당한 분쟁이 138건으로 제소당한 분쟁의 비중이 더 높은 반면, EU의 경우는 181건의 분쟁 중 제소한 분쟁이 97건, 제소당한 분쟁이 84건으로 제소한 분쟁이 더 높다. WTO회원국 전체적으로 분쟁 제소 건수가 감소되고 있는 추세와 마찬가지로 EU의 분쟁해결 참여 건수는 제소와 피제소건 모두 2000년 이후 점차 감소되

[1995-2018년간 주요국 WTO 분쟁해결절차 참여현황]

	제소 건수	피제소 건수	제3자 참여 건수
미국	117	138	142
EU	97	84	169
캐나다	38	22	122
브라질	31	16	114
멕시코	24	14	84
인도	23	25	129
일본	23	15	174
아르헨티나	20	22	60
한국	18	16	115
중국	17	40	142
태국	13	4	73

[EU의 WTO 분쟁해결 연도별 추이]

	총 건수	1995-99	2000-04	2005-09	2010-14	2015-18
제소	97	47	21	13	14	2
피제소	84	28	23	16	13	4
합계(A)	181	75	44	29	27	6
WTO 총 제소 건수(B)	544	185	139	78	86	56
A/B(%)	33.3	40.5	31.7	37.2	31.4	10.7

---

4) https://www.wto.org/english/tratop_e/dispu_e/dispu_by_country_e.htm(2018년 5월 1일 방문).

고 있는 추세이다. 1995년부터 1999년까지는 WTO 전체 분쟁제소 건수의 40.5%가 EU가 제소하거나 제소당한 분쟁이었지만, 2015년 이후에는 그 비율이 10.7% 수준 까지 감소되었다.

분쟁단계별 진행상황을 보면 EU 측 제소·피제소 사건 모두 패널 절차 완료 이전에 상호 만족스러운 해결방안을 마련하거나 기타 사유로 진행을 중단하는 사 례가 절반 이상이다. EU가 제소한 분쟁 97건 중 상소보고서까지 회람된 분쟁은 34건, 패널보고서까지만 회람된 분쟁은 11건, 절차 진행 중, 종료 또는 중단 등 기타 사례는 52건에 달한다. EU가 제소를 당한 분쟁 84건 중 상소보고서까지 회람 된 분쟁은 22건, 패널보고서까지만 회람된 분쟁은 16건, 기타는 46건이다. 이를 통해 볼 때 EU는 WTO 분쟁이 시작된 이후에도 분쟁절차와 병행해서 계속해서 협상을 통한 양자적 해결방안을 모색하고 있음을 알 수 있다.

[1995-2018년간 EU 분쟁해결 진행단계 현황: 제소의 경우]

	총 건수	상소기구보고서 회람	패널보고서 회람	기타
1995-1999	47	15	5	27
2000-2004	21	7	2	12
2005-2009	13	5	2	6
2010-2014	14	7	2	5
2015-2018	2	0	0	2
총 계	97	34	11	52

[1995-2018년간 EU 분쟁해결 진행단계 현황: 피제소의 경우]

	총 건수	상소기구보고서 회람	패널보고서 회람	기타
1995-1999	28	8	4	16
2000-2004	23	11	5	7
2005-2009	16	1	4	11
2010-2014	13	2	2	9
2015-2018	4	0	1	3
총 계	84	22	16	46

EU는 분쟁해결기구에서 채택된 패널 또는 상소기구보고서를 비교적 성실히 이행하고 있는 것으로 평가되나, 미국이 제기한 호르몬 사건(DS26), 미국, 멕시코 등이 제기한 바나나 사건(DS27), 인도가 제기한 침대 린넨 사건(DS141) 등의 분쟁에서 불이행 사례가 있다. 미국이 제기한 바이오제품 사건(DS291)과 대형민간항공기 사건(DS316)에서 미국이 EU의 판정 불이행을 근거로 보복조치 승인을 요청하였다가 각각 2008년 1월 18일과 2012년 1월 20일자로 양자합의에 의해 중단된 상태이다. 바이오제품 사건의 경우 2008년 1월, 대형민간항공기 사건의 경우 2011년 12월 보복조치 승인을 요청하였으나, 보복수준에 대한 이견으로 DSU 제22.6조에 따른 중재(arbitration) 절차로 넘겨진 상황이었다.

EU는 자신이 제소한 분쟁 중 미국에 대한 저작권법 Section 110(5) 사건(DS160), 제로잉 사건(DS294)에서 판정불이행에 대해 보복조치의 승인을 요청한 바 있다. 저작권법 Section 110(5) 사건의 경우 2002년 1월 보복조치의 승인을 요청하였으나 이후 양자적인 협의를 통해 2003년 6월 잠정적인 상호 만족스러운 합의방안(mutually satisfactory temporary arrangement)을 분쟁해결기구에 통보하였고, 제로잉 사건의 경우 2010년 1월 보복조치 승인을 요청하였으나, 2012년 2월 6일 양자합의를 도출하여 미국이 WTO규범에 불합치되는 것으로 판정된 연례재심 제로잉 관행 개선조치를 취하는 대신 EU는 보복조치 승인요청을 철회키로 하였다. 미국에 대한 버드수정안 사건(DS217)의 경우 분쟁해결기구에서 2004년 11월 EU의 보복조치 요청을 승인하여 2005년 5월부터 보복조치를 시행 중이다.

EU 분쟁과 관련된 WTO규범을 분야별로 보면 EU가 제소한 분쟁의 경우 보조금상계관세협정이 25건으로 가장 많고, 반덤핑협정(15건), 농업협정(10건), TRIMS(9건), TRIPs(7건), 수입허가협정(7건) 순인 반면, EU가 피제소된 분쟁의 경우 TBT협정이 20건으로 가장 많고, 보조금상계관세협정(17건), 농업협정(15건), 반덤핑협정(15건), SPS협정(9건), 수입허가협정(7건), TRIPS(7건) 순이다.

EU의 WTO 분쟁 상대국들을 보면 EU가 제소당한 분쟁의 경우 미국이 19건으로 가장 많은 제소를 하였고, 캐나다(9건), 브라질(7건), 인도(7건), 아르헨티나(6건), 중국(5건), 러시아(4건), 태국(4건) 순이다. 1995년 이후 EU가 제소한 분쟁을 보면 미국이 33건으로 역시 1위이며, 인도(10건), 아르헨티나(8건), 중국(8건), 캐나

다(6건), 일본(6건), 브라질(5건), 한국(4건), 러시아(4건) 순이다. EU의 제1위 교역국
인 미국이 제소 및 피제소 측면에 있어 모두 가장 빈번한 분쟁 상대국이기는 하지
만 여타국들의 경우 분쟁빈도가 교역규모와 반드시 일치하지는 않는 것을 볼 수
있다.

[EU의 10대 교역국과의 분쟁현황: 1995년–2018년][5]

	상품수출 규모 (2017년, 백만 유로)	상품수입 규모 (2017년, 백만 유로)	EU의 제소 건수	EU의 피제소 건수
미국	375,845	256,176	33	19
중국 *2001.3. WTO 가입	198,200	374,823	8	5
스위스	150,813	110,407	0	0
러시아 *2011.12. WTO 가입	86,186	145,094	4	4
터키	84,490	69,760	0	0
일본	60,493	68,880	6	1
노르웨이	50,702	77,433	0	3
한국	49,805	50,017	4	3
인도	41,723	44,184	10	7
캐나다	37,746	31,436	6	9

　　EU의 분쟁제소 경향을 보면 전체적으로 미국이 가장 많은 대상이 되고 있으
나 일부 국가들의 경우 특정 시기에 집중되는 경향이 있다. 최근 동향을 보면 중국
에 대한 분쟁이 크게 증가하였다. 2001년 중국의 WTO 가입 이후 2006년 자동차부
품 사건이 중국에 대한 EU의 최초 WTO 제소 사례이다. 동 사건을 포함해서 EU는
2006년부터 2018년까지 중국에 대해 8건의 분쟁을 제소하여 2006년 이후 기간
중에는 중국이 가장 많은 분쟁제소 대상국이 되고 있다. 여기에는 중국 시장개방을
위해 보다 공세적인 전략을 구사한다는 EU의 통상정책이 반영된 것으로 보이는데,

5) http://trade.ec.europa.eu/doclib/docs/2006/september/tradoc_122530.04.2018.pdf; https://www.wto.org/english/tratop_e/dispu_e/dispu_by_country_e.htm(2018년 5월 1일 방문).

EU는 2006년 10월 Global Europe 전략이라는 새로운 통상전략을 발표하면서 대중국 통상전략의 중요성을 강조하며 중국 측의 불공정한 교역관행에 대해 WTO 분쟁해결절차를 적극 활용하겠다고 밝힌 바 있다.[6] 중국과의 8건의 분쟁 중 EU산 제품에 대한 반덤핑 사건인 3건(DS407, 425, 460)은 단독으로 분쟁을 제소하였으나, 자동차부품(DS339), 금융정보서비스(DS372), 천연자원(DS395, 432, 509) 등 5건은 미국 또는 미국 및 일본과 공동으로 제소[7]하는 경향을 보이고 있는데, 이는 중국 시장

[EU의 WTO 분쟁 제소 현황: 1995년-2018년]

피제소 국가	총 건수	1995-99	2000-04	2005-09	2010-18
미국	33	16	13	2	2
인도	10	6	2	2	0
아르헨티나	8	5	1	1	1
중국	8	0	0	3	5
캐나다	6	3	1	1	1
일본	6	6	0	0	0
브라질	5	3	0	1	1
한국	4	3	1	0	0
러시아	4	0	0	0	4
멕시코	3	1	1	1	0
칠레	3	2	1	0	0
인도네시아	2	1	0	0	1
호주	1	0	1	0	0
파키스탄	1	1	0	0	0
필리핀	1	0	0	1	0
태국	1	0	0	1	0
콜롬비아	1	0	0	0	1
총 계	97	47	21	13	16

6) 제15장 참조.
7) 미국의 제소는 각각 DS340, 373, 394, 431, 508이며, 일본의 제소는 DS433이다.

에서 미국과 EU기업 간 공동의 이해관계가 있기도 하고, WTO 제소에 따른 정치적 부담을 최소화하려는 의도도 있는 것으로 보인다.

일본 및 우리나라의 경우 EU의 주요 교역대상국임에도 불구하고 최근 분쟁이 별로 제기되지 않고 있다. 일본의 경우 1995~1998년 중 6건을 제소하고, 2008년에 1건을 제소당한 이후에는 전혀 분쟁이 제기되지 않고 있으며, 우리나라의 경우도 2004년 조선 보조금 이후 WTO 분쟁절차가 제기되지 않고 있다. 2005년 이후에는 미국(7건), 캐나다(4건)을 제외하고 중국(13건), 러시아(8건), 아르헨티나(6건), 인도(4건), 브라질(3건), 멕시코(1건), 필리핀(1건), 태국(1건) 등 개도국들에 대한 분쟁제소가 큰 비중을 차지하고 있는 점이 특징이다.

[EU의 WTO 분쟁 피제소 현황: 1995년-2018년]

제소 국가	총 건수	1995-99	2000-04	2005-09	2010-18
미국	19	11	5	3	0
캐나다	9	6	1	2	0
브라질	7	2	4	0	1
인도	7	3	2	1	1
아르헨티나	6	0	2	1	3
중국	5	0	0	1	4
러시아	4	0	0	0	4
태국	4	1	3	0	0
노르웨이	3	0	0	3	0
한국	3	0	3	0	0
과테말라	3	3	0	0	0
온두라스	3	3	0	0	0
멕시코	3	3	0	0	0
파나마	3	1	0	1	1
호주	2	0	2	0	0
페루	2	1	1	0	0

칠레	2	1	0	1	0
인도네시아	2	0	0	0	2
일본	1	0	0	1	0
대만	1	0	0	1	0
우루과이	1	1	0	0	0
콜롬비아	1	0	0	1	0
뉴질랜드	1	1	0	0	0
덴마크	1	0	0	0	1
에콰도르	1	1	0	0	0
파키스탄	1	0	0	0	1
총 계	95[8]	38	23	16	18

[EU-중국 간 WTO 분쟁현황: 1995년-2018년]

EU의 제소 사건(분쟁번호, 제소연도)	EU의 피제소 사건(분쟁번호, 제소연도)
자동차 부품(DS339, 2006), 금융정보서비스(DS372, 2008), 천연자원(DS395, 2009), 철강제품 잠정 반덤핑조치(DS407, 2010), X선 장비 확정 반덤핑조치(DS425, 2011), 희토류(DS432, 2012), HP/SSST(DS460, 2013), 희토류(DS509, 2016)	지퍼(Fasteners) (DS397, 2009), 신발류(DS405, 2010), 재생에너지(DS452, 2012), 가금육(DS492, 2015), 가격비교법(DS516, 2016)

2. 한국과 EU 간 WTO 분쟁 개요

1995년 WTO 출범 이후 우리나라와 EU 간에도 크고 작은 분쟁들이 있었다. 우선 WTO 출범 다음 해인 1996년 5월 9일 EU는 통신장비 조달에 관해 우리나라를 WTO에 제소하였다. 동 분쟁은 우리나라의 통신장비 시장접근에 관련된 이슈이다. 당시 우리나라에 1997년 1월부터 적용될 WTO 정부조달협정 양허에는 통신제품 및 장비조달은 제외되어 있는 상태에서 1991년 한-미 통신조달협정에 따라 우

8) 분쟁해결 사례 수는 총 84건인데, 복수제소국으로 인하여 피제소국의 총수는 95개국이 되었다.

리나라는 미국에 대해서만 통신장비 조달 시장을 개방한 상황이었다. 이에 대해
EU 측은 GATT 제1조 최혜국대우, 제3조 내국민대우, 제17조 국영무역 규정 등을
위반하였다는 이유로 WTO에 제소하였다. 동 사건은 한-미 통신조달협정에 상응하
는 한-EU 통신조달협정 체결을 목적으로 하여 협상을 보다 유리하게 끌고 갈 목적
으로 EU 측이 우리나라를 WTO에 제소한 성격이 강하다.[9] 실제로 WTO 분쟁해결
절차에 제소한 이후에도 양자협의가 진행되어 패널 절차 없이 1997년 10월 한-EU
통신장비조달협정 서명 이후 양측이 이를 WTO에 통보함으로써 분쟁은 종료되
었다.

[한-EU 간 WTO 분쟁현황]

한국의 제소 사건(분쟁번호, 제소연도)	한국의 피제소 사건(분쟁번호, 제소연도)
DRAMs 상계관세(DS299, 2003), 조선보조금(DS301, 2003; DS307, 2004)	통신장비 조달(DS40, 1996), 주세(DS75, 1997), 혼합분유 세이프가드(DS98, 1997), 조선보조 금(DS273, 2002)

1997년부터는 보다 본격적인 분쟁절차가 진행되었다. 통신장비 조달 분쟁에
이어 계속 EU 측이 우리나라의 주세제도와 혼합분유에 대한 세이프가드 조치에
대해 제소하였다. 1997년 4월 EU는 소주보다 위스키에 대해 높은 세율을 부과한
우리나라의 주세제도가 WTO협정 위반임을 들어 WTO에 제소하였다. 미국도 같
은 해 5월 같은 건으로 우리나라를 제소하였다. 이에 따라 1997년 10월 패널이
설치되었다. 1998년 7월 WTO 패널은 소주와 위스키 간에 직접 경쟁·대체관계가
존재하므로, 국산품에 비해 수입품에 보다 높은 세율을 적용한 한국의 주세제도가
WTO협정상 내국민대우 의무에 위배된다고 판정하였다. 우리나라는 동 패널 판정
을 1998년 10월에 상소하였으나, 상소기구는 1999년 1월 패널의 판정을 그대로
수용하는 내용의 최종 판정을 내렸으며, 우리 정부는 주세법을 개정하고 2000년
1월 WTO 분쟁해결기구 회의 시 판정 내용을 이행하였음을 통보하였다.

앞에서 살펴본 통신장비 분쟁과 주세 분쟁의 경우 모두 EU 측이 앞선 일본과

---

9) 최원목, "WTO 분쟁해결제도와 우리나라,"「통상분쟁 속의 한국: WTO 한국분쟁사례 분석」(서
  울: 학영사, 2006), 90-91면.

의 분쟁 사례를 우리나라에 대해 그대로 반복한 사례라는 점에서 특징적이다. 1995
년 8월 EU는 통신장비 조달과 관련하여 일본을 WTO에 제소하였다. 일본은 1994
년 3월 미국과 통신장비에 관한 양해를 체결하였는데, EU는 이러한 양해에 따라
자국 기업이 차별을 받고 있다면서 GATT 제1조, 제3조 및 제17조 위반으로 WTO
에 제소하였다. 이 분쟁도 한국과의 분쟁과 마찬가지로 패널 절차 없이 양자협의를
통해 해결되었다. 주세의 경우도 EU는 1995년 6월 일본의 주세제도가 일본산 소주
에 비해 위스키 등 수입 주류에 높은 세율을 부과하고 있다고 WTO에 제소하였다.
1996년 7월 회람된 패널보고서 및 1996년 10월 회람된 상소기구보고서 모두 일본
의 주세제도가 WTO 비합치적으로 차별적임을 인정하였다. EU는 일본과의 주세
분쟁에서 승소한 후 1997년 4월 우리나라의 주세제도에 대해 분쟁을 제기함과 동
시에, 같은 해 6월 칠레의 주세제도에 대해서도 분쟁을 제기하여 칠레의 주세제도
가 수입주류에 대해 WTO에 비합치되는 차별이라는 판결을 받아냈다.

　주세에 이은 EU의 WTO 제소는 우리나라의 혼합분유에 대한 세이프가드 조
치에 관한 것이다. 우리 정부는 분유에 대한 고율관세를 회피하기 위한 혼합분유
수입 급증에 대응하기 위해 무역위원회의 산업피해조사를 거쳐 1997년 3월 세이프
가드 조치를 발동하고, 혼합분유 수입에 대한 수량제한을 시행하였다. 혼합분유
수입쿼터를 1997년 20,251톤으로 배정하고, 이후 2001년까지 4년간 매년 5.7%씩
증량시키도록 하였다. 1997년 8월 EU는 산업피해조사의 적정성, 수량제한(Quota)
조치의 불가피성 등에 대한 문제점을 들어 동 조치를 WTO에 제소하여 1998년
7월 패널이 설치되었다. 1999년 6월 21일 패널은 우리나라의 조치가 WTO협정에
일치하지 않는다고 판정하였다. 혼합분유 수입으로 인한 국내산업 피해 여부 판정
시 세이프가드협정 제4.2조에 규정된 요건에 대한 검토가 불충분하였고, 수량제한
(Quota) 조치가 수입품으로 인한 피해로부터 국내산업을 구제하기 위해 필요한 수
준을 초과하였다는 것이 그 이유였다. 우리나라는 상기 패널 판정을 1999년 9월에
상소하였으나, 1999년 12월 상소기구는 패널의 판정을 재확인하였고, 우리나라는
2000년 5월까지 판정 결과를 이행하기로 EU와 합의하고 시한 내 긴급수입제한조
치를 종료함으로써 이행을 완료하였다.

　1996년부터 1997년까지 EU에 의해 계속 제소를 당해 온 우리나라는 2000년

대 들어 보다 적극적으로 분쟁해결절차를 활용하기 시작하였다. EU는 1997년 우리나라 금융위기 이후 하이닉스에 대한 채권단의 구조조정 조치를 정부의 보조금으로 간주하여 2003년 8월 22일 하이닉스 DRAMs 제품에 대해 34.8%의 상계관세를 부과하였다. 우리나라는 이에 대해 2003년 7월 25일 EU의 상계관세조치를 WTO에 제소하여 2004년 1월 패널이 설치되었다. 2005년 4월 WTO 패널은 아래와 같이 EU의 일부 조치가 WTO 보조금협정에 위반된다고 판정하였다. 구체적으로는 EU 측이 2001년 5월 구조조정 프로그램이 정부의 "지시"에 따른 것으로 보고, 이를 정부의 재정적 기여로 간주한 점, 산업은행 및 외환은행이 syndicated loan의 일환으로 지원한 자금이 혜택(benefit)을 제공했다고 간주한 점, 5개 구조조정 프로그램 모두를 현금공여(grant)로 간주하여 상계관세율을 산정한 점 등을 보조금협정 위반으로 판정하였다. 또한 산업피해와 관련하여 국내산업에 영향을 미치는 여타 요소 고려 시 "임금"은 고려하지 않은 점, 기타 요인으로 인한 피해와 보조금으로 인한 피해를 구분하지 않은 점에 대해서도 보조금협정 위반으로 인정하였다. 그러나 EU가 수출보험공사의 수출보증, 산업은행의 회사채 신속인수 및 2001년 10월 구조조정을 보조금으로 취급한 점과 EU 측이 이용 가능한 자료를 사용하여 사실관계를 부정적으로 유추한 점은 보조금협정 위반이 아니라고 판정하였다.

　2002년 이후 조선산업에 대한 한국과 EU 양측의 보조금 지급 문제를 가지고 양측의 제소 및 맞제소로 이어진 조선분쟁이 발생하였다. DRAMs 상계관세 및 조선 분쟁은 모두 1997년 한국의 금융위기 상황에서 취해진 금융 및 기업부문 구조조정 조치와 관련된 분쟁이라는 점에서 공통점이 있다. 하이닉스 DRAMs에 대한 상계관세조치와 관련하여 EU뿐만 아니라 미국, 일본과도 분쟁이 있었으며, 이들 DRAMs 상계관세에 관한 일련의 분쟁 및 조선보조금에 관한 분쟁들을 통해 1997년 금융위기를 계기로 한 우리 산업에 대한 구조조정 조치와 보조금협정과의 관련성이 심도 있게 검토된 바 있다. 한-EU 간 조선분쟁에 대해서는 이후 좀 더 자세히 살펴보고자 한다. 2018년 4월 현재, 우리나라와 EU 간에 진행 중인 WTO 분쟁사례는 없다.

III. EU의 WTO 분쟁해결 사례

1. EU-미국 간 분쟁사례: 민간항공기 분쟁

1) 분쟁 개요

동 분쟁은 전세계 대형민간항공기(LCA: Large Civil Aircraft) 시장을 양분하고 있는 미국 보잉사와 유럽의 에어버스사에 대한 보조금 지급에 관련되는 사건이다. 우선 유럽의 에어버스사에 대한 보조금 지급문제와 관련하여 미국이 2004년 10월 6일에 제소[10]하여 2005년 7월 패널이 설치되었으며, 2010년 6월 30일 패널보고서가 회람되었다. 이에 대해 2010년 7월 EU가 상소기구에 제소하여 2011년 5월 18일 상소기구의 보고서가 회람되었다. 미국 보잉사에 대한 보조금 지급문제에 대해서는 EU가 2005년 6월 27일에 제소[11]하여 2006년 11월 패널이 구성되었으며, 2011년 3월 31일 패널보고서가 회람되어 EU가 2011년 4월 1일에 상소하고 2012년 3월 12일 상소기구의 보고서가 회람되었다. 에어버스사에 대한 보조금 지급사건과 보잉사에 대한 보조금 지급사건에 대해 둘 다 우리나라, 중국, 일본, 캐나다, 브라질, 호주의 6개국이 제3자로 참여하였다.

대형민간항공기란 승객 100명 이상 또는 이에 상응하는 화물을 수송할 수 있는 대형항공기를 의미하며, 현재 전세계에서 미국 보잉사와 유럽의 에어버스사에서만 생산되고 있다. 대형민간항공기는 특성상 장기적인 투자를 요하는 산업이다. 통상적으로 새로운 기종을 개발하기 위해서는 3~5년간의 투자를 요하기 때문에 업체로서는 일정수준 정부의 보조를 기대할 수밖에 없는 현실이다. 1970년 후반까지는 보잉사가 전세계 대형민간항공기 시장을 사실상 독점하고 있었으나, 이후 에어버스사의 시장 진출 확대로 어려움을 겪으면서 양측 간의 갈등이 심화되었다. 이에 따라 양측은 양자적인 민간항공기 협정(Civil Aircraft Agreement)을 체결하여

---

10) *European Communities and Certain Member States-Measures Affecting Trade in Large Civil Aircraft* (DS316).

11) *United States-Measures Affecting Trade in Large Civil Aircraft* (DS353).

항공산업에 대한 보조금을 일정 수준으로 제한하는 데 합의하였다. 당시 양측은
정부의 직접지원인 '출시지원금'(launch aid)을 총 개발비용의 1/3로 제한하고, R&D
지원, 세금감면 등의 간접지원도 판매액의 3% 수준으로 제한하는 데 합의하였다.

  그러나 에어버스사의 시장점유율은 계속 증가하였고, 2004년에는 세계시장에
서 50% 이상을 차지하며 보잉사를 제치고 1위를 차지하게 된다. 1993년 보잉사는
330대를 판매하여 206억 불 수입을 올린 반면, 에어버스사는 138대를 판매하여
88억 불 수입에 불과하였으나, 2004년에는 보잉사가 283대를 판매하여 210억 불
수입을 올린 반면, 에어버스는 320대를 판매하여 251억 불 수입으로 크게 증가되
었다.[12] 이러한 상황에서 보잉사는 당시의 양자협정 체제에 불만을 갖게 되었고,
이에 따라 2004년 미국은 양자협정 개정 시도가 무산되자, 에어버스사에 대한 당시
EU 측의 정부 지원이 과도하다면서 협정 파기를 선언하고, 10월에 WTO에 제소하
였으며 EU 측도 WTO에 맞제소하였다.

2) 쟁점 및 주요 판정결과: 에어버스 사건

  미국은 EU와 영국, 프랑스, 독일, 스페인 등 회원국들이 A340, A380, A350
등 신기종 개발을 위해 출시지원금(LA: launch aid) 등 총 150억 불 규모에 이르는
광범위한 지원을 제공했다고 주장하고, 이러한 일련의 지원조치들이 보조금협정상
특정보조금에 해당하며, 이러한 보조금을 통해서 EU와 그 회원국들이 미국의 이익
에 부정적인 영향(adverse effects)을 미쳤다고 주장하였다. 또한 일부 보조금들은 수
출보조금으로서 금지보조금에 해당한다고 주장하였다.

  이에 대해 패널은 여러 에어버스 기종에 대한 다양한 보조금들이 EU와 제3세
계 시장에서 시장점유율 감소 등 "심각한 손상"(serious prejudice)을 초래하여 부정
적 영향(adverse effects)을 주었다는 점에서 조치가능한(actionable) 보조금 요건을 충
족하고 있으며, 기간산업에 대한 지원(grants) 및 R&D 지원 자금 또한 대부분 보조
금에 해당된다고 판정하였다. 특히 독일 정부의 지분 이전 및 프랑스 정부의 자본
금 투여에 대해서도 보조금으로 판정하였다. 다만 수출보조금 주장에 대해서는 초

---

12) 송춘영·허희명, "에어버스와 보잉사의 대형민간항공기 개발 및 마케팅 전략 비교 연구," 「한국항
  공우주학회지」(제34권 제6호, 2006년), 99면.

대형 항공기인 A380에 대한 영국, 독일, 스페인 등 일부 회원국의 지원만을 금지보조금이라고 제한적으로 판정하였다. 양측 모두 큰 관심을 가지고 있는 최신 전략기종인 A350에 대해서는 미국이 17억 불 규모라고 주장한 보조금 존재 입증에 실패했다고 판정하고, 유럽투자은행(EIB)의 융자행위에 대해서도 보조금협정상 특정성 요건을 충족시키지 못하고 있다고 판정하였다.

상소기구는 기존 패널 판정의 전체적인 틀은 유지하면서도 금지보조금 등 패널 판정의 주요 부분을 번복하였다. 상소기구는 일부 회원국의 지원이 보조금협정상 금지된 수출보조금이라는 패널 판정을 기각하고, 이들 회원국 정부가 A380 출시지원금으로 지급한 보조금을 회수하라는 패널의 권고를 파기하였다. 동 판정과 관련하여 상소기구는 '사실상 수출 연계성'(*de facto* export contingency)의 기준으로서 보조금 지급이 해당 기업의 수출/내수 시장 판매 비중에 변화를 유도하는지 여부가 판단의 핵심이라고 제시한 바 있다. 또한 '심각한 손상'(serious prejudice) 요건에 대해 단일 상품 및 시장에 기초한 패널 분석의 오류를 인정하고, 브라질, 싱가포르, 멕시코, 대만, 인도에서는 시장대체가 발생하지 않았다고 판정하였다. 또한 미국이 역상소 대응에서 제기한 출시지원금 및 회원국 제공 자금(MSF) 프로그램이 단일 조치라는 주장도 배척하였다.

다만 출시지원금 및 개별 회원국 제공 자금이 보조금 협정상 혜택(benefit)의 공여에 해당하며, 여타 지원조치 부분에서도 EC Framework programme 아래 이루어진 R&D 지원의 특정성 인정 등 기존 패널 판정의 상당부분을 유지하였고, 심각한 손상 문제와 관련해서도 EU 및 한국, 호주, 중국에서 시장대체가 발생했다는 결정은 유지하였다. 이에 따라 상소기구는 EU가 조치가능 보조금으로 판정된 보조금들에 대해 부정적 효과 제거 및 보조금 철폐의 조치를 취해야 한다고 결정하였다. 이 사건에서 상소기구는 선결적 쟁점(preliminary issues)으로서 WTO가 출범한 1995년 1월 이전에 지급된 보조금은 WTO 분쟁의 대상이 될 수 없다는 EU의 주장을 기각하고, 그러한 보조금에 대한 제소가 보조금협정하에서 배제되지 않는다고 판정하였다. 또한 보조금협정 제5조 및 제6조에 따라 제소국이 보조금의 혜택이 참조기간 동안 계속되거나 존재한다는 것을 입증해야 한다는 EU 측의 주장도 기각하였다.

3) 쟁점 및 주요 판정결과: 보잉 사건

보잉사에 대한 보조금과 관련하여 EU는 보잉사와 맥도널드 더글라스(이후 보잉으로 합병)에 대해 워싱턴, 캔자스, 일리노이주 등 지방정부 차원의 조세 인센티브, 교육훈련 프로그램과 미연방항공우주국(NASA), 국방부, 상무부, 노동부 등 연방정부의 R&D 정책 등 총 237억 불에 달하는 광범위한 보조금 지급이 이루어졌다고 주장하였다. EU는 이러한 일련의 보조금 정책들이 보조금협정 제5조상의 심각한 손상을 초래한 조치가능 보조금에 해당한다고 주장하였다. 또한 이 중 2003년 워싱턴 주정부의 조세인센티브 제도와 FSC(Foreign Sales Corporation)/ETI(Extraterritorial Exclusive Act)에 따른 연방정부의 해외 판매와 연동한 면세조치는 금지보조금에 해당한다고 주장하였다.

패널은 EU가 주장한 보조금 중 NASA 및 국방부의 R&D 보조, FSC/ETI 보조금, 워싱턴주의 일부 세제 보조 등 일부 보조금에 대해 부정적 효과를 인정하여 조치가능 보조금으로 판정하고, 부정적 효과의 제거 및 보조금 철폐를 권고하였다. 그러나 금지보조금 주장과 관련하여서는 워싱턴주 조세 인센티브가 수출보조금이라는 EU의 주장은 기각하였으며, FSC/ETI 조치의 경우 금지보조금에 해당한다고 판단하였으나, 패널 설치 당시 존재했던 FSC/ETI 조치에 그간 상당한 변화가 있었으며, 현재 보잉사에 더 이상 적용되지 않는 것으로 파악된다는 점에서 WTO 분쟁해결절차 관행상 실효된 조치에 대해 이행권고를 자제하는 것이 바람직하다고 언급하고, 또한 이미 별도의 상소기구에서 FSC 조치를 금지보조금으로 판정하고, 이의 철폐를 권고[13]한 상황에서 별도의 판정으로 혼란을 야기하지 않도록 단지 기존 상소기구의 판정을 원용(upheld)함을 확인하였다. 상소기구도 패널의 분석방법 일부를 번복하였으나, 미국의 보잉항공사에 대한 보조금이 WTO 보조금협정 위반이라고 판단했던 패널 판정은 대부분 그대로 인정하였다.

4) 현황 및 향후 전망

EU 에어버스사의 보조금 사건에 대해 2011년 6월 1일 상소기구 보고서 채택

---

13) *미국-FSC* 사건(DS108)을 지칭한다.

이후 6개월이 지난 2011년 12월 1일 EU가 상소기구 권고에 대한 이행내용을 WTO 에 통보하였다. 그러나 미국은 EU의 이행 통보를 검토한 결과, EU와 회원국들이 상소기구의 권고를 충분히 이행하지 않고 있다고 주장하였고, 2011년 12월 9일 DSU 제21.5조 절차(이행심사)를 위한 협의와 함께 DSU 제22조 및 보조금협정 제 7.9조에 따른 보복조치의 승인도 분쟁해결기구에 요청하였다. 12월 22일 분쟁해결 기구 회의에서 EU는 미국이 요구한 보복조치의 수준에 대해 이의를 제기하였고, 이를 DSU 제22.6조에 따른 중재에 회부할 것을 요청하였다가, 2012년 1월 20일 양측의 합의로 중재절차가 중단되었다. 한편 2016년 9월 22일 드디어 이행패널보 고서가 회람되었는데, 동 패널은 EU와 회원국들이 이행을 제대로 하지 않았다고 결정하였고, 동년 10월 13일과 11월 10일에 EU와 미국이 상소기구에 각각 상소 또는 역상소를 제기하였으며, 현재 상소기구보고서는 채택되지 않은 상태이다.

또한 미국 보잉사 보조금 사건의 상소기구 권고에 대해 미국 측이 이행내용을 WTO에 통보하였는데, EU는 미국이 상소기구의 권고를 완전히 이행하지 않고 있 다고 주장하며 2012년 9월 25일에 DSU 제21.5조 절차를 위한 협의를, 27일에 DSU 제22조 및 보조금협정 제4.10조와 제7.9조에 따른 보복조치의 승인을 분쟁해 결기구에 요청하였다. 10월 22일 미국은 EU가 요구한 보복조치의 수준에 대해 이 의를 제기하였고, 이를 DSU 제22.6조에 따른 중재에 회부할 것을 요청하였다가, 2012년 11월 28일 양측의 합의로 중재절차가 중단되었다. 한편 2017년 6월 9일 이행패널보고서가 회람되었는데, 동 패널은 미국이 이행을 제대로 하지 않았다고 결정하였고, 동년 6월 29일과 8월 10일에 미국과 EU가 상소기구에 상소 또는 역상 소를 제기하였으며, 역시 상소기구보고서는 현재 채택되지 않았다.

2. EU-중국 간 분쟁사례: 천연자원(Raw Materials) 사건

1) 분쟁 개요

동 분쟁은 중국이 생산하고 있는 천연자원 9종(보크사이트, 코크스, 형석, 마그네 슘, 탄화규소, 실리콘, 망간, 황린, 아연)에 대한 중국 정부의 수출제한 조치에 관한 것이다. 2009년 6월 23일 EU와 미국이, 같은 해 8월 21일 멕시코가 제소[14]하여 2009년 12월에 패널이 설치되었으며, 2011년 6월 5일에 패널보고서가 회람되었다. 이에 대해 2011년 8월 중국이 상소기구에 제소하여 2012년 1월 30일 상소기구의 보고서가 회람되었다. 우리나라를 포함한 일본, 캐나다, 인도, 브라질, 아르헨티나, 노르웨이, 사우디, 대만, 터키, 칠레, 콜롬비아, 에콰도르의 13개국이 제3자로 참여하였다.

중국 정부는 국내자원 부족 및 환경오염 등을 이유로 일상 제품 및 첨단 제품에 광범위하게 사용되는 9가지 주요 광물자원에 대한 수출세, 수출쿼터, 수출허가 등 일련의 수출제한 조치를 시행하고, 이를 2009년부터 대폭 강화하였다. 이러한 중국의 수출제한 조치로 인해 EU를 비롯한 주요 수입국들의 국내산업은 원료 확보에 큰 어려움을 겪게 되었다. EU의 경우 항공, 자동차, 화학, 건설, 기계 및 장비 산업 등 주요 산업의 원료로 사용되는 천연자원 해외 의존도가 매우 높아 최근 자원이 풍부한 일부 개발도상국들의 천연자원에 대한 각종 수출규제 강화 움직임에 대해 상당한 우려를 표명한 바 있다. 한편 2013년도 EU의 에너지 포함 천연자원 수입은 7,040억 유로로서 EU 전체 수입의 40%를 차지하고 있으며, 비에너지 천연자원 수입도 2,050억 유로로 전체 수입의 약 12% 수준에 달하고 있다.[15]

특히 최근 중국의 천연자원에 대한 수출규제와 관련하여 EU는 이러한 수출제한이 천연자원의 국제가격을 상승시키고 중국 내 가격을 떨어뜨려 가격경쟁력 격차를 유발하는 한편, 외국기업들에 대해 중국으로 생산기지를 이전토록 유인하는 압력으로 작용할 것을 우려하고 있다. EU 측은 해당 자원의 수출가격이 중국 내 가격보다 50~100% 정도 높다고 평가하고 있다. 이러한 차원에서 EU는 천연자원에 대한 수출규제 추세를 억제할 필요성을 느끼고 있었으며, 또한 친환경적인 지속 가능한 발전을 강력히 주장하고 있는 EU로서는 환경보호를 명분으로 한 보호주의 조치가 국제사회에서 확산되는 것을 방지하기 위해 WTO에 중국을 제소하게 된 것으로 보인다.

---

14) *China-Measures Related to the Exportation of Various Raw Materials* (DS394, 395, 398).

15) http://ec.europa.eu/trade/policy/accessing-markets/goods-and-services/raw-materials/(2018년 5월 4일 방문); European Commission, *DG Trade Statistical Pocket Guide*, May 2015 참조.

2) 쟁점 및 주요 판정결과

EU 등 제소국들은 보크사이트 등 9종의 천연자원에 대한 수출세(export tariff), 수출쿼터, 수출허가, 최저수출가격제 등 다양한 형태로 유지하고 있는 중국 정부의 40개 수출제한 조치들이 중국의 WTO 가입의정서, GATT 제10조(무역규정의 공표) 및 제11조(수량제한 철폐)상의 의무를 위반하였다고 주장하였다. 제소국들은 중국이 WTO 가입의정서 부속서 6에 명시적으로 열거된 수출세 허용 대상 이외의 제품에 수출세를 부과하거나 허용 세율을 초과하는 방식으로 위반하였으며, 수출쿼터를 신설하고도 공표하지 않고 쿼터 할당 및 입찰자격을 제한한 것은 GATT 제11조 및 가입의정서 의무 위반이라고 주장하였다. 이에 중국은 제소국들의 비합치성 주장을 입증할 수 있는 구체적인 근거가 없으며, 해당 조치는 인간의 건강보호 및 천연자원 보존이라는 GATT 제20조상의 예외 및 제11.2(a)조(수량금지 예외) 예외 요건을 충족하고 있다고 항변하였다.

패널은 제소국들이 제기한 수출제한 조치 중 다수가 중국의 WTO 가입의정서, GATT 제10조 및 제11조상의 의무와 배치된다고 판정하고, 중국이 이들 조치에 대해 WTO 비합치성을 제거하는 방향으로 이행할 것을 권고하였다. 또한 중국이 수출세 및 쿼터제의 정당성을 뒷받침하기 위해 원용한 GATT 제20조상의 (b)인간의 건강보호, (g)천연자원 보존 예외 주장도 중국의 가입의정서(제11.3조) 해석상 GATT상의 예외 원용자체가 허용되지 않으며, 설령 허용된다고 해도 중국은 이를 입증하는 데 실패하였다며 이를 기각하였다. 다만 패널은 중국 정부가 비정부기관인 광물수출입상공회의소(CCCMC)를 통해 운영해 온 쿼터입찰제 및 입찰자격 제한 조치의 합치성을 인정하였으며, 최저수출가격제 중 황린에 대한 수출가격확인절차(PVC)는 제소국의 패널요청서에 누락되어 있다며 패널의 심리대상에서 제외하였다.

이러한 패널 판정에 대해 중국이 상소하였지만, 상소기구도 일부 절차적인 사안에 대해 중국의 입장을 지지했을 뿐 대부분 패널 판정을 지지하였다. 제소국의 패널요청서가 DSU 제6.2조상 "문제를 분명히 제시하는" 요건을 충족시키지 못했음에도 불구하고 패널이 서면입장서를 통해 그러한 결함을 보완한 것은 위임사항을 넘어선 것이라는 중국 측 주장과 관련하여, 상소기구는 패널요청서 Section III

(추가적인 수출제한)가 중국의 제한조치들과 협정상 의무들을 나열하고 있지만 각각의 조치가 어떤 의무에 왜 위반이 되는지를 적시하지 않고 있어 DSU 제6.2조 요건을 충족시키기 못하고 있으며, 서면입장서가 패널요청상 흠결을 보완하는 효과는 없다면서 중국 측 입장을 지지하였다. 또한 GATT 제20조(g) "made effective in conjunction with" 해석과 관련하여, 상소기구는 패널이 문제가 되는 조치가 국내적인 제한조치가 함께 적용되어야 할 뿐만 아니라 국내적인 제한의 효과성을 제고해야 한다는 두 가지 요건을 적용한 것으로 보고, 제20조(g)의 문언해석으로 볼 때 두 번째 요건은 근거가 없다고 지적하면서 패널의 해석에 오류가 있다고 판정하였다.

그러나 상소기구는 실효된 조치에 대한 패널 권고, 중국 가입의정서 제11.3항 위반과 GATT 제20조 원용여부, GATT 제11.2조(a) 해석 및 적용 등에 대해 패널 판정을 지지하였다. 중국은 패널요청서가 2009년 수출제한 조치들을 대상으로 하고 있는데, 이들은 이미 2009년 말로 실효되었으며, 패널이 금번 분쟁대상에 포함되지 않은 2010년 조치들에 대해 "일련의 조치"라는 개념을 도입하여 권고대상에 포함시킴으로써 부당하게 권고 대상을 확대하였다고 주장하였다. 이에 대해 상소기구는 조치가 실효되었다고 해서 패널이 이를 반드시 권고에서 배제해야 하는 것은 아니며, 특히 금번 사건의 경우 제소된 조치들이 연례적으로 갱신되면서 실제적으로는 실효되지 않은 상황임을 지적하고 패널의 판정을 지지하였다.

중국 가입의정서 제11.3항 위반과 GATT 제20조 원용여부와 관련하여, 상소기구는 중국 가입의정서 제11.3항이 동 의정서 부속서 6에 구체적으로 규정된 예외를 제외하고 모든 수출세 및 부과금을 철폐할 것을 요구하고 있는 등 제11.3항에 대한 문언해석을 통해 볼 때, 동 의정서 부속서 6에 명시되지 않은 품목에 대한 수출세 및 부과금 조치에 대해 GATT 제20조를 원용할 수 있는 근거가 없다고 판시하였다. 상소기구는 제20조가 원용될 수 있다는 공동의 의사가 있었다면 중국 가입의정서 제11.3조 등에 그러한 효과를 가진 문구가 있어야 하나 그렇지 못하다 ("Had there been a common intention to provide access to Article XX, language to that effect would have been included in paragraph 11.3 or elsewhere in China's accession protocol.")고 설명하고 있다. 중국은 가입의정서 제11.3항에 GATT 제8조가 언급되어 있으므로 GATT 제20조를 원용할 수 있다고 주장하였으나, 상소기구는 GATT

제8조가 그 대상범위에서 수출세를 명시적으로 배제하고 있으므로 동 건과 관련이 없다고 판정하였다.

중국은 보크사이트에 대한 수출쿼터 제도를 식량 또는 기타 자원의 부족사태와 관련하여 수량제한 금지원칙의 예외를 규정하고 있는 GATT 제11.2(a)조를 원용하여 정당화하였다. GATT 제11.2(a)조는 GATT 제20조와 달리 해당되는 조치가 국내 생산 및 소비와 연계되어야 한다는 요건을 부과하고 있지 않다. 중국은 GATT 제11.2(a)조가 장기적인 자원고갈 방지를 위한 정책수단을 허용하고 있다고 주장하였다. 그러나 상소기구는 이를 기각하고, 동 조항은 극히 예외적인 상황에서 잠정적으로만 적용될 수 있다고("applies in the interim, to provide relief in extraordinary conditions in order to bridge a passing need.") 판정하였다. 패널은 문제가 된 보크사이트가 필수(essential) 자원임은 인정되나, 쿼터가 일시적으로 적용되거나(temporarily applied), 해당 자원의 심각한 부족(critical shortage) 사태에 기인한 것이 아니라는 점에서 GATT 제11.2(a)조를 원용할 수 없다고 판정하였는데, 상소기구도 이러한 패널의 판정을 지지하였다.

3) 현황 및 향후 전망

중국이 상소기구 판정에서 승소한 패널요청서 Section III에 적시된 추가적인 수출제한의 경우 중국 정부가 동 사안에 대해 어떤 조치를 취해야 할 직접적인 법적 의무는 없다. 그러나 상소기구에서 패널의 판정을 번복한 것은 해당 조치가 합법적이었기 때문이 아니라 제소국 패널요청서의 절차적인 흠결에 따른 것이므로 이를 그대로 방치하는 데 대한 상당한 정책적 부담을 안게 될 것으로 보인다. 특히 패널요청서 Section III 조치들이 대부분 금번 판정에서 WTO 비합치 판정을 받은 Section I과 Section II에 적시된 조치들의 하위법령이기 때문에 금번 상소기구 판정으로 인해 실제로 이행의무에서 배제되는 조치는 많을 것으로 보이며, 중국이 이들을 WTO에 합치되는 방식으로 개정하지 않을 경우 EU, 미국 등이 DSU 제21.5조에 따른 이행소송을 제기할 가능성도 있었으나, 2013년 1월 28일 분쟁해결기구 회의에서 중국은 동 기구의 권고를 온전히 이행하였다고 보고하였다.

천연자원 사건은 천연자원의 수출제한과 관련된 최초의 분쟁사례로서 그 의

미가 크다. 금번 제소대상에는 포함되지 않았으나, 희토류(rare earths)의 경우도 전
세계 생산의 97%를 차지하고 있는 중국이 최근 이에 대한 수출제한 조치를 강화하
고 있어 이를 둘러싼 EU, 미국, 일본 등과의 갈등이 커지고 있는 상황이다. 희토류
에 대한 중국의 수출제한 방식이 금번 사건에서 WTO 비합치 판정을 받은 천연자
원들의 수출제한 방식과 유사하기 때문에 EU는 천연자원 사건에 대한 상소기구
판정 이후 중국이 희토류에 대해서도 수출제한 조치를 철회할 것을 촉구한 바 있으
며,[16] 중국이 이를 철회하지 않을 경우 추가적인 분쟁이 예상되어 왔다. 실제로
2012년 3월 13일 EU는 텅스텐, 몰리브덴 등 17종의 희토류에 대한 중국의 수출제
한 조치를 WTO 분쟁해결절차에 제소하였고, 2014년 3월 26일과 8월 7일에 각각
패널보고서와 상소기구보고서가 회람되었는데, 모두 중국의 수출세 및 수출쿼터가
중국의 가입의정서 및 GATT 제11조를 위반하였다고 판결하였다.[17]

3. 한국-EU 간 분쟁사례: 조선분쟁

1) 분쟁 개요

동 분쟁은 한국수출입은행 및 채권은행단들의 국내 조선산업과 관련한 일련
의 조치들과 EU 측이 2000년 말로 폐지했다가 2002년에 일부 재개한 임시보호
제도(TDM: Temporary Defensive Mechanism for Shipbuilding)에 대해 양측이 맞제소한
사건이다. 우선 EU는 2002년 10월 21일 한국이 국내 조선산업에 WTO협정에 불합
치되는 방식으로 보조금을 지급했다며 한국을 제소[18]하여 2003년 7월 패널이 구성
되었으며, 2005년 3월 7일 패널보고서가 회람되었고, 상소절차 없이 2005년 4월
패널보고서가 WTO 분쟁해결기구에서 채택되었다. 한국은 2003년 9월 EU를 맞제
소[19]하여 2004년 3월에 패널이 설치되었고, 2005년 4월에 패널보고서가 회람되고

---

16) European Commission Press Release "WTO rules in favour of EU against China's export restraints
on raw materials" 30 January 2012.
17) *China-Measures Related to the Exportation of Rare Earths, Tungsten and Molybdenum* (DS432).
18) *Korea-Measures Affecting Trade in Commercial Vessels* (DS273).
19) *European Communities-Measures Affecting Trade in Commercial Vessels* (DS301), *European
Communities-Aid for Commercial Vessels* (DS307), 한국은 2003년 9월 3일 제소(DS301)에 이어
2004년 2월 13일 일부사항을 추가하여 다시 제소(DS307)하였다.

별도의 상소절차 없이 2005년 6월 20일에 보고서가 채택되었다. 한국 정부의 보조금 지급 주장과 관련한 사건에서는 중국, 대만, 일본, 멕시코, 노르웨이와 미국이, EU의 보조금 지급사건에 대해서는 중국, 일본, 미국이 제3자로 참여하였다.

우리나라는 1989년부터 1993년까지 조선산업 합리화 조치에 따라 조선시설의 신·증설을 억제해 왔으나, 1993년 말 조선산업 합리화 조치 해제 이후 적극적인 설비확장을 추진해 왔다. 이에 EU 측은 한국 조선업계의 설비확장이 세계 조선시장에서의 공급과잉 상태를 유발하여 세계 조선가를 하락시키고 있다는 불만을 갖기 시작하였다. 한국은 1990년 수주량 574만 GT(총 톤수)로서 시장점유율이 23.8%였으나, 1999년에는 수주량 1,184만 GT, 시장점유율 40.9%로서 일본을 추월하여 세계 1위의 조선 수주 실적을 기록하였다. 반면 EU의 경우 1990년 수주량 425만 GT, 점유율이 17.6%에서 1999년에는 수주량 368만 GT, 점유율 12.7%로 크게 하락하면서, EU 측의 불만이 한국 조선업계로 집중되었다.[20] 이러한 가운데 한국은 1997년 금융위기를 맞이하였고, 한라중공업, 대동조선 및 대우조선 등이 부도위기에 직면하였으나, 채권단의 주도하에 이루어진 워크아웃 등을 통해 회생되었다.

1999년부터 EU는 한국의 조선산업의 구조조정 과정에서 한국 정부가 조선산업에 보조금을 지급하였다고 주장함으로써 조선보조금 문제가 양자 간 통상 분쟁화되었다. 이에 따라 양자 간 협의를 거쳐 2000년 6월 한-EU 조선합의록을 체결하였으나, 2000년 10월 유럽조선협회(CESA)는 유럽집행위원회에 한국의 조선보조금 사안을 TBR 절차에 제소하였다. 집행위원회는 이와 관련된 조사를 2000년 12월에 개시하였고, 조사 결과 우리 정부가 조선소에 보조금을 지급하였으며, 이로 인해 EU 조선업계가 실질적인 피해를 입었다고 결론을 내렸다. 이러한 결론에 근거하여 2002년 6월 EU이사회는 한국 조선산업에 대한 WTO 제소 결의안을 채택하였다. 이후 2002년 9월 말까지 한-EU 조선 실무협의 및 고위급 협의 등이 개최되었으나, 최소목표가격 수준에 대한 양국 간 이견으로 결렬되었으며, EU는 2002년 10월 WTO에 제소하였다.

한편 EU는 1998년 6월 이사회규칙을 통해 역내 조선소들에 지급하던 9%의

---

20) 백웅재, "EU의 한국 조선산업 WTO 제소결정과 향후 전망," 「세계경제」(서울: KIEP, 2002), 78-79면.

운영보조금을 2000년 말로 폐지하고, 이를 혁신보조금, 연구개발 및 신기술 개발 지원금으로 대체키로 하였다. 그러나 EU 조선업계는 운영보조금이 중단될 경우 존립이 어렵다고 동 보조금의 연장을 강력하게 주장해 왔다. 이러한 주장을 받아들여 2002년 6월 EU이사회는 한국 조선산업에 대한 WTO 제소결의와 함께 조선산업에 대한 임시보호 제도(TDM: Temporary Defensive Mechanism for Shipbuilding)를 재도입하여, 개별 회원국들의 운영보조금, 구조조정보조금, 잠정보조금 등의 지급을 재개하였다. 특히 동 보조금은 한국과 경쟁하는 경우에만 선박가격의 60%까지 지급하였다. 2002년 10월 EU의 제소 이후 2002년 11월, 12월, 2003년 5월에 개최된 양자회담이 성과 없이 끝나고, 2003년 7월 패널이 구성되어 WTO 분쟁절차 진행이 불가피해지게 됨에 따라 2003년 9월 한국은 EU의 보조금조치에 대해 WTO에 맞제소하였다.

2) 쟁점 및 주요 판정결과: 한국의 조선보조금 사건(DS273)

EU는 동 사건에서 한국수출입은행(이하 "수은") 및 채권은행단이 취한 일련의 조치들이 보조금협정상 금지보조금 및 조치가능 보조금에 해당한다고 주장하였다. EU 측이 제기한 조치들에는 우선 한국수출입은행법, 이자수수료 규정 등 수은과 관련된 법적 체제(legal regime), 둘째 수은이 운영하는 선수금환급보증(APRG: Advance Payment Refund Guarantee) 프로그램과 제작금융(PSL: Preshipment Loan) 프로그램, 셋째 동 프로그램에 따라 수은이 개별기업에 제공한 선수금환급보증 및 제작금융 거래, 넷째 대우중공업 등 조선업체에 대해 채권금융기관들이 행한 부채의 만기연장, 이자감면 및 출자전환조치 등 제반 기업구조조정 조치, 마지막으로 조세특례제한법에 따른 대우중공업, 대우조선해양에 대한 세금감면 조치 등이 해당된다.

WTO 패널은 우선 수은과 관련된 체제, 선수금환급보증 및 제작금융 프로그램 자체는 혜택(benefit)의 이전을 강제하고 있지 않다고 보고, 이러한 체제 및 프로그램 자체가 WTO 보조금협정 위반이라는 EU 측 주장을 기각하였다. 선수금환급보증이란 만약 한국의 조선업체가 선박수출계약을 이행하지 못할 경우 선박구매자가 수출업자에게 지불한 선수금과 이자의 환불을 보증하는 것을 말한다. 이러한 보증에 대해 한국의 선박수출업자는 최저기준율에 자사의 신용 및 시장위험도를 감안한 추가가산을 더한 수수료를 지불한다. 제작금융 또는 인도전금융이란 한국의 수출업자들에 대해 생산자금의 조달을 지원할 목적으로 수출계약과 관련하여 한국기업에게 이루어지는 대출을 말한다. 다만 선수금환급보증 및 제작금융 프로그램에 따른 일부 거래의 경우 시장에서 이용가능한 조건과 비교하여 볼 때, 유리한 조건으로 제공되었으므로 혜택이 인정된다고 보고, 수출을 조건으로 제공되는 것이므로 협정상 금지된 수출보조금에 해당한다고 보았다. 또한 이들 보조금이 수출보조금에 해당하더라도 수출보조금 예시목록 (j) 및 (k)호의 반대해석으로 수출보조금에서 면제되어야 한다는 한국 측 주장을 기각하였다.

일반 금융기관들의 구조조정 조치와 관련하여 패널은 이들 금융기관들이 정부의 위임 또는 지시(entrustment or direction)를 받아 구조조정에 참여했다는 증거가 없으며, 수출입은행, 산업은행, 기업은행, 자산관리공사, 예금보험공사, 한국은행 등 공공성이 인정된 6개 기관의 구조조정 절차 참여도 상업적 고려에 의한 것이므로 대우조선, 삼호조선, 대동조선 등에 대한 구조조정 조치는 WTO 보조금협정상 정부의 보조금이 아니라고 판정하고, 대우중공업 및 대우조선해양에 대한 조세감면을 통해 보조금을 받았다는 주장도 기각하였다. 그리고 선수금환급보증 및 제작금융 거래가 조선산업의 가격하락과 상승억제를 통해 EU의 이익에 심각한 손상을 가져왔다는 EU 측 주장에 대해서도 보조금을 받은 거래의 총체적 영향(the aggregate effect)이 LNG 운반선, 제품운반선, 컨테이너선 등 해당되는 각각의 상품 전체에 대해 상당한 가격하락을 초래했다는 것을 입증하는 증거가 없다고 판정하고, 이를 기각하였다. 결론적으로 패널은 선수금환급보증 및 제작금융 거래로 인한 보조금 조치를 90일 이내 철회할 것을 권고하였다.

3) 쟁점 및 주요 판정결과: EU의 조선보조금 사건(DS301, 307)

한국은 EU의 TDM 규정과 이에 근거한 회원국들의 각종 보조조치가 GATT 제3조상 내국민대우와 제1조 최혜국대우, 보조금협정, 분쟁해결양해(DSU) 등을 위반하였다고 주장하였다. 패널은 TDM에 의해 제공되는 국가보조가 국내 생산자 보조금에 대한 예외를 규정하고 있는 GATT 제3조 제8(b)항의 적용대상이므로 TDM 규정 및 이에 근거한 회원국들의 보조조치들은 GATT 제3조 제4항의 내국민대우 의무를 위반하는 조치가 아니라고 평결하였다. 또한 TDM 규정이 GATT 제1조상의 최혜국대우에 위반되는지 여부에 대해서도 패널은 TDM 규정은 GATT 제3조 제8(b)항의 적용대상으로서, GATT 제3조의 사안에서 제외되기 때문에 GATT 제1조 제1항의 대상이 되는 "제3조 제2항 및 제4항에 언급된 사안"이 될 수 없으며, 따라서 TDM 조치들은 GATT 제1조 제1항의 최혜국대우 의무를 위반하는 조치가 아니라고 평결하였다. 또한 TDM 규정은 보조금협정 제32조 제1항에서 말하는 다른 회원국 보조금에 대응하는(against) 행위가 아니기 때문에 동 조항을 위반하는 조치가 아니라고 판단하였다.

TDM 규정의 DSU 위반여부와 관련하여 EU는 TDM에 따른 국가보조는 WTO 양허 또는 의무의 중지 형태가 아니므로 제23조 제1항 위반이 아니라고 주장하였으나, 패널은 이러한 주장을 배격하고 EU가 TDM 규정을 통해 DSU 제23조 제1항이 DSU 절차를 통해 추구하도록 요구하고 있는 결과를 일방적으로 추구했다고 판결하고, TDM 규정 및 이에 근거한 회원국들의 보조금조치들은 상대국의 WTO 위반행위에 대해 WTO 분쟁해결절차를 거치지 않은 일체의 일방적 구제조치를 금지하고 있는 DSU 제23조 제1항을 위반한 것이라고 결정하였다.

4) 이행현황

한국의 보조금 사건과 관련하여 패널은 대우조선, 삼호조선 및 대동조선 등 채권단의 구조조정 지원이 WTO 보조금협정상 정부의 보조금이 아니라고 판정하고, 수출입은행의 제작금융, 선수금환급보증 등 제도 자체가 보조금협정에 위배되지 않는다고 판정하였다. 이에 따라 한국은 수출입은행의 제작금융 및 선수금환급보증제도를 계속 유지할 수 있게 되었다. 다만 패널은 일부 제작금융 및 선수금환급보증 조치들을 수출보조금으로 인정하고, 이들에 대해 90일 이내에 철폐하도록 권고하였다. 그러나 실제로 이들 제작금융 및 선수금환급보증은 모두 2004년 말 만기도래로 상환이 완료된 상황이었다. 2005년 4월 분쟁해결기구에서 한국은 이러한 상황을 설명하고 추가적인 이행조치가 불필요하다고 진술하였다. EU는 일단 이러한 한국의 입장에 반대하였으나, 이후 추가적인 이행분쟁을 제기하지는 않았다.

EU의 보조금 사건과 관련하여, WTO 패널은 EU의 TDM 규정 및 이에 근거한 회원국들의 보조금조치에 대해 보조금협정상의 위법성은 없다고 보았다. 다만 TDM 규정이 기본적으로 한국의 위법조치에 대한 제재조치라는 성격을 인정하여, 일방적인 보복조치를 엄격하게 금지하고 있는 WTO 분쟁해결양해 제23.1조에 위반된다고 판정하였다. EU는 2005년 7월 분쟁해결기구에서 TDM 제도를 채택한 이사회규칙이 2005년 3월 말로 만료되어 판정결과의 이행을 완료하였음을 통보하였다.

Ⅳ. DSU 개정협상과 EU

1. DSU 개정협상 개요

WTO 분쟁해결양해(DSU)가 우루과이라운드 협상의 중요한 성과물이긴 하지만, 그 자체로 완벽한 절차라고 볼 수는 없고 실제로 분쟁이 제기되고 해결되는 과정을 검토하여 지속적으로 절차를 개선하는 것이 필요하다고 할 수 있다. 이러한 차원에서 이미 1994년에 WTO 출범과 관련한 각료결정(Ministerial Decision)에서 WTO 출범 후 4년 이내에 DSU 규정에 대해 재검토를 하도록 정하고 있다.[21] 이에 따라 회원국들은 1997년부터 DSU 개정에 관한 논의를 시작하였다. 2001년 11월 도하각료회의에서 DSU 개정협상을 2003년 5월까지 타결하도록 결정함에 따라 분쟁해결기구 특별회의(special session)에서 협상이 보다 활발하게 진행되었다. 그러나 동 시한 내 협상은 타결되지 못하였고, 2004년 8월부터는 별도의 시한 없이 DDA 협상 일정과 별개로 논의가 진행되고 있다. DSU 개정협상은 DDA 협상 전체 패키지(single undertaking)에는 포함되지 않는다.

현재 DSU 개정협상은 2008년 7월 분쟁해결기구 특별회의 의장 보고서에 기초한 12개 주요 쟁점을 중심으로 진행되었다. 12개 쟁점이란 제3자 참여국 권리,

---

21) 정해관, "통상분쟁해결 절차 개선을 위한 협상," 「DDA가 걸어온 길 2001-2006년」(외교통상부), 152면.

패널 구성, 파기·환송(remand), 상호합의 해결, 비밀정보보호, 이행·보복절차 순서 (sequencing), 보복이후 절차, 투명성 및 소송 비당사자 의견(*amicus curie* briefs), 단계 별 시한설정, 개도국 특별대우, 유연성 및 회원국 통제(flexibility and member control), 효과적 이행(effective compliance)으로서, 이들 쟁점들에 대한 공식 협상과 함께 각 쟁점별로 소그룹이 구성되어 비공식 협의도 병행되었다. 2011년 12월 제네바에서 개최된 제8차 WTO 각료회의에서 발표된 의장성명22)에서 WTO 각료들은 분쟁해 결기구가 중요한 자산임을 인정하고, DSU 협상타결 등을 통해 이를 강화해 가기로 하였다. 동 성명에 포함된 의장 요약에서 많은 각료들은 다자통상체제의 예측가능 성과 안정성을 위한 분쟁해결시스템의 중심적 역할과 더불어, DSU 개선 및 최빈개 도국, 소규모취약경제 국가들에 대한 접근성 강화 필요성을 강조하였다. 특히 제8 차 각료회의는 새로운 협상방식으로 '소규모 패키지'의 도입 의지를 확인하고, 다 음 각료회의에서 가시적인 성과를 낼 것을 합의하였다. 그리하여 2013년 12월 발 리에서 개최된 제9차 각료회의에서 DDA 협상 의제 중 무역원활화, 농업 일부(TRQ 관리방식 개선 등), 개도국·최빈개도국 우대(관련 조항 이행 개선 및 모니터링 매커니즘 설치) 등 3개 분야에 대한 합의 도출에 성공하였다. 또한 2015년 12월 케냐 나이로 비에서 개최된 제10차 WTO 각료회의에서는 농업 분야 3개(수출경쟁, 특별긴급관세, 식량안보 목적 공급비축), 면화, 최빈개도국(LOC) 우대 관련 2개 합의가 이루어짐에 따라 발리 패키지에 이어 나이로비 패키지 도출에 성공하였다.

한편 DDA 협상보다 더 오랜 기간 협상이 진행되어 온 DSU 개정협상도 주요 쟁점들에 있어 주요국들의 기존입장 고수로 실질적인 논의 진전은 더딘 상황이다. 대부분의 주요 회원국들이 현행 WTO 분쟁해결절차의 문제점과 개선 필요성 자체 에는 공감하고 있으나, 개별 쟁점에 있어서는 이행·보복절차 순서, 보복이후 절차 등을 제외하고는 의견 차이가 크다. 특히 우리나라, 일본, 캐나다 등은 그동안의 절차 운용상 문제점이 나타난 사항을 중심으로 좁은 범위의 개정을 하자는 입장인 반면, EU, 호주 등은 상설 패널 설치 등이 포함된 보다 넓은 범위의 개정을 주장하

---

22) 제8차 WTO 각료회의(2011.12.15.-17., 제네바)에서는 별도의 각료선언문 채택 없이 각료회의 논의내용을 의장성명(Chairman's Concluding Statement) 형태로 발표하였다. 동 의장성명은 2011월 11월 30일 일반이사회에서 합의한 정치적 지침이 필요한 요소(Elements for political guidance) 및 각료회의 의장의 책임하에 작성된 회의 요약(summary)으로 구성되어 있다.

여 양측 입장이 맞서고 있는 상황이다.

2. EU의 주요 입장[23)

1) 상설 패널 설치

현 DSU는 상설적인 상소기구를 두고 있지만, 1심의 역할을 담당하는 패널은 상설기구가 없이 분쟁사안에 따라 별도의 패널이 구성되고, 제소국과 피제소국의 합의에 의해 3인의 패널위원이 선임된다. 이 중 1명이 패널 의장을 맡는다. 패널위원들은 대개 외교관, 법률가, 통상관계 전문가들로서 별도의 주 직업을 가지고 있으며, 패널위원직은 일시적인 명예차원에서 수행하고 있기 때문에 날로 복잡해져가는 분쟁이슈에 대해 충분한 시간을 내서 검토하기 어려운 경우가 많다.

EU는 이러한 문제점을 고려하여 15~24명 규모의 회원국 정부와 완전히 독립적이며 국제통상법, 경제 및 정책에 전문성을 갖춘 상근 패널위원을 임명하는 방안을 제안하고 있다. EU는 상근 패널위원을 둠으로써 매 분쟁마다 요건을 갖춘 패널위원을 선임하기 위한 시간낭비를 막을 수 있으며, 상근 패널위원은 전문성을 가지고 WTO 분쟁에만 전념할 수 있다는 점, 보다 일관된 WTO 규범 해석이 가능하며, 이에 따라 상소기구에 의한 패널 결정의 번복 가능성이 줄어들 것이라는 점을 강조하고 있다. 또한 상설 패널 설치 시 미국 및 유럽국가 등 선진국 인사들 위주로 패널이 구성될 가능성이 높다는 비판을 의식하여, 오히려 현재 35% 수준에 불과한 개도국 출신 패널위원의 비율을 더 높일 수 있다고 주장하고 있다. 그러나 미국을 포함한 상당수 회원국들은 상설 패널 설치 시 당사국 간의 협상과 사법절차가 적절히 조화되어야 하는 패널절차가 지나치게 사법화된다는 점에서 이에 반대하고 있다.[24)

---

23) 상세한 EU 측 입장은 EU 측 제안서(TN/DS/W/1 및 TN/DS/W/38) 참조.
24) Thomas Cottier, "Proposals for Moving from Ad hoc Panels to Permanent WTO Panelists," *The WTO Dispute Settlement System 1995-2003*, Vol. 18, edited by Federico Ortino and Ernst-Ulrich Petersmann (Hague: Kluwer Law International, 2004), p.32.

2) 판정결과 이행관련 규정 명확화

EU는 DSU 개정과 관련하여 판정결과 이행에 관한 규정들을 보다 명확히 할 것을 주장하고 있다. 대표적인 것이 이행-보복절차 순서, 즉 소위 "sequencing" 이슈이다. 현행 DSU는 제21.5조에 따른 이행여부에 대한 패널절차와 제22.6조에 따른 보복조치의 승인을 위한 분쟁해결기구 승인절차 간 우선순위에 관해 명확한 규정이 없다. 보복조치 승인을 위해서는 이행여부에 대한 판정이 선행되어야 함이 합리적으로 보이나, 오히려 WTO 판례는 보복조치의 승인이 이행패널의 결정보다 먼저 이루어질 수 있다는 주장을 지지하고 있다.[25] 이러한 문제점은 미국과 EU 간의 바나나 분쟁[26]에서 미국이 EU의 이행조치에 대해 제21.5조하의 이행여부에 대한 패널 설치 요구와 제22.6조하의 보복조치 승인을 동시에 분쟁해결기구에 요청하면서 첨예한 갈등부분으로 대두된 바 있다. EU는 이러한 WTO 분쟁해결양해 규정의 불명확성으로 인해 법적 안정성 및 예측가능성이 저해되고 있으므로 양자 간 우선순위에 대한 규정을 명확히 하자고 제안하고 있으며, 동 사안에 관해서는 대부분의 회원국들 간에 컨센서스가 형성되어 있는 상황이다.

또한 판정결과 불이행 시 제재수단과 관련하여 현행 DSU상에는 추가적인 양허를 통한 보상조치와 상대국의 양허정지를 통한 보복조치를 모두 규정하고 있으나, 현실적으로는 보복조치가 대부분 사용되고 있다. EU는 기본적으로 양 당사자에 모두 피해를 주는 보복조치보다는 보상조치가 보다 바람직하다는 입장으로서, 이를 위해 불이행에 따른 피해수준을 조기에 산정하여 보복조치보다는 보상조치를 유도하자고 제안하고 있다. 현행 DSU 절차에서는 승소국이 우선 분쟁해결기구의 보복조치 승인을 요청한 후, 패소국이 보복수준 등에 대해 이의가 있을 경우 중재인을 통해 피해수준에 관한 결정을 내리도록 하고 있다. EU는 보복절차가 개시되기 이전에 중재절차를 통해 피해수준을 결정하고, 이를 기초로 보상협상을 할 수 있도록 하자는 입장이다. 또한 미국이 자국 통상법을 통해 주기적으로 보복상품

---

25) Petros C. Mavroidis, "Proposals for Reform of Article 22 of the DSU," *The WTO Dispute Settlement System 1995-2003, supra* note 24, p.64.

26) *European Communities-Regime for the Importation, Sale and Distribution of Bananas* (DS27).

리스트를 개정하는 소위 "carousel" 제도를 겨냥하여, 이러한 조치가 실제 보복조치에 따른 피해규모를 배가시킨다고 주장하고, DSU 개정을 통해 명시적으로 일방적인 보복대상 품목의 수정을 금지시킬 것을 주장하고 있다.

판정결과의 이행은 아니지만 상소기구의 판정과 관련하여, EU는 상소기구의 환송권한 도입을 제안하고 있다. *EC-Asbestos* 사건[27]이나 하이닉스 사건[28]에서와 같이 현행 DSU 절차상 상소기구가 패널의 일부 협정해석을 번복한 후에 사실과 관계된 구체적인 판단을 할 수 없어 정작 해당조치의 협정 위반에 대한 판정이 이루어지지 못하는 경우가 종종 발생하고 있다. 이를 해결하기 위해 EU는 국내법원의 파기·환송 절차와 같이 상소기구가 패널에 상소기구의 새로운 협정해석에 따라 사실관계를 다시 검토하고 이를 근거로 새로운 판정을 내릴 것을 명령하는 절차를 도입하도록 제안하고 있다. 다만 일부 회원국들은 이 절차가 도입될 경우 파기·환송이 남용되어 분쟁해결절차가 지연될 가능성에 대한 우려도 제기하고 있다.

3) 절차의 신속성 및 투명성 제고

분쟁해결절차의 신속성과 투명성 제고도 EU가 중요하게 추진하고 있는 분야이다. EU는 분쟁해결절차의 목적 자체가 신속한 분쟁해결이라고 보고, 분쟁을 가능한 조기단계에서 해결할 수 있어야 한다고 주장하고 있다. 실제로 분쟁해결에 지나치게 장시간이 소요될 경우 분쟁절차에 들어가는 법률비용 및 분쟁기간 중 해당 기업의 손실 등을 고려할 때 분쟁해결절차의 실효성이 크게 상실된다. 이에 따라 EU는 현행 협의기간 60일을 30일로 줄이고, 패널 설치 시에도 피제소국의 거부 기회 없이 즉시 설치하도록 제안하고 있다. 그러나 EU를 비롯한 선진국들의 경우 통상법 분야의 인력이 많아 단기간 내에도 분쟁에 적절하게 대응할 수 있으나, 개도국들은 분쟁에 대응할 수 있는 인력이 훨씬 부족한 상황이므로 분쟁기간을 단축할 경우 이에 대한 대응이 어려워지기 때문에 EU의 주장에 반대하고 있다. 이러한 상황을 고려하여 EU는 개도국이 분쟁당사국인 경우에는 현행대로 60일의

---

27) *European Communities-Measures Affecting Asbestos and Products containing Asbestos* (DS135).
28) *United States-Countervailing Duty Investigation on Dynamic Random Access Memory Semiconductors (DRAMS) from Korea* (DS296).

협의기간 및 패널 설치 1회 거부 기회를 보장할 것을 제안하고 있으나, 인도, 말레이시아 등은 개도국에 대해서는 현행 절차보다도 오히려 시한을 더 연장할 것을 주장하고 있는 상황이다.

또한 EU는 WTO체제에 대한 일반인들의 신뢰와 지지를 확보하기 위해 투명성 제고가 필요하다고 주장하고 있다. 현행 WTO 분쟁해결절차는 비공개 진행을 원칙으로 하고 있다. EU는 일반인들의 알 권리 보장과 분쟁해결의 효율성을 모두 고려할 수 있도록 패널 및 상소기구 절차의 공개 여부에 대한 보다 상세한 모델리티를 개발할 것을 제안하고 있다. 또한 현재 개별 사안별로 허용되고 있는 소송 비당사자 의견(*amicus curie* briefs)을 모든 분쟁 시 허용하는 것으로 확대하고, WTO 패널이 관련되는 국제기구와의 협의를 보다 강화해 나갈 것을 제안하고 있다. 반면 투명성 제고에 반대하는 입장에서는 국가간 분쟁을 공개적으로 진행할 경우 필요 이상으로 갈등이 부각될 수 있으며, 이는 당사국 간 합의에 의한 분쟁해결 여지를 현저히 축소시킨다는 점을 지적하고 있다.[29] 아울러 소송 비당사자의 입장제시가 확대될 경우 분쟁에서 다루어야 하는 논점이 더욱 확대되어 개도국들의 분쟁대응에 추가부담 발생 등의 문제도 제기되고 있다.

V. 결 론

1995년 WTO 출범 이후 EU의 WTO 분쟁해결 사례를 살펴보면 제소 및 피제소 측면에서 모두 미국과의 비중이 가장 크다. 그러나 중국의 WTO 가입 및 중국과의 교역규모가 늘어나면서 2006년 이후 EU의 제소 측면에서는 중국에 대한 WTO 분쟁 제소가 가장 많은 상황이다. 우리나라의 경우 2004년 EU와 맞제소 분쟁이었던 조선분쟁 이후 WTO 차원의 분쟁사례는 없으나, 우리나라와 EU 간 교역규모 및 EU가 우리나라의 최대 투자자임을 감안할 때, EU와의 WTO 분쟁가능성은 항상 내재되어 있다고 보고 우리 정부와 기업 모두 이에 대비할 필요가 있다.

---

29) William J. Davery, "Proposals for Improving the Working Procedures of WTO Dispute Settlement Panels," *The WTO Dispute Settlement System 1995-2003*, *supra* note 24 p.20.

한-EU 관계는 2015년 12월 13일 한-EU FTA의 발효 이후 새로운 단계에 접어들었다. 한-EU FTA는 WTO협정 이상의 자유화를 규정하고 있으며, 별도의 분쟁해결절차를 갖추고 있으나 양자관계에 있어서 여전히 WTO 분쟁해결절차는 중요한 의미를 갖는다고 볼 수 있다. 한-미 FTA와 마찬가지로 한-EU FTA의 경우도 상품, 서비스 자유화 및 지재권 보호를 위한 규범과 관련하여 기본적으로 WTO규범을 기본으로 하여 이를 발전시킨 형태이다. 따라서 FTA 자체적인 판례가 아직 축적되지 않은 상황에서 EU와 분쟁이 발생할 경우 유사한 규범에 관련된 EU의 기존 WTO 사례를 면밀히 분석하여 이를 기초로 대응할 필요가 있다. 또한 한-미 FTA와 한-EU FTA 모두 WTO규범과 중복되는 규범과 관련된 분쟁 발생 시 WTO 분쟁해결절차 이용가능성을 배제하지 않고 있다. 즉 특정 분쟁 발생 시 그 분쟁이 FTA와 WTO규범에 동시에 관련될 경우 제소국에서 FTA 분쟁해결절차와 WTO 분쟁해결절차 중 선택이 가능하므로 두 절차를 모두 염두에 두고 대응전략을 마련해야 할 것이다.

한-EU FTA의 발효에 따라 우리 기업들의 대EU 진출이 교역 및 투자 면에서 모두 활발해질 것으로 기대되며, 이에 따라 EU 또는 개별 회원국 차원의 WTO에 합치되지 않는 규제로 각종 애로사항을 겪을 가능성도 보다 높아졌다고 볼 수 있다. 이러한 차원에서 볼 때, 향후 EU 측의 분쟁제소 가능성에 대한 대응뿐만 아니라 우리 기업들의 EU시장 진출의 장애요인 철폐 차원에서도 WTO 분쟁해결절차를 계속해서 적극적으로 사용할 필요가 있다. EU의 경우 1995년 1월 1일 WTO 출범과 함께 무역장벽규칙(TBR: Trade Barrier Regulation)을 운영하고 있다. 동 제도에 따라 EU의 관련 산업협회, 무역장벽의 피해를 입은 자연인, 기업 그리고 회원국 정부는 유럽집행위원회에 청원을 제기할 수 있고, 이후 유럽집행위원회의 조사 및 관련국과의 협상과 이를 통해 해결되지 않을 경우 WTO 제소 등 구제절차 등이 제도화되어 있다. 미국의 경우도 Trade Act of 1974의 제301조하에서 국내 경제주체들의 제소를 기초로 USTR이 분쟁해결절차에 제소 여부를 심사하는 제도가 구비되어 있다. 우리나라도 우리 기업들이 EU시장에서 겪게 될 각종 애로사항의 효과적인 대응을 위해 우리 기업들의 피해와 WTO 분쟁해결절차 및 각종 FTA상의 분쟁해결절차를 연계하는 통합적인 규범 제정을 검토할 필요가 있다.

EU의 FTA 정책과 실제

I. 서 론

GATT 제1조는 WTO회원국의 동종상품 간 차별을 금지하는 최혜국대우 원칙을 규정하고 있다. 이러한 최혜국대우 원칙은 GATT 제3조에서 규정하고 있는 내국민대우 원칙과 함께 WTO 다자무역체제를 지탱하는 가장 근원적이고 중요한 원칙이라고 할 수 있다. 다만 GATT 제24조는 WTO회원국들끼리 자유무역지대나 관세동맹과 같은 지역무역협정을 맺는 경우 이러한 협정이 회원국 상호 간 "실질적으로 모든 무역"(substantially all the trade)에 관하여 무역장벽을 철폐해야 하고, 회원국이 아닌 국가에 대해 무역장벽을 더 높이지 말아야 하는 등 일정한 요건 충족을 조건으로 최혜국대우의 예외를 인정해 주고 있다. GATS 제5조도 서비스 분야와 관련하여 GATT 제24조와 유사한 예외를 규정하고 있다. 그러나 현실적으로 FTA를 비롯한 지역무역협정은 예외가 아닌 대세가 되어가고 있다. 2018년 4월 현재, 총 459개의 지역무역협정이 GATT 및 WTO에 통보되었다.[1] 특히 GATT체제하의 47년간 124개의 지역무역협정이 통보된 반면, 1995년 WTO 출범 이후 335개의 협정이 통보되어 오히려 WTO 출범 이후 지역무역협정의 급속한 확산을 보여주고 있다.[2] 현재 전세계 교역량의 50% 이상이 지역무역협정에 따른 특혜관세하에 이루어지고 있는 현실이고, 최근 DDA 협상의 부진과 함께 지역무역협정의 확산은 더욱 가속화되는 경향을 보이고 있다.

EU는 국제적으로 이러한 지역무역협정 확산을 주도하고 있다. 사실 오늘날

---

1) http://rtais.wto.org/UI/PublicSearchByMemberResult.aspx?MemberCode=918&lang=1&redirect=1(2018년 4월 30일 방문).
2) https://www.wto.org/english/tratop_e/region_e/regfac_e.htm(2018년 4월 19일 방문).

EU가 자유무역지대에서 출발하여 관세동맹, 공동시장을 거쳐 경제동맹의 단계로까지 경제통합을 이루었다는 점에서 이러한 현상은 어쩌면 당연하다고 볼 수 있다. EU는 WTO 다자무역체제의 유지 및 발전을 통상정책의 최우선 정책순위로 삼고 있기는 하지만, 인근 국가 및 과거 식민지 국가들과의 정치적 유대 필요성을 포함한 다양한 정책목적을 위해 수많은 국가들과 다양한 통상 관련 협정들을 체결해왔다. 특히 2006년에 채택된 "Global Europe" 전략에 따라 소위 신세대 FTA(new generation FTA)를 적극적으로 추진하고 있다. FTA를 통하여 EU는 상품 및 서비스 시장의 개방, 투자 기회의 확대, 통관절차 개선 및 기술요건 완화, 지재권·경쟁 등 무역규범의 강화 등을 도모하고 있다.

한-EU FTA가 2015년 12월 13일자로 전체 발효되었다. 이에 따라 우리 기업들이 한-EU FTA를 활용하여 EU시장을 확보하기 위해 피나는 노력을 전개하고 있다. 이러한 상황에서 세계 최대 경제권인 EU의 FTA 추진정책은 국제적으로도 중요한 이슈이지만, 특히 우리나라로서는 반드시 관심을 가지고 지켜보아야 할 내용이다. 우선 우리 기업들이 한-EU FTA로 인한 선점효과를 효과적으로 누리기 위해서는 EU와 제3국과의 FTA 추진 동향을 주의 깊게 지켜보아야 한다. 경쟁국과의 FTA가 체결될 경우 우리 기업이 누리는 상대적인 가격경쟁력 우위가 상쇄될 것이므로 이들 FTA가 체결되기 이전에 한-EU FTA 효과를 최대한 활용하여 EU시장에서 기반을 잡을 수 있도록 영업 전략을 마련해야 할 것이다. 또한 전세계에 투자진출을 하고 있는 우리 기업들의 입장에서는 투자진출 국가와 EU 간의 FTA 추진 상황 역시 글로벌 경영전략에 반영해야 할 중요한 고려요소라고 할 수 있다.

이하에서는 그동안 EU가 추진해 온 FTA 정책의 주요 특징과 2006년 Global EU 전략 채택 이후 변화된 FTA 정책 등을 살펴보고, EU의 FTA 추진 현황 및 전망을 대상 지역별로 상세히 살펴보기로 하겠다.

II. EU의 FTA 정책

1. EU의 FTA 추진 정책

　　EU는 시장경제와 자유무역체제를 표방하고 있는 세계 최대 경제공동체로서 WTO 다자무역체제 유지 발전을 통상정책의 최우선 정책순위로 삼고 있지만, EU 가입후보국에 대한 사전 준비, 인근국가 및 과거 식민지 국가들과의 정치적 유대 강화, 시장접근 개선 및 통상현안 해결, 협정대상국 또는 지역의 경제개발을 지원하기 위한 필요성, 여타 지역통합 움직임에 대한 대응 등 여러 가지 목적들을 위해 1970년 공동통상정책이 실시된 이후 여러 역외국가들과 다양한 형태의 통상 관련 협정들을 체결해 왔다.

　　EU의 출범 자체가 FTA에서 비롯된 것이다. 1957년 로마조약에 의해 6개 회원국으로 설립된 유럽경제공동체(EEC)는 역내국가 간 모든 관세와 수량제한을 1969년까지 철폐하도록 규정하고 있었다. 이는 GATT 제24조 및 GATS 제5조에 따른 FTA로서 GATT에 통보되었고, 이후 추가 회원국 가입으로 EU가 확대될 때마다 GATT/WTO에 통보되었다. 물론 로마조약에 의해 설립된 유럽경제공동체는 역내 관세 및 수량제한을 철폐한 FTA 차원을 넘어 대외적으로 공동관세를 운영하는 관세동맹이다. 이러한 관세동맹으로서의 성격에 기초하여 EU는 제3국과의 FTA 체결 등 공동통상정책을 운영하였다. EU관세동맹은 당초 목표연도보다 1년 앞선 1968년에 수립되었으나, 본격적인 공동통상정책은 EEC조약 제111조에 의거, 각 회원국이 통상정책을 공동으로 실시할 수 있도록 제3국과의 무역관계를 조정하는 작업이 완료된 1970년 1월 이후부터 유럽집행위원회에 의해 본격적으로 실시되어 왔다.[3]

　　1970년 공동통상정책의 실시 이후, EU회원국들의 해외영토지역(Overseas Countries and Territories)과의 FTA가 1971년 1월 1일에 발효되었고 스위스, 리히텐슈타인, 아이슬란드, 노르웨이 등 EFTA 국가들과의 FTA가 1973년 중에 발효되었

---

3) 주벨기에 · 유럽연합대사관(편), 「EU정책브리핑」, 개정판(외교부, 2016), 125-126면.

다. 2018년 4월 17일 현재, EU는 발효 기준 40개의 FTA를 체결하고 있다.[4] EU가 출범한 이후 유럽, 아프리카-카리브해-태평양(ACP) 국가, 지중해 국가, 중남미 국가 등 전세계에 걸쳐 지역무역협정을 체결해 왔고, 개도국들을 대상으로 광범위한 일반특혜관세제도(GSP)를 운영하고 있기 때문에 정작 WTO에 양허된 최혜국대우 관세율을 적용받는 나라는 소수에 불과하다.

　EU가 체결한 지역무역협정들은 다양한 형태를 띠고 있음에도 몇 가지 특징을 발견할 수 있다. 우선 상품무역 자유화를 추구하면서, SPS/TBT, 서비스 시장 개방 확대, 투자자유화, 지식재산권 보호, 기술표준분야 조화, 경쟁, 정부조달, 무역구제조치 및 분쟁해결절차 등 다양한 분야를 협정대상에 포함시키기 위해 노력하고 있다는 점이다. 이는 공산품의 관세철폐에 국한한 시장개방만으로는 개방효과가 크지 않다는 평가에 따라 가능한 많은 분야를 협정에 포함시켜 개방효과를 극대화하기 위한 노력이라고 볼 수 있다. 2006년 Global Europe 전략 추진 이후에는 이러한 원칙이 더욱 강화되었다.

　물론 협상대상국의 경제적 여건을 고려하여 GCC 국가들처럼 석유 이외에 별다른 산업이 없는 경우에는 농업, SPS/TBT 등 관련이 없는 분야는 협상대상에서 제외한 사례도 있다. 시장개방과 관련하여 EU가 추진해 온 FTA의 특징은 상대국의 경제발전 정도나 지역적 여건을 감안하여 완전한 개방에 이르는 잠정기간을 다양하게 설정하고 있다는 점이다. 협상대상국의 경제발전단계가 낮은 경우에는 개방을 1, 2단계로 나누어 우선 통합이 낮은 수준에서 시작해서 추후 포괄적인 개방을 추진하는 방식으로 진행하고 있고, 시장개방에 있어 엄격한 상호주의 대신 비대칭적 자유화가 적용되어 EU가 먼저 시장을 개방하도록 하고 있다.

　둘째로 EU는 협정체결국과 다양한 협력관계를 규정하기 위해 단순한 특혜무역협정 보다는 제휴협정(AA: Association Agreements)이라는 명칭하에 FTA 부문, 정치대화 부문, 경제협력 부문 등 세 부문으로 구성된 포괄적인 협정을 체결한 사례가 많다. 정치대화에서는 인권, 민주주의, 반테러, 대량살상무기, 이민 등 분야에서의 협력이, 경제협력 부문은 교육, 보건, 세관, 표준, 능력배양 등 다방면에 걸쳐

---

4) http://rtais.wto.org/UI/PublicSearchByMemberResult.aspx?MemberCode=918&lang=1&redirect=1(2018년 4월 19일 방문).

협력 사업을 규정하고 있다. EU가 제휴협정 형태를 추진하는 것은 FTA를 외교정책의 일환으로 활용해 온 EU의 통상정책에서 연유한다. 특히 인접국에 대한 통상정책은 인접국들의 개혁과 민주화 이행을 위한 유인책으로서의 기능뿐만 아니라 경제발전 지원을 통한 불법 이민 예방수단으로도 활용되고 있다.

　　마지막으로 EU는 중앙아메리카와의 FTA와 같이 단일 국가들과의 개별적인 FTA뿐만 아니라 지역협력체와의 FTA 체결(bi-regional approach)을 추진하는 경향을 보여주고 있다. 물론 여러 국가와의 연합체와 협상을 진행하는 것은 개별 국가별 경제발전단계 및 이에 따른 이해관계의 차이 때문에 현실적으로 쉽지 않기 때문에 안데스공동체(Andean Community)나 ASEAN의 경우처럼 당초 지역협력체와의 협상개시 후에 이를 중단하고, 개별 회원국과의 FTA 협상을 진행하고 있는 사례도 많다. EU는 지역협력체와의 FTA를 통해 EU와 해당 지역 간 시장자유화(inter-regional liberalization)의 혜택과 함께 해당 지역의 역내 자유화(intra-regional liberalization)를 통해 교역 및 해외 투자유입 확대 등을 유도하여 동 지역의 경제개발과 통합을 촉진시킬 수 있는 장점이 있다고 보고 있다.[5] EU가 해당 지역과의 FTA를 통해 외교관계를 강화하려는 고려도 작용한 것으로 보인다.

2. EU의 통상전략과 FTA

1) Global Europe 전략

　　EU가 공동통상정책의 초기부터 FTA를 포함한 지역무역협정 체결을 추진해 왔으나, 국제교역 자유화 측면에서 우선순위는 GATT와 WTO에 기반을 둔 다자무역체제에 두어 왔다. 특히 2001년 11월 DDA 협상 개시 이후 DDA 협상 종료 전까지는 새로운 양자협상을 개시하지 않겠다는 원칙(소위 Lamy Doctrine)을 고수해 왔다. 그러나 미국, 일본, 중국 등 주요 경쟁국들이 적극적으로 양자 간 FTA 정책을 추진하면서 세계 주요시장, 특히 급속히 커지고 있는 아시아 시장에서 상대적으로 차별을 받게 되고, 시장에서 밀려날지도 모른다는 우려가 EU업계 내에서 확산되었

---

5) Lars Nilsson, "Regional trade agreements: An EU perspective" (2007).

다. 아울러 DDA 협상이 주요국 간 이견이 계속되면서 지지부진한 가운데, EU가 혼자서만 DDA 협상에만 전념할 필요가 있는지 회의감을 갖게 되는 한편, 경쟁국들과 마찬가지로 과거 외교정책의 일환으로 추진하던 일방적인 특혜무역협정 체결 방식에서 벗어나 경제적 관점에서 상호적인 특혜협정을 체결할 필요성을 절감하게 되었다.

2006년 10월 4일, Peter Mandelson 집행위원은 새로운 통상정책이라고 할 수 있는 Global Europe 전략6)을 발표하였다. 동 보고서에서 EU는 FTA가 WTO 다자 통상체제와 배치되지 않는 보완적인 도구가 될 수 있음을 강조하였다. 즉 FTA는 WTO를 위시한 국제통상규범의 바탕 위에 시장개방과 통합을 증진시키고, 다자무대에서 논의하기 어려운 투자, 정부조달, 경쟁, 여타 규제관련 이슈, IPR 등을 다룰 수 있고, 이를 통해 동 이슈들에 대한 향후 다자적 논의의 기반이 될 수도 있다고 보고 있다. 물론 FTA가 비차별원칙을 훼손시키고 취약한 경제를 소외시킴으로써 다자무역체제에 위협을 줄 우려도 있기 때문에 EU는 FTA의 장점을 살리면서 이러한 우려를 해소하기 위해 향후 포괄적이고 WTO협정 이상의 수준 높은 FTA를 추구하겠다고 밝히고 있다. 즉 서비스 및 투자부문 자유화를 포함한 최대한의 무역 자유화를 지향해야 하며, 수입에 대한 수량제한 및 수출세 등 각종 수출제한 철폐, 규제조화를 통한 비관세장벽 제거 및 높은 수준의 무역원활화 규정, IPR, 경쟁조항 등을 FTA 협정에 포함시키도록 하겠다고 밝힌 바 있으며, 아울러 FTA 추진시 지속가능한 발전 측면도 고려하여 협정에 환경 및 노동권 보장 등의 내용 포함도 추진해 나간다는 입장이다.

Global Europe 전략은 EU의 기존 FTA 정책이 인근국 정책 및 개도국 개발지원 목표달성에는 기여하였지만 아시아 지역을 포함, 국제교역에서 EU의 이익 확보에는 미흡하였음을 인정하고 있다. 이에 따라 새로운 FTA 추진에 있어서는 경제적 요소가 주요 역할을 해야 한다고 강조하면서 새로운 FTA를 추진할 대상국 선정에 있어 시장잠재성(경제규모 및 성장측면)과 관세 및 비관세 등 보호수준 그리고 여타 경쟁국들과의 FTA 협상 여부 등의 기준을 제시하였다. 이러한 기준에서 한국,

---

6) European Commission, Global Europe: Competing in the World: a Contribution to the EU's Growth and Job Strategy, 2006.

ASEAN, MERCOSUR를 우선 추진 대상국으로 선정하고, 인도, 러시아, GCC도 시장잠재력과 보호수준 차원에서 중요한 상대국으로 보고 있다. 이 중 MERCOSUR 와 GCC의 경우 Global Europe 전략 발표 당시, 이미 FTA 협상이 진행 중인 상황이 었다. 중국의 경우 시장잠재력과 보호수준 등의 기준을 충족하고 있으나, 다소 신중한 접근이 필요하다는 입장이다. 상기와 같은 통상정책에 따라 유럽집행위원회 는 2006년 12월 6일 한국, 인도 및 ASEAN, 중앙아메리카 및 안데스공동체 등 5개국/지역협력체와 새로운 FTA 협상을 개시하겠다는 협상 지침안을 이사회에 제출하였으며, 이사회도 이를 승인하였다.

그러나 이러한 새로운 FTA 추진 전략에도 불구하고 EU가 FTA 추진 시 외교적 고려를 배제한 것은 아니다. 앞에서 설명한 바와 같이 EU는 많은 경우 FTA를 별도의 협정이 아닌 정치대화, 경제협력 등을 규정한 제휴협정의 일부분으로서 체결해 왔으며 FTA를 별도의 협정으로 체결하는 경우에도 양국 간의 포괄적인 협력 관계를 규정하는 정치협정 체결을 함께 추진해 왔다. 이러한 정치협정에는 여러 가지 분야에서의 협력 사업과 함께 민주주의, 시장경제, 인권, 법치주의 등 소위 필수요소(essential elements)를 규정하고 있다. 우리나라의 경우도 EU와 FTA를 서명 하기 1년 전인 2009년 9월 기존의 기본협력협정을 개정한 한-EU 기본협정(Framework Agreement)을 서명한 바 있다.

특히 EU는 개발도상국의 개발지원 차원에서 FTA 추진을 계속해서 적극 활용하고 있다. 유럽집행위는 2012년 1월 개발도상국의 지속가능한 성장 및 빈곤감축을 위한 무역, 투자 및 개발 정책[7]을 발의하였다. 이 정책에서 유럽집행위는 아랍의 민주화에 대응하여 민주주의와 공동 번영을 위한 파트너십 구축 차원에서 이집트, 모로코, 요르단 등과의 포괄적인 FTA 협상을 개시할 것이라고 밝힌 바 있다.[8]

---

7) Communication from the Commission to the European Parliament, the Council and the European Economic and Social Committee: European Commission, Trade, growth and development, tailroing trade and investment policy for those countries most in need (SEC(2012) 87 final).

8) 한편 EU는 이집트, 모로코, 요르단과는 현재 각각 제휴협정을 체결 중에 있다.

2) 신통상전략9)

2010년 유럽집행위원회의 "통상, 성장 및 세계정세"에 관한 보고서를 통한 신통상전략에 의하면, 무역개방정책의 발전과 국제투자의 흐름은 EU의 효과적인 성장에 기여하고, EU 및 전세계 사회정책에 의해 수반되어야 하며, EU 및 전세계 녹색성장에 기여하여야 한다고 본다. 이러한 목적을 달성하기 위해서는 EU와 전략적 무역상대국 사이의 무역관계를 강화하는 것이 요구되는데, 특히 WTO가 출범시킨 도하라운드를 완료하고, EU와 무역상대국(한국, 페루, 콜롬비아, 중미, ASEAN 등) 간의 FTA를 체결하여 전략적 동반자관계를 강화시키고, 새로운 유럽투자정책을 개발하는 것이 매우 중요하다고 판단하였다.10)

또한 유럽집행위원회가 2015년에 발의한 "모두를 위한 교역"이라는 제목의 신통상전략에 의하면 TTIP, EU-일본 통상협정, EU-중국 투자협정 체결에 우선순위 부여, 아시아태평양 지역(예컨대, 호주, 뉴질랜드, ASEAN(필리핀과 인도네시아))과의 통상협상 출범, 멕시코와 칠레 및 터키와의 기존 협정의 현대화 등을 주요과제로 삼고 있다.11)

III. EU의 FTA 추진 현황(I): 유럽, 중동 및 아프리카 지역

EU의 인근지역 및 구 식민지 지역이라고 할 수 있는 유럽, 중동 및 아프리카 지역에서의 FTA 추진 현황을 살펴보고자 한다. 이외에도 EU는 유럽의 소국인 안도라(1991.7.1. 발효), 산마리노(2002.4.1. 발효)와 관세동맹을 맺고 있으며, 그린란드 등 22개 지역에 달하는 EU회원국의 해외영토는 Association of Overseas Countries and Territories(OCT)라는 체제하에 별도의 교역상 특혜를 부여하고 있다.

---

9) EU의 신통상전략에 관한 일반 사항은 제15장 참고.
10) European Commission, Trade, Growth and World Affairs: Trade Policy as a core component of the EU's 2020 strategy, (COM(2010)612).
11) European Commission, Trade for all: Towards a more responsible trade and investment policy, 2015.

1. 유럽지역

1) EFTA 국가

유럽자유무역연합(EFTA: European Free Trade Association)은 유럽경제공동체(EEC)에 가입되어 있지 않았던 유럽의 7개 국가가 1960년 EEC에 대응하기 위해 설립한 FTA이다. EU의 확대와 함께 현재는 스위스, 노르웨이, 아이슬란드, 리히텐슈타인 등 4개 국가가 회원이다. 2016년도 EU와 EFTA 국가간 상품교역액은 3,844억 유로에 달한다. 이 중 EU의 수출은 1,954억 유로, 수입은 1,890억 유로이다. 양자 간 서비스 교역액은 2,566억 유로로 EU의 수출이 1,452억 유로, 수입이 1,114억 유로에 달한다.[12] EU는 EFTA 회원인 스위스(리히텐슈타인 포함, 1973.1.1. 발효), 아이슬란드(1973.4.1. 발효), 노르웨이(1973.7.1. 발효)와 개별적인 FTA를 체결하였다.

EU는 1992년 5월 유럽자유무역연합(EFTA) 체결국들과 유럽경제지역(EEA)을 창설하는 협정에 서명하였으며, 동 협정은 1994년 1월 1일에 발효하였다. 스위스는 국민투표 결과 EEA협정 비준이 거부되어 이에 가입하지 못하였으며, EU와 스위스 간에는 기존에 체결한 FTA가 적용된다. EEA협정은 상품(대부분의 농산물은 제외), 노동, 자본, 서비스 등 EU단일시장 내 4대 이동의 자유를 모두 포괄하고 있으며, EU의 정책 중 공동농업정책 및 공동수산정책, 관세동맹, 공동통상정책, 공동외교안보정책, 사법내무협력, 단일화폐(통화동맹) 관련 사항을 제외한 EU법령들도 EEA 공동위원회를 통해 스위스를 제외한 EFTA 국가들에게 적용되고 있다.

2) 발칸반도 국가

EU는 구유고연방이 해체된 후 서부 발칸 지역의 안정을 위해 2000년부터 이들 지역 국가 제품에 대해 무관세 또는 특혜관세할당을 실시하고 있다. 이에 따라 EU는 동 지역의 최대 교역상대로 2016년 기준 EU의 발칸국가들에 대한 수출은 259.2억 유로, 수입은 177.4억 유로에 달한다.[13] EU는 이러한 특혜관세제도와 함

---

12) http://www.efta.int/sites/default/files/publications/annual-report/Annual-Report-2017.pdf(2018년 4월 20일 방문).

13) http://trade.ec.europa.eu/doclib/docs/2006/september/tradoc_111477.pdf(2018년 4월 20일 방문).

께 이들 국가와 안정화·제휴협정(SAA: Stabilization and Association Agreements)을 체결해 왔다. 현재 마케도니아(2004.4.1. 발효), 크로아티아(2005.2.1. 발효), 알바니아(2009.4.1. 발효), 몬테니그로(2010.5.1. 발효), 보스니아-헤르체고비나(2015.6.1. 발효), 세르비아(2013.9.1. 발효)와 발효되었다. SAA의 통상부분은 상품교역의 자유화 및 지식재산권 보호 관련 EU의 규정과의 조화 내용을 포함하고 있다.

EU는 2007년 11월 발효된 서부 발칸국가들과 몰도바 간의 CEFTA(Central European FTA) 등 역내 교역자유화 노력도 지원하고 있으며, 2005년 3월 크로아티아와 EU 가입협상을 개시하여 12월 가입협정에 서명하였다. 크로아티아는 2013년 7월 1일자로 EU의 28번째 회원국이 되었다. 한편 EU는 마케도니아에게 2005년 12월, 세르비아에게 2012년 3월 후보국 지위를 부여하였다.

3) 구 CIS 국가

EU는 러시아와 우크라이나를 위시한 여러 CIS 국가들과 동반자협력협정(PCA: Partnership and Cooperation Agreements)을 체결하고 있다. PCA는 비단 경제관계에만 국한된 것이 아니라 정치, 경제, 문화관계를 망라한 것으로 양자 간의 관계를 모든 분야에서 심화 발전시키기 위한 종합적인 내용을 담고 있다. 러시아는 EU의 제4대 교역상대국으로 전략적으로 매우 중요한 파트너이다. 양측은 1997년 1월 발효된 현행 EU-러시아 PCA를 대체할 새로운 통상 및 투자협정 체결을 위한 협상을 2008년부터 진행하였으나, 2014년 3월 유럽이사회는 우크라이나 사태를 이유로 동 협상을 중단시켰다.[14]

구 CIS 국가들 중 EU와 FTA 협상이 가장 진전되어 있는 나라는 우크라이나이다. 2016년 기준 EU는 우크라이나 총 교역액의 40% 이상을 차지하는 최대 교역상대이다. 2016년 기준 EU의 수출은 165억 유로, 수입은 131억 유로에 달한다. EU와 우크라이나는 1998년 체결된 동반자협력협정(Partnership and Cooperation Agreement)을 FTA를 포괄하는 제휴협정(Association Agreement)으로 대체하기로 하고 2008년 2월 협상을 개시하였으며, 제휴협정은 2014년 11월 이후로 잠정 적용되고 있다. EU는 우크라이나와의 제휴협정을 통해 FTA 측면에서는 상품 교역뿐 아

---

14) http://ec.europa.eu/trade/policy/countries-and-regions/countries/russia/(2018년 4월 21일 방문).

니라, 서비스, 지식재산권, 무역원활화, 정부조달, 에너지 관련 사항, 경쟁 및 규제 조화 등을 망라하는 포괄적인 신세대 FTA(new generation FTA)를 추진하였는데 제휴협정의 일부로서 EU와 우크라이나는 2016년 1월 1일자로 심화·포괄적 자유무역협정(Deep and Comprehensive Free Trade Agreement)을 잠정 적용하고 있다.[15]

EU는 인근지역 외교정책(European Neighbourhood Policy)의 틀 안에서 조지아 및 몰도바와 각각 2014년 6월에 제휴협정(Association Agreement)에 서명하였고, 두 협정 모두 2016년 7월 1일자로 발효하였다.[16] 또한 아르메니아와는 1999년 이후로 동반자협력협정(Partnership and Cooperation Agreement)에 의해 통상관계를 규율해오다, 2017년 2월 포괄적 동반자협정(Comprehensive and Enhanced Partnership Agreement)의 타결을 완료하고 조만간 서명에 돌입할 예정이다. 한편 아르메니아, 조지아와 함께 남코카서스(South Caucasus) 국가에 속하는 아제르바이잔의 경우에도 1999년에 발효한 동반자협력협정(Partnership and Cooperation Agreement)의 틀에서 2017년에 새로운 포괄적 협정을 위한 협상을 시작하였다.[17]

2. 중동 및 아프리카 지역

1) 지중해 연안 국가

EU는 1995년 바르셀로나 선언에 따라 지중해 연안 지역 국가들과의 협력 증진 및 동 지역의 안정과 경제발전을 목적으로 이스라엘, 이집트, 요르단, 알제리, 모로코, 튀니지, 팔레스타인, 터키, 레바논, 시리아 등 지중해 연안 국가들과 Euro-Mediterranean Partnership을 설립하였고, 2008년에는 "Union for the Mediterranean"을 창설하였다. 리비아의 경우 Union for the Mediterranean에는 속하지만, 그 이전 Euro-Mediterranean Partnership에는 포함되지 않았다.

EU와 이들 지중해 연안 국가들과의 교역액은 2016년 기준 3,186억 유로로

---

15) http://ec.europa.eu/trade/policy/countries-and-regions/countries/ukraine/(2018년 4월 21일 방문).

16) http://ec.europa.eu/trade/policy/countries-and-regions/countries/georgia/; http://ec.europa.eu/trade/policy/countries-and-regions/countries/moldova/(2018년 4월 21일 방문).

17) http://ec.europa.eu/trade/policy/countries-and-regions/countries/azerbaijan/(2018년 4월 21일 방문).

EU 전체 역외교역액의 8.6%를 차지한다. EU의 수출은 1,865억 유로, 수입은 1,321 억 유로에 달한다.[18) EU는 1995년부터 이들 지중해 연안 국가들(Euromed)과 개별 적인 관세동맹 또는 제휴협정(AA: Association Agreements)을 체결해 오고 있다. 이들 협정은 기본적으로 공산품 중심의 상품교역 자유화만을 다루고 있는데, EU는 교역, 서비스 및 투자 자유화, 양자적인 분쟁해결 제도 등 추가적인 내용에 대한 별도의 협상을 통해 이를 보완해 나가고 있다.

[EU-Euromed 국가간 협정체결 현황]

관세동맹 발효국가: 터키(1995년 12월 발효)
제휴협정 발효국가
- 튀니지(1998년 3월 발효)
- 모로코(2000년 3월 발효)
- 이스라엘(2000년 6월 발효)
- 요르단(2002년 5월 발효)
- 이집트(2004년 6월 발효)
- 알제리(2005년 9월 발효)
- 레바논(2006년 4월 발효)
제휴협정 가서명: 시리아(2008년 12월 가서명 후, 정치적 이유로 서명절차 중단)
잠정협정 발효: 팔레스타인(1997년 7월 발효)
기본협정(Framework Agreement) 협상 진행 중: 리비아
- 2008년 11월 협상을 개시하였으나, 2011년 2월 협상 중단

EU는 개별국가 간 FTA협정을 묶어 EU와 지중해 국가들을 하나의 자유무역 지대로 연결하는 방안을 추진하여 왔으며, 역내 교역비중이 부진한 지중해 국가들 간 역내 교역자유화 및 경제통합도 지원하고 있다. EU는 2009년 12월 브뤼셀에서 개최된 제8차 EU-Mediterranean 통상장관회의에서 승인된 "EU-Mediterranean Trade Roadmap beyond 2010"에 따라 주로 상품분야에 국한된 지중해 국가들과의

---

18) http://ec.europa.eu/trade/policy/countries-and-regions/regions/euro-mediterranean-partnership/(2018년 4월 21일 방문).

양자적인 기존 FTA를 서비스, 투자, 분쟁해결절차, 무역규범 등을 포함하는 보다
확대된 다자적인 FTA를 추진하기로 하고, 이에 따라 현재 시리아와 리비아를 제외
하고 협상을 진행 중에 있다.

2) ACP 국가

EU는 전통적으로 아프리카, 태평양, 카리브 지역 국가에게는 과거 식민모국
으로서의 책임감에 의거하여 교역상의 특혜를 부여하여 왔다. 양측 간 특혜관계의
법적 기초가 되어 왔던 로메협정을 대체하는 보다 포괄적인 Partnership Agreement
를 2000년 6월에 체결하였다. 서명이 이루어진 베냉의 수도명을 따라 통상 코토누
(Cotonou) 협정으로 불리는 이 협정은 79개의 ACP 국가가 서명하였는데, ACP 국가
와 EU 간의 포괄적 경제통상협력관계를 규정하는 한편, 현재 EU가 일방적으로
부여하고 있는 특혜관세제도를 WTO규범에 합치하는 상호적인 무역협정을 체결
하도록 하였다. 이에 따라 EU는 ACP 지역그룹별로 경제동반자협정(Economic
Partnership Agreement, EPA)을 체결하기 위한 작업을 진행 중이다. 가장 먼저 카리브
국가연합(CARIFORUM)과 2008년 10월 EPA에 서명, 같은 해 12월부터 잠정 적용
하고 있다.

3) 남아공

남아공은 아프리카 지역 중 EU의 가장 큰 교역상대국이다. 2017년 기준 EU의
수출은 245억 유로, 수입은 231억 유로이며, 2016년 기준 서비스 수출은 78억 유
로, 수입은 50억 유로 수준이다. 2016년 누적 기준, EU의 대 남아공 직접투자는
712억 유로이다.[19] 남아공은 ACP 그룹의 일원이기는 하지만, 경제력을 고려하여
EU는 여타 ACP 국가들과는 다른 통상정책을 취하고 있다. EU는 남아공과 1999년
10월 통상개발협력협정(TDA: Trade, Development and Cooperation Agreement)이라는
명칭의 FTA를 체결하였다. 동 협정은 2000년 1월 1일에 발효하였는데, 양자교역의
90%의 품목에 대해 자유화 추진을 규정하였고, 2012년에 완료되었다. 한편 2016년
6월 EU는 남아공을 포함한 5개의 남아프리카국가들(보츠와나, 레소토, 모잠비크, 나

---

19) http://ec.europa.eu/trade/policy/countries-and-regions/countries/south-africa/(2018년 4월 25일 방문).

미비아 및 스와질란드)과 함께 EU-SADC 경제동반자협정에 서명하였고, 2018년 2월 5일자로 발효하였다.

4) 걸프협력이사회(GCC)

걸프협력이사회(Gulf Cooperation Council)란 사우디아라비아, 아랍에미리트, 카타르, 바레인, 오만, 쿠웨이트 6개국으로 구성된 국가연합이다. 2017년 기준 GCC는 EU의 제5대 수출시장이자, EU는 GCC의 제1위 교역대상국이며, EU의 대 GCC 수출은 999억 유로, 수입은 439억 유로에 달한다.[20] EU의 대 GCC 수입은 석유 및 관련제품이 65.9%로 GCC는 EU의 에너지 공급원으로 큰 비중을 차지하고 있다. EU는 GCC와 1988년에 협력협정(Cooperation Agreement)을 체결하였고, 1990년에 상품분야에 한정된 FTA 협상을 개시하였으나 특별한 진전 없이 중단되었다. EU와 GCC는 2002년 상품뿐 아니라 서비스, 투자 등 분야를 포함하는 확대된 FTA 협상을 재개하여 상당한 진전을 이루었으나 2008년 12월 이후 중지되었다. 2017년 5월, EU와 GCC는 통상과 투자문제에 관한 대화를 출범하였다.

IV. EU의 FTA 추진 현황(2): 아시아 및 미주 지역

1. 아시아 지역

1) 동북아 지역: 한국, 중국, 일본

우리나라는 아시아에서 EU와 FTA를 체결한 최초의 국가이다. 우리나라와 EU는 2006년 중 두 차례의 예비회담을 거쳐 2007년 5월 협상출범을 선언한 후, 총 8차례의 공식협상과 통상장관회담, 수석대표 간 협의 등을 통해 협상을 타결하고 2009년 10월 협정문에 가서명하였으며, 2010년 10월 협정문에 정식 서명하였다. 이후 양측 입법부의 동의절차를 거쳐 2011년 7월 1일자로 잠정 적용되었다가

---

20) http://trade.ec.europa.eu/doclib/docs/2006/september/tradoc_113482.pdf(2018년 4월 25일 방문).

2015년 12월 13일자로 전체 발효하였다. EU는 2006년 Global Europe 전략에서 우리나라와 인도, ASEAN을 차세대 FTA 협상후보로 선정한 바 있는데, 이 중 우리나라와 가장 먼저 협정이 성공적으로 마무리되었다. 한-EU FTA는 높은 개방수준과 포괄성으로 향후 차세대 FTA의 모범사례로 평가되고 있다.[21]

중국의 경우 2013년 11월 21일자로 투자협정에 관한 협상을 시작하였으며, 일본의 경우 한-EU FTA의 타결로, 특히 자동차, 가전 등 분야에서 EU시장에서 불리한 여건에 처하게 됨에 따라 EU-일본 FTA 협상 개시를 위하여 총력을 기울였다. 그러나 EU 내에서는 프랑스, 이탈리아, 스페인 등 주요 회원국을 중심으로 일본과의 FTA를 반대하는 분위기가 존재하였다. EU업계로서는 일본의 관세율이 이미 낮은 수준에서 FTA의 효과를 크게 기대하기 어렵고, 특히 일본 시장 진출시 가장 큰 애로사항인 비관세장벽(NTB) 분야에서 가시적인 성과가 나오지 않는다는 점 때문에 일본과의 FTA 추진에 부정적인 태도를 보인 바 있다.

그러나 2011년 초 일본 대지진 피해에 대한 영국 등 일부 EU 회원국내의 동정론에 따라 일본과의 FTA 추진에 일부 진전이 이루어져 2011년 5월 개최된 EU-일본 정상회담에서 정식 협상 개시에 합의하는 대신 일단 예비협상(scoping exercise)을 갖기로 하였다. 이를 기반으로 2017년 7월 7일 EU와 일본은 경제동반자협정에 원칙적으로 합의에 이르렀으며, 동년 12월 8일에 협상이 완료되어 현재 서명을 기다리고 있는 중이다.[22]

2) 인도

인도는 12억이 넘는 인구와 빠른 경제성장세로 EU에게 매우 중요한 교역대상국이다. 1990년대 이후 인도가 대외 개방 정책을 지속적으로 추진하면서 EU-인도간 상품 교역도 함께 큰 증가세를 보여 2003년 286억 유로에서 2017년 859억 유로로 크게 성장하였다. 2017년 교역액 중 대인도 수출은 417억 유로, 수입은 442억 유로이다. 서비스 교역액도 2002년 52억 유로에서 2016년 289억 유로로 증가하였다. 이 중 대인도 수출은 136억 유로, 수입은 153억 유로에 달한다. EU의 대인도

---

21) 한-EU FTA의 주요 내용은 제11장 참조.
22) http://ec.europa.eu/trade/policy/countries-and-regions/countries/japan/(2018년 4월 25일 방문).

투자 역시 2003년 7억6천만 유로에서 2016년 49억 유로로 증가하였다.[23]

인도 시장의 높은 성장과 함께 상대적으로 높은 시장장벽을 고려하여 유럽집행위원회는 2006년 Global Europe 전략에서 인도를 차세대 FTA 협상후보로 선정한 바 있다. EU이사회는 2007년 4월 EU-인도 FTA 협상을 승인하였고, 2007년 6월 제1차 협상이 개시되어, 2013년에 마지막 공식 협상이 개최되었다. 조속한 협상 체결을 위해 노력하도록 합의하였으나 아직 일부 쟁점에 대한 이견이 남아있는 상황이다. EU 측 입장에서 핵심 쟁점 분야는 공산품(특히 자동차) 및 서비스 시장 접근의 개선 및 실질적인 정부조달 분야 양허를 협정상에 포함하는 것으로 알려져 있다.

3) ASEAN

ASEAN은 미국, 중국에 이어 EU의 제3위 교역 파트너이다. 2017년도 총 상품 교역액은 2,273억 유로로 대 ASEAN 수출은 917억 유로, 대 ASEAN 수입은 1,356억 유로에 달한다. EU는 ASEAN 지역에서 약 22%를 점하는 제1위 투자자이기도 하다. 2012년부터 2014년까지 EU기업들의 ASEAN 투자는 연평균 190억 유로에 달한다. ASEAN도 2006년 Global Europe 전략에서 차세대 FTA 협상후보로 선정된 바 있으며, EU이사회는 2007년 4월 우리나라, 인도와 함께 ASEAN과의 FTA 협상 개시를 승인하였다. 10개 ASEAN 회원국 중 미얀마, 라오스, 캄보디아를 제외한 7개 ASEAN 국가를 하나의 지역협력체로 하여 2007년 7월 첫 번째 협상이 개시되었으나, 2009년 3월 제7차 협상에서 지역 간 협상(region to region negotiation)은 일단 중단되었다.[24]

EU는 ASEAN과의 FTA 협상을 개시하기 이전부터 개별국가(bilateral) 방식 또는 지역(regional) 간 방식으로 추진할 것인지에 관해 상당한 고민을 하였지만, 결국 우리나라, 중국, 일본 등이 타결한 지역 간 방식으로 추진하였었다. 그러나 ASEAN 국가간의 결합력이 EU와는 비교할 수 없을 만큼 낮은 수준임에 따라 협상 구심력을 찾기가 어려워 협상의 진전이 더디어지고, 상품, 서비스 등 핵심 분야에

---

23) http://ec.europa.eu/trade/policy/countries-and-regions/countries/india/(2018년 4월 25일 방문).
24) http://ec.europa.eu/trade/policy/countries-and-regions/regions/asean/(2018년 4월 25일 방문).

서 양측 간의 목표치(ambition)의 차이가 너무 커서 결국 협상 중단에 이른 것으로 보인다.

EU회원국들은 2009년 12월 EU집행위가 지역 간 방식이 아닌 개별국가 방식으로 ASEAN 회원국과 FTA 협상을 추진하는 것을 승인하였고, 이에 따라 2010년 싱가포르, 말레이시아와 양자 FTA 협상이 개시되었다. 싱가포르의 경우 2009년 12월 이사회 승인에 따라 2010년 3월 첫 번째 FTA 협상을 시작하여 2014년 10월에 협상을 타결하였다. EU와 싱가포르 간 상품 및 서비스 교역액은 2017년도에 533억 유로로서, 대 ASEAN 상품 및 서비스 교역액의 1/3 및 투자의 약 2/3을 차지하고 있다.[25] 또한 의약품부터 금융에 이르는 다양한 분야의 EU 기업들이 싱가포르를 동남아 진출의 거점으로 활용하고 있다. EU로서는 싱가포르가 주류 일부 품목을 제외하고는 관세가 이미 철폐되어 있는 점을 감안하여 서비스 분야의 진출 확대, 무역관련 규범(지재권 보호, 원산지규정 등)의 강화 및 ASEAN 진출의 교두보 측면에 중점을 두고 협상을 진행하였다.

베트남의 경우 2012년 6월에 FTA 협상을 출범하여 2016년 12월에 협상을 타결하였다. ASEAN 국가들 중 EU의 두 번째로 큰 교역상대국으로 2017년 기준 상품 교역액은 476억 유로, 서비스 교역은 2016년 기준 36억 유로에 달한다. EU는 베트남의 다섯 번째 투자상대국으로 2016년에 1억 유로를 투자하였다.[26]

말레이시아의 경우 2010년 9월 이사회 승인에 따라 2010년 10월 말레이시아와의 첫 번째 FTA 협상이 개시되었고, 2012년 2월 제6차 협상이 개최되었으나 동년 4월자로 말레이시아의 요청으로 협상이 중단되었다. 말레이시아는 싱가포르와 베트남에 이어 ASEAN 국가들 중 EU의 제3위 교역상대국이다. 2017년도 상품 교역액은 394억 유로에 달한다. 아직 서비스 교역은 2016년 기준 72억 유로로 크지 않지만 유럽집행위는 말레이시아 정부의 자유화 정책으로 양자적인 서비스 교역기회가 보다 확대될 것으로 기대하고 있다.[27] 한편 EU는 2013년 3월에 태국, 2015년 12월에 필리핀, 2016년 7월에 인도네시아와 FTA 협상을 시작하였으며, 2013년에

---

25) http://ec.europa.eu/trade/policy/countries-and-regions/countries/singapore/(2018년 4월 25일 방문).
26) http://ec.europa.eu/trade/policy/countries-and-regions/countries/vietnam/(2018년 4월 26일 방문).
27) http://ec.europa.eu/trade/policy/countries-and-regions/countries/malaysia/(2018년 4월 26일 방문).

미얀마와 투자보호협정의 협상을 시작하였다.

2. 미주 지역

1) NAFTA 국가: 미국, 캐나다, 멕시코

EU는 NAFTA 3국 중 멕시코와 포괄적인 FTA를 체결하고 있다. EU는 미국에 이어 두 번째로 큰 멕시코의 수출시장이며 미국, 중국에 이은 제3위 수입국이다. 2017년 기준 EU의 대 멕시코 상품수출은 379억 유로이며, 수입은 238억 유로이다. 2016년 누적기준 EU의 대 멕시코 직접투자는 1,373억 유로에 달한다.[28] EU-멕시코 FTA는 2000년 10월 1일에 발효되었는데, 상품교역뿐만 아니라 서비스, 투자, 정부조달, 경쟁, 지식재산권 보호 등을 포함하는 포괄적 FTA이다. EU-멕시코 FTA는 농산물, 서비스 및 투자와 관련 추가적인 자유화를 검토할 수 있도록 규정하고 있는데, 이에 따른 추가자유화 검토에 대한 논의가 진행 중이다.

캐나다는 2016년 기준 EU의 역외 교역액의 2%를 차지하는 EU의 제10위 교역상대국이며, EU는 미국에 이어 캐나다의 제2위 교역상대국으로 캐나다 교역액의 9.6%를 차지하고 있다. 2017년 EU의 대 캐나다 상품 수출은 377억 유로, 수입은 314억 유로에 달하며, 서비스 수출은 2016년에 185억 유로, 수입은 118억 유로에 달한다. 2016년 누적기준으로 EU의 대 캐나다 투자는 2,646억 유로, 캐나다의 대 EU 투자는 2,501억 유로에 해당한다.[29]

캐나다는 2006년 Global Europe 전략에서 차세대 FTA 협상후보로 언급되지는 않았지만 2007년 EU-캐나다 정상회담에서 양자 경제협력 강화를 위한 공동연구 개시에 합의하였고, 2008년 10월 발표된 공동연구에서 FTA의 긍정적 효과가 보고됨에 따라 2008년 10월 정상회담에서 예비회담(scoping exercise)을 진행하기로 합의하였다. 2009년 2월 예비회담 공동보고서가 합의되었고, 2009년 4월 EU이사회에서 캐나다와의 FTA 협상개시를 승인함에 따라 2009년 5월 정상회담에서 협상개시를 선언하였다. 캐나다와의 FTA는 포괄적 경제무역협정(CETA: Comprehensive

---

28) http://ec.europa.eu/trade/policy/countries-and-regions/countries/mexico/(2018년 4월 26일 방문).
29) http://ec.europa.eu/trade/policy/countries-and-regions/countries/canada/(2018년 4월 26일 방문).

Economic and Trade Agreement)이라는 명칭으로 협상이 진행되어 2016년 10월 서명을 거쳐 2017년 9월 21일자로 잠정 적용되고 있다. EU는 캐나다와의 FTA를 통해 서비스 및 정부조달(특히 주정부) 시장개방, 지식재산권 보호 및 경쟁 등 규범 강화 등을 기대하고 있다.

2017년 상품 교역액이 6,320억 유로에 달하는 EU의 최대 교역상대국(16.9%)인 미국의 경우 2011년 11월 EU-미국 정상회의에서 장관급 작업반(High Level Working Group on Jobs and Growth)을 구성하여 양측의 무역 및 투자 증대를 위한 정책을 논의하였으며, 2013년에 범대서양 무역투자동반자협정(Transatlantic Trade and Investment Partnership)의 공식 협상을 출범하였다. 그러나 2016년 말 현재, 미국 행정부의 교체 이후 동 협상은 중단된 상태이다.[30]

2) 중앙아메리카(Central America)

EU의 대외통상 정책차원에서 중앙아메리카 국가란 파나마, 과테말라, 코스타리카, 엘살바도르, 온두라스, 니카라과의 등 6개국을 지칭한다. 이들 중앙아메리카의 대외교역에서 EU는 2017년 기준 약 13% 정도를 차지하고 있다. 전통적으로 중앙아메리카 국가들의 교역은 미국 및 라틴아메리카 국가들과 이루어졌으나, 최근 EU지역과의 교역도 증가추세이다. 2017년 EU의 대 중앙아메리카 수출은 54억 유로, 수입은 61억 유로에 달한다.[31] EU의 수입은 농산물(69.3%)이 큰 비중을 차지하고, EU는 중앙아메리카 상품에 대해 일반특혜관세(GSP) 시스템의 특혜관세를 적용해 오고 있다.

2004년 EU와 중남미 및 카리브국가 간 정상회의(EU-LAC Summit) 계기에 EU는 이들 중앙아메리카 국가들과 FTA를 포함하는 포괄적인 협력협정인 제휴협정(Association Agreement)을 추진키로 합의하였다. 중앙아메리카와의 제휴협정 체결 협상은 2007년에 개시되어 2010년 5월에 마드리드에서 개최된 EU-LAC Summit 계기에 협상이 완료되었다. EU와 중앙아메리카는 2012년 6월 29일에 제휴협정에 서명하였고, 동 협정 중 무역 분야는 2013년 8월 1일자로 온두라스, 니카라과, 파나

---

30) http://ec.europa.eu/trade/policy/countries-and-regions/countries/united-states/(2018년 4월 26일 방문).
31) http://ec.europa.eu/trade/policy/countries-and-regions/regions/central-america/(2018년 4월 26일 방문).

마, 2013년 10월 1일자로 코스타리카와 엘살바도르, 동년 12월 1일자로 과테말라
에 잠정 적용되고 있다.

3) 안데스공동체

안데스공동체(CAN: Community of Andean Nations)란 콜롬비아, 페루, 에콰도르,
볼리비아의 4개국으로 구성된 국가연합이다. EU는 2017년 기준 미국, 중국에 이어
안데스공동체의 제3위 교역대상으로 안데스공동체 대외교역의 약 15%를 차지하
고 있다. 2017년도 EU의 대 안데스공동체 상품 수출은 133억 유로이며, 수입은
153억 유로이다.[32] EU의 수입은 농산물(55%), 연료 및 광물(38%) 등 주로 원자재가
차지하고 있으며, EU는 안데스공동체 상품에 대해 일반특혜관세(GSP) 시스템의
특혜관세를 적용해 오고 있다.

EU는 2007년 6월 안데스공동체와 지역대 지역 간(region to region) 협정의 형
식으로 정치대화, 경제협력 및 교역자유화를 포함하는 제휴협정(Association Agreement)
체결을 위한 협상을 개시하였다. 그러나 교역자유화 목표 및 범위에 관한 안데스공
동체 회원국 간의 이견으로 협상의 진전이 없자 2008년 6월 지역차원의 제휴협정
협상을 중단하고, 2009년 1월 콜롬비아, 페루, 에콰도르 3개국과 교역자유화에 국
한된 복수국 간 FTA 협상을 개시하였다.

2010년 3월까지 9차례의 협상을 진행한 결과 콜롬비아, 페루와는 협상이 타결
되어, 2011년 4월 마드리드에서 개최된 EU와 중남미 및 카리브국가 간 정상회의
(EU-LAC Summit)에서 EU, 콜롬비아, 페루는 포괄적인 무역협정(Trade Agreement)을
체결하여 페루는 2013년 3월 1일자로, 콜롬비아는 동년 8월 1일자로 잠정 적용되
고 있다. 또한 2017년 1월 1일자로 에콰도르가 동 협정에 가입하였다.

4) 칠레와 남미공동시장(MERCOSUR)

EU는 남미지역 국가 중 칠레와 포괄적인 FTA를 체결하고 있다. EU는 중국,
미국에 이어 칠레의 세 번째 수출대상국이며 중국, 미국에 이어 세 번째 수입국이

---

[32] http://ec.europa.eu/trade/policy/countries-and-regions/regions/andean-community/(2018년 4월 26일 방
문).

다. 2017년 기준 EU의 대 칠레 상품수출은 88억 유로이며, 수입은 82억 유로 수준
이다.[33] EU와 칠레는 2002년 포괄적인 FTA를 포함하는 제휴협정(AA)을 체결하였
으며, 이는 2003년 2월에 발효되었다. EU-칠레 FTA는 상품, 서비스, 투자, 정부조
달, 지식재산권 등을 포함하는 매우 포괄적인 FTA이다. EU-칠레 FTA는 농산물
및 서비스 분야의 추가자유화를 검토할 수 있도록 규정하고 있다. 이 규정에 따른
추가 자유화 방안이 논의되고 있으며, GI 확대 방안도 논의예정이다.

남미공동시장(MERCOSUR)이란 1991년 아르헨티나, 브라질, 파라과이, 우루과
이의 4개국으로 설립된 경제공동체이다. 한편 베네수엘라는 2006년 안데스공동체
에서 탈퇴한 뒤, 2012년 7월 남미공동시장에 가입하였다. 베네수엘라는 2010년 이
후, EU-MERCOSUR 제휴협정의 옵서버 역할을 계속 수행하고 있으며, 2014년 2
월 1일부터 일반특혜관세(GSP) 시스템의 관세 혜택을 더 이상 받지 못하고 있다.[34]
2017년 기준 EU의 대 남미공동시장 수출은 444억 유로, 수입은 420억 유로로 총
교역액은 나머지 라틴아메리카 전체를 합친 것과 맞먹는 수준이다. EU는 2016년
기준 남미공동시장 총 교역액의 21.8%를 차지하는 제1위 교역상대국이자 가장 큰
투자자이다. 2014년 누적기준 EU의 남미공동시장 투자는 1,150억 유로에 달한
다.[35]

지역 대 지역 차원으로 추진되고 있는 EU와 남미공동시장 간의 제휴협정 협
상은 당초 1999년에 개시되었으나, 2004년 10월에 중단되었다. 2006년 Global
Europe 전략에서 MERCOSUR는 우선 협상대상으로 선정된 바 있다. 양측은 2008
년-2009년 중 동 FTA 협상 재개를 위한 실무협의를 수차례 진행한 바탕 위에 2010
년 5월 마드리드에서 개최된 EU-MERCOSUR 정상회담 계기에 동 협상 재개에
공식으로 합의하였다. 협상이 재개된 이후 정치대화, 경제협력, FTA 등 3개 분야별
로 논의가 진행되었다가 2012년에 중단되었으며, 2016년 5월 다시 협상을 재개하
였다. EU 측은 분야별 양측의 민감성을 고려하면서도 상품교역뿐만 아니라 서비
스, 투자, 정부조달, 지속개발, GI를 포함한 지재권 보호, 경쟁정책, SPS, 분쟁해결

33) http://ec.europa.eu/trade/policy/countries-and-regions/countries/chile/(2018년 4월 27일 방문).
34) http://ec.europa.eu/trade/policy/countries-and-regions/countries/venezuela/(2018년 4월 27일 방문).
35) http://ec.europa.eu/trade/policy/countries-and-regions/regions/mercosur/(2018년 4월 27일 방문).

등을 포함하는 포괄적인 FTA 체결을 추진하고 있다.

V. 결 론

지금까지 EU의 공동무역정책상의 가장 중요한 분야는 WTO를 중심으로 하는 다자무역주의를 강화해 나가는 것이었다. 이를 위해 EU는 2001년부터 개시된 DDA 협상에 적극적인 참여를 하고, 동 협상 진행 과정에서 상당한 기여를 하고 있지만, UR 때와는 달리 주요 협상 참여국 간의 이견으로 인하여 DDA 협상의 진전이 부진한 상황이며, 최근 주요 교역국 간에 FTA 등 지역무역협정 체결 움직임이 활발해지자 EU도 FTA 추진에 더욱 적극적인 자세를 보여주고 있다. 기존에는 유럽을 중심으로 지중해권, 과거 식민지 지역 등 역내 또는 근린국가들과의 특혜무역협정이 주종을 이루었으나, 최근에는 우리나라와의 FTA 발효, ASEAN 개별국 및 인도와의 협상진행, 페루, 콜롬비아, 에콰도르 등 중미 국가들과의 협정 잠정 적용 및 남미공동시장(MERCOSUR)과의 협상 진행 등 FTA 영향력을 아시아와 아메리카지역까지 확장하고 있다. ASEAN의 경우 당초 목표로 했던 ASEAN 전체와의 협상은 중단하고, 싱가포르, 베트남과 협상을 타결하고 태국, 필리핀, 인도네시아와 협상을 개시하는 등 ASEAN 개별국과의 협상을 적극적으로 추진하고 있으며, 일본 및 캐나다와는 무역협정이 타결 및 잠정 적용되고 있다.

EU의 기존 FTA 정책은 해당 국가 또는 지역에 대한 시장접근 차원의 고려도 있었지만, 해당 국가 또는 지역에 대한 특혜관세를 허용함으로써 양자적인 관계 개선 또는 영향력 유지라는 정치적인 측면도 강하였다. 2006년에 채택된 Global Europe 전략에 따라 이러한 FTA 추진정책은 크게 변화하여 EU는 이제 소위 신세대 FTA(new generation FTA)를 추진하고 있다. 이러한 신세대 FTA의 특징은 협정의 범위를 포괄적(comprehensive in scope)으로 하고, 실질적으로 모든 무역을 자유화(liberalization of substantially all trade)하며, 기존 WTO 규범 이상(beyond WTO discipline)의 것을 추진하는 것을 의미한다. 동 Initiative에 따라 ASEAN, 인도, 한국과 비슷한 시기에 FTA 협상을 개시하였으나, 현재 한-EU FTA만 성공적으로 타결되고, 발효 중에 있다. 이에 따라 향후 EU가 추진하는 FTA에서 한-EU FTA는 모델로서의 중요한 역할을 할 것으로 예상된다.

그렇다고 해서 EU가 FTA를 추진함에 있어 경제적인 측면만 고려하고 있는 것은 아니다. EU는 FTA 체결 시 기본협정(Framework Agreement)을 함께 체결하도록 되어 있는데, 동 기본협정에서는 여러 가지 분야에서의 협력 사업과 함께 민주주의, 시장경제, 인권, 법치주의 등 소위 필수요소(essential elements)를 포함하도록 하였다. 따라서 EU와 FTA를 추진하기 위해서는 이러한 핵심적 가치(value)에 대한 공유 또는 공통의 인식이 없이는 불가능할 것으로 판단된다. 이런 의미에서 한-EU FTA가 체결되었다는 것은 EU가 우리나라를 핵심적 가치를 공유하는 국제사회의 일원이라는 점을 대외에 천명한 것으로도 볼 수 있다.

이러한 점을 고려할 때, 앞으로 EU가 한-EU FTA와 같은 높은 수준의 포괄적인 FTA 추진정책을 계속해서 유지해 나갈 수 있을지는 지켜보아야 할 것이다. 우리 기업들은 EU 재정위기라는 어려운 여건 속에서도 FTA를 최대한 활용하여 수출을 계속 확대해 나가고 있다. 이러한 상황에서 우리와 EU시장에서 경쟁하고 있는 여타국들과 EU와 FTA가 체결될 경우 우리 기업이 누릴 수 있는 가격경쟁력 우위는 제한될 수밖에 없으므로 EU와 제3국 간 논의되는 FTA의 수준 및 대상 품목 등을 면밀히 관찰하여 이러한 FTA가 발효되기 이전에 이에 대한 대응방안을 마련해야 할 것이다. 또한 인도 등 우리 기업들의 주요 투자대상국가와 EU 간의 FTA 추진 상황 역시 우리 기업들의 글로벌 경영전략에 반영해야 할 중요한 고려 요소라고 할 수 있다.

한-EU FTA의 주요 내용

I. 서 론

한-EU 자유무역협정(FTA)이 2015년 12월 13일자로 발효되었다. 한-EU FTA는 매우 폭넓은 분야에 걸쳐 높은 수준의 자유화를 추진하고 있어 양자 간 경제·통상관계에 지대한 영향을 미치고 있다. 이미 2010년 10월 한국의 대외경제정책연구원 등 10개 국책연구기관은 한-EU FTA를 통해 한국의 GDP가 장기적으로 5.62% 증가될 것으로 예상한 바 있으며, CEPII 등 EU 측 연구기관도 양자 교역관계가 62.08~82.58% 이상 증가될 것으로 전망한 바 있다. 실제로 2010년에서 2016년 사이 EU의 대 한국 상품 수출은 280억 유로에서 445억 유로로 59% 증가하였으며, 한국의 대 EU 수출은 (EU의 재정위기 때문에) 395억 유로에서 414억 유로로 소폭 증가하였다. 또한 EU의 대 한국 서비스 수출과 투자는 각각 49%와 33%, 한국의 대 EU 서비스 수출과 투자는 각각 32%와 59%까지 증가하였다.[1]

한-EU FTA는 이렇든 양자관계 차원에서도 중요하지만 우리나라와 EU의 통상정책을 이해하는 데 있어서도 큰 의미가 있다. 전통적으로 WTO 다자통상체제를 중시해 온 우리나라와 EU는 전세계적인 FTA 확산과 DDA 협상의 계속되는 부진 속에 2000년대에 들어와 FTA에 대한 입장을 크게 전환한다. 우리나라는 2003년 칠레와 최초의 FTA협정을 체결한 이후, 같은 해 FTA 로드맵을 마련하고 글로벌 FTA 네트워크 구축이라는 목표를 가지고 적극적으로 FTA를 추진하고 있다. EU의 경우도 2006년 "Global Europe" 전략이라는 新통상정책을 채택하고, "DDA 협상 기간 중에는 FTA 협상을 개시하지 않는다"는 소위 "Lamy 독트린"에서 벗어나

---

1) http://eur-lex.europa.eu/legal-content/EN/TXT/?qid=1508941473097&uri=CELEX:52017DC0614(2018년 4월 27일 방문).

적극적인 FTA 추진 전략을 수립하고[2] 우리나라와 ASEAN, 인도를 우선 협상대상국으로 지정한 바 있다.

한-EU FTA는 이러한 소위 신세대 FTA 정책의 첫 결과물로서 양측의 정부 및 업계 모두에서 향후 FTA 추진의 모범사례로 평가하고 있다.[3] 그만큼 한-EU FTA에는 우리나라와 EU가 공통적으로 추구하고 있는 통상정책의 주요 특징들이 반영되어 있으며 한-EU FTA의 주요 내용에 대한 면밀한 검토는 앞으로 우리나라와 EU가 각각 추진해 나갈 FTA 협상 및 WTO 등 다자통상협상에서의 입장을 이해하는 데에도 도움을 줄 것으로 보인다.

이하에서는 주로 EU의 통상정책에 중점을 두고 한-EU FTA 협정의 전체적인 범위와 상품, 서비스, 지재권 등 분야별 주요 합의내용들을 EU가 그간 취해 온 통상정책의 기본입장과 관련시켜 살펴보고, 이어서 한-EU FTA와 관련하여 양측 정부가 특히 중점을 두어 온 협정의 이행 메커니즘을 발효조항, 협의 메커니즘과 분쟁해결 메커니즘으로 구분하여 살펴보고자 한다.[4]

II. 협정 분야별 주요 내용

1. 한-EU FTA의 범위

우리나라와 마찬가지로 EU도 FTA를 추진하는 데 있어 관세철폐 등 상품교역에 국한하지 않고 투자, 지식재산권, 경쟁 등 광범위한 내용을 포함하는 포괄적 FTA를 추진하고 있다.[5] 이를 반영하여 한-EU FTA는 관세철폐를 주 내용으로 하는 과거의 FTA와는 달리, 그 포괄 범위에 있어 매우 광범위한 협정으로 평가되고

---

2) European Commission, Global Europe: Competing in the world: a Contribution to the EU's Growth and Job Strategy, 2006.
3) European Commission, "European exporters to benefit from Free Trade Agreement between EU and South Korea from 1 July" June 2011(http://ec.europa.eu, KITA(Korea International Trade Association), *Facts about the EU-Korea FTA* 2011).
4) 동 원고의 일부 용어는 설명의 편의상 2011년 5월 우리 국회를 통과한 한글본 정본상의 법률적 용어와 차이가 있을 수 있다.
5) *supra* note 2, p.13.

있다. 한-EU FTA는 크게 15개의 장(chapter)과 이에 따른 부속서(Annexes)와 부록(Appendix) 그리고 3개의 의정서(Protocol)로 구성되어 있다.

협정의 범위와 관련 DDA 협상에서 의제로 채택되지 못한 소위 "싱가포르 이슈"들이 모두 한-EU FTA에 포함된 점에 주목할 필요가 있다. 싱가포르 이슈란 1996년 12월 싱가포르에서 열린 제1차 WTO 각료회의에서 처음 제기된 사안으로 투자, 경쟁, 정부조달 투명성, 무역원활화 등 4개 분야를 말한다.[6] EU는 투자, 경쟁, 정부조달 분야를 다자통상규범에서 "뉴 이슈"로 다룰 것을 강력히 제기해 왔는데 이들 세 가지 이슈와 도쿄라운드 시절부터 협상테이블에 올랐던 무역원활화 분야가 함께 싱가포르 이슈로 통칭되고 있다.

1996년 싱가포르 각료회의에서 채택된 각료선언문은 이들 4개 분야에 대한 분석 작업을 진행하기로 규정하였고, 이에 따라 무역투자작업반, 무역경쟁작업반, 정부조달투명성작업반 등 3개 작업반(working group)이 일반이사회 산하에 구성되었으며, 무역원활화는 상품무역이사회 특별회의에서 기술적, 분석적 작업이 진행되어 왔다. 그러나 투자 및 경쟁분야에서 양자협정 체결 방식을 선호했던 미국이 싱가포르 이슈의 협상 의제화에 대해 소극적인 입장을 취하였고, 다수의 개도국들이 이들 이슈의 협상 의제화에 대해 강력히 반대하는 가운데 이들 4개 이슈를 DDA 협상의 정식의제로 채택할지 여부를 결정하기로 했던 2009년 9월 제5차 칸쿤 각료회의가 결렬되고, 이후 2004년 8월 1일 합의된 기본골격합의문에서 무역원활화 협상만이 DDA 협상의 정식의제로 포함되면서 투자, 경쟁, 정부조달 투명성 등 당초 EU 측이 강력히 주장했던 3개 이슈는 결국 DDA 협상의 논의대상에서 사라지고 말았다.

우리나라는 싱가포르 이슈 작업반 활동 과정에서도 실질적인 논의에 적극적으로 참여하는 한편, EU, 스위스, 노르웨이, 일본과 함께 4개 싱가포르 이슈를 모두 DDA 협상의제에 포함시키기 위한 공조그룹으로 활약한 바 있다. 이러한 공통적인 입장에 기반하여 양측은 한-EU FTA를 통해 4개 이슈 모두를 협정의 대상에 포함시키기로 합의하였다. 한-EU FTA에서는 4개 싱가포르 이슈들이 무역원활화(제6장), 설립(제7장), 정부조달(제9장), 경쟁(제11장) 등에 포함되어 있다.

---

6) 장성길, "싱가폴 이슈," 「DDA가 걸어온 길 2001-2006년」(외교통상부), 85-98면.

[한-EU FTA 협정문 구조 및 주요 내용][7)]

	챕터	챕터의 명칭	주요 내용
상품	제1장	목적 및 정의	자유무역지대 창설 목적 및 협정 내용을 명확히 하기 위한 정의 규정
	제2장	상품에 대한 내국민대우 및 시장접근	FTA의 기본원칙인 비차별원칙과 상대국시장에 대한 자유로운 접근 규정
		○ 관세양허부속서 ○ 자동차 등 비관세부속서	○ 관세 철폐 및 감축 계획 규정 ○ 비관세조치 합리화 및 개선을 위한 약속
	제3장	무역구제	반덤핑, 세이프가드 관련 규정
	제4장	기술장벽	기술규정, 표준, 적합성판정절차의 무역 제한 효과 최소화 도모
	제5장	위생 및 식물위생조치	인간 및 동식물 위생 보호 및 무역에 대한 부정적 효과 최소화를 위한 규범 및 협력
	제6장	세관 및 무역원활화	물품의 통관을 신속히 하기 위한 조치
서비스	제7장	서비스, 투자 및 전자상거래	서비스, 투자 및 전자상거래 활성화를 위한 자유화 규범 및 협력조항
		○ 서비스양허부속서	서비스분야 양허 개선 계획
	제8장	지불 및 자본이동	경상 및 자본수지 계정에 포함되는 외환 거래 자유화
규범	제9장	정부조달	민자사업을 포함한 정부조달시장 접근 확대
	제10장	지식재산권	저작권, 상표권, 특허권, 지리적 표시 보호 기준 및 집행 관련 절차
	제11장	경쟁 및 보조금	경쟁법 집행 관련 협력 및 보조금에 의한 경쟁왜곡 방지
	제12장	투명성	협정 이행과 관련되는 국내법령 등 신속 공포, 상대국 및 이해관계인에게 의견제시 기회보장
	제13장	무역과 지속가능한 발전	무역자유화 진전에 따른 환경 및 노동 보호 수준 저하 방지

---

7) 외교통상부 보도자료, 2009.10.15., 첨부(한-EU FTA 설명자료) 35면.

기 타	제14장	분쟁해결	협정문 위반 여부 판정과 이행절차
	제15장	제도 및 최종규정	이행위원회 설치, 협정문 개정 및 발효 절차
의 정 서	1	원산지의정서	특혜원산지 기준 일반원칙
		○품목별원산지기준부속서	품목별 특성을 고려한 개별 원산지판정기준
	2	세관상호지원의정서	기존 한-EU 간 세관지원협정을 협정문에 편입
	3	문화협력의정서	시청각분야에서의 협력 증진

다만 정부조달 관련 내용을 규정한 제9장의 경우 협상 당시 GPA 개정협상이 진행 중임을 고려하여 개정 GPA협정의 절차가 양자 간에도 적용되도록 하되, 입찰 참가 및 낙찰시 과거 조달실적 요구를 원칙적으로 금지토록 하였고, 특히 GPA의 대상인 아닌 민자사업에 대해서도 비차별의무와 함께 투명성 관련 조항 등 절차 규범을 마련하였다. 투자 관련 내용을 규정한 제7장에서는 투자자-국가간 분쟁해결절차 등 투자보호 내용은 포함되지 않았는데, 이는 협상 당시 EU법체계상 투자보호 관련 협상권한은 회원국들이 보유하고 있어 유럽집행위가 이를 협상할 권한이 없었기 때문이다. 한편 싱가포르 이슈는 아니지만, DDA 협상에서 EU 측의 강력한 요구로 WTO차원에서 처음으로 협상 의제화된 환경문제도 한-EU FTA 무역과 지속가능한 발전(제13장)에 포함되었다.

2. 분야별 주요 내용[8]

1) 상품 교역

상품교역분야는 협정 제1장부터 제6장에서 다루어지고 있고, 상품교역을 위해 필요한 원산지 기준은 협정에 부속된 원산지의정서에서 별도로 다루고 있다. 제4장 무역에 대한 기술장벽 및 제5장 위생 및 식물위생조치는 기본적으로 WTO상의 권리의무를 재확인하고 있고, 제6장은 통관절차에 관한 다소 기술적인 내용

---

8) 보다 상세한 협정의 주요내용은 한·EU FTA 상세설명자료(2009.10, 관계부처 합동) 및 외교통상부 보도자료(2009.10.15.) 첨부(한-EU FTA 설명자료) 참조.

이므로 이하에서는 제2장에서 규정하고 있는 시장접근, 제3장의 무역구제제도와 의정서에서 다루고 있는 원산지 규정에 대해 간략히 살펴보고자 한다.

(1) 상품 시장접근

한-EU FTA는 지금까지 한국과 EU가 각각 체결한 FTA 중 가장 높은 수준의 상품교역 자유화를 실현하고 있다. 특히 공산품 분야에서는 EU 측이 전체 품목의 97.3%에 대해 관세를 즉시 철폐하고, 우리나라도 90.7%의 품목에 대해 관세를 즉시 철폐하고, EU 측은 5년 내 전 품목의 관세를 철폐하고 우리나라도 7년 내 전 품목의 관세를 철폐하는 등, EU 측이 다소 더 조기에 관세를 철폐하도록 하는 비대칭적 구조를 유지하면서도 양측 모두 매우 높은 수준의 자유화를 달성하고 있다.

이는 높은 수준의 자유화를 추구한다는 양측의 공동된 FTA 추진 정책에서 비롯한 것으로 보인다. WTO 다자통상체제를 여전히 중시하고 있는 EU는 FTA 추진시 특정국에 대한 관세인하는 기본적으로 WTO의 기본원칙인 최혜국대우(MFN)원칙에 배치되는 것으로 FTA의 확산은 결국 다자통상체제를 붕괴시킬 것이라는 우려와 관련하여 보다 심도 있고 신속한 개방을 통해 FTA가 오히려 WTO 다자통상체제를 강화할 수 있다고 보고 있다.[9]

한편 농산물의 경우에는 EU와 우리나라 모두 DDA 협상에서 소위 "MF-6" 그룹으로서 농산물 수입국 입장을 대변해 왔다. 물론 EU의 경우 농산물 수출이익도 고려하여 모든 사안에서 우리나라를 포함한 수입국들과 동일한 입장을 취하고 있지는 않지만 기본적으로 수입국 입장에서 신축성을 주장해 오고 있다. 이에 따라 한-EU FTA에서는 우리 농산물의 경우 국내적인 민감성을 반영하여 예외적 취급 범위를 최대한 확보하였다. 특히 주요 민감품목에 대해 양허제외, 현행관세 유지, 계절관세 도입, 10년 이상 장기 철폐, 농산물 세이프가드 적용 등 예외적 취급을 확보하였고, 반면 EU 측의 경우 농산물 시장을 전반적으로 조기 개방하여, 대 EU 주요 수출품목 및 수출 유망품목의 관세는 대부분 즉시 철폐되었다.

한-EU FTA의 상품분야 시장접근에 있어 높은 시장 자유화 수준과 함께 또 하나의 특징은 비관세조치에 대한 별도의 규범을 도입하고 있다는 점이다. 최근

---

9) WTO, Trade Policy Review-European Union (WT/TPR/S/248) pp.22-23.

국제적으로 시장접근에 있어 관세장벽보다는 비관세장벽이 더욱 큰 장애요인으로 다루어지고 있다. 유럽집행위가 2010.11.9. 향후 5년간 EU통상정책의 기본 방향 및 구체적인 정책제안에 관해 발표한 보고서("Trade, Growth and World Affairs")에서도 미국, 중국, 러시아, 일본 등 전략적 동반자 국가와의 통상관계를 심화시키는 데 있어, 특히 비관세장벽 철폐 등 규제조화를 향후 5년간 주요 정책과제로 제시한 바 있고, 일본과의 FTA 추진을 위한 예비협의에서도 EU 측은 비관세조치에 대한 논의를 협상의제에 포함시킬 것을 일본 측에 강력히 요구한 것으로 알려져 있다. 우리나라도 일본과의 FTA 협상재개를 위한 국장급 협의시 비관세장벽 문제를 계속 논의하고 있다.[10)]

　　한-EU FTA에서도 이러한 국제적인 동향을 반영하여 자동차 및 자동차 부품, 전기전자, 의약품, 화학물질 등 4개 분야에 대해 부속서를 마련하여 이에 따른 의무를 이행하도록 하고 있다. 자동차의 안전기준과 관련, 양측은 각각의 국내기준과 유사한 국제기준(UN ECE 또는 GTR) 규정에 따라 제작된 자동차에 대해 해당 국내기준을 준수한 것으로 인정하였고, 전기전자의 경우 관련제품이 시장에 출시되기 전에 충족시켜야 하는 적합성 평가절차와 관련, EU 측은 공급자 적합성 선언 (SDoC: Supplier's Declaration of Confirmity) 방식을 적용하고 우리의 현행보다 간소화된 절차를 도입하기로 합의하였다. 의약품 및 의료기기 분야에서는 양측의 보건의료 제도를 존중하는 가운데 의약품, 의료기기의 개발과 접근을 촉진하고, 양자 협력강화를 규정하였으며, 특히 화학물질 분야는 EU가 REACH(화학물질 등록, 평가, 승인제도) 등 화학물질에 대한 규제를 강화하고 있는 상황에 대응하기 위해 우리 측이 주도적으로 협력을 요구한 분야로 화학물질 규제관련 통상문제 해결을 위한 대화메커니즘을 확립하고, 화학물질 분야 협력증진과 규제 관련 대화를 위한 작업반을 설치키로 하였다.

　　특히 양국 교역비중에서 높은 순위를 차지하고 있는 자동차에 관한 비관세조치의 경우 관련 분쟁해결 요청이 있을 경우 일반적인 분쟁해결절차보다 신속한 절차를 도입하였다. 자동차 비관세조치 관련 분쟁은 부패가능상품이나 계절상품에 해당하는 긴급사안에 준하여 처리하도록 하여, 협의 개최시부터 중재패널의 최종

---

10) 외교통상부 보도자료 2011.5.9.

보고서 제출시까지의 소요기간을 일반적인 160일에서 100일로 단축하였다. 패널 판정 결과 자동차 비관세조치 관련 협정 위반 조치의 시정을 위해 입법조치가 필요하지 않는 경우 합리적인 이행기간은 통상 90일을 초과해서는 안 되며 어떠한 경우에도 150일을 초과하지 않도록 명시함으로써 분쟁해결절차의 조속한 완료를 도모하고 있다. 그러나 합리적인 이행기간을 거치지 아니하고 특혜관세 이전 관세로 복귀하는 소위 "Snap-back"제도는 도입되지 않았다.

(2) 무역구제

시장자유화 협상과정에서 항상 국내적으로는 시장자유화 결과 수입급증에 대한 우려가 제기된다. 이러한 우려를 해소하기 위해 WTO협정 및 FTA에서는 세이프가드 조치를 도입하고 있고, 한-EU FTA도 예외가 아니다. 특히 자동차 업계를 비롯하여 EU 측 산업계에서는 FTA 발효 후 한국제품의 수입급증에 대한 우려가 상당했기 때문에 EU이사회는 한-EU FTA 승인 당시 잠정적용의 전제조건으로 유럽의회의 승인과 함께 세이프가드 이행법안의 마련을 명시할 정도였다.[11]

한-EU FTA에서는 양자 세이프가드를 관세철폐 후 10년까지 발동 가능하도록 규정하고 있다.[12] 양자 세이프가드 도입에도 불구하고 양측은 WTO협정에 따른 다자 세이프가드 조치를 발동할 수 있다. 다만 동일한 상품에 대해 양자 세이프가드와 다자 세이프가드를 동시에 발동할 수 없도록 제한하고 있다. 양자 세이프가드와 별도로 농산물 세이프가드도 도입하여 일부 민감한 농산물에 대해 미리 정해둔 물량을 초과하여 수입될 경우 발동할 수 있도록 하였다. 한-미 FTA와 달리, 섬유제품에 대한 세이프가드 조치는 따로 규정하지 않고 있다.

반덤핑조치와 관련하여 한-EU FTA는 몇 가지 중요한 WTO 플러스 요소를 포함하고 있다. DDA 협상에서 한국은 반덤핑 프렌즈 그룹으로서 반덤핑조치의 남용을 방지하기 위해 노력하고 있다. EU의 경우 전통적으로 반덤핑조치를 사용해온 국가로서 프렌즈 그룹과 미국의 중간적 입장을 취하고 있는데, 한-EU FTA를 통해 WTO 플러스 요소에 합의한 것은 EU 측이 현행 반덤핑제도를 약화시키지

---

11) Council of the European Union, Press Release 16 September 2010.
12) 한-미 FTA의 경우 발효 후 10년 또는 10년 이상 관세철폐 대상 품목의 경우 관세철폐기간까지 발동 가능하다.

않는 범위 내에서 최대한 우리입장을 수용한 결과로 보인다.

한-EU FTA는 반덤핑 조사개시 15일 전까지 상대국에 반덤핑 조사신청서 접수 사실을 통보하도록 하고 있다.[13] 또한 덤핑마진이 수출가액의 2% 미만일 경우 반덤핑관세 부과를 금지하는 미소기준(de minimis)을 WTO 반덤핑협정 제5.8조에 따른 원심(original investigation)뿐만 아니라, 신규수출자 재심, 상황변화 재심 등 재심(review)에도 적용됨을 명시하고 있다.[14] 반덤핑관세 또는 상계관세는 덤핑 마진 또는 보조금 마진이 국내산업 피해를 제거할 수 있는 수준보다 높을 경우 국내산업 피해를 제거할 수 있는 수준까지만 부과 가능하다("Lesser Duty Rule").[15] 비합산(non-cumulation) 검토 의무도 부과하여 다수 국가로부터 수입되는 상품이 반덤핑관세 또는 상계관세 관련 조사의 대상이 되는 경우 상대국으로부터의 수입을 합산하는 것이 적절한지 검토해야 할 의무를 부과하고 있다.[16] 아울러 반덤핑관세 또는 상계관세 부과 전에 공익을 고려하도록 노력할 것을 규정하고 있다.[17]

한-EU 협정상 상계관세는 제3장(무역구제)에서 다루고 있으나 보조금에 관한 규범은 제11장(경쟁)에서 다루고 있다. 양측은 국제무역에 영향을 미치는 한도 내에서 보조금 지급으로 야기된 경쟁왜곡을 제거 또는 시정하기 위해서 최선의 노력을 다할 것을 합의하고 보조금의 정의 및 특정성은 WTO 보조금협정 제1조(보조금의 정의) 및 제2조(특정성)에 따르도록 하고 있다. 서비스, 농·수산 보조금은 적용대상에서 제외된다. 단, 서비스 분야 보조금의 경우 다자차원에서의 발전을 고려하여 서비스 분야에 적용될 보조금 규율의 발전을 위해서 노력하고, 이와 관련하여 협정 발효 후 3년 내에 의견교환을 하기로 합의하였다.

금지보조금의 범위와 관련, 한-EU FTA는 WTO협정에서 규정하고 있는 금지보조금에 추가하여 다음 2가지 유형의 보조금을 금지보조금으로 규정하고 있다. 첫째, 기간 또는 양적인 측면에서 무제한적인 보증에 따라 지급되는 보조금, 둘째

---

13) WTO 반덤핑협정에는 조사 개시 전 통보 의무만 있다(WTO 반덤핑협정 제5.5조).
14) WTO 반덤핑협정상 미소기준은 원심에 대해서만 규정이 있을 뿐, 재심에 대해서는 적용여부가 불분명하다.
15) WTO 반덤핑 및 SCM협정상 Lesser Duty Rule은 바람직한 것으로만 규정되어 있을 뿐, 그 적용 의무가 있는 것은 아니다(WTO 반덤핑협정 제9.1조, SCM협정 제19.2조).
16) WTO 반덤핑협정상 합산 여부는 조사당국의 재량이다(WTO 반덤핑협정 제3.3조).
17) WTO 반덤핑협정상 관련 규정은 없다.

신뢰할 만한 회생계획이 없이 상당한 자구노력을 하지 않는 부실기업을 지원하는 보조금이 그것이다. 객관적 기준 및 조건에 따라 부여되는 중소기업 보조금은 이러한 금지보조금에 포함되지 않으며, 일시적 유동성 지원이나 공공서비스 공급비용 보상 및 석탄산업 지원은 두 번째 보조금에서 예외이다. 상기 두 유형의 보조금은 WTO 보조금협정상의 조치가능 보조금에 해당되어 보조금 지급 시, 피해를 입은 상대국이 상계관세를 부과할 수 있으나, 한-EU FTA에서는 아예 금지보조금으로 규정되었다. 이러한 보조금 규정의 강화는 각국이 국내 정치적 고려에 따라 부실기업에 대해 무제한 지원하는 경우를 방지하기 위한 것이지만 발동요건 및 효과를 WTO 보조금협정상의 조치가능 보조금과 유사하게 규정함으로써 추가적인 의무부담은 실질적으로 없는 것으로 보인다.

(3) 원산지 기준

협상과정에서 원산지 기준과 관련하여 양측의 입장은 크게 대립하였다. EU의 경우 회원국 간 역내 교역의 비중이 높기 때문에 상대적으로 원자재의 해외조달 비율이 높지 않은 반면, 중국, 동남아 등 제3국산 제품이 한국을 통해 우회수출될 가능성에 대한 우려가 컸기 때문에 매우 엄격한 원산지 기준 도입을 주장하였다. 반면 우리의 경우는 원자재의 해외조달 비율이 높기 때문에 우리 산업계에서 충족시킬 수 없는 엄격한 원산지 기준에 대해 반대하였다.

협상 결과 양측의 교역관계를 균형 있게 반영한 중립적인 특혜 원산지 규정 마련에 합의하였다. 우리 측 주력 수출품목에 대해서는 품목의 민감성과 함께 원자재 해외조달 비율 등 산업의 특성을 고려한 기준을 규정하였다. 전기, 전자제품 등 대부분의 주요 공산품에 대해서 EU 측은 그간 EU가 체결한 FTA에서 엄격한 결합기준 원칙(세번변경기준 and 부가가치기준)을 고수하여 왔으나, 한-EU FTA에서 처음으로 선택기준(세번변경기준 or 부가가치기준)으로 수정하였다.

양국은 제품의 원산지 판정에서 역외산 재료(non-originating material)가 양국이 합의한 품목별 원산지 기준을 충족하지 못하더라도 제품 가격(공장도가)의 10% 미만으로 사용된 경우에는 원산지를 인정하기로 합의하였다. 이를 흔히 미소기준(*De Minimis*)이라고 하는데, 이러한 미소기준은 원산지 기준 판정의 효율성을 위해 대부분 FTA에 반영되어 있다. 단, 섬유류(50-63류)에 대해서는 일반 미소기준을 적용하지 않고, 주해서(Introductory Notes)에 규정되어 있는 별도의 섬유 미소기준을 적용하기로 규정하였다.

원산지와 관련하여 우리나라가 유지하고 있는 관세환급 제도의 허용 문제는 협상 마지막 단계까지 가장 큰 쟁점 중의 하나였다. 관세환급이란 우리나라 관세환급특례법에 따라 수출용 원자재의 경우 원자재 수입시 납부한 관세를 추후 환급해 주는 제도이다. EU도 역내가공 면세제도(Inward Processing Relief)라는 관세환급과 유사한 제도를 가지고 있으나,[18] EU의 경우 소위 "No drawback rule"에 따라 특혜관세와 관세환급을 동시에 누리지는 못하도록 되어 있다. 즉 FTA에 따른 특혜관세를 받기 위해서는 관세환급을 받을 수 없다. 이러한 상황에서 EU 측은 협상초기부터 우리나라에 대해 관세환급 제도를 계속 허용할 경우 이는 우리 수출업자에 대한 이중의 혜택이며, 또한 중국산 등 제3국산 제품이 한-EU FTA 혜택을 보게 된다며 이를 금지할 것을 강력히 요구하였다. 협상결과 양측은 현행 관세환급 제도를 계속 유지하되, 다만 협정 발효 5년 후부터 특정 요건을 충족할 경우에 해당 품목에 대한 관세환급 한도를 제한할 수 있는 세이프가드 조치를 도입하였다.

개성공단의 경우 일반적인 원산지 규정의 예외를 적용하여 개성공단 제품이 한국산과 동일한 특혜관세를 부여받을 수 있는 구체적인 제도적 틀을 마련하였다. 구체적인 사항들은 양국 간 "한반도역외가공지역위원회"(Committee on Outward Processing Zones on the Korean Peninsula)에서 논의하도록 하였다. 역외가공지역(OPZ) 내에서 생산된 제품은 일정 요건하에 한국산과 동일한 특혜관세를 부여받으며, 개성공단 외 다른 북한지역도 OPZ로 선정이 가능하다.

---

18) Council Regulation(EEC) No. 2913/92.

관세환급 세이프가드 제도

□ 관세환급에 대한 검토 실시

ㅇ 협정 발효 5년 후부터 일방 당사국의 요청이 있을 경우 관세환급 제도에 관해 공동으로 검토(Review) 실시

□ 관세환급 세이프가드 발동 요건

ㅇ 기본원칙: 상대국 동종제품과의 경쟁조건에 부정적인 영향을 미칠 수 있는 역외산 원자재 조달방식(sourcing pattern)의 변화가 입증될 경우 발동 가능
ㅇ 구체적 요건: 1) 최종재의 상대국 수출이 크게 증가하고, 2) 최종재에 포함된 역외산 원자재의 대 세계 수입증가율(FTA 비체결국으로부터의 수입에 국한)이 최종재의 상대국 수출증가율을 크게 초과
ㅇ 경감요인: 역외산 원자재의 수입증가가 국내 소비 증가 등 상대국 수출용도 이외의 수요에 기인한 경우 상기 증가율의 경감요인으로 고려
  - 상대국 동종제품과의 경쟁조건에 미치는 영향도 고려

□ 관세환급 세이프가드 발동절차

ㅇ 관세환급 제도 검토 결과 세이프가드 발동요건을 충족한 것으로 입증될 경우 일방 당사국이 해당품목에 대한 관세환급 제한을 위한 협의 요청
ㅇ 발동요건 충족여부에 대한 양측 간 이견 존재 시 한-EU FTA 분쟁해결절차 적용(객관적인 패널을 구성하여 결정)
ㅇ 패널에서 세이프가드 발동요건이 있다고 판정하면, 해당 품목에 대해 환급되는 관세를 5%로 제한
  ※ 현재 실행관세율이 8%인 품목의 경우 5%만 환급됨

한반도역외가공지역위원회 개요

□ 구성 및 운영: 양국 공무원으로 구성, 협정 발효 후 1년 후 개최(매년 1회 개최 또는 양국 합의 시 수시 개최 가능)

□ 기능

- OPZ가 될 수 있는 지리적 구역을 지정
- 동 지역이 위원회가 마련한 OPZ 지정기준의 충족여부 판정
- OPZ의 생산품이 특혜관세를 받기 위해 OPZ에서 추가될 수 있는 총 투입가치의 최대 비율을 설정

2) 서비스 교역

(1) 서비스협정 개요

경제성장이 진전될수록 서비스 교역의 중요성도 커지게 된다. EU는 2016년 기준 전세계 서비스 교역의 22.6%를 차지하는 서비스 대국이며,[19] 우리의 경우도 국내 경제체제를 선진화하기 위해 서비스 시장 개방을 적극적으로 추진하고 있기 때문에 한-EU FTA의 서비스 개방수준은 매우 높은 수준이다. 물론 여전히 일부 서비스 산업의 경우는 공공성이 강하고, 사회·문화적으로 큰 영향을 미치기 때문에 이에 대한 개방에 한계가 있을 수밖에 없다.

한-EU FTA의 서비스 분야 자유화 수준은 전반적으로 현행 WTO 서비스협정 (GATS)의 자유화수준보다 크게 개선되었다. 전체적으로 양측의 개방내용을 보면, WTO 서비스 분류 155개 섹터 기준으로 EU 측의 개방 범위는 총 139개 분야로 우리 측의 115개 분야보다 훨씬 넓은 수준이다. 현행 GATS상 우리의 양허는 총 85개 분야, EU는 105개 분야로 양측 모두 GATS 보다 크게 개선되었음을 알 수 있다. 한-EU FTA는 GATS와 마찬가지로 양허표에 기재한 분야만 개방하는 Positive 방식을 채택하고 있어 Negative 방식을 채택하고 있는 한-미 FTA와 수치적으로 비교하기는 어려우나 대체로 양허수준이 유사한 것으로 평가되고 있다.

한-EU FTA는 전문직(법률·회계·세무) 서비스, 사업·운송·유통·건설·금융 서비스 등 대부분의 분야에서 한-미 FTA와 유사한 수준으로 개방하였고, 경쟁력 제고가 필요한 일부 통신서비스 및 환경서비스에서 추가적으로 개방하였다. 통신 서비스 관련 협정 발효 2년 후에 한-EU 방송사 간 방송신호 전송에 한해 국제위성 전용 회선서비스에 대한 상업적 협약체결 의무를 면제하였고, 환경서비스에서는 협정 발효 5년 후에 생활하수처리시설 민간위탁 경쟁 입찰 시 EU기업에 대해 비차별 대우 부여를 개시하게 된다. 다만 생활하수 분야에 대해 지자체·공기업 독점과 같은 포괄적 규제권한을 유보하였다.

우리 측은 주요 서비스에 대한 규제권한을 유보하고 있는데, 우선 공교육(유·초·중·고), 의료 및 사회서비스 등 공공성이 강한 분야에 대해서는 미개방하였고,

---

다만 한-미 FTA에서와 마찬가지로 고등교육(대학교) 및 성인교육 분야의 경우 현행 법령 수준에서 개방하였다. 전기·가스 등 외국인투자촉진법상 외국인투자 제한업종은 현행 규제수준을 유보함으로써 기간산업에 대한 규제권한을 유지하고 있으며 기타 "총·포·도검류의 취급, 사회적 취약계층에 대한 대우, 국가소유 전자/정보시스템"에 대해서는 포괄적으로 유보하고 있다.

(2) 분야별 특징

한-EU FTA에서 서비스·투자 분야는 국경 간 서비스, 설립, 전자상거래를 포괄적으로 규율하는 제7장과 이를 뒷받침하는 자본이동에 관한 제8장으로 구성되어 있다. 제8장(지불 및 자본이동)에서는 경상 및 자본거래로 인한 자금의 국경 간 이동을 허용하되 필요한 경우 이에 대한 제한을 가할 수 있도록 하였고, 특히 외환위기와 같은 경제위기시 외화유출입을 통제할 수 있는 단기 세이프가드 조치를 취할 수 있도록 하였다.

제7장의 대상이 되는 국경 간 서비스 공급(Cross-border Supply of Services)이란 한 당사자의 영역으로부터 다른 당사자의 영역으로 서비스를 공급하는 경우 및 한 당사자의 영역 내에서 다른 당사자의 소비자에게 서비스를 공급하는 경우를 모두 말한다. 즉 GATS에서 이야기하는 mode 1과 mode 2를 포함하는 개념이다.

한-EU FTA는 투자라는 용어 대신 설립이라는 용어를 사용하고 있다. 협정상 설립(Establishment)이란 경제적 활동을 할 목적으로 법인을 구성, 인수, 유지하거나 지사 또는 대표사무소를 창설, 유지하는 행위로서 서비스업과 비서비스업(제조업, 광업 등) 분야의 상업적 주재를 포괄하는 개념이다. GATS의 mode 3이 여기에 해당하나 협정의 설립은 비서비스업에 대한 투자도 포함된다.

한-EU FTA에서는 수용·보상, 투자자-국가간 분쟁해결절차(ISDS) 등 투자보호 내용이 포함되지 않았는데 이는 협상 당시 EU법체계상 투자보호 관련 협상권한은 회원국들이 보유하고 있고 유럽집행위가 이를 협상할 권한이 없었기 때문이다.[20] 다만 향후 투자보호와 관련된 협상권한이 유럽집행위에 부여될 경우 재검토

---

20) 우리나라는 2018.4월 현재 EU 28개 회원국 중 23개국과 양자투자협정(BIT)을 체결하고 있으며, 그중 2개국(영국, 프랑스)을 제외한 나머지 모든 협정에서 ISDS조항을 포함하고 있다. http://investmentpolicyhub.unctad.org/IIA/CountryBits/111(2018년 4월 25일 방문) 참조.

를 통해 투자보호 관련 내용을 협정문에 반영할 수 있도록 재검토 조항을 별도로 규정하고 있다. 2009년 12월 리스본조약 발효로 투자보호에 관한 사항도 EU공동 통상정책의 배타적 권한에 포함됨에 따라 EU가 최근에 체결한 캐나다, 싱가포르와의 무역협정에서는 투자보호 챕터 또는 별도의 투자보호협정을 포함하고 있다.

국경 간 서비스 무역, 설립에 대한 의무와 함께 서비스 무역 및 설립과 관련한 인력의 일시입국 문제도 협정의 중요한 요소이다. 협정은 상업적 주재가 허용된 분야의 "핵심인력(key personnel: 관리자, 전문인력, 사업방문자로 구성), 대졸연수생, 상용서비스판매자"에 대해서는 일정한 체류요건을 전제로 자유로운 이동을 허용하고 있고,21) 특히 대졸연수생을 인력이동 대상에 신규로 포함시킴으로써 청년층의 상호 인력 교류를 촉진하고 있다. 단, 계약서비스 공급자 및 독립전문가에 대해서는 추후 WTO DDA 협상 결과를 반영하여 포함시키기로 합의하였다.

시청각 서비스와 관련하여 EU는 UR 협상과정에서 시청각 서비스를 "문화정체성 보호"라는 이유를 들어 예외로 인정해야 한다고 주장한 바 있다. 그러나 미국의 강력한 반대로 결국 현 WTO 서비스협정(GATS)에는 시청각 서비스도 협정 적용대상에 포함되었고, 대신 EU는 자국 양허표에서 시청각 서비스를 제외하였다.22) 한-EU FTA에서는 EU 측의 입장을 고려하여 시청각 서비스를 협정 적용대상에서 제외하되 우리 측이 관심이 있는 시청각물 공동제작 규정을 포함시키기 위해 한-EU FTA협정의 일부분으로서 문화협력의정서를 체결하였다.

동 의정서는 우리나라와 EU회원국 간의 공동제작물에 대해 각국에서 시장접근 관련 제도상 혜택을 부여토록 하고 있다. 문화협력의정서에서 규정하는 일정기준23)을 충족하는 공동제작물은 우리나라와 EU회원국에서 자국물로 인정되어 각 당사자 영역에서 쿼터제도 우회가 가능하다. 이로서 우리나라와 EU회원국 간의

---

21) 관리자 및 전문인력에 대해서는 3년까지, 사업방문자는 1년에 90일까지, 대졸연수생은 1년까지, 상용서비스판매자는 1년에 90일까지 체류를 허용하고 있다.

22) Peter Van den Bossche, *The Law and Policy of the World Trade Organization: Text, Cases and Materials*, 2nd ed. (Cambridge: Cambridge University Press, 2008), p.492.

23) 애니메이션은 EU회원국 3개국 이상이 참여하고 양측 기여도가 각각 35% 이상인 경우 영화 등 기타 시청각물은 EU회원국 2개국 이상이 참여하고 양측 기여도가 각각 30% 이상인 경우 우리나라 및 EU의 제작물로 인정한다. 다만 EU회원국 국적별 기여도는 각 10% 이상이어야 한다.

새로운 공동제작협정 협상 및 기존의 공동제작협정 이행을 장려하고 공동제작 시 청각물에 대한 재정지원의 근거를 마련했다고 볼 수 있다. 다만 문화 분야의 특수성에 대한 EU 측의 입장을 감안하여 문화협력의정서 관련 분쟁의 경우에는 무역위원회가 분쟁해결절차의 진행을 관할하는 일반적인 분쟁과 달리, 그 절차의 진행을 문화협력위원회가 관할하도록 하고 있다. 통상 분야 전문가가 아닌 문화 관련 전문가를 중재자로 선정토록 하고 중재판정 결과를 이행함에 있어 문화 분야와 기타 분야 간의 교차보복을 상호 금지하고 있다.

3) 지재권

한-EU FTA는 지리적 표시, 저작권 및 저작인접권, 상표, 디자인, 특허 등에 관한 보호를 규정하고 있고 민사 및 형사를 포함한 지재권 보호의 집행에 관한 규정을 포함하고 있다. 이하에서는 협정의 가장 특징적인 분야인 지리적 표시 보호와 저작권 그리고 지재권 집행에 대해 간략히 살펴보고자 한다.

(1) 지리적 표시(GI)의 보호

지리적 표시(Geographical indications)란 상품의 특정 품질, 명성 또는 그 밖의 특성이 본질적으로 지리적 근원에서 비롯되는 경우 특정 지역, 지방 또는 국가를 원산지로 하는 상품임을 명시하는 표시이다. 협정에서는 구체적으로 우리나라의 농산물품질관리법 및 주세법, EU의 관련 이사회규칙(Council Regulation)에서 언급하고 있는 지리적 표시를 의미한다. 협정에서 보호되는 지리적 표시는 농산물 및 식품, 포도주(착향 포도주 포함), 증류주로 한정되는데, 보호대상이 되는 구체적인 지리적 표시는 부속서에 기재되어 있다(한국: 64개, EU: 162개). 양측의 주요 지리적 표시를 보면 우리의 경우 보성녹차, 순창전통고추장, 이천쌀, 고려홍삼, 진도홍주, 고창복분자 등이며, EU는 보르도, 부르고뉴, 샴페인, 꼬냑, 스카치위스키, 까망베르드 노르망디 등이다

부속서에 기재된 양국의 지리적 표시는 상품의 종류와 상관없이 다음의 3가지 행위로부터 보호된다. 첫째, 상품의 지리적 출처에 대하여 대중의 오인을 유발하는 방식으로 진정한 산지가 아닌 지역을 원산지로 표시하거나 암시하는 행위로부터

보호된다. 둘째, 진정한 산지가 표시되거나 지리적 표시가 번역 또는 음역되어 사용되거나 또는 "종류," "유형," "양식," "모조품" 등의 표현이 수반되는 경우에도 해당 지리적 표시에 나타난 장소를 원산지로 하지 아니하는 유사상품에 지리적 표시를 사용하는 행위로부터 보호된다. 셋째, 파리협약 제10조의 2[24])의 의미 내에서의 불공정경쟁을 구성하는 행위로부터 보호된다.

EU는 UR협상 당시부터 지리적 표시를 강력하게 보호할 것을 주장했으나 미국, 호주 등의 반대로 현 WTO TRIPS협정 제23조는 포도주·증류주 지리적 표시의 경우에만 상품의 출처에 대해 소비자를 오인시키는 방법으로 사용되는지 여부와 관계없이 보호를 부여하고 있다.[25]) 한-EU FTA는 농식품에도 포도주·증류주와 동일한 수준의 보호를 부여함으로써 농식품 지리적 표시의 보호수준을 강화하고 있다. 이는 GI 보호 강화에 대한 EU의 기존 입장에 대한 고려와 함께 최근 국내 농업의 발전을 위해 우리 농산물의 수출을 적극적으로 추진하면서 우리 농식품의 GI 보호 필요성을 느끼고 있는 우리의 농업정책이 반영된 결과라고 볼 수 있다.

협정발효 후, 지리적 표시의 보호범위를 침해하는 상표가 유사상품에 출원된 경우 거절 또는 등록시 무효의 대상이 된다. 단, 한-EU FTA 발효 전에 출원 또는 등록된 상표, 사용에 의해 식별력이 확립된 상표의 사용은 보장된다. 또한 까망베르, 체다, 에멘탈, 브리 등은 지리적 표시가 아니라 제품의 유형을 나타내는 일반명칭으로서 EU 지리적 표시의 보호와 상관없이 계속 사용 가능하다. 보호대상 지리적 표시는 협정발효 후에도 양측의 합의에 의하여 추가될 수 있으며 지리적 표시에 관한 협력 및 대화를 위해 작업반이 설립된다.

---

24) 파리협약 제10조의 2(불공정경쟁)는 산업 및 상업상 정직한 관행에 어긋나는 모든 경쟁행위를 불공정경쟁으로 정의하고 이러한 불공정경쟁에 대하여 회원국에게 효과적인 보호를 부여할 것을 규정하고 있다. 특히 혼동을 야기하는 행위, 허위주장, 대중의 오인을 유발하는 행위를 금지하고 있다.

25) WTO TRIPS협정 제22조(모든 지리적 표시에 대해 적용)는 대중에게 출처를 오인하게 하는 방식으로 지리적 표시를 사용하는 것을 금지하고 있으나, 제23조는, 특히 포도주·증류주 지리적 표시를 표시된 지역에서 유래하지 않는 포도주·증류주에 사용하는 경우 출처오인 여부를 불문하고 진정한 원산지가 표시되거나 지리적 표시가 번역되어 사용되거나 또는 "종류," "유형," "양식," "모조품" 등의 표현이 수반되는 경우에도 사용을 금지하도록 규정하고 있다.

(2) 저작권

협정은 한-미 FTA에서와 같이 저작권 보호기간(기존: 50년)을 저작자 생존기간 및 사후 70년으로 연장하되 보호기간 연장시점을 협정 발효 후 2년간 유예하고 있다. 그리고 방송사업자에게 "TV 방송물을 상영하는 대가로 입장료를 받는 행위"를 허락하거나 금지할 수 있는 권리를 부여하고 있고 권리자 추정 규정을 방송사업자에게도 확대 적용하여 민사소송시 반대의 증거가 없는 한, 통상적인 방식으로 '방송사업자'로 표시되어 있는 자를 방송물에 대한 저작인접권자로 추정하도록 하고 있다.

협상과정에서 추급권의 인정여부가 논의된 바 있다. 추급권(Artists' Resale Right)이란 미술품이 재판매될 때 작가(저작자)가 판매액의 일정 몫을 받을 수 있는 권리로서, 1920년 프랑스에서 처음으로 도입되어 현재 기초예술이 발달한 유럽을 중심으로 40개국에서 시행되고 있고 EU차원에서는 2001년 추급권 지침을 통해 회원국에게 추급권 도입을 강제하고 있다.[26] 1948년 베른협약에서도 채택되었으나 각국이 도입 여부를 결정할 수 있으며, 우리나라는 아직까지 도입하지 않고 있다.

협정은 저작물에 대한 기술적 보호조치를 우회하는 행위 및 기술적 보호조치를 우회할 수 있는 수단 등의 제공행위를 금지하고 있다. 다만 기술적 보호조치를 우회하는 행위의 경우 이용자가 고의·과실이 없는 경우 저작권 침해가 성립되지 않는다. 또한 권리관리정보(Rights Management Information)[27]를 고의로 제거·변경하는 행위와 고의로 권리관리정보가 제거·변경된 저작물 등을 배포·공연·방송 또는 전송하거나 배포의 목적으로 수입하는 행위를 금지하고 있다.

(3) 지재권 집행

협정은 사법당국이 소송의 당사자 또는 증인인 침해자 또는 협정상 규정된 그 밖의 다른 사람에게 지식재산권을 침해하는 상품과 서비스의 근원 및 유통망에

---

26) 박덕영·이일호, 「국제저작권과 통상문제」(서울: 세창출판사, 2009), 102면.
27) 저작물, 권리자, 이용조건 등을 식별하는 정보로서 저작물에 부착되거나 그 공연, 방송 또는 전송에 수반되는 것을 지칭한다.

관한 정보 제공을 명령할 수 있도록 보장하고 있고 사법당국에 지재권 보호 관련 각종 명령을 내릴 수 있는 권한 부여 의무를 규정하고 있다. 또한 중개자의 서비스가 저작권 및 저작인접권, 상표권, 지리적 표시를 침해하는 제3자에 의해 이용될 때, 권리자가 동 중개자에 대해서도 중간금지명령 또는 금지명령을 신청할 수 있도록 허용하고 있다. 중개자의 범위는 각 당사국의 법령으로 정하되, 침해물품을 배달하거나 배포한 자 및 온라인서비스 제공자(OSP: Online Service Provider)를 포함한다. 또한 온라인서비스 제공자를 세 개 유형으로 구분하고(단순도관/캐싱/호스팅), 유형별로 지재권 침해에 대한 기여도가 다른 점을 감안하여 차등화된 면책규정을 적용하고 있다.[28] 온라인서비스 제공자에게 지재권 침해행위, 서비스이용자에 의해 제공된 정보 및 서비스이용자의 신원확인을 가능하게 하는 정보를 수사기관에 제공할 의무를 도입할 수 있음도 규정하고 있다.

협정은 통관보류조치 적용대상 및 절차를 일부 확대하였다. 즉 적용대상을 현행 "상표권, 저작권 및 저작인접권 침해상품"에서 "특허·디자인·지리적 표시·식물신품종권 침해상품"에까지 확대하였다. 단, 특허 및 디자인의 경우 시행을 위해 사전준비가 필요함을 고려하여 협정 발효 후 2년간 시행을 유예하고 있다. 적용절차도 환적의 경우 직권에 의한 통관보류조치뿐만 아니라 이해관계자의 신청에 의한 통관보류조치가 가능하도록 규정하였다.

Ⅲ. 협정 발효 및 이행 메커니즘

1. 한-EU FTA 잠정적용 제도

발효조항과 관련하여 한-EU FTA의 특징은 정식발효 이전에도 양국이 필요한 조치를 완료할 경우 잠정 적용시킬 수 있도록 한 점이다. 협정 제15.10조는 제2항에서 양측이 각자의 국내절차를 완료하였음을 증명하는 서면통보를 교환한 날로부

---

28) 한-미 FTA는 온라인서비스 제공자를 ① 단순도관, ② 캐싱, ③ 웹사이트 링크 및 ④ 게시판 기능의 4가지 유형으로 분류하여 책임수준을 차별화하고 있다.

터 60일 경과 후 또는 양측이 합의하는 다른 날에 발효한다고 규정하고 있고,[29) 제4항에서는 양측이 각각 잠정발효에 필요한 절차를 완료한 것으로 통보한 날 이후 다음 달 첫째 날부터 잠정적으로 적용된다고 규정하고 있다. 정식 발효조항이 있음에도 불구하고 잠정적용 조항을 포함시킨 것은 28개 회원국으로 구성된 EU의 독특한 법적 특성에 기인한다.

EU의 경우 협정발효를 위한 내부 절차는 그 협정의 내용이 누구의 권한사항인지에 따라 차이가 있다. 즉 협정에서 규정하고 있는 내용들이 모두 EU기능조약(TFEU) 제3조에서 규정하고 있는 공동체의 배타적 권한사항인 경우에는 개별 회원국들의 비준 없이 EU이사회의 승인과 유럽의회의 동의를 거쳐 발효될 수 있다. 그러나 협정의 내용이 일부라도 TFEU 제4조에 따른 개별 회원국과의 공동권한 사항인 경우에는 이를 "mixed agreement"로 보고, 개별 회원국들의 비준을 모두 완료해야 발효될 수 있다.[30) 실제로 각 회원국별로 조약의 비준절차가 모두 상이하고 정치적 일정도 다양하므로 모든 회원국들의 비준절차가 완료되기까지는 통상 2-3년의 시간이 추가로 소요된다.

FTA의 경우 관세철폐 등 대부분의 핵심 내용이 공동체의 배타적 권한 사안임에도 불구하고 일부의 내용이 회원국과의 공동권한 사항이라는 이유로 전체 협정의 발효가 2-3년 늦어져 시장개방 효과를 조기에 누리지 못한다면 그 경제적 손실은 이루 말할 수 없을 것이다. 이러한 문제점을 고려하여 EU는 대부분의 FTA의 경우 잠정적용 조항을 포함시켜 왔다. 즉 EU이사회의 승인을 통해 서명된 조약의 경우는 공동체의 배타적 권한사항에 대해 TFEU 제218.5조(구 니스조약 제300.2조)에 의거하여 정식 발효 이전이라도 잠정적으로 적용될 수 있도록 한 것이다. 예를 들어 2002년 11월 서명된 EU-칠레 FTA의 경우 협정 내용 중 배타적 권한에 해당하는 부분은 2003년 2월부터 잠정 적용하였다. 공동권한 사항을 포함하는 전체 협정은 2003년 2월 유럽의회의 동의 및 2003년 6월부터 2005년 1월까지의 회원국 비준을 거쳐, 2005년 3월 1일에 정식 발효되었다.[31)

---

29) 문화협력의정서의 경우에 우리나라의 유네스코 문화다양성협약 비준이 선행될 것을 요구하고 있는데 우리나라는 2010.4.1. 동 협약에 대한 비준서를 기탁하였다.

30) https://eur-lex.europa.eu/legal-content/EN/ALL/?uri=legissum:ai0034(2018년 4월 25일 방문).

31) http://www.consilium.europa.eu/en/documents-publications/treaties-agreements/agreement/?id=2002086

한-EU FTA의 경우 리스본조약 발효 이후 강화된 유럽의회의 위상을 고려하여 이사회의 승인과정에서 유럽의회의 동의 이후 협정이 잠정 적용될 수 있도록 결정하였다.[32] 이에 따라 한-EU FTA는 2010년 9월 16일 EU이사회 승인, 2011년 2월 17일 유럽의회 승인을 거쳐 한국 측의 국내절차가 완료된 후 2011년 7월 1일부로 잠정 적용되었다. 그리고 2011년 2월부터 2015년 9월까지 회원국의 비준을 완료하고 10월 15일에 서면통보문을 교환한 후, 2015년 12월 13일에 정식 발효되었다.[33]

과거 니스조약하에서 EU 공동체와 개별 회원국 간 공유 권한사항이었던 문화·시청각 서비스, 교육 서비스 및 사회보건 서비스가 리스본조약하에서는 EU의 배타적 권한으로 규정됨에 따라 한-EU FTA는 지식재산권의 형사집행 조항과 문화협력 관련 일부 조항을 제외한 모든 내용이 잠정적용의 대상이 되었다.

2. 한-EU FTA 협의 메커니즘

대부분의 FTA 협정은 협정 이행에 관한 협의 메커니즘을 규정하고 있다. 예를 들어 한-칠레 FTA의 경우도 이행 협의를 위한 자유무역협정 위원회를 설치하도록 규정하고 있다.[34] 한-EU FTA는 협정의 이행과 관련한 최고 협의기관으로 양측 통상장관을 공동 의장으로 하는 "무역위원회"를 설치하도록 하고 있다. 무역위원회는 협정의 이행을 감독하고 협정상 설치된 특별위원회, 작업반 및 기타 기구의 업무를 감독하며 협정의 개정 여부를 검토한다. 무역위원회는 우리나라와 EU에서 매년 교대로 개최된다. 그러나 무역위원회가 실제로 개최되고 있지 않는 동안에도 업무가 중단되는 것은 아니며, 각종 통보사항 접수 등의 업무는 계속 수행하게 된다.[35]

&DocLanguage=en(2018년 4월 25일 방문).

32) Council of the European Union, Press Release 16 September 2010.

33) http://www.fta.go.kr/eu/info/2/; http://www.consilium.europa.eu/en/documents-publications/treaties-agreements/agreement/?id=2010036&DocLanguage=en(2018년 4월 25일 방문).

34) 한-칠레 FTA 제18.1조.

35) 예를 들어 협정 분쟁해결절차는 패널 설치 요청을 피소당사자와 무역위원회에 서면으로 요청하도록 규정하고 있다(제14.3조).

협정은 무역위원회 산하에 전문위원회로서 상품무역 위원회, 서비스무역·설립 및 전자상거래 위원회, 위생 및 식물위생조치(SPS) 위원회, 관세위원회, 무역과 지속가능발전 위원회, 한반도역외가공지역위원회의 설치를 규정하고 있다. 이외에도 문화협력위원회가 문화협력의정서에 따라 설치된다. 또한 무역위원회의 산하에 작업반으로서, 자동차 및 부품 작업반, 의약품 및 의료기기 작업반, 화학물질 작업반, 무역구제 협력작업반, 상호인정협정(MRA) 작업반, 정부조달작업반, 지리적 표시 작업반 등도 설치된다. 무역위원회는 필요한 경우 또 다른 위원회나 작업반의 설치를 결정할 수 있다.

이렇듯 외형상 여타 FTA와 큰 차이가 없음에도 불구하고 한-EU FTA의 협의 메커니즘에 대한 양측의 실제 인식은 기존의 FTA와는 차이가 있다. 2011년 10월 12일 서울에서 제1차 한-EU 무역위원회가 개최되어 무역위원회 및 작업반의 운영에 관한 상세한 의사규칙을 채택하였다.[36) 협정상 협의 메커니즘에 대한 규정이 마련되어 있을 뿐만 아니라 실제로 협정 적용 100여 일만에 최고 의사결정기구인 무역위원회를 개최하여 이러한 협의 메커니즘을 실제 작동시키기 위한 의사규칙을 채택했다는 것은 양측이 협정의 이행을 매우 진지하게 보고 있음을 나타낸다. 또한 무역위원회에 참석한 양측 통상장관도 향후 양자통상현안을 다루고 경제협력을 진전시키기 위한 장으로서 무역위원회의 중요성을 재확인한 바 있다.

한-EU FTA 협정의 또 한 가지 특징은 협정의 이행을 위해 각종 운영기구를 규정하고 있을 뿐만 아니라, 협정의 이행과정에서 의사결정들이 구체적으로 어떤 기구에서 어떤 형태로 이루어지는가에 대해 비교적 상세하게 규정하고 있다는 점이다. 예를 들어 상품의 관세철폐 가속화에 대해서는 무역위원회에서 결정하고 TRQ 운용에 관한 기술적 사항들은 상품무역 위원회에서 결정한다. 무역위원회는 이 협정의 목적을 달성하기 위하여 협정에 규정된 경우 모든 사안에 대해 결정하는 권한을 보유한다(제15.4조).

또한 한-EU FTA는 제13장(무역과 지속가능한 발전)과 관련해서 전문가 및 시민단체의 참여를 명시적으로 규정하고 있다. 협정은 노동 및 환경문제 등 제13장과 관련한 협정 이행에 있어 양측 간 이견이 발생할 경우 분쟁해결절차로 회부하는

---

36) 외교통상부 보도자료 2011.10.12.

대신 1차적으로 정부 간 협의[37]를 통하여 해결하고 해결되지 않을 경우 전문가 패널(Panel of Experts)[38]을 통해 해결토록 하고 있다. 또한 협정 이행과정에서 시민 단체의 참여를 보장하기 위해 양측이 각각 자문단체(Domestic Advisory Group, 노동 과 환경을 분리하여 설치가능)를 설치하여 운영하고 있고, 시민사회대화체로 양국의 자문단체 구성원이 만나는 시민사회포럼(Civil Society Forum)을 개최하여 동 분야의 이행에 대해 논의한다.

지속가능발전 협의절차

☐ 정부 간 협의(Government Consultations)

ㅇ 협의는 한쪽 당사자가 서면 요청서를 전달한 후 신속히 시작
ㅇ 국제노동기구 또는 관련 다자간 환경 기구 또는 기관의 활동을 반영하며, 양측 합의시 이들 기구나 기관의 자문을 구할 수 있음
ㅇ 추가 논의 필요시 '지속가능발전위원회' 소집을 요청할 수 있고, '지속가능발전위원회'의 해결책은 원칙적으로 공개

☐ 전문가 패널(Panel of Experts)

ㅇ 정부 간 협의요청이 전달된 90일 이후 협의를 통해 만족스럽게 다루어지지 아니한 사안의 검토를 위해 전문가 패널의 소집 요청가능, 당사자의 요청 후 2개월 이내 소집
ㅇ 패널 설치 요청을 받을 경우 30일 이내에 전문가 명단에서 각 당사국이 1명씩 전문가를 선정. 선정된 2명의 전문가가 의장을 결정
  * 협정 발효 시 양 당사자는 15인의 전문가 명단 합의(의장으로 역임할 수 있는 비당사자국민 5인 포함)
ㅇ 전문가 패널은 전문가 선출로부터 90일 이내에 양 당사자에게 보고서를 제출(전문가 패널 권고의 이행상황은 '지속가능발전위원회'에서 점검)

---

3. 한-EU FTA 분쟁해결 메커니즘

FTA 발효 후 협정상의 의무 이행을 확보하고 필연적으로 발생할 수밖에 없는

---

37) 협정은 정부 간 협의를 위해 연락처(Contact Point)를 설치하고, 정부의 고위관리로 구성되는 지속가능발전위원회(Committee on Trade and Sustainable Development)를 설립할 것을 규정하고 있다.
38) 전문가 패널의 결정은 법적 구속력 없는 권고에 해당되고, 무역제재와 연계되지 않는다.

양 당사자 간 분쟁을 신속하고 효율적으로 해결한다는 측면에서 분쟁해결절차는 협정의 이행에 매우 중요한 역할을 담당하게 된다. 2011년 7월 1일 협정 잠정적용 이후 약 100일 만에 개최된 제1차 무역위원회(10.12, 서울)에서 양측은 협정 발효 6개월 이내 채택하도록 규정되어 있는 중재자 명부를 채택하는 등 협정 이행에 만전을 기하는 모습을 보여주었다.

협정상 분쟁해결 절차는 크게 제14장에서 규정하고 있는 일반 분쟁해결절차와 일부 분야에 대해서 해당 장에서 규정하고 있는 특별 분쟁해결절차로 대별할 수 있다. 제3장의 무역구제 조치 중 다자 세이프가드, 반덤핑관세 및 상계관세가 이에 해당한다. 또한 제5장의 SPS, 제11장의 경쟁, 제13장의 지속가능발전 관련 사안도 일반 분쟁해결절차의 대상이 되지 아니하며, 협정 제6.14조는 관세사안에서의 상호행정지원에 관한 의정서 제9.1조(지원제공 의무의 예외)에 대한 사안도 일반 분쟁해결절차에 제소할 수 없다고 규정하고 있다. 또한 제14장의 일반 분쟁해결절차를 적용하되, 일부 내용에 대해서 변경하여 적용하는 사안들도 있다. 이에는 사안의 시급성을 고려하여 절차를 단축시키기 위한 것과 해당 분야에 보다 전문성을 갖춘 자들을 패널 중재자로 선정하기 위해 중재자 선정에 관한 별도 규정을 갖고 있는 것으로 구분할 수 있다. 자동차 및 관세환급의 경우가 전자에 해당하며 금융서비스, 문화협력의정서 등이 후자에 해당한다.

1) 한-EU FTA 분쟁해결 절차의 특징

한-EU FTA 분쟁해결절차는 일반적인 시한설정에 대한 예외로서 긴급사안의 경우 보다 신속히 패널 심리 및 최종보고서를 작성토록 규정하고 있다. 긴급사안은 WTO 및 기타 FTA에서 일반적으로 규정하고 있는 부패가능상품뿐 아니라 계절상품에 대해서도 적용된다. 계절상품이란 대표기간 중 수입이 계절적 요인으로 그해의 특정기간에 집중되는 상품으로서 부패가능상품은 주로 농수산물에 국한되는 측면이 있으나 계절상품의 경우 공산품도 적용대상이 된다. 살충제, 스키장비, 독감예방 백신 등을 계절상품의 예로 들 수 있다. 한편 자동차 비관세조치 및 관세환급 세이프가드에 대한 분쟁도 긴급사안으로서 다루어진다.

한-미 FTA와 비교할 때, 한-EU FTA에서는 비위반제소를 분쟁해결 대상으로 삼지 아니하고, 투자자-국가간 분쟁해결절차(ISDS)는 도입되지 않았다는 차이점이 있다. 비위반제소는 WTO협정에 규정은 되어 있으나 제소 건수가 미미하고 실제 채택된 사례도 없다.[39] 한-EU FTA에서는 비위반제소 규정을 두는 효용이 크지 않다는 점을 고려하여 이를 도입하지 않았다.

이행조치와 관련하여 협정은 WTO협정 및 기존 FTA의 분쟁해결절차와 비교하여 보다 상세한 이행절차를 규정하고 있다. 우선 중재패널 판정 이후 30일 이내 피소 당사자는 판정 결과 이행을 위해 필요한 기간을 통보해야 한다. 협정은 합리적 이행기간에 대해 양 당사자가 합의에 이르지 못할 경우 합리적 이행기간 결정을 위한 패널 절차를 규정하고 있다. 즉 제소 당사자는 피소 당사자의 통보 20일 이내 원 중재패널에 합리적 이행기간을 결정해 줄 것을 요청해야 하며 패널은 동 요청 20일 이내 이에 대한 판정을 내려야 한다.

합리적 기간이 결정되면 동 기간이 종료되기 전에 피소 당사자는 이행조치를 통보해야 한다. 통보된 이행조치의 합치여부에 대해 이의가 있을 경우 제소 당사자는 원 중재패널에 이에 대한 판정을 요청할 수 있고 패널은 동 요청 45일 이내에 이에 대해 판정해야 한다. 판정결과 이행조치 불합치로 판정될 경우 피소 당사자는 보상을 해야 하며 불합치 판정 후 30일 이내 보상에 대해 합의를 이루지 못할 경우 제소 당사자는 보복조치를 취할 수 있다. 단 조치 10일전에 이를 통보해야 하고 보복조치의 동등성 여부에 대해 이견이 있을 경우 피소 당사자는 보복조치 통보 후 10일 이내 원 중재패널에 이에 대한 판정을 요청할 수 있다. 패널이 보복조치가 일치하는 것으로 판정할 때까지는 보복조치를 할 수 없다. 패널은 동 요청이후 30일 이내에 판정해야 한다.

보복조치가 취해진 후, 피소 당사자는 새로운 이행조치를 통보하면서 제소 당사자의 보복조치를 종료할 것을 요구해야 한다. 통보 후 30일 이내에 새로운 이행조치의 합치여부에 대해 이견이 있을 경우 제소 당사자는 다시 원 중재패널에 이에 대한 판정을 요구하여야 하며 패널은 동 요청 후 45일 이내 판정을 하여야 하며 합치되는 것으로 판정될 경우 보복조치는 종료되어야 한다. WTO분쟁해결절차의 경우 이행여부에 대한 패널 절차와 보복조치의 승인을 위한 DSB 승인 절차

---

39) Peter Van den Bossche, *supra* note 22, pp.183-186.

간에 소위 "sequencing" 문제가 발생한다.[40] 즉 보복조치 승인을 위해서는 이행여부에 대한 판정이 선행되어야 함이 합리적으로 보이나 WTO분쟁해결절차는 양 절차 간 우선순위에 대한 명확한 규정이 없고 오히려 WTO판례는 보복조치의 승인이 이행패널의 결정보다 먼저 이루어질 수 있다는 주장을 지지하고 있다.[41] 한-EU FTA에서는 이행조치에 대한 패널 과정이 보복조치에 대한 패널 과정보다 우선하도록 명확히 하고 있기 때문에 이러한 문제점은 발생하지 않는다.[42]

패널 절차의 투명성을 제고하기 위해 중재패널의 심리는 원칙적으로 공개된다. 다만 양 당사자가 합의하는 경우 부분적으로 또는 전체적으로 심리를 비공개할 수 있고, 특히 당사자의 서면입장 및 주장이 상업적 비밀정보를 포함하는 경우에는 비공개 회의로 진행한다. 심리가 비공개로 진행되는 경우 양 당사자는 심리의 비밀을 유지해야 할 의무가 있으나 패널에 제출된 서면입장에 대해 다른 쪽 당사자가 요청하는 경우 15일 이내에 대중에게 공개될 수 있는 요약본을 제공해야 한다.

양 당사자의 이해관계가 있는 자연인 또는 법인은 외부조언자의 서면입장(*amicus curie* brief)을 중재패널에 제출할 수 있다. 그러나 이러한 서면입장은 패널 설치로부터 10일 내 제출되고, 간결해야 하며 패널이 검토 중인 사실적이고 법적인 문제와 직접적으로 관련되어야 한다. 패널은 이러한 정보를 양 당사자에게 공개해야 하며 양 당사자는 이에 대한 의견을 제출할 수 있는 기회가 보장된다.

원칙적으로 WTO분쟁해결절차와 FTA분쟁해결절차는 별도의 절차이다. 협정은 FTA상의 분쟁해결절차에 제소한다고 해서 WTO협정에서 규정하고 있는 어떠한 조치를 취하는 것을 저해하지 않는다고 규정하고 있다. FTA를 근거로 WTO분쟁해결기구의 판정에 따른 보복조치를 금지할 수 없으며, 또한 반대로 WTO협정을 원용하여 FTA의 보복조치를 금지할 수도 없다.

---

40) David Palmeter and Petros C. Mavroidis, *Dispute Settlement in the World Trade Organization Practice and Procedure*, 2nd edition (Cambridge: Cambridge University Press, 2008), pp.278-280.

41) Petros C. Mavroidis, "Proposals for Reform of Article 22 of the DSU," *The WTO Dispute Settlement System* 1995-2003, Vol. 18, edited by Federico Ortino and Ernst-Ulrich Petersmann (The Hague: Kluwer, 2004), p.64.

42) 한-미 FTA의 경우는 동일 패널에서 보복조치의 동등성 여부 및 피소국의 이행 합치성을 동시에 판정하도록 하여 "sequencing" 문제를 해결하고 있다.

2) 비관세조치에 대한 중개절차

분쟁해결과 관련 협정의 중요한 특징은 비농산물 시장접근과 관련된 비관세
조치에 관한 사안의 경우 일반 분쟁해결절차와 함께 중개절차도 이용할 수 있도록
규정하고 있다는 점이다. 일반적으로 분쟁해결절차는 사법적인 성격이 강하기 때
문에 특정 조치의 위법성 여부를 두고 당사자 간 공격과 방어에 의하여 승패를
결정하게 되므로 비교적 오랜 시일이 소요된다. 협정에서는 이러한 문제점을 보완
하기 위하여 특정조치의 위법성 여부를 판정하기보다는 보다 신속하고 효율적으로
상호 만족스러운 현안해결에 중점을 두고 접근하는 방안으로 중개절차(Mediation)
를 도입하였다. 이는 사안에 대하여 전문적 지식을 보유한 이해관계 없는 중개인
(Mediator)이 협의를 진행하고, 합리적인 해결방안을 권고하는 등 단순한 협의보다
는 체계를 갖추는 방식으로, 양자 협의채널만으로는 특정 쟁점에 대한 해결이 어려
운 상황에서 이해관계 없는 제3자의 도움으로 상호 만족할 수 있는 결론 도출을
용이하게 하기 위해 도입된 것이다.

WTO DDA 비농산물 시장접근(NAMA) 협상그룹에서도 비관세장벽에 대한
논의가 진행 중이며 이러한 비관세장벽에 관한 신속해결메커니즘[43]의 도입도 논의
되고 있다. 현재 DDA 협상에서 EU는 도입에 적극적인 입장인 반면,[44] 우리나라는
소위 "skeptics" 그룹으로 보다 신중한 입장을 취하고 있고 논의의 주요 쟁점인
적용범위와 개시요건과 관련하여 우리나라와 EU의 입장이 대립되고 있으나 한
-EU FTA 협정에서는 양측의 입장이 절충되어 반영되어 있는 것을 볼 수 있다.

적용범위와 관련하여 DDA 협상에서 우리나라는 비농산물로 국한해야 한다
는 입장인 반면, EU는 이에 대해 반대하고 있다. EU는 관세평가, 수입허가 등 농산
물과 비농산물 모두에 적용되는 비관세장벽 이슈가 존재한다는 점을 들어 적용대
상을 비농산물로 한정하지 않고 WTO위원회 소관범위를 기준으로 적용범위를 결
정하는 방법을 제안하고 있다. 협정에서는 중개절차의 적용범위를 비농산물 시장

---

43) WTO DDA 비농산물협상그룹 내에서는 이를 "Horizontal Mechanism"으로 통칭하고 있으나, 본
  고에서는 편의상 이를 신속해결메커니즘으로 지칭코자 한다.
44) EU 측 입장은 TN/MA/W/106, 9 May 2008 참조.

접근(NAMA)으로 명시적으로 제한하여 우리에게 민감한 농업분야를 제외하는 한편, 우리의 수출이익이 큰 무역구제 등 관련 무역규범은 대상에 포함시켰다. 다만 양측은 향후 WTO DDA 협상 결과에 따라 적용범위를 확대시킬 수 있도록 하였다.

개시요건과 관련, 현재 DDA 협상에서 EU는 일방 당사국의 요청에 대해 다른 쪽 당사국이 동정적 고려(sympathetic consideration)를 하도록 의무화할 것을 제안하고 있는 반면, 미국, 일본 등 skeptics 그룹 국가들은 일방 당사국의 비합리적인 요청 가능성을 감안하여 이러한 동정적 고려의무 도입에 반대하고 있는 상황이다. 한-EU FTA 부속서 14-가 제3조 제2항은 일방 당사자가 중개절차 개시를 요청할 경우 요청을 받은 당사자는 그 요청을 호의적으로 고려하고(shall favorably consider) 15일 이내에 요청에 대한 서면 응답을 제공한다고 규정함으로써, 현재 DDA 협상에서 논의되고 있는 제안들과 비교할 때 일방의 요청에 따라 개시될 수 있는 보다 더 제도화된 규정으로, 앞에서 언급하였듯이 이러한 합의가 가능했던 것은 DDA 협상의 경우와는 달리 한-EU FTA에서는 적용범위에 있어 우리가 민감한 농산물을 제외하고 무역구제는 포함시키는 등 범위가 보다 명확해지고, 비용분담 규정 등으로 인해 상대국의 남용 가능성을 방지할 수 있고, 특히 중요한 교역상대국과의 양자 간 협정이라는 특징을 고려하여 우리 측이 보다 공세적인 입장을 취할 수 있게 되었기 때문이라고 볼 수 있다.

IV. 결 론

이상에서 한-EU FTA의 분야별 주요 내용을 현 DDA 협상에서의 양측의 입장과 한-미 FTA 등 여타 FTA의 내용과 비교하여 살펴보았다.

여느 조약과 마찬가지로 FTA도 협상을 통해 양측이 합의한 결과물이기 때문에 어느 일방의 입장만이 그대로 반영되었다고 보기는 어렵다. 또한 EU 측이 한-EU FTA를 향후 추진할 FTA의 모델로 평가하고 있기는 하지만, 한-EU FTA상의 특정 내용이 그대로 반영될 수 있을지 여부는 결국 협상 상대국의 입장에 따라 결정될 수밖에 없다. 관세환급의 금지와 같은 내용은 EU가 지금까지 체결한 FTA에 대부분 반영되어 있을 정도로 강하게 추진하고 있는 사항이지만 우리 측의 강한 반대로 한-EU FTA에는 포함되지 못하였다. DDA 협상에서 취하고 있는 우리나라 및 EU 의 입장이 한-EU FTA 내용과 모든 사안에서 동일하지 않은 점도 모든 WTO회원 국에게 동일하게 적용되는 협정과 상대방이 한국과 EU로 정해져 있는 협정 간에는 동일 사안이라고 하더라도 입장의 차이가 있을 수밖에 없다는 점에 기인한 것으로 보인다.

그러나 WTO협정을 기본으로 하여 폭넓은 분야에서 높은 수준의 자유화를 추진하고 있고, 동시에 농산물의 민감성은 인정하는 등 한국과 EU는 대외통상정책 에서 많은 공통점을 지니고 있고, 이러한 공통의 가치에 기초하여 한-EU FTA는 현행 WTO협정에 비해 개방의 수준이 높을 뿐만 아니라 반덤핑조치에 대한 규율, 비관세조치에 대한 규율 등 새로운 규범들도 상당히 도입하였고, FTA 협정 발효 이후에도 계속적으로 FTA가 실제로 양자 경제통상 관계 진작에 기여할 수 있도록 양측이 모두 협정 이행에 각별한 신경을 쓰고 있는 것도 새로운 현상이라고 볼 수 있다.

이는 DDA 협상의 교착상태로 인해 국제통상규범이 더 이상 발전하지 못하고 있는 현 시점에서 큰 시사점을 준다고 볼 수 있다. 특히 우리나라는 EU뿐만 아니라 미국과도 FTA를 체결하였다. 한-미 FTA와 한-EU FTA를 통해 경제적으로도 우리 나라가 동아시아 FTA의 허브로서 부상할 것으로 기대되지만 국제통상규범의 발전 차원에서도 향후 DDA 협상 또는 다른 다자간 협상이나 지역협정을 포함한 국제적 인 논의에 크게 기여할 수 있을 것으로 보이며, 이러한 다자 또는 지역협정들이 이행되는 과정에 있어서도 한-미 FTA와 한-EU FTA를 이행하고 있는 우리나라가 각종 분쟁해결절차에서 큰 역할을 할 수 있을 것으로 보인다.

제12장

공동통상정책과 한-EU FTA

I. 서 론

유럽연합(European Union: EU)은 현재 총 28개국의 회원국으로 구성되어 있는 거대한 지역공동체로 경제적인 규모로 보면 세계 GDP의 26%를 차지하는 거대한 단일시장이며 우리나라에게는 주요 교역상대국으로서 2017년 기준 중국, 미국에 이어 한국의 3대 수출대상국이자 중국에 이어 2대 수입국의 지위에 있다.[1] EU는 전통적으로 농업이나 어업 등 다양한 분야에서 공동정책을 취하고 있는데, 특히 공동통상정책(Common Commercial Policy: CCP)을 운영하면서 통상과 관련하여 국제 사회에서 막강한 협상력을 갖게 되었고, 이를 기반으로 하여 국제사회의 다자간 또는 양자 간 각종 통상협상에서 핵심적인 역할을 수행하고 있다.

우리나라는 2003년 8월 우리 정부가 "FTA 추진 로드맵"상 미국, 중국과 함께 EU를 중장기적 FTA 추진대상국으로 선정한 후 그동안 적극적인 FTA 정책을 추진 하면서 동시다발적 협상을 통하여 2018년 4월까지 15개, 54개국과 FTA를 체결하 였고, 중미(5개국)와 최근 협상을 타결하였다. EU와는 2007년 한-EU FTA 협상 공 식 출범을 선언하고, 2009년 10월 협상종료를 통한 가서명 후 협상문안의 법적 검토와 각 언어로의 번역을 완료하여 2010년 10월 6일 한-EU FTA가 정식으로 서명되었고 2011년 7월 1일자로 잠정적용을 거쳐 2015년 12월 13일에 발효하게 되었다.[2]

---

1) http://trade.ec.europa.eu/doclib/docs/2006/september/tradoc_113448.pdf; https://tradingeconomics.com/european-union/gdp(2018년 5월 11일 방문).
2) 전체발효 전에 잠정적용된 이유는 한-EU FTA에 포함된 내용 중에 EU 공동통상정책에 포함되는 내용도 있고, 그렇지 못한 내용도 함께 들어가 있기 때문이다. 예컨대 지식재산권 침해로 인한 형사적 처벌 문제나 문화협력의정서의 체결 문제는 EU의 공동통상정택의 범위를 벗어 나는 것으로 각 회원국 의회의 동의를 필요로 한다. 따라서 우리 정부와 EU 당국은 우선 EU

한-EU FTA 발효에 따라 상호적으로 부과된 의무를 이행하는 데 있어서 EU법 체계 전반은 물론이고, 특히 EU 공동통상정책에 대한 이해가 반드시 필요하다. 이에 본고에서는 먼저 EU 공동통상정책에 대하여 알아보고 한-EU FTA의 주요 내용, EU 공동통상정책과 한-EU FTA의 관계, 한-EU FTA에도 불구하고 앞으로 계속 우리 기업에게 부담으로 작용할 것으로 보이는 EU의 환경규제문제, 한-EU FTA 시대에 우리 기업의 대응방안 등을 알아보기로 한다.

II. EU 공동통상정책의 이해

1. EU 공동통상정책의 목적 및 주요 내용

국제무역상의 장벽을 철폐하고 조화로운 발전을 모색하기 위하여[3] 관세동맹이 실시되고 이에 따라 공동통상정책이 확립되어 왔는데 EU 공동통상정책은 다자간 협정에 따른 개방된 자유무역질서하에서 유럽경제의 경쟁력 강화를 도모할 것을 목표로 하고 있다.[4] 이러한 EU 공동통상정책의 법적 근거는 EU기능조약(Treaty on the Functioning of the European Union: TFEU) 제206조와 제207조로 국제통상 관련 문제가 발생할 때마다 각 조항의 일부를 개정하여 지금과 같은 모습을 갖추게 되었다. 전반적인 흐름은 EU의 권한을 강화하고, 공동통상정책의 범위를 확대하는 방향으로 나아가고 있다.

TFEU 제206조는 EU 공동통상정책에 대한 기본적인 이념을 잘 표현하고 있으며[5] 공동통상정책의 실질적 업무와 관련한 핵심조항은 제207조 제1항으로 대상

의 공동통상정책 권한에 속하는 문제부터 먼저 2011년 7월 1일자로 잠정적용하기로 하고 나머지 부분은 EU회원국들의 국내법적 절차를 거친 후에 발효시키기로 하였던 것이다.

3) 로마조약 제110조에 규정되어 있는 "공동의 이익으로 국제무역에 대한 장벽을 점진적으로 철폐하고 관세장벽을 낮춤으로써 국제통상에 기여하고 조화로운 발전을 도모하고자" 하는 소기의 목적을 효율적으로 달성하기 위해서는 공동으로 한 목소리를 낼 필요가 있었다.

4) EU 공동통상정책에 관한 상세한 내용은 박덕영 외, 「EU법강의」 제2판(서울: 박영사, 2012), 401-424면 & 이종서, "리스본조약과 공동통상정책: EU의 권한변화를 중심으로," 「EU연구」 제29호 (2011.8) 참조.

5) TFEU 제206조

범위와 기본원칙을 상세하게 천명하고 있다.6)

〈EU 공동통상정책의 법적 근거〉7)

법적 근거		내 용
현 재	과 거	
TFEU 제206조	TEC 제131조	자유무역원칙과 역내 경쟁력 제고
TFEU 제207조	TEC 제133조	통상정책의 공동실시, 결정 및 집행위원회의 권한
삭 제	TEC 제134조	통상정책의 결정 및 집행위원회의 권한
TFEU 제217조	TEC 제310조	준회원협정(제휴협정)에 의한 무역특혜조치
TFEU 제352조	TEC 제308조	권한의 포괄적 위임

2. EU 공동통상정책의 관할주체

EU 공동통상정책을 수행하는 주체기관으로서는 집행위원회, 이사회, 유럽의회, 시민사회 등이 있는데 무엇보다 중요하고 핵심적인 역할을 수행하는 기관은 집행위원회라고 할 수 있다. 집행위원회는 공동통상정책과 관련한 제안을 할 수 있고 이러한 제안이 이사회를 통과하여 확정되면 각 회원국들이 당해 정책을 적절하게 시행하는지를 집행위원회가 감독하거나 직접 시행하게 된다. 또한 집행위원회는 다자 및 양자 간 협상에서 회원국들을 대표하여 협상을 진행하고 체결하는

"By establishing a customs union in accordance with Articles 28 to 32, the Union shall contribute, in the common interest, to the harmonious development of world trade, the progressive abolition of restrictions on international trade and on foreign direct investment, and the lowering of customs and other barriers."

6) TFEU 제207조 제1항

"1. The common commercial policy shall be based on uniform principles, particularly with regard to changes in tariff rates, the conclusion of tariff and trade agreements relating to trade in goods and services and the commercial aspects of intellectual property, foreign direct investment, the achievement of uniformity in measures of liberalisation, export policy and measures to protect trade such as those to be taken in the event of duping or subsidies. The common commercial policy shall be conducted in the context of the principles and objectives of the Union's external action."

7) 이종원, "EC의 새로운 통상정책과 한-EU FTA의 과제와 전망," 계명대학교 「국제학논총」, 제12집(2007), 197면.

기능을 수행한다. 한편 이사회는 각 회원국들의 장관급으로 구성되는 최고의사결정기구로서 집행위원회에 협상 권한을 부여하고 정책 제안을 승인하는 역할을 담당한다.

이사회는 이른바 제207조 위원회라고 하는 특별위원회를 구성할 수 있는데 제207조 위원회와 집행위원회는 상호 견제의 관계에 놓여있다고 볼 수 있다. 유럽의회 및 시민사회의 권한도 점차 중요해지고 있으나, EU 공동통상정책과 관련해서 무엇보다 중요한 것은 EU 공동통상정책의 관할범위이며, 이는 다시 회원국과 집행위원회의 권한배분의 문제로 이어지게 된다. 이러한 권한배분의 접점에서 균형 및 조화를 위한 기능을 담당하는 것이 제207조 위원회이다.[8]

3. EU 공동통상정책의 배타적 권한성

EU와 개별 회원국 간 불분명했던 권한이 리스본조약을 통해 좀 더 명확하게 구분되었는데 공동통상정책은 유럽집행위원회의 전형적인 배타적 권한(exclusive competence) 분야에 속하는 것으로 리스본조약(Treaty of Lisbon)을 통해 기존의 무역뿐 아니라 외국인직접투자도 포함하게 되었다.[9] EU의 공동통상정책이 배타적 권한 분야에 속한다는 것은 과거 EC설립조약(Treaty establishing the European Community) 제3조 제1(b)항에서 규정하고 있었으며, 이는 리스본조약의 결과로 EC설립조약을 승계하고 있는 TFEU 제3조 제1(e)항에서 규정하고 있다.[10]

---

8) 리스본조약 이전에는 그 명칭이 제133조 위원회이었으나, 리스본조약의 통과와 더불어 정식명칭은 무역정책위원회(Trade Policy Committee)로 변경되었다.

9) EU 내의 새로운 투자보호 체제에 대해서는 Frank S. Benyon, *Direct Investment, National Champions and EU Treaty Freedoms: From Maastricht to Lisbon* (Oxford: Hart, 2010) 참조

10) TFEU 제3조 제1(e)항
  "1. The Union shall have exclusive competence in the following areas: (e) common commercial policy."

〈리스본조약에 규정된 EU의 정책분야 구분〉

배타적 권한 분야 (Exclusive Competence)	공유 권한 분야 (Shared Competence)	회원국 권한 분야 (Supporting Competence)

- 관세동맹
- 역내시장 경쟁정책
- 유로 지역 통화정책
- 공동어업정책하의 해양생물
  자원보존
- 공동통상정책
- 일정한 경우 국제협약 체결
	- 역내시장
	- 사회정책
	- 경제, 사회 및 영토적 결속
	- 농업 및 어업
	- 환경
	- 소비자보호
	- 운송
	- 범유럽네트워크
	- 에너지
	- 자유, 안전 및 사법지대
	- 공중보건사항 중 공동안전
	  관심사
		- 인간건강의 보호 및 증진
		- 산업
		- 문화
		- 관광
		- 교육, 직업훈련, 청소년,
		  스포츠
		- 시민의 보호
		- 행정협력

4. EU 공동통상정책의 범위 확대과정

공동통상정책의 발전은 개별 회원국의 관할권을 EU의 배타적 관할권으로 이전시켜 온 역사적 과정이다. 그 출발점은 1958년에 발효한 로마조약으로 공동 관세율 조정, 관세 및 무역 협정 체결, 수입정책, 역외국 수입에 대한 역내 산업보호조치 등을 공동통상정책 사항으로 제시하였으며, 2001년 니스조약에서는 공동통상정책의 관할영역을 EU법체계에 영향을 미치지 않는 범위에서 서비스무역 및 지재권의 무역 측면까지 확대시킴으로써 공동체의 배타적 관할권을 확대하였다. 다만 이들 신규 영역에 대한 이사회의 최종 결정과정에는 모든 회원국의 만장일치라는 제동장치를 마련하였다.

EU사법재판소(Court of Justice of the European Union, 이하 'CJEU')는 판결을 통해 EU 공동통상정책의 관할범위에 대하여 몇 가지 중요한 의견들을 제시한 바 있다. *AETR* 사건에서 CJEU는 "공동체는 EC조약에 상정되어 있는 공동통상정책을 이행하기 위하여 공동의 규정들을 채택한 경우 각 회원국들은 더 이상 개별적으로나 집단적으로 당해 규정에 영향을 미치는 협정을 체결할 수 있는 권리가 없으며, EU는 취할 수 있는 모든 방식으로 공동체법에 영향을 미치는 제3국에 대한 의무를 이행할 수 있다"고 언급한 바 있다.[11] 이후 1975년에는 공동통상정책의 범위에 대한 판결을 내린 바 있는데, 그 주요 내용은 다음과 같다. "① 공동통상정책이 일반적인 국가들의 통상정책과 동일하므로, '수출신용관련 조치'도 공동통상정책의 범위에 속하며, ② 공동통상정책은 역내외 조치들의 조합이므로, 이미 확정된 정책도 있으며, ③ EU의 권한은 기본적으로 배타적일 수밖에 없는데, 이는 배타적 권한이 부여되지 않을 경우 회원국들은 대외관계에 있어 공동체의 공동이익을 희생하면서 자신들의 이익을 만족시키려 할 수 있고, 공동체 입장과 다른 정책을 취할 수 있어 제도적 틀을 왜곡시키고 공동체 내 상호 신뢰를 훼손시킬 수 있기 때문이다."[12]

EU의 배타적 권한 영역인 공동통상정책에서 회원국들은 가중다수결로 결정하고 유럽의회는 어떠한 역할도 없었다. 따라서 회원국과 유럽의회는 공동통상정책 범위를 한정하기 위해 집행위와 갈등을 빚어왔다. 더욱이 국제적 경제관계의 확장에 따라 기존 공동통상정책의 범위가 불충분해지고 문화·시청각, 교육·사회·보건 서비스 등 전통적으로 비상업적 차원에서 관리되어 온 부문까지도 국제통상협상에서 논의되기 시작했으며 WTO협정과 같은 다자적 통상협정에도 EU와 회원국이 동시에 서명해야 함으로써 공동체의 국제적 신뢰도나 협상 과정에서의 효율성에도 문제를 야기하였다. 이에 따라 공동통상정책 법규범 개정의 필요성이 제기되었고 이러한 사실은 리스본조약에 일부 반영되었다. 이에 따라 공동통상정책의 범위를 확대되면서 유럽의회의 역할도 강화되었던 것이다.[13]

5. 유럽의회의 권한 강화

리스본조약 채택 이전의 유럽의회는 명칭은 의회이지만 일반적 의미의 국가

---

11) Delano Verwey, *The European Community, the European Union and the International Law of Treaties* (Hague: T.M.C. Asser Press, 2004), p.28.
12) 주벨기에대사관 겸 주유럽연합대표부, 「EU 동향」, 2008 2/4분기, 통권 79호, 116면.
13) EU 공동통상정책의 확대과정에 대해서는 Sacha Wunsch-Vincent, *The WTO, the Internet and Trade in Digital Products: EC-US Perspectives* (Oxford: Hart, 2006) 부록부분 참조.

에서의 의회보다는 매우 제한적인 역할을 하였다. 그러나 리스본조약에 의하여 통상정책 결정과정에 대한 의회의 역할이 크게 확대되었다.[14) 먼저 모든 무역협정은 유럽의회의 동의를 거쳐야 한다.[15) 유럽집행위원회는 무역협상의 기본 전략과 경과 추이에 대하여 유럽의회에 정기적인 보고를 하여야 한다.[16) 이는 그동안 양 기관의 합의에 의하여 보고를 해 오던 것을[17) 의무화하게 된 것이다. 그리고 앞으로는 통상정책을 이행하는 데 있어서 일반입법절차가 적용되게 된다. 그동안 반덤핑, 무역장벽규칙(Trade Barrier Regulation) 등 무역관련 법규를 이사회가 단독으로 제정해 왔으나 이제는 일반입법과정을 거치게 함으로써 유럽의회가 무역관련 통상규범을 제정하는 데 있어서 일정한 역할을 하게 된 것이다. 우리나라의 경우도 그동안 FTA 협상과정에서 협상과정에 대한 국회에의 보고와 관련하여 많은 논란이 있어 왔으나 이제는 새로이 제정된 통상절차법에서 이에 대해 명확한 규정을 두게 되었다.[18)

6. 혼합협정의 문제

위에서 살펴본 것처럼 리스본조약의 발효로 인하여 EU의 공동통상정책이 포괄하는 범위가 확대일로에 있지만 혼합협정에 해당하는 자유무역협정(free trade agreements)의 경우 EU의 배타적 권한 분야와 회원국과의 공동 권한 분야가 중첩된다는 점 때문에 좀 더 세밀한 검토가 필요하다. 혼합협정(mixed agreements)은 EU법 체제의 특수한 개념으로서 EU 및 EU회원국들이 공동으로 제3국과 체결하는 조약을 말한다.[19) 혼합협정은 조약의 대상이 일부 EU의 배타적 권한에 속하면서 일부

---

14) 강유덕 외, 「한-EU FTA 이후 대 EU 통상정책의 방향과 전략」(서울: 대외경제정책연구원, 2011), 제3장 참조.

15) EU기능조약 제218조.

16) EU기능조약 제218조 제10항 : "The European Parliament shall be immediately and fully informed at all stages of the procedure."

17) "Framework Agreement on relations between the European Parliament and the European commission,"(Official Journal C117E, 2006.5.18.)

18) 통상조약의 체결절차 및 이행에 관한 법률로 2012년 1월 17일에 제정되었으며, 7월 18일부터 시행되었다.

19) T.C. Hartley, *The Foundations of European Union Law* (Oxford: Oxford University Press, 2010),

EU회원국의 전속권한에 속하거나, 그 대상이 EU의 공동 권한에 속하는 경우에 있어서 체결하게 된다.[20)]

WTO협정은 EU와 더불어 EU회원국들이 동시에 가입을 하였는데, EU차원에서 WTO협정의 성격이 무엇인지에 대한 의문이 제기되었고, 이에 대해 CJEU가 *1/94 의견*[21)]으로 답하였다. 여기서 CJEU는 EU가 WTO협정을 체결할 수 있는 배타적 권한을 가지고 있는지에 관해, 상품무역에 관해 EU가 배타적 권한을 가지고 있는 것에는 이론의 여지가 없지만 서비스무역 및 지식재산권의 무역적 측면에 대해서는 배타적 권한을 가지고 있지 않다고 판단하였다. 즉 CJEU는 WTO협정의 체결에 대한 권한은 EU와 그 회원국 모두에게 있다고 보았고, 따라서 WTO협정은 혼합협정에 해당하게 된다.[22)]

어떠한 조약이 혼합협정에 해당할 경우 EU차원에서 당해 조약이 체결되었다고 하더라도 별도로 각 회원국에서의 비준 절차를 거쳐야 하므로 국내의견 불일치로 인해 어느 한 회원국에서 비준이 지연되면 전체 조약의 비준도 아울러 지연이 될 수밖에 없다. 한-EU FTA의 경우에도 협정에 포함된 대부분의 내용이 EU의 공동통상정책 권한 범위 내에 속하지만 지식재산권 침해에 대한 형사처벌 문제라든지, 문화협력의정서의 경우 회원국의 권한에 속하는 사항이기 때문에 EU법적 측면에서 보면 혼합협정에 속하게 된다. 이러한 이유 때문에 유럽의회의 동의를 거쳤음에도 2011년 7월 1일에 바로 발효를 하지 못하고 잠정적으로 적용된 바 있는 것이다. 정식 발효는 모든 회원국의 동의를 거친 후, 2015년 12월 13일자로 이루어졌다.

---

p.174.

20) *Ibid.*

21) Opinion 1/94 [1994] E.C.R. I-5267.

22) Marc Bungenberg, "The Common Commercial Policy after Lisbon," *Paper presented at the Hebrew University Jerusalem*, 14 July 2008, p.6; Eva Steinberger, "The WTO Treaty as a Mixed Agreement: Problems with the EC's and the EC Member States' Membership of the WTO," *European Journal of International Law*, Vol. 17 No. 4, 2006, p.838.

III. EU 공동통상정책과 한-EU FTA

1. EU 공동통상정책과 협상주체의 문제

앞에서 살펴본 바와 같이 EU 공동통상정책을 수행하는 가장 핵심적인 역할을 수행하는 기관은 다자 및 양자 간 협상에서 회원국들을 대표하여 협상을 진행하고 체결하는 집행위원회라고 할 수 있다. 한편 2009년 12월 1일에 발효한 리스본조약을 통해 유럽의회의 권한을 강화시켜 민주주의 제고 및 정치통합을 도모하고자 하였다. 즉 공동통상정책을 이행하기 위한 framework를 정의하는 조치의 입법에는 일반입법절차를 적용하고,23) 국제통상협상분야에서 제207조 위원회 외에도 유럽 의회에 정기보고를 할 것24) 그리고 통상협정을 포함한 모든 국제협정의 체결을 위해서는 유럽의회의 동의가 필요하다25)고 규정하고 있다.26)

리스본조약의 통과로 유럽의회는 통상협상과정에서 제207조 위원회와 동일한 수준의 권한을 행사하게 되어 미국 의회와 같은 강력한 협상 관여 권한을 추구할 가능성이 있으며 보다 정치적 논리로 통상 이슈에 접근하게 되었다. 즉 유럽의회의 권한은 강화되는 반면, 전문성 및 윤리규정은 미비한 점을 이용하여 EU업계의 로비가 유럽의회를 중심으로 전개될 가능성이 있으며, 통상 문제에 대해 회원국 국내의 정치적 요구가 자국 출신 유럽의회 의원을 통해 표출될 가능성이 크다. 게다가 집행위로서는 대외 협상 과정에서 제207조 위원회의 지지를 획득한 타협안에

---

23) TFEU 제207조 제2항
  "2. The European Parliament and the Council, acting by means of regulation in accordance with the ordinary legislative procedure, shall adopt the measures defining the framework for implementing the common commercial policy."
24) TFEU 제207조 제3항
  "3. Where agreements with one or more third countries or international organisations need to be negotiated and concluded, Article 218 shall apply, subject to the special provisions of this Article."
25) TFEU 제218조 제6(a)(v)항
  "(v) agreements covering fields to which either the ordinary legislative procedure applies, or the special legislative procedure where consent by the European Parliament is required."
26) Angelos Domopoulos, "The Effect of the Lisbon Treaty on the Principles and Objectives of the Common Commercial Policy," *European Foreign Affairs Review*, No. 15(2010), p.168.

대해 유럽의회가 반대할 경우 곤란한 상황에 처하게 될 가능성이 있다.

2. 리스본조약 채택의 영향: 명칭의 변경과 EU 협상권한의 확대

공동통상정책의 가장 대표적인 특징은 배타성에 있다.[27] 귀속의 원칙은 EU조약의 체제 및 범위 내에서 본래 회원국에 속한 권한을 공동체에 이양하는 것을 의미하는데 권한의 배분이라는 것은 특정 분야에서 공동체의 권한이 증가함으로써 회원국들의 권한이 줄어드는 것을 의미하므로 공동통상정책의 관할범위가 어디까지인지에 대한 논란이 항시 존재할 수밖에 없었다. 리스본조약은 이처럼 불명확했던 유럽연합과 회원국의 권한을 회원국 고유권한, EU의 배타적 권한, EU와 회원국 간 공유 권한으로 구분함으로써 EU와 회원국 간의 권한과 범위를 명확히 구분하였다.

그 결과 공동통상정책과 같이 유럽연합이 배타적 권한을 보유한 분야에서는 더 이상 회원국 의회의 비준을 받을 필요가 없어지게 되었으며 공동통상정책의 원칙들도 확정되었다. 니스조약과 비교했을 때 유럽연합의 배타적 권한은 과거 회원국들과의 공유 권한이었던 해외직접투자, 서비스 및 지식재산권의 무역과 관련된 분야로까지 확대되었다.[28]

더욱이 국제무역을 함에 있어서 규제의 진보적 폐지, 해외직접투자, 관세인하 및 다양한 무역장벽의 제고 등 관세동맹의 새로운 목적이 추가되었다. 또한 배타적 권한은 무역과 관련된 환경기준, 노동기준 등이 포함되었다. 이러한 규정에 의해서 공동통상정책하의 자율적 국내결정권한이 유럽연합의 배타적 권한으로 변경되었다. 다만 서비스·지식재산권의 보호·해외직접 투자 관련 협정 중 회원국 전체의 동의가 필요한 내부조치가 수반되는 국제협상, 문화 및 시청각 서비스 분야에 있어 EU의 문화적·언어적 다양성을 위협하는 협상, 사회·교육·보건 서비스 분야에 있어 회원국 국가 서비스 제공능력과 책임을 위협하는 협상에 있어서는 회원국의

27) Marise Cremona, "The External Dimension of the Single Market: Building (on) the Foundations," Catherine Barnard and Joannes Scott (eds), *The Law of the Single European Market-Unpacking the Premises* (Oxford: Hart Publishing, 2002), p.374.
28) 박덕영 외, 앞의 책, 413-417면 참조.

만장일치 요건이 부가되었다.[29)]

3. 한-EU FTA의 발효와 EU의 배타적 권한의 범위와의 관계

한-EU FTA가 비록 지역협정일지라도 WTO협정과 마찬가지로 상품, 서비스, 지식재산권, 정부조달 등 무역 전반에 관한 규율을 담고 있는 포괄적인 국제조약이므로, 그 역시 혼합협정에 해당한다.[30)] 이에 따라 한-EU FTA는 먼저 동 협정 제15.10조 제5항의 규정에 따라 한국의 비준과 EU이사회의 승인으로 잠정적으로 (provisionally) 적용개시가 되었다가, EU와 EU회원국의 공동 권한 분야에 해당하는 지식재산권의 형사집행 관련 규정 일부 및 문화협력의정서의 일부 협력조항이 EU 회원국 모두의 비준을 얻게 되면서 제15.10조 제2항[31)]에 따라 발효하게 되었다. 공동 권한 분야에 대해 모든 EU회원국에 대한 비준을 얻기 전에 그 나머지 조약의 효력을 미리 발생시키는 경우는 한-EU FTA가 처음이 아니라 이미 EU-칠레 FTA 에서 이루어진 바가 있다.[32)]

---

29) TFEU 제207조 제4항
 "4. For the negotiation and conclusion of the agreements referred to in paragraph 3, the council shall act by a qualified majority.
 For the negotiation and conclusion of agreements in the fields of trade in services and the commercial aspects of intellectual property, as well as foreign direct investment, the Council shall act unanimously where such agreements include provisions for which unanimity is required for the adoption of internal rules.
 The Council shall also act unanimously for the negotiation and conclusion of agreements:
 (a) in the field of trade in cultural and audiovisual services, where these agreements risk prejudicing the Union's cultural and linguistic diversity;
 (b) in the field of trade in social, education and health services, where these agreements risk seriously disturbing the national organisation of such services and prejudicing the responsibility of Member States to deliver them."
30) Anne Pollet-Fort, "The EU-Korea FTA and its Implications for the Future EU-Singapore FTA," *EU Centre in Singapore Background Brief No. 4*, June 2011, p.14.
31) 한-EU FTA 제15.10조
 "2. 이 협정은 양 당사자가 각자의 적용 가능한 법적 요건 및 절차를 완료하였음을 증명하는 서면 통보를 교환한 날부터 60일 후 또는 양 당사자가 합의하는 다른 날에 발효한다."
32) 외교통상부, 「한·EU FTA 상세설명자료」, 162면.

4. EU의 권한 확대와 투자보호의 문제

리스본조약은 그동안 개별 회원국의 소관사항이었던 외국인직접투자(Foreign Direct Investment: FDI)를 EU의 배타적 권한에 포함시켰다.[33] 이로써 회원국들은 더 이상 제3국과 양자투자협정(Bilateral Investment Treaty: BIT)을 맺을 수 없으며, 앞으로는 EU법에 따라 국제협정을 채택하여야 한다. 이에 대해 일부 회원국들은 '투자자유화'만이 EU의 배타적 권한이며 '투자보장'은 여전히 개별 회원국의 권한이라고 주장하고 있다. 이에 반해 집행위원회 및 일부 회원국들은 '포괄적 투자규칙'(comprehensive investment rules)까지 포함시켜야 한다고 주장하고 있다.

이에 집행위원회는 2010년 7월 7일 "Toward a Comprehensive European International Investment Policy"라는 보고서와 회원국이 이미 체결한 BIT에 대한 잠정조치에 관한 규칙 제안서를 발표하였는데, 그 주요 내용은 다음과 같다.[34] 첫째, EU는 유럽연합 차원의 경쟁력 제고를 위하여 해외투자정책의 발전을 위해 노력한다. 둘째, 유럽연합 차원의 투자협정 협상권한을 약화시키지 않는 범위 내에서 투자자들에게 법적 안정성을 제공한다. 셋째, 기존의 BIT는 존속하나 이를 재협상하여 EU법에 합치되게 할 의무가 있다. 넷째, 예외적인 잠정조치로서 현재 진행 중인 BIT 협상을 계속할 수 있다. 다섯째, 회원국들이 투자관련 분쟁에 연루될 경우 이를 집행위원회에 지체 없이 통보해야 한다. 이에 집행위원회는 해당 분쟁에 참여할지 여부를 자체적으로 결정한다.[35]

이에 따라 우리나라가 한-EU FTA를 협상할 당시에는 투자보호에 관한 사항이 회원국의 관할사항이었지만 이제는 투자 분야 역시 EU의 배타적 권한사항에 속하게 되어 앞으로 기존의 투자보장협정에 따른 분쟁이 발생할시 누가 해결주체가 되어야 하는지에 대해 논란이 발생할 가능성이 있다. 그리고 앞으로 한-EU 간에 투자보호 문제에 관한 논의는 우리나라와 EU의 개별 회원국이 아니라 EU와 협상

---

33) TFEU 제207조 제1항.

34) http://trade.ec.europa.eu/doclib/docs/2011/may/tradoc_147884.pdf(2018년 5월 12일 방문).

35) http://trade.ec.europa.eu/doclib/docs/2011/may/tradoc_147884.pdf; http://www.iisd.org/itn/2010/09/23/towards-a-comprehensive-european-international-investment-policy-an-interview-with-tomas-baert-european-commission-directorate-general-for-trade-services-and-investment/(2018년 5월 12일 방문) 참조.

하여야 한다는 점에서 추가적인 결정을 할 시에는 기존 개별 회원국과 체결한 BIT 와의 정합성 문제도 충분히 검토되어야 할 것이다.

Ⅳ. EU CCP & 한-EU FTA의 효과

1. 한-EU FTA상의 관세 양허

중국에 이어 세계 2위의 경제규모를 가지고 있으며 우리와는 중국, 미국에 이어 제3의 무역 파트너인 EU는 우리 기업의 주요 수출품인 자동차, TV 등 영상기 기 및 섬유제품에 상대적으로 높은 관세율을 유지하고 있었는데 FTA 체결로 관련 제품에 대한 관세가 철폐됨으로써 우리 기업들은 영업하기에 좋은 기회를 얻게 되었다. 피해가 예상되는 양돈, 낙농, 양계 등의 축산업 및 농수산업과는 달리 공산 품의 경우 한국은 7년 이내, EU는 5년 이내 전 품목의 관세철폐를 관철시킴으로써 대 EU수출이 증가할 것으로 보인다.[36] 특히 10%라는 높은 관세율을 점차 삭감하 게 되는 EU의 자동차시장 확대에 따라 우리 자동차 관련 기업들이 혜택을 받게 될 것으로 보인다.

<공산품 양허 결과>   (단위: 억 불, %)

양허 단계	한국 양허				EU 양허			
	품목수	비중	대 EU 수입액	비중	품목수	비중	대 한국 수입액	비중
즉시 철폐(A)	8,535	90.7%	180	69.4%	7,201	97.3%	318	76.7%
3년 철폐(B)	478	5.1%	58	22.4%	151	2.1%	68	16.6%
조기 철폐(A+B)	9,013	95.8%	238	91.8%	7,352	99.4%	386	93.3%
5년 철폐	346	3.7%	18	6.9%	46	0.6%	28	6.7%
7년 철폐	45	0.5%	3	1.3%	-	-	-	-
총 합계	9,404	100%	259	100%	7,398	100%	414	100%

---

36) 이하 도표의 출처는 「한·EU FTA 설명자료」, 외교통상부, 2011.4., 14면.

〈양허 구간별 주요 품목〉

	우리 측	EU
즉 시	자동차부품(8), 기타정밀화학원료(1~8), 계측기(8), 직물제의류(8~13), 칼라TV(8), 냉장고(8), 선박(5), 타이어(8), 광학기계(8), 화학기계(8), 전구(8), 섬유기계(5~8), 식품포장기계(8) 등	자동차부품(4.5), 무선통신기기부품(2~5), 스웨터(12), 편직물(8), 냉장고(1.9), 에어컨(2.7), 라디오(9~12), 스키부츠(8~17), 폴리에스테르직물(8), 진공청소기(2.2), 연축전지(3.7), 리튬전지(4.7) 등
3 년	중·대형(1,500cc 초과) 승용차(8), 기타정밀화학제품(5~8), 펌프(8), 선박용 엔진 및 그 부품(8), 무선통신 기기부품(8), 안경(8), 의약품(6.5), 화장품(8), 철도차량(5), 철도차량부품(5), 선박용부품(8) 등	중·대형(1,500cc 초과) 승용차(10), 베어링(8), 타이어(2.5~4.5), 합성수지(6.5), 고무벨트(6.5), 복사기(6), 전자레인지(5), 주방용도자기제품(12), 항공기(7.5~7.7), 기타신발(17), 자전거(15) 등
5 년	소형(1,500cc 이하) 승용차(8), 하이브리드카(8), 밸브(8), 베어링(8), 시멘트(8), 윤활유(7), 기초 화장품(8), 접착제(6.5), 합성고무(8), 제재목(8), 원동기(8), 펌프(8), 화물자동차(10), 의료용전자기기(8), 기타요업제품(8) 등	소형(1,500cc 이하) 승용차(10), 하이브리드카(10), 칼라TV(14), 모니터(14), 카스테레오(10), 광학기기부품(6.7), 순모직물(8), 모사(3.8) 영상기록재생용기기(14), 화물자동차(22) 등
7 년	순모직물(13), 동조가공품(8), 수산화나트륨(8), 건설중장비(8), 인쇄기계(8), 금속절삭가공기계(8), 기타기계류(16), 합판(8~12), 섬유판(8) 등	미사용

　　그러나 제조업 분야 중에서도 EU가 세계적으로 우세한 정밀화학, 기계, 특히 화장품 및 보건의료기기 분야는 산업피해가 급증할 것으로 예상되는데 이에 대해 정부는 무역조정지원제도, R&D투자 촉진 등 이미 마련된 국내보완대책을 중심으로 피해보전 및 경쟁력 강화를 지원하게 될 것이다. 그러나 기존 대책으로 부족한 보건 및 의료 분야에 대해서는 추가적인 대책 마련이 절실한데 단순한 피해구제보다는 경쟁력 확보 방안을 실시하는 것이 필요하다. 정부의 이러한 지원 정책에 맞추어 기업 역시 적극적인 개발과 투자를 통한 자체 발전 의지와 실천도 중요할 것으로 보인다.

2. 한-EU FTA의 원산지 인증과 인증수출자 제도

1) 한-EU FTA의 원산지 인증 방식

한-EU FTA는 한-미 FTA와 마찬가지로 원산지 인정 기준으로 완전생산기준, 세번변경기준, 또는 부가가치기준을 규정하고 있으며 품목에 따라 특정공정 가공을 인정하고 있다.

〈한-EU FTA의 원산지 인정 기준〉

세번변경기준
수입원료를 사용하여 제품을 생산한 경우 수입원료의 세번(HS번호)과 제품의 세번이 일정 단위(예: HS 2단위, 4단위, 6단위) 기준으로 차이가 있어야 원산지를 인정하는 기준 - 예: 원유(HS2709)를 수입하여 석유(HS2710)를 생산할 경우 4단위 세번 변경
부가가치기준
수입원료를 사용하여 제품을 생산할 경우 가공과정에서 일정수준 이하(예: 공장도 가격 기준의 45%)의 역외산 재료를 사용해야 원산지를 인정하는 기준
주요공정 기준
화학반응, 정제공정, 블렌딩공정 등 특정한 공정을 거쳐 생산된 경우에 원산지를 인정하는 기준

〈원산지 기준의 구체적인 적용 사례〉

품 목	원산지 기준
자동차	- 완성차: 역외산 부품비율 45% 이하 - 자동차 부품: 역외산 부품비율 50% 이하 또는 세번변경기준(CTH) - 모터사이클, 트레일러 등 기타자동차의 경우 세번변경기준 또는 역외산 허용치 50%에 합의 · 철도차량은 세번변경기준, 자전거는 역외산 허용치 45%를 적용
기계, 전기·전자	- 세번변경기준(CTH)과 역외산 부품사용비율 45-50% 중 선택
의 류	- 직물기준 - 단, 섬유사 및 직물에 대해서는 전량 수입에 의존하고 있는 비스코스레이

	온사 및 나일론 스테이플사는 일정범위 내에서 역외산을 사용할수 있도록 규정 ※ 직물기준(Fabric Forward): 한·미 FTA의 원사기준(Yarn-Forward)보다 완화된 기준으로 2단계의 공정을 거치면 된다는 의미에서 이중변형기준이라고도 함
화학제품	- 대부분의 품목에 대해 세번변경기준(CTH) 적용
비철금속	- 구리와 알루미늄의 일부품목을 제외하고 세번변경기준(CTH) 적용
신 발	- 역외산 갑피(upper)와 안창 사용(inner sole)이 인정되나, 갑피가 안창에 부착된 채로 수입된 것은 허용하지 않음. - 다만 선택적으로 부가가치 기준 50% 이하 기준 적용가능

2) 인증수출자 제도의 도입

한-EU FTA 원산지의정서 제17조 제1항에 따르면 "수출 당사자의 관세당국은 수출 당사자의 각 법과 규정의 적절한 조건에 따라 해당 제품의 가치와 관계없이 원산지 신고서를 작성하도록 이 협정에 따라 제품을 수출하는 수출자에게 인증할 수 있다"고 규정하고 있다. 이에 따라 한국 기업이 건당 6천 유로를 초과[37]하여 수출하는 경우 수출국 세관으로부터 원산지관리능력을 인정받아 인증수출자로 지정된 자에 한하여 원산지증명서 자율 발급이 가능해졌다.

EU는 "인증수출자(approved exporter) 제도"를 1975년부터 시행하고 있는데 우리나라는 동 제도를 2010년 4월 1일자로 도입하였다. 인증수출자 제도는 다시 세부적으로 업체별 원산지인증수출자 제도[38]와 품목별 원산지인증수출자 제도[39]로 나뉘는데 이들의 인증심사 기준, 인증 신청 시 제출서류, 유효기간 등에 있어서 차이를 보인다. 인증수출자 제도의 전반적인 절차는 다음과 같다.

---

37) 한-EU FTA 원산지의정서 제16조 제1항 나호 반대해석상 인정됨.
38) 자유무역협정의 이행을 위한 관세법의 특례에 관한 법률 시행령 제7조 제1항.
39) 자유무역협정의 이행을 위한 관세법의 특례에 관한 법률 시행령 제7조 제2항.

〈인증수출자 제도의 절차〉[40]

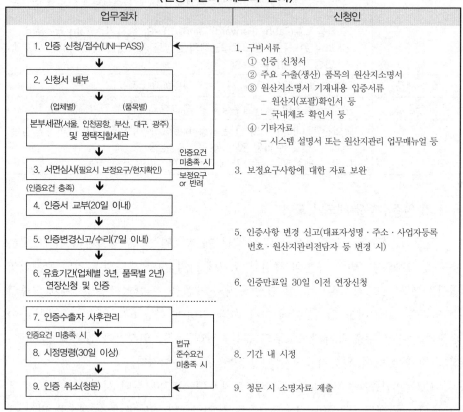

업무절차	신청인
1. 인증 신청/접수(UNI-PASS)	1. 구비서류 　① 인증 신청서 　② 주요 수출(생산) 품목의 원산지소명서 　③ 원산지소명서 기재내용 입증서류 　　- 원산지(포괄)확인서 등 　　- 국내제조 확인서 등 　④ 기타자료 　　- 시스템 설명서 또는 원산지관리 업무매뉴얼 등
2. 신청서 배부	
(업체별)　　(품목별)	
본부세관(서울, 인천공항, 부산, 대구, 광주) 및 평택직할세관	
3. 서면심사(필요시 보정요구/현지확인)　인증요건 미충족 시 (인증요건 충족)　보정요구 or 반려	3. 보정요구사항에 대한 자료 보완
4. 인증서 교부(20일 이내)	
5. 인증변경신고/수리(7일 이내)	5. 인증사항 변경 신고(대표자성명·주소·사업자등록 번호·원산지관리전담자 등 변경 시)
6. 유효기간(업체별 3년, 품목별 2년) 연장신청 및 인증	6. 인증만료일 30일 이전 연장신청
7. 인증수출자 사후관리 인증요건 미충족 시	
8. 시정명령(30일 이상)　법규 준수요건 미충족 시	8. 기간 내 시정
9. 인증 취소(청문)	9. 청문 시 소명자료 제출

　　인증수출자 제도는 일단 관세당국의 인증을 받게 된다면, 수출자가 2~3년 동안 별도의 원산지 증명 없이 계속적으로 수출하는 것이 가능하므로 절차의 간이화에 일조하는 면이 커서 한국의 기업들이 혜택을 받을 것으로 기대를 모았다. 이러한 기대에 부응하여 2011년 3월 31일 현재, 대상 업체 8,206개 중 698개 업체(업체별 136, 품목별 562)가 인증수출자로 지정(수출금액 기준으로 55.9% 진도율) 되어, 2009년의 208여 개의 기업[41]과 비교하여 그 숫자가 빠르게 증가하고 있지만 아직 미흡

---

40) 관세청 FTA 포털의 인증수출자제도 절차 개관 인용(http://fta.customs.go.kr/kcshome/main/content/ ContentView.do?contentId=CONTENT_ID_000002508&layoutMenuNo=24016(2018년 5월 12일 방문)). 절차에 관해서는 자유무역협정의 이행을 위한 관세법의 특례에 관한 법률 시행규칙 제10조에서 규정하고 있다.

41) 손성수, "FTA 활용현황과 원산지 인증수출자제도," 한국관세학회 2010년 추계학술발표대회 자

한 수준이다.

그러나 여전히 부족한 對 EU 수출기업에 대한 인증수출자 지정 확대를 위한 적극적인 노력이 요청되고 있다. 왜냐하면 한-EU FTA의 발효와 함께 EU 측의 원산지 검증이 강화되고 있기 때문이다. 현재 정부가 구체적인 통계를 밝히지는 않고 있으나 인증수출자 자격을 획득한 기업이 훨씬 더 늘었을 것으로 생각된다.

〈국내 인증수출자 등록 기업 현황〉

구 분	건별 6천 유로 이상 EU 수출	인증 완료	진도율
대상업체 수	8,206개	698개(업체별 136, 품목별 562)	8.5%
수출금액	미화 247.6억 불	미화 138.5억 불	55.9%

만약 추후 실사 과정에서 해당 기업이 원산지기준을 충족하지 못하는 경우에는 면제받은 관세를 추징당하고 나아가 수입국 법령이 정하는 벌금이 부과되거나 징역까지 구형될 수 있다. 특히 EU는 통상 수입건의 0.5%를 선별하여 원산지를 검증하고 원산지기준을 위반하는 경우 28개 회원국의 관세당국에 이를 통지하여 추가적인 검증을 받아야 할 수도 있으므로 각별한 주의가 필요하다.42)

관세청에 따르면 EU는 회원국 관세수입의 75%를 EU 운영예산으로 사용하고 있어 관세수입 확보를 위해 400여 명 규모의 부정무역단속국(OLAF)을 1999년부터 운영하는 등 수입품에 대해 엄격한 세무조사를 실시하고 있다. EU관세법에서는 원산지 위반에 대해 물품금액 3배 상당의 벌금을 부과하거나, 6개월 미만의 징역형을 내릴 수 있다. EU 세관당국은 LCD, 자동차부품, 승용차, 타이어, 섬유, 의류, 가전제품 등 우리 기업들의 수출주력 품목 대부분을 주요 조사대상으로 선정하고 있어 수출기업 및 EU 현지진출 기업들의 각별한 주의가 요구된다.43)

특히 중소기업의 경우 원산지 검증에 대비하기 위한 지원 방안의 마련이 절실

료집, 2010.11., 13면.

42) 한·EU FTA 정식서명, "우리 기업 무엇을 준비해야 하나," 뉴시스 2010년 10월 14일 보도.

43) 한·EU FTA, 관세 '세무조사' 본격화 "세금폭탄 떨어지나," 조세일보 2011년 12월 13일 보도.

한데 현재 정부는 중소기업 보급용 원산지관리프로그램(FTA-PASS)을 개발하여 무료로 배포하고 있다.[44] 그 외에도 산업별·업종별 FTA 원산지 검증 대응과 관련하여 매뉴얼을 제작·배포하고 있으며, 한·EU 간 품목분류 및 원산지규정이 상이한 사례를 수집하여 분석한 내용을 제공하고 있다. 따라서 이러한 정부지원의 적극적인 홍보를 통하여 더 많은 기업이 인증수출자로 지정되어 실질적인 특혜관세 혜택을 누릴 수 있도록 노력하여야 할 것이다.[45]

3. 법률서비스 개방

현재 우리 법은 대한변호사협회에 등록된 변호사만이 법률서비스를 공급할 수 있고 국내 변호사만이 법률사무소, 법무법인, 법무법인(유한) 또는 법무조합을 개설할 수 있다고 하여 외국인 변호사의 국내 법률시장접근을 제한하고 있다. 그러나 한-EU FTA에서는 법률서비스 시장개방과 관련하여 한-미 FTA에서 보여 준 3단계의 과정을 통한 순차적이고 점진적인 법률시장 개방이 아닌, 동시개방으로 외국법자문서비스와 국내 로펌과의 업무제휴 및 변호사 고용을 한꺼번에 달성하고자 한다. 한국의 법률서비스시장 개방에 대해 EU는 EU 출신의 법조인은 본국의 명칭을 그대로 사용하도록 요구한 것에서 볼 수 있듯이, 공격적이고 세밀한 전략을 채택하고 있다.

특히 세계 제일의 법률서비스 강국인 영국 대형로펌들이 현재 삼성동과 서초동에 사무실을 개설하여 국내시장 간 보기에 들어갔고 이러한 작업이 끝나면 본격적으로 국내 대기업을 중심으로 공격적인 영업활동을 벌일 것으로 예상된다. 이에 대해 대한변호사협회는 '위기를 기회로'라는 기치를 내 걸면서 국내 법률시장이 능동적으로 대처해야 함을 강조한 바 있다.

이러한 능동적 대처를 뒷받침하기 위해 대한변협은 이전부터 여러 국가의 법률시장 정보를 데이터베이스화하고, 국내 로펌의 해외시장조사단을 구성·파견하

---

44) 홈페이지의 주소는 다음과 같다: www.ftapass.or.kr(2018년 5월 11일 방문).
45) 이창숙·김종철, "한국의 인증수출자 제도에 관한 법적 고찰," 「통상정보연구」 제13권 4호, 2011, 366면.

며, 국내 변호사의 해외진출을 지원해 왔다. 이외에도 국내변호사의 국제경쟁력 강화를 위해 국내 변호사가 국제회의에 참가할 때 지원하고, 국제법률 컨퍼런스를 한국에 유치하는 등 여러 계획을 발표하였다. 또한 우리 로펌들은 향후 외국 변호사가 국내에 진출하는 것과 관련하여 우수한 외국 변호사와의 경쟁에 대비한 전략뿐만 아니라 반대로 질이 낮은 변호사의 유입으로 인한 국내 소비자의 피해를 예방하고 구제하는 문제 등에 대해서도 고민해 볼 필요가 있다.

시장개방이 국내 법률서비스를 더욱 선진화하여 경쟁력을 키우고 국민에게 더욱 폭넓고 다양한 법률서비스 기회를 제공하는 데 밑거름이 되도록 지혜를 모아야 할 것이다. 법률서비스 시장개방은 상호적이기에 우리 변호사가 외국으로 진출하는 길도 함께 열렸다고 할 수 있다. 우리 시장이 잠식당하는 것만 우려할 것이아니라 우리가 더 큰 해외시장으로 진출하여 법률서비스를 펼칠 수 있는 방안에대해서도 강구해 볼 필요가 있다.

4. EU의 환경규제와 한-EU FTA

1958년의 EEC설립조약에는 '환경'(environment)이란 단어가 한 번도 언급되지않았지만 환경보호는 1972년 10월 파리에서 열린 정부간회의 이후 공동체의 주요한 목표 중의 하나가 되었다.[46] 환경실천계획이 기초되고, 특히 역내시장 조항을 통해 대기 및 수질 오염에 있어 규제조치가 확립되었다. 또한 불공정한 경쟁조건을 방지하면서 인간의 건강과 환경을 보호하기 위한 국내환경조치의 조화가 이루어지고 시간이 흐름에 따라 환경에 관한 수많은 조치가 내려졌고, 이들은 국내 환경법의 모든 영역에까지 영향을 미치게 되었다.[47]

현재 EU회원국의 국내 환경법 중 반 이상이 이러한 방법으로 EU환경법의영향을 받거나 동법에 의하여 규율되고 있다.[48] 거의 30년 이상의 계속적인 개선과

---

46) Jan H. Jans and Hans H.B. Vedder, *European Environmental Law*, 3rd. ed. (Groningen: Europa Law Publishing, 2008), p.3; Ioannis K. Karakostas, *Greek & European Environmental Law* (Athens: Sakkoulas, 2008), pp.9-10.

47) EU의 환경보호 법체계에 대해서는 박덕영, "EU기능조약상의 환경보호체계에 관한 고찰," 「국제거래법연구」 제20집 제1호 (2011.7.), 241-258면 & 박덕영, "EU의 환경관련 입법과정과 법체계 고찰," 「국제경제법연구」 제10권 제1호 (2012.5.), 175-197면 참조.

발전을 통해 이제 EU환경법은 완성 단계에 들어서고 있다. 비록 새로운 법률에 대한 제안이 준비단계에 있고 쓰레기관리, 산업 배출물 및 적정한 대기 수준에 관한 기존 법률이 재검토되고 있지만 최근 들어 주요 관심사는 점점 입법적 행위에서 이행문제로 옮겨가고 있다.[49)]

EU는 최근 여러 나라와 FTA를 체결하여 상품무역이나 서비스무역에 있어서는 보다 넓게 문호를 개방하고 지식재산권의 보호를 강화하는 등 자유무역, 공정무역을 지향해 나아가고 있지만, 다른 한편으로는 기후변화협약과 교토의정서의 이행을 위한 환경규제를 강화하고 있고 이와 관련한 각종 규제조치들이 규칙이나 지침의 형태로 추가되어지고 있다. 즉 EU는 무역이라는 문호는 보다 확대된 형태로 개방하였지만, 반면에 환경이라는 다른 창구를 통해서는 장벽을 더 높게 쌓아가고 있는 것이다. 즉 REACH라는 신화학물질 사전등록 제도를 통하여 각 제품에 포함되어 있는 화학물질 규제를 강화하고, RoHS, WEEE 등을 통하여 유해물질 사용제한을 더욱 강화하고, 폐전기 전자제품의 재활용을 보다 강하게 요구함으로써 이들 환경규제를 위한 제도들이 궁극적으로는 실질적인 무역장벽으로 기능할 가능성이 매우 높다 하겠다.

비록 FTA를 통하여 우리 기업들에게 EU시장에 진출할 수 있는 기회가 늘어났다고 할지라도 이들 환경규제 요건을 충족시키지 못하면 우리 기업들이 유럽시장에 진출하는 데 있어서 커다란 장벽으로 작용하게 될 것이다. 따라서 FTA 체결로 인한 이익을 논하기에 앞서서 점차 강화되고 있는 EU의 환경규제제도를 신속 정확하게 파악하고, 이에 대응하기 위한 정부와 업계의 정보 교환과 상호 협력 등의 노력이 절실히 요구된다.

---

48) Wybe Th. Douma, "European Environmental Law after Lisbon: an introduction"(http://www.asser.nl/eel/dossiers/eel-introduction-in-en-it-ee-bg-and-lv/european-environmental-law-after-lisbon-an-introduction/(2018년 5월 11일 방문) 참조).

49) Peter Koller and Liam Cashman, "Implementing EC Environmental Law, Compliance promotion and enforcement by the European Commission," *Journal for European Environmental & Planning Law*, Vol. 6, No. 1, 2009, p.1.

V. 결 론

우리나라와 EU는 매우 높은 수준의 FTA를 체결하여 2015년 12월 13일자로 발효되고 있다. 양국 간에는 궁극적으로 모든 관세를 철폐하고 보다 더 자유로운 무역을 지향하고 있다. 한-EU FTA 협상과정을 보면 EU기능조약상 규정되어 있는 공동통상정책에 기인하여 EU는 집행위원회가 그 협상을 주도하였으며 협상이 진행 중인 2009년 12월 1일 리스본조약이 발효되어 공동통상정책의 범위가 지식재산권과 투자분야에까지 확대되었다. 또한 EU조약 제47조에 따라 EU에 법인격이 부여됨으로써 협상의 법적 주체가 EC가 아닌 EU로 변경되었으며 조약의 명칭 또한 수정되었다.

현재 발효 중인 한-EU FTA로 인하여 많은 우리 기업들, 특히 자동차 및 관련 부품, 공산품 생산기업들이 커다란 관세혜택을 누리고 있다. 원산지 증명문제와 관련하여 인증수출자 제도를 시행하게 되었는데 정직한 제도 운영이 한-EU 간 신뢰관계뿐만 아니라 한-EU FTA 이행과정에서 매우 중요한 사항 중의 하나가 될 것이다. 다른 한편으론 우리나라 서비스시장의 확대개방, 지식재산권 보호의 강화 및 지리적 표시의 확대 보호 등으로 인하여 많은 부담을 갖게 된 것도 사실이다. 비록 현재의 협정문에는 제대로 반영되지 못하였으나 투자가 EU의 공동통상정책 범위에 들어옴에 따라 향후 한-EU 간 투자 분야의 법적 지위에 어떠한 영향을 미칠 것인지도 예의주시해야 할 사항이다.

한-EU FTA 체결은 전반적으로 관세철폐 등 커다란 혜택으로 인하여 우리 제품의 EU 진출에 많은 도움이 될 것이다. 리스본조약 채택으로 인한 EU의 공동통상정책 범위 확대와 유럽의회의 권한 확대가 앞으로 한-EU 간의 통상문제에 어떠한 영향을 미칠지도 우리가 주의 깊게 지켜보아야 할 사항이다. 보다 개방된 EU시장이 분명 우리 기업에게는 기회가 될 것이나, 다른 한편으로 EU의 입장에서 보면 그들의 시장방어를 위한 비관세장벽이 높아질 가능성이 있으며, 특히 갈수록 강화되고 있는 EU의 무역관련 환경규제 문제에 우리 기업들이 적절히 대처하는 것이 앞으로 매우 중요한 과제가 될 것이다. 또한 한-EU FTA의 경우 이로 인해 혜택을 받는 기업집단과 피해를 입는 분야가 선명하여 사회정의라는 측면에서의 이해관계 조정에 대해서도 이제는 다 같이 생각해 보아야 할 것이다.

투자협정과 투자법원의 창설

I. 서 론

　미국계 사모펀드 론스타(Lone Star)가 투자금 회수과정에서 부당하게 과세의 대상이 되었다는 이유로 우리나라 정부를 상대로 제기한 투자자-국가간 분쟁 (Investor-State Dispute: ISDS)의 최종변론이 2016년 6월 네덜란드 헤이그에서 진행되었다.[1] 이 소송이 처음으로 제기된 2012년부터 한동안 한·미 자유무역협정(이하 "한·미 FTA")의 투자챕터가 비판의 도마에 올랐으나 사실 이는 론스타가 벨기에에 설립한 펀드이자 페이퍼컴퍼니인 LSF-KEB 홀딩스를 통해 우리 정부와 벨기에-룩셈부르크 경제동맹 간의 양자투자협정(이하 "한·벨기에 BIT")[2]을 원용하여 제기한 ISDS임을 기억할 필요가 있다.

　벨기에와 룩셈부르크를 회원국으로 두고 있는 유럽연합(이하 "EU")은 회원국들을 대표하는 공동통상정책(Common Commercial Policy: CCP)에 대한 배타적 권한 (exclusive competence)을 가지고 있으며, 2009년에 리스본조약(Treaty of Lisbon)이 발효된 이후부터는 외국인직접투자도 공동통상정책의 영역에 포함되었다.[3] EU는 이를 기반으로 하여 각종 통상협상에 임하고 있으며, 그 대표적인 예로 2011년 7월 1일부로 잠정적용되고 2015년 12월 13일에 발효된 한·EU 자유무역협정을 들 수 있다(이하 "한·EU FTA"). 그러나 이 협정에 투자챕터는 포함되지 않았으며, 이로 인해 한·벨기에 BIT와 같이 우리 정부가 기존에 EU회원국들과 체결한 양자투자

---

1) http://www.mofa.go.kr/www/brd/m_4080/view.do?seq=360312(2018년 5월 10일 방문).
2) 대한민국 정부와 벨기에-룩셈부르크 경제동맹 간의 투자의 상호증진 및 보호에 관한 협정, 조약 제2038호, 서명일: 2006.12.12., 발효일: 2011.3.27.
3) 이에 대한 자세한 내용은 후술하도록 한다. Frank S. Benyon, *Direct Investment, National Champions and EU Treaty Freedoms: From Maastricht to Lisbon* (Oxford: Hart, 2010) 참조.

협정(BIT)은 계속 유효하다는 점을 또한 상기시킬 필요가 있다.

따라서 향후 EU회원국들과의 BIT를 대체할 EU와의 투자협정이 어떠한 내용을 규정하게 될지 미리 알아보고, 이에 대응하기 위해서는 EU가 2009년 이후 체결했거나 현재 협상을 진행 중인 투자협정들을 살펴보아야 할 것이다. 그 대표적인 예로 캐나다와의 포괄적경제동반자협정(이하 "EU·캐나다 CETA")과 싱가포르와의 자유무역협정(이하 "EU·싱가포르 FTA") 및 투자보호협정(이하 "EU·싱가포르 투자협정")을 비롯하여 현재는 중단상태에 있는 미국과의 범대서양무역투자동반자협정(이하 "TTIP")이 있다. EU는 새로운 협정을 체결할 때마다 투자자-국가간 분쟁해결절차에 관한 내용에 수정을 가하고 있으며, 이를 통해 2012년 모델 BIT로 대변되는 미국 주도의 국제투자협정과는 차별화된 내용을 포함하고 있다. 본고에서는 이에 대한 EU의 경향에 대해 주목하고자 한다.

이를 위해 우선 국제투자협정 체결과 관련한 EU의 입법동향을 살펴보고, TTIP 협상에서 유럽집행위원회가 최근 미국에 제안한 투자법원(Investment Court) 창설에 대한 내용에 주목하며, 향후 국제투자법원으로서의 발전 가능성을 함께 검토해 볼 것이다. 이후 현재 체결되었거나 협상이 진행 중인 상기 협정들의 ISDS 관련 주요 내용들을 검토한 뒤, 이로부터 도출할 수 있는 한국에의 시사점에 대해 알아볼 것이다.

II. 국제투자협정 관련 EU의 입법동향

1. EU 공동통상정책의 법적 근거

EU 공동통상정책은 국제무역상의 장벽을 철폐하고 조화로운 발전을 모색하기 위해 확립된 정책으로써 유럽경제의 경쟁력 강화를 그 목표로 하고 있다.[4] 서론에서 언급한 바와 같이 이는 EU의 배타적 권한(exclusive competence)에 속하는 것으

---

4) 박덕영, "EU 공동통상정책과 한-EU FTA에 관한 고찰," 「법학연구」 제22권 제2호(2012), p. 157.

로, 그 근거는 EU기능조약 제3조 제1(e)항에서 확인할 수 있다.[5] 2009년 리스본조약 발효 이후에는 공동통상정책상 외국인직접투자(foreign direct investment)에 관한 내용이 TFEU 제206조와 제207조 제1항에 반영되었다. 제206조는 EU가 관세동맹을 형성함으로써 공공의 이익을 위한 세계무역의 조화로운 발전, 국제무역과 외국인직접투자에 대한 규제의 점진적인 철폐 및 관세 및 기타 무역장벽을 완화시켜야 한다고 규정하고 있다.[6] 제207조 제1항에서는 EU 공동통상정책이 통일된 원칙들에 따라 시행되어야 하며, 그중 특히 염두에 두어야 할 사항 중 하나로 외국인직접투자를 명시하고 있다.[7]

다만 EU가 외국인직접투자가 아닌 포트폴리오 또는 간접투자의 형태를 띠는 투자에 대해서도 협정을 체결할 배타적 권한을 가지는지에 대해 TFEU 규정상의 내용만으로는 확인하기 어렵다. 유럽집행위원회의 입장은 해당 투자에 대한 배타적 권한은 사람, 서비스, 자본의 자유이동 중 자본과 지불(Capital and Payments)에 대해 규정하고 있는 TFEU 제3부 4편 4장의 내용으로부터 이를 유추할 수 있다는 것이다.[8] 반면에 포트폴리오 투자는 공동통상정책상 외국인직접투자에는 포함되지 않는다는 견해도 물론 존재한다.[9] EU회원국들이 기존에 체결한 투자협정상 투

---

5) TFEU 제3조 제1(e)항의 원문은 다음과 같다.
   "1. The Union shall have exclusive competence in the following area:
   (e) common commercial policy."

6) TFEU 제206조의 원문은 다음과 같다.
   "By establishing a customs union in accordance with Articles 28 and 32, the Union shall contribute, in the common interest, to the harmonious development of world trade, the progressive abolition of restrictions on international trade and *on foreign direct investment*, and the lowering of customs and other barriers."

7) TFEU 제207조 제1항의 원문은 다음과 같다.
   "1. The common commercial policy shall be based on uniform principles, particularly with regard to changes in tariff rates, the conclusion of tariff and trade agreements relating to trade in goods and services, and the commercial aspects of intellectual property, *foreign direct investment*, [...]. The common commercial policy shall be conducted in the context of the principles and objectives of the Union's external action."

8) Communication from the Commission to the Council, the European Parliament, the European Economic and Social Committee and the Committee of the Regions, "Towards a Comprehensive European International Investment Policy," Brussels, 7.7.2010, COM(2010)343 final(이하 "Communication"), p. 2; Karel De Gucht EU 통상담당 집행위원의 견해를 통해서도 확인할 수 있다. Karel De Gucht, "The implications of the Lisbon Treaty for EU Trade policy," *S&D Seminar on EU Trade Policy* (Oporto, 8 October 2010).

9) Wenhua Shan and Sheng Zhang, "The Treaty of Lisbon: Half Way toward a Common Investment

자의 정의가 대부분 '모든 종류의 자산'(every kind of asset)으로 광범위하게 설정되어 있다는 점에서 여러 견해들과 해석들을 참고할 필요가 있다.[10] 본고에서는 EU·캐나다 CETA 투자챕터 및 EU·싱가포르 투자협정 분석을 통해 실제 적용사례를 확인하도록 한다.

2. EU의 역외 BIT에 대한 법적 근거

EU가 체결한 BIT는 EU회원국들 간에 체결한 역내 BIT(intra-EU BIT)와 EU회원국이 제3국과 체결한 역외 BIT(extra-EU BIT)로 구분할 수 있는데, 그중 역외 BIT의 수는 대략 1,200개로 역내 BIT와 그 수를 합치면 전세계에서 발효된 투자협정 중에 반을 차지한다.[11] 역내 BIT의 경우 TFEU 제3부 4편에 따라 EU회원국 간 자본의 자유이동이 보장되므로 유럽집행위원회는 EU법을 위반하는 EU회원국 간 역내 BIT의 효력을 종료시킬 것을 지속적으로 요청하고 있으며, 지난 6월에도 이를 위한 침해구제절차(infringement proceedings)를 개시한 바 있다.[12]

역외 BIT의 경우 기존에 EU회원국들이 체결한 BIT, 현재 협상이 진행 중인 BIT를 비롯하여 미래에 체결할 BIT의 법적 지위를 규정하기 위해 경과조치(transitional arrangements)에 대한 규칙(이하 "2012년 규칙")을 제정하였고, 이는 2013년 1월 9일부로 발효하였다.[13] 2012년 규칙에 따르면, 기존 EU회원국들의 제3국과의 BIT는 향후 EU차원에서 제3국과 체결하는 BIT에 심각한 침해를 야기한다고 유럽집행위원회가 문제를 제기하지 않는 이상 효력이 유지된다고 볼 수 있다. 우선

Policy," *The European Journal of International Law*, Vol. 21 No. 4 (2011), p. 1059 참조.

10) 이에 대한 자세한 논의는 주현수, "리스본조약 발효 이후 체결된 Canada-EU CETA 투자 분야 분석 및 우리나라 투자협정에의 시사점 고찰,"「홍익법학」제14권 제4호(2013), pp. 692-694 참조.

11) Communication, 전게주 8, p. 4. 보다 자세한 내용은 2009 World Investment Report of the United Nations Conference on Trade and Development(UNCTAD), p. 32 참조.

12) 오스트리아, 네덜란드, 루마니아, 슬로바키아 및 스웨덴이 그 대상이다. European Commission, "Commission asks Member States to terminate their intra-EU bilateral investment treaties," Press Release (Brussels, 18 June 2015); http://europa.eu/rapid/press-release_IP-15-5198_en.htm(2018년 5월 7일 방문) 참조.

13) Regulation (EU) No 1219/2012 of the European Parliament and the Council of 12 December 2012 establishing transitional arrangements for bilateral investment agreements between Member States and third countries(이하 "Regulation"), L 351/40.

2009년 12월 1일 리스본조약 발효 이전에 체결된 BIT에 대해 EU회원국은 집행위원회에 통보해야 하며, 이를 대체하는 EU차원의 협정이 체결될 때까지 존속이 가능하다.[14] 리스본조약이 발효한 2009년 12월 1일부터 2012년 규칙이 발효한 2013년 1월 9일까지 체결된 BIT는 반드시 유럽집행위원회에 통보되어야 하며, 집행위원회는 해당 BIT의 EU법과의 합치성을 검토하고, 효력 유지 또는 발효를 승인해 주어야 한다.[15] 2012년 규칙이 발효한 2013년 1월 9일 이후에는 유럽집행위원회가 사전에 승인한 경우에만 기존의 BIT를 개정하거나 새로운 BIT를 체결할 수 있다.[16]

3. EU국제투자협정의 개선방향

　　유럽집행위원회는 위에서 설명한 EU의 공동통상정책과 기존 EU회원국의 역외 BIT에 관한 법적 근거를 토대로 하여 EU차원에서 추진하는 국제투자협정에서 개선할 사항들을 Fact Sheet을 통해 제시하고 있다.[17] 유럽집행위원회는 쌍방(two-pronged) 접근법을 통해 개선방향을 제시하고 있는데, 크게 투자보호규범의 개선과 분쟁해결절차의 개선으로 구분할 수 있다.

　　투자보호규범 개선사항으로는 정당한 공공정책상 목표(legitimate public policy objectives)를 추구하기 위한 국가의 규제권한(right to regulate)의 인정, 간접수용

---

14) Regulation, 전게주 13, Article 3.
"Without prejudice to other obligations of the Member States under Union law, bilateral investment agreements notified pursuant to Article 2 of this Regulation may be maintained in force, or enter into force, in accordance with the TFEU and this Regulation, until a bilateral investment agreement between the Union and the same third country enters into force."

15) Regulation, 전게주 13, Article 12.
"3. Where the Commission finds that a bilateral investment agreement notified pursuant to paragraph 1 of this Article fulfils the requirements of Article 9(1) and (2), it shall authorise the maintenance or entry into force of such an agreement under Union law."

16) Regulation, 전게주 13, Article 7.
"Subject to the conditions laid down in Articles 8 to 11, a Member State shall be authorised to enter into negotiations with a third country to amend an existing or to conclude a new bilateral investment agreement."

17) European Commission, "Investment Protection and Investor-to-State Dispute Settlement in EU agreements," Fact Sheet, November 2013(trade.ec.europa.eu/doclib/docs/2013/november/tradoc_1519 16.pdf(2018년 5월 7일 방문)).

(indirect expropriation)에 해당하는 국가의 조치에 대한 구체적인 규정 마련, 공정형 평대우(fair and equitable treatment)의 범위 구체화 등을 제시하고 있다.[18] 분쟁해결절차 개선사항으로는 투자자의 남소(frivolous claim) 방지를 위해 모든 소송비용을 패소자에게 부담시키는 규정 반영, 분쟁해결절차를 대중에게 공개하고 비정부기구(NGO) 등의 소송참여 허용을 통한 투명성 강화, 당사국들을 위한 세이프가드(safeguards) 규정 도입 등을 제시하고 있다.[19]

상기 개선사항들은 본고에서 검토하게 될 EU·캐나다 CETA와 EU·싱가포르 투자협정에 반영되었으며, 현재 협상이 진행 중인 미국과의 TTIP에서도 EU의 입장을 대변하는데 있어서 근거로 활용되고 있는 것으로 보인다. 본고에서는 이 중에서 분쟁해결절차상 개선사항들에 중점을 두고 논의를 진행할 것이다.

4. 소결

이와 같이 EU는 그 기능을 규정하고 있는 TFEU와 2차법에 해당하는 유럽집행위원회의 정책제안서, 규칙 등을 통해 국제투자협정에 대한 법적 근거를 마련해 두고 있으며, 특히 2012년 규칙 발효 이후에 체결되는 BIT에 대해서는 집행위원회의 사전 승인을 요한다는 점이 특징이라고 할 수 있다. 또한 유럽집행위원회에서 향후 EU 국제투자협정상 개선사항을 제시하고 있다는 점에서 ISDS에 대한 EU의 입장을 쉽게 확인할 수 있다. 따라서 이어지는 내용에서는 TTIP 협상에서 유럽집행위원회가 제시한 투자법원 창설 제안서를 검토한 뒤, 투자 및 투자자의 정의와 함께 분쟁해결절차상 개선사항에 중점을 두고, 잠정적용되거나 최종 협정문이 작성된 EU·캐나다 CETA 및 EU·싱가포르 투자협정상 ISDS 규정들을 살펴보며,[20] ISDS에 대한 EU의 전반적인 태도와 경향에 대해 알아볼 것이다.

---

18) *Ibid.*, p. 2.

19) *Ibid.*

20) 2018년 4월 현재, EU는 중국 및 미얀마와 '투자협정'을 협상 중에 있으며, 무역상대국들(이집트, 인도, 인도네시아, 일본, 요르단, 말레이시아, MERCOSUR, 멕시코, 모로코, 필리핀, 튀니지, 미국 등)과 '통상협정의 일부'로서 투자규칙에 대해 협상을 진행 중에 있다. http://ec.europa.eu/trade/policy/accessing-markets/investment/(2018년 5월 7일 방문).

III. TTIP상 투자법원제도 제안

EU의 미국과의 FTA로 잘 알려져 있는 TTIP의 투자보호 및 투자분쟁해결 (Investment Protection and Resolution of Investment Disputes) 분야에 대한 EU 측 제안서 (이하 "EU 측 TTIP 투자챕터")가 2015년 11월 12일에 공개되었다.[21] 이는 미국과의 협상을 통해 상당 부분 수정될 수 있기는 하나, 향후 EU가 체결하는 투자협정에 있어서 EU의 입장과 견해를 대변하는 일종의 모델 BIT 역할을 할 수 있을 것으로 기대된다. 본고에서는 그 내용 중에 기존의 중재판정부를 통한 ISDS 절차를 대체하는 투자법원(Investment Court)의 창설과 관련된 주요 내용을 살펴보고, 향후 국제투자법원으로서의 발전가능성을 확인하여 한국에의 시사점으로는 무엇이 있는지 살펴볼 것이다.

1. 주요 내용

EU 측 TTIP 투자챕터 Section 3은 투자분쟁의 해결과 투자법원제도에 관한 조항들로 구성되어 있으며, 그중 Sub-Section 4에서 투자법원제도에 관한 사항들을 규정하고 있다. 투자법원은 상설기구로 설치되어 1심법원과 항소법원으로 구분되며, 해당 법원의 법관으로 선임된 자들은 윤리규정에 따라 특정 국가의 이익으로부터 자유롭고 분쟁과 관련하여 그 어떤 지시도 받아서는 안 된다.

1) 제1심법원

1심법원(Tribunal of First Instance)에 대해서는 제9조에서 규정하고 있다. EU회원국 국적의 법관 5명, 미국 국적의 법관 5명 그리고 제3국 국적의 법관 5명으로 총 15명으로 구성되며,[22] 임기는 6년으로 1회에 한하여 연임이 가능하다.[23] 이는

---

21) 원문은 http://trade.ec.europa.eu/doclib/docs/2015/november/tradoc_153955.pdf(2018년 5월 8일 방문) 참조.
22) EU 측 TTIP 투자챕터 제9조 제2항.
23) EU 측 TTIP 투자챕터 제9조 제5항.

그동안 ISDS 절차상에서 사건별로 임시적(*ad hoc*)으로 설립되어 운영된 중재판정부와는 근본적으로 다른 분쟁해결제도로서, 사건에 대한 판정이 특정 기업 또는 국가의 입장에 우호적인 중재인에 의해 좌지우지되는 것을 방지하는 역할을 할 것으로 기대된다.

2) 항소법원

EU 측 TTIP 투자챕터는 1심법원뿐만 아니라 항소법원(Appeal Tribunal)의 설치도 함께 규정하고 있다. 항소법원은 EU회원국 국적의 법관 2명, 미국 국적의 법관 2명, 제3국 국적의 법관 2명으로 총 6명으로 구성되며,[24] 이들의 임기도 1심법원 법관과 마찬가지로 6년으로 1회에 한하여 연임이 가능하다.[25] 항소법원은 1심법원 판결에 대한 상소 심리를 진행하기 위해 설치된 상설기구로서 역할을 하게 된다.[26] 이는 그동안 BIT의 ISDS 절차상 항소기구가 부재하여 생기는 여러 부작용들을 인식하고 이에 대한 고려가 반영된 것으로, 이는 한·미 FTA 투자챕터 재협상 문제에서도 심도 있게 논의되었던 사항이다.[27] TTIP에서는 항소법원설치를 통해 1심 법원의 법규의 적용 및 해석상 오류를 바로 잡고 법적 안정성을 도모하고자 하는 EU의 시도로 보인다.

3) 윤리규정

EU 측 TTIP 투자챕터 제11조는 법관의 윤리(Ethics)에 관한 내용을 별도로 규정하고 있다. 법관은 어느 정부와도 연관되어서는 안 되고 그 어떤 정부 또는 기관으로부터 분쟁과 관련한 지시를 받아서도 안 되며, 직접 또는 간접적으로 이해충돌(conflict of interest)이 존재하는 사건을 맡아서도 안 된다.[28] 이와 같은 윤리규정과 일치하지 않게 행동하는 1심법원 또는 항소법원의 법관은 절차를 거쳐 해임

---

24) EU 측 TTIP 투자챕터 제10조 제2항.
25) EU 측 TTIP 투자챕터 제10조 제5항.
26) EU 측 TTIP 투자챕터 제10조 제1항.
27) 이재민, "한미 FTA 투자분쟁해결절차의 재논의 -한미 FTA 투자 챕터 ISDS 규정의 재조정, 명확화를 위한 추가 논의의 주요쟁점-," 「국제거래법연구」 제23권 제1호(2014), pp. 184-188 참조.
28) EU 측 TTIP 투자챕터 제11조 제1항.

할 수 있도록 하는 규정도 함께 마련되어 있다.[29]

2. 국제투자법원으로서의 발전가능성

　　Sub-Section 4의 제12조는 다자간 투자법원(multilateral investment tribunal) 그리고/또는 다자간 항소기구(multilateral appellate mechanism)를 창설하는 국제조약에 EU와 미국이 당사자로 참여하고 그 조약이 발효될 경우 TTIP상 중복되는 투자분쟁해결 관련 조항들은 그 적용이 중지된다고 규정하고 있다.[30] 즉 아직 존재하지 않는 다자간 국제조약을 염두에 두고 관련 규정을 고안한 것이다. 이는 유럽집행위원회가 뜻을 같이하는 국가들과 함께 상설 국제투자법원의 창설 작업을 TTIP 협상과 병행하겠다는 의지가 반영된 것으로 보인다.[31] 따라서 EU가 미국과의 협상을 통해 합의를 도출하여 제12조의 규정을 TTIP 최종 협정문에 반영하게 된다면 TTIP 투자법원이 국제투자법원으로 발전할 수 있는 가능성은 더욱 높아질 것으로 예상된다.

3. 소결

　　EU는 미국에 TTIP 투자챕터에 포함될 내용으로 1심법원과 항소법원으로 구성된 투자법원제도 창설을 포함시키면서 이와 동시에 국제투자법원 창설을 위한 준비작업도 병행할 의지를 천명하였다. 따라서 EU는 향후 투자관련 협상에서 EU 측 TTIP 투자챕터와 같은 내용을 제안할 가능성이 높다고 할 수 있을 것이다. 이는 미래에 한·EU FTA를 개정하여 투자챕터를 새롭게 삽입하거나 또는 별도

---

29) EU 측 TTIP 투자챕터 제11조 제5항.
30) 원문은 다음과 같다.
　　"Upon the entry into force between the Parties of an international agreement providing for a multilateral investment tribunal and/or a multilateral appellate mechanism applicable to disputes under this Agreement, the relevant parts of this section shall cease to apply. The [...] Committee may adopt a decision specifying any necessary transitional arrangements."
31) European Commission, "Commission proposes new Investment Court System for TTIP and other EU trade and investment negotiations," Press Release, Brussels, 16 September 2015(http://europa.eu/rapid/press-release_IP-15-5651_en.htm(2018년 5월 9일 방문) 참조).

의 한·EU 투자협정을 추진할 경우 모두 반영될 수 있는 사항이므로 그 귀추를
주목할 필요가 있다. 또한 유럽집행위원회의 제안에 따라 우리나라도 다자간 투
자법원 및 항소기구 창설에 동참할 것인지에 대해서도 사전에 검토가 이루어져
야 할 것이다.

IV. EU·캐나다 CETA의 투자챕터

EU·캐나다 CETA의 투자챕터는 투자보호의 문제가 EU의 배타적 권한 범위
내로 들어오게 된 이후 최초로 EU가 협상에 임하여 만들어낸 결과물이라고 할
수 있다.[32] 미국은 북미자유무역협정(NAFTA)과 같은 다자간무역협정을 비롯하여
다수의 BIT 체결을 통해 확립된 투자협정의 내용을 2012년 모델 BIT로 작성하여
새로운 투자협상에 대한 지침을 제공해 온 것과는 달리 EU는 별도의 모델 BIT가
존재하지 않았다.[33] 그로 인해 EU·캐나다 CETA가 향후 EU의 모델 BIT와 같은
역할을 수행할 것이라고 예상하는 견해들이 상당수 있다.[34] 따라서 본고에서는 미
국 모델 BIT와 차이점을 보이는 EU·캐나다 CETA의 ISDS 관련 주요 내용을 살펴
보고, 특히 기존 EU회원국과 캐나다 사이에 체결된 BIT와의 관계를 어떻게 규율하
고 있는지에 대해서도 확인해 볼 것이다.

---

32) 박덕영, 「주요국의 모델 BIT와 한국에의 시사점」(한국법제연구원, 2014), p. 50.
33) 미국 모델 BIT의 배경에 대한 자세한 내용은 미 국무부 홈페이지의 보도자료 Model Bilateral
   Investment Treaty Fact Sheet(https://ustr.gov/about-us/policy-offices/press-office/fact-sheets/2012/april/
   model- bilateral-investment-treaty(2018년 5월 8일 방문) 참조).
34) Frank Hoffmeister, "A First Glimpse of Light on the Emerging Invisible EU Model BIT," *Journal
   of World Investment & Trade* Vol. 15 (2014), p. 380; August Reinisch, "Putting Pieces Together
   ··· an EU Model BIT?," *Journal of World Investment & Trade* Vol. 15 (2014), pp. 703-704 등 참조.

1. 주요 내용

구성	제목	주요 구체적 조항
Section A (제8.1조~제8.3조)	정의와 범위	정의, 범위, 다른 장과의 관계
Section B (제8.4조~제8.5조)	투자의 설립	시장접근, 이행요건
Section C (제8.6조~제8.8조)	비차별적 대우	내국민대우, 최혜국대우 등
Section D (제8.9조~제8.14조)	투자 보호	투자 및 규제조치, 투자자와 대상투자의 대우, 손실보상, 수용, 송금, 대위변제
Section E (제8.15조~제8.17조)	유보와 예외	유보와 예외, 혜택부인, 형식요건
Section F (제8.18조~제8.45조)	투자자와 국가간 투자분쟁의 해결	범위, 협의, 중개, (투자)법원의 구성, 항소법원, 윤리규정, 준거법과 해석, 잠정보호조치, 절차의 투명성, 정보공유, 비분쟁당사자, 최종판정, 판정의 이행, 서비스투자위원회, 배제 등

1) 투자의 정의

투자분야에 관하여 규율하고 있는 EU·캐나다 CETA 제8장에서는 투자자-국가간 분쟁해결절차의 소송물이 되는 투자(investment)를 "투자의 특징을 가진 자산으로 투자자가 직접 또는 간접적으로 소유 또는 통제하는 모든 종류의 자산"으로 정의하고 있다.[35] 또한 이에 해당하는 투자의 형태로 지분(shares), 주식(stocks), 기업에 대한 대출(a loan to an enterprise), 지식재산권(intellectual property rights) 등 간접투자 내지는 포트폴리오 투자에 해당하는 분류도 그 정의에 포함시켰다는 점을 주목할 필요가 있다. 이는 상기 투자의 형태들도 EU 공동통상정책상 EU가 배타적 권한을 가지는 투자에 해당한다는 유럽집행위원회의 입장을 재확인하는 조항이라고 할 수 있겠다.

---

35) CETA 제8.1조의 투자(investment)에 대한 정의의 원문은 다음과 같다.
"investment means every kind of asset that an investor owns or controls, directly or indirectly, that has the characteristics of an investment, [...]."

2) 투자자의 정의

EU·캐나다 CETA상에서 투자자(investor)를 "기업의 지점 또는 대표사무소를 제외한(other than a branch or a representative office) 당사국의 자연인 또는 기업"(a natural person or an enterprise of a Party)으로 규정하고 있다.[36] 주목할 점은 당사국의 기업을 설립준거법 하에 형성된 기업으로서 당사국의 영역 내에 "실질적인 영업활동"(substantial business activities)이 존재하거나 해당 당사국의 자연인 또는 기업이 직접 또는 간접적으로 소유 또는 통제하는 기업을 의미한다는 점을 명시하고 있다는 것이다.[37] 이러한 투자자에 대한 엄격한 정의에 따르면, 미국계 사모펀드인 론스타(Lone Star)가 ISDS 소송을 제기하기 위해 자신의 페이퍼컴퍼니인 LSF-KEB 홀딩스를 활용한 것과 같은 상황은 발생하지 않았을 수도 있을 것이다.

3) ISDS에 대한 최혜국대우 배제

EU·캐나다 CETA 투자챕터의 제8.7조에서는 최혜국대우(Most-Favoured-Nation treatment)에 대해 규정하고 있다. 최혜국대우는 투자보호규범에 해당하는 사항이기는 하나 제4항에서 이러한 "대우"(treatment)에 타 국제투자협정 및 무역협정상 ISDS 절차는 포함되지 않는다는 점을 주목할 필요가 있다.[38] 이는 영국과 투르크메니스탄 간에 체결된 BIT상의 최혜국대우를 광의적으로 해석하여 투자자가 투르

---

36) 원문은 다음과 같다.
"investor means a Party, a natural person or an enterprise of a Party, other than a branch or a representative office, that seeks to make, is making or has made an investment in the territory of the other Party."

37) 원문은 다음과 같다.
"For the purposes of this definition an 'enterprise of a Party' is:
(a) an enterprise that is constituted or organised under the laws of that Party and has substantial business activities in the territory of that Party; or
(b) an enterprise that is constituted or organised under the laws of that Party and is directly or indirectly owned or controlled by a natural person of that Party or by an enterprise mentioned under paragraph (a)."

38) 원문은 다음과 같다.
"4. For greater certainty, the "treatment" referred to in Paragraph 1 and 2 does not include investor-to-state dispute settlement procedures provided for in other international investment treaties and other trade agreements."

크메니스탄이 맺은 다른 BIT상 중재에 대한 사전적 동의(consent to arbitration)에 관한 ISDS 규정을 원용할 수 있도록 하였던 *Garanti Koza LLP* 사건과 같은 상황이 되풀이되지 않도록 사전에 조치를 취한 것이라고도 볼 수 있겠다.[39] 이와 유사한 조항을 최근 협정문이 공개된 환태평양경제동반자협정(Trans-Pacific Partnership: TPP) 제9.5조 제3항에서도 확인할 수 있다.[40] 이는 최혜국대우 조항을 통해 투자자에게 가장 유리한 ISDS 절차를 제공하는 투자협정을 원용하는 소위 "투자협정 쇼핑"(treaty shopping)을 방지하고자 하는 투자유치국들의 노력이 반영된 것으로 보인다.

4) 협의 시한의 연장

EU·캐나다 CETA 투자챕터의 제8.19조 제6항은 협정 위반사항과 손해 또는 손실을 입었다는 사실을 인지하였거나 또는 인지하였어야 하는 시점으로부터 3년 내에 협의(consultations)를 요청해야 하며, 국내 사법절차를 중지 또는 종결한 시점으로부터 2년 내에 그리고 그 어떠한 경우에도 최대 10년 내에 협의를 요청해야 함을 규정하고 있다.[41] 즉 국내 사법절차를 진행할 경우 협의 시한을 최대 10년까지 연장을 허용함으로써 국내 사법절차를 우선적으로 진행하도록 유도하고, 투자

---

39) *Garanti Koza LLP v. Turkmenistan*, ICSID Case No. ARB/11/20, 3 July 2013, Decision on the Objection to Jurisdiction for Lack of Consent and Dissenting Opinion of the Decision on the Objection to Jurisdiction for Lack of Consent.

40) 원문은 다음과 같다.
"3. For greater certainty, the treatment referred to in this Article does not encompass international dispute resolution procedures or mechanisms, such as those included in Section B(Investor-State Dispute Settlement)."

41) 원문은 다음과 같다.
"6. A request for consultations must be submitted within:
(a) three years after the date on which the investor or, as applicable, the locally established enterprise, first acquired, or should have first acquired, knowledge of the alleged breach and knowledge that the investor or, as applicable, the locally established enterprise, has incurred loss or damage thereby; or
(b) two years after the investor or, as applicable, the locally established enterprise, ceases to pursue claims or proceedings before a tribunal or a court under the law of a Party, or when such proceedings have otherwise ended and, in any event, no later than 10 years after the date on which the investor or, as applicable, the locally established enterprise, first acquired, or should have first acquired knowledge of the alleged breach and knowledge that the investor has incurred loss or damage thereby."

법원으로 넘어가기 이전에 협의기간을 충분히 제공한다는 것이다.[42]

5) 중개절차

EU·캐나다 CETA 투자챕터는 협의절차 외에도 별도의 중개(mediation) 절차에 대해 제8.20조에서 규정하고 있다. 분쟁당사자들이 동의할 경우 이 절차를 개시할 수 있으며,[43] 이와 같은 경우에는 중개인(mediator)을 선임한 날로부터 60일 이내에 분쟁을 해결하도록 노력해야 한다.[44] 중개절차가 개시될 경우 위에서 언급한 협의절차의 시한은 적용되지 않는다.[45] 투자법원 외의 분쟁해결절차를 추가적으로 마련함으로써 투자법원까지 가기 전에 투자분쟁을 해결할 수 있도록 유도하는 규정이라고 평가할 수 있을 것이다.[46]

6) 상설투자법원과 항소법원의 설립 및 단독판사 요청

EU·캐나다 CETA 투자챕터 제8.27조와 제8.28조에 의해 투자법원(Tribunal)과 항소법원(Appellate Tribunal)을 설립하게 되는데, 투자법원의 경우 EU회원국 출신 5명, 캐나다 출신 5명, 제3국 출신 5명으로 총 15명의 위원(판사)을 CETA 공동위원회가 임명한다.

EU·캐나다 CETA 투자챕터 제8.23조 제5항에 따르면 투자자는 청구시 투자법원의 단독위원(판사)이 판정을 하도록 요청할 수 있다. 또한 투자자가 중소기업이거나 청구에 따른 보상 또는 배상의 규모가 상대적으로 작은 경우 피청구국은 이를 호의적으로 고려(sympathetic consideration)하여야 함을 규정하고 있다.[47] 단독판사의 경우 판정과정이 간소화되어 투자분쟁해결 절차에 소요되는 시간과 비용을 단

---

42) 박덕영, 전게서, p. 63.
43) EU·캐나다 CETA 제8.20조 제1항.
44) EU·캐나다 CETA 제8.20조 제4항.
45) EU·캐나다 CETA 제8.20조 제5항.
46) 박덕영, 전게서, p. 64.
47) 원문은 다음과 같다.
"5. The investor may, when submitting its claim, propose that a sole Member of the Tribunal should hear the claim. The respondent shall give sympathetic consideration to that request, in particular if the investor is a small or medium-sized enterprise or the compensation or damages claimed are relatively low."

축할 수 있을 것이다.

7) 법적 이익이 명백히 부재한 소송 및 소송비용의 부담

EU·캐나다 CETA 투자챕터상에서는 피청구국이 법적 이익이 명백히 부재한 소송(claims manifestly without legal merit)의 경우에는 1차 심리 개시 이전에 이의 (objection)를 제기할 수 있다는 점을 제8.32조에서 규정하고 있다.[48] 또한 소송비용의 경우에는 제8.39조 제5항에서 패소한 분쟁당사자(the unsuccessful disputing party)가 소송비용을 부담하도록 규정하고 있음을 확인할 수 있다.[49] 위 조항들을 통해 무분별한 ISDS 소송제기가 본안으로 넘어가기 전에 피청구국이 이를 차단할 수 있는 법적 근거를 확보하고, 소송비용을 패소자에게 부담시킴으로써 남소를 방지하고자 하는 EU의 의지가 반영된 조항으로 평가할 수 있겠다.

8) 비분쟁당사자의 참여

EU·캐나다 CETA 투자챕터 제8.38조 제2항은 투자법원이 비분쟁당사자의 협정 해석에 관한 서면입장이 제출된 경우 이를 접수해야 하며, 분쟁당사자들이 동의하는 경우 비분쟁당사자의 서면입장을 요청할 수도 있음을 규정하고 있다.[50] 이는 *Methanex* 사건[51]에서와 같이, NGO 등 비분쟁당사자들이 법정조언자(*amicus curiae*) 자격으로 중재에 참여하게 해달라고 꾸준히 요청해 왔던 부분이 반영된 것으로 판단된다. 이는 EU가 제시한 국제투자협정 개선사항 중에 하나로 ISDS의

---

48) EU·캐나다 CETA 제8.32조 제1항의 원문은 다음과 같다.
"1. The respondent may, no later than 30 days after the constitution of the division of the Tribunal, and in any event before the first session, file an objection that a claim is manifestly without legal merit."
49) 원문은 다음과 같다.
"The Tribunal shall order that the costs of arbitration be borne by the unsuccessful disputing party."
50) 원문은 다음과 같다.
"The Tribunal shall accept or, after consultation with the disputing parties, may invite, oral or written submissions from the non-disputing Party regarding the interpretation of the Agreement."
51) *Methanex Corporation v. The United States of America*, UNCITRAL (NAFTA), Final Award of the Tribunal on Jurisdiction and Merits, 3 August 2005 참조. 본 사건에서는 중재판정부가 제3자 또는 비분쟁당사자의 서면입장을 허용할 권리가 있음을 확인하였으나, 이들이 구술 심리에 참여하는 것은 허용하지 않았다.

투명성 제고를 위해 포함된 규정으로 판단된다.

9) 환경 관련 분쟁해결절차

EU·캐나다 CETA는 제24장 무역과 환경(Trade and Environment)에서 환경과 관련한 분쟁이 발생할 경우에는 제24.14조에 따른 협의절차(consultations) 또는 제24.15조에 따른 전문가 패널(panel of experts)에 대한 규칙 및 절차에 따라서만 해결책을 모색해야 한다는 점을 분명히 하고 있다.[52] 또한 필요한 경우 분쟁당사자들은 주선(good offices), 조정(conciliation) 또는 중개(mediation)를 활용할 수 있다고 명시하고 있을 뿐 ISDS 절차에 따른 해결은 명시하고 있지 않다.[53] 이는 EU가 TFEU 제191조 제1항에서 EU의 환경정책에 대한 목표 중 하나로 환경의 질을 보전, 보호 및 향상(preserving, protecting and improving the quality of the environment)하는 것을 천명하고, 기후변화와 같은 국제적 수준의 환경문제에 대한 대응조치를 권장하고 있는 만큼 EU의 환경조치를 잠재적 ISDS 소송으로부터 보호하고자 한 시도로 볼 수 있을 것이다.

2. EU회원국의 역외 BIT와의 관계

EU·캐나다 CETA 제30장 최종조항(Final Provisions)의 제30.8조 제1항에서는 CETA가 부속서 30-A에 열거된 EU회원국과 캐나다 간에 체결된 협정들을 대체하며 동 협정 발효 시 기존 협정들은 효력이 종료된다는 점을 규정하고 있다.[54] 이는 CETA가 잠정적용(provisional application)되는 경우에도 마찬가지이다. 부속서 30-A에서는 해당되는 BIT들을 열거하고 있는데, 그 내용은 다음과 같다.

---

52) EU·캐나다 CETA 제24.16조 제1항.
53) EU·캐나다 CETA 제24.16조 제2항.
54) 원문은 다음과 같다.
    "1. The agreements listed in Annex 30-A shall cease to have effect, and shall be replaced and superseded by this Agreement. Terminations of the agreements listed in Annex 30-A shall take effect from the date of entry into force of this Agreement."

체약국	서명일자
크로아티아-캐나다	1997년 2월 3일
체코-캐나다	2009년 5월 6일
헝가리-캐나다	1991년 10월 3일
라트비아-캐나다	2009년 5월 5일
몰타-캐나다	1982년 5월 24일
폴란드-캐나다	1990년 4월 6일
루마니아-캐나다	2009년 5월 8일
슬로바키아-캐나다	2010년 7월 20일

*부속서 30-A의 내용을 필자가 표로 정리함.

눈에 띠는 점은 해당되는 8개의 BIT 중의 절반인 4개가 2009년 또는 2010년에 체결된 최근의 투자협정임에도 불구하고 EU차원의 투자관계로 재편하여 이와 관련한 향후 투자분쟁을 EU·캐나다 CETA하에 해결할 수 있도록 조정하였다는 것이다. 또한 국가와 타방국가 국민 간의 투자분쟁의 해결에 관한 협약(Convention on the Settlement of Investment Disputes between States and Nationals of Other States: ICSID)의 체약국이 아닌 폴란드의 캐나다와의 BIT도 EU·캐나다 CETA 투자챕터에 의해 대체된다는 점에서 폴란드와 관련된 투자분쟁에 대해서는 ICSID 중재규칙이 적용될 수 없을 것이다.[55]

3. 소결

EU차원에서 투자에 관해 처음으로 채택하여 2017년 9월 21일부로 잠정적용 중인 EU·캐나다 CETA는 그 투자챕터에서 창의적이고 진보적인 내용을 담은 규정들을 다수 발견할 수 있다. 투자자를 정의하는데 있어서 이에 해당하는 기업에 대한 요건을 비교적 엄격하게 부과함으로써 ISDS 절차를 개시하기 위해 갖춰야 할 청구인 자격을 어느 정도 제한하고, 최혜국대우 규정에 단서조항을 추가하여

---

55) 김대원, "EU 국제투자협정내의 투자자-국가 중재제도 – 리스본조약 이후의 쟁점과 그 전망," 「국제경제법연구」 제10권 제2호(2012), pp. 55-56.

ISDS 절차에 대한 최혜국대우를 부정하는 등 투자자의 ISDS 절차 남용을 방지하고자 하는 EU의 태도를 확인할 수 있다. 또한 미국 주도의 투자협정들에서는 찾아보기 힘든 중개절차, 상설투자법원과 항소법원의 설립, 단독판사 요청, 법적 이익이 명백히 부재한 소송에 대한 이의제기 등의 새로운 절차들도 구비하면서 투자분쟁해결 절차에 대해 보다 진보적인 태도 또한 취하고 있음을 보여주고 있다. 이와 더불어 환경과 관련한 국가의 조치에 있어서도 별도의 조항을 두어 환경조치에 대한 분쟁해결절차를 따로 규정하고 있다는 점도 염두에 둘 필요가 있다.

V. EU · 싱가포르 투자보호협정

EU · 싱가포르 FTA와 투자협정은 한 · EU FTA에 이어서 EU차원에서 아시아 국가와 추진한 두 번째 FTA이자 동남아시아국가연합(Association of Southeast Asian Nations: ASEAN) 회원국과 추진한 첫 번째 FTA이다.[56] 2015년 5월 EU가 ASEAN과의 FTA 체결 의지를 재확인하였다는 점에서 EU · 싱가포르 FTA와 투자협정 조약문은 향후 ASEAN과의 협상에서 중요한 역할을 수행할 것으로 예상된다.[57] 따라서 본고에서는 EU · 싱가포르 투자협정상 ISDS 관련 규정들을 살펴보고, 기존에 EU회원국과 싱가포르 사이에 체결된 BIT와의 관계를 어떻게 규정하고 있는지 확인해 볼 것이다.

---

56) http://ec.europa.eu/trade/policy/countries-and-regions/countries/singapore/(2018년 5월 8일 방문).
57) ASEAN과의 FTA 체결과 관련한 EU의 입장은 유럽집행위원회의 공동정책제안서(joint communication)를 통해 확인할 수 있다. Joint Communication to the European Parliament and the Council, "The EU and ASEAN: a partnership with a strategic purpose," Brussels, 18.5.2015., JOIN(2015) 22 final.

1. 주요 내용

구성	제목	주요 구체적 조항	
Preamble	전문	좌동	
Chapter 1 (제1.1조~제1.2조)	목적과 일반적 정의	목적, 정의	
Chapter 2 (제2.1조~제2.8조)	투자 보호	범위, 투자 및 규제조치, 내국민대우, 대우의 기준, 손실보상, 수용, 송금, 대위변제	
Chapter 3 (제3.1조~제3.46조)	분쟁해결	투자자와 당사국 간 분쟁해결	범위와 정의, 화해, 협의, 중개와 ADR, 1심법원, 항소법원, 윤리규정, 준거법과 해석규칙, 절차의 투명성, 비분쟁당사국, 판정, 판정의 이행 등
		당사국 간 분쟁해결	범위, 협의, 중개, 중재패널의 설치, 중재패널의 판정과 준수, 보상의 합리적 기간, 판정준수조치의 검토, 중재자목록, WTO의무와의 관계, 시한 등
Chapter 4 (제4.1조~제4.19조)	제도, 일반 및 최종 규정	위원회, 의사결정, 개정, 건전조치예외, 안보예외, 과세, 특수예외, 정보공개, 의무준수, 비직접효력, 다른 협정과의 관계, 영토적용, 발효, 존속 및 종료, 정본 등	
Annexes (1~11)	수용, 공공부채, 중개제도, 중재절차규칙, 법원 판사와 중개자, 중재자 행동규범 등	좌동	
양해 (1~2)	싱가포르의 천연자원에 대한 공간 또는 접근 제한, 중재자 보수	좌동	

1) 투자 및 투자자의 정의

EU·싱가포르 투자협정상 투자(investment)와 투자자(investor)의 정의는 제1.2조 제1항부터 제2항까지의 내용에서 확인할 수 있다. 투자의 경우 EU·캐나다 CETA와 달리 "투자자가 직접 또는 간접적으로 소유 또는 통제하는" 자산이라는 표현은 빠져 있으나, 그 예시목록에 지분(shares), 주식(stocks), 지식재산권(intellectual property rights) 등 간접투자 또는 포트폴리오 투자에 해당하는 형태의 투자를 명시하고 있으며, "대상투자"(covered investment)의 정의에서 "대상투자가가 직접 또는 간접적으로 소유 또는 통제하는 투자"라고 정의하고 있는 만큼 유의미한 차이라고 판단되지는 않는다.[58] 투자자 대신 "대상투자자"(covered investor)에 대해 정의하고 있는데, 여기에서도 표현이 다소 다른 부분이 있기는 하나, 법인의 경우 해당 영역 내 실질적인 영업활동(substantive business operations)이 부재한 경우에는 법인으로 볼 수 없다고 규정하면서 투자자의 투자법원에 대한 청구인자격을 엄격하게 규정하는 EU·캐나다 CETA와 같은 입장을 취하고 있음을 확인할 수 있다.[59]

2) 최혜국대우 조항의 부재

앞서 살펴본 바와 같이 EU·캐나다 CETA 투자챕터에서는 ISDS 절차를 최혜국대우의 대상에서 배제하는 명문조항을 삽입한 것을 확인할 수 있었다. 그러나 EU·싱가포르 투자협정의 경우 최혜국대우 조항 자체가 아예 존재하지 않는다. 이로 인해 투자자가 최혜국대우 조항을 원용하여 다른 BIT상의 ISDS 절차를 원용할 수 있는 여지조차도 없다. 기존 EU회원국들의 BIT나 EU·캐나다 CETA 투자챕터의 내용에 비추어 보았을 때, 이는 예외적인 경우에 해당하는 것으로 보인다.

3) 화해, 중개 및 대체분쟁해결 절차

EU·캐나다 CETA 투자챕터에서 중개절차(mediation)를 제8.20조에 별도로 규정한 바와 같이, EU·싱가포르 투자협정에서는 가능한 협의 요청 이전에 화해(amicable resolution)를 통한 분쟁해결에 대한 규정을 제3.2조에서 규정하고 있다.[60]

---

58) EU·싱가포르 투자협정 제1.2조 제1항.
59) EU·싱가포르 투자협정 제1.2조 제5항의 내용으로 원문은 다음과 같다.
   "… it shall not be considered as a Union juridical person or a Singapore juridical person, respectively, unless it engages in substantive business operations in the territory of the Union or of Singapore, respectively."
60) 원문은 다음과 같다.
   "Any dispute should as far as possible be resolved amicably through negotiations and, where possible, before the submission of a request for consultations pursuant to Article 3.3 (Consultations). An amicable resolution may be agreed at any time, including after dispute settlement proceedings

또한 중개 및 대체분쟁해결(Alternative Dispute Resolution: ADR) 절차를 제3.4조에서
규정하고 있다. 중개절차의 경우 EU·캐나다 CETA 투자챕터상 내용과 유사하며,
제3.4조 제7항에 중개절차 이외에도 ADR 절차를 활용할 수 있음을 명시한 것이
차이점이라고 할 수 있겠다.[61] 이와 같이 중재 이외의 다양한 분쟁해결절차를 협정
상에 명시함으로써 투자자와 투자유치국으로 하여금 이를 원용할 수 있도록 유도
하는 것으로 판단된다.

4) 제1심투자법원과 항소법원의 설립 및 단독판사의 심리

EU·싱가포르 투자협정 제3.9조와 제3.10조에 의해 상설 1심(투자)법원(Tribunal
of First Instance)과 항소법원(Appeal Tribunal)을 설립하게 되는데, 양 법원 모두 EU회
원국이 2명, 싱가포르가 2명, 양국이 자국민이 아닌 2명을 공동으로 지명하면, EU
와 싱가포르 대표로 구성된 위원회가 총 6명의 위원(판사)을 임명한다.

EU·캐나다 CETA 투자챕터 제8.23조 제5항과 일부 유사하지만 다른 표현으
로, EU·싱가포르 투자협정 제3.9조 제9항은 분쟁당사자들이 단독판사의 심리를
동의할 수 있다고 규정하고 있다.

5) 당사국 간 분쟁해결

EU·싱가포르 투자협정은 당사국 간 분쟁해결절차에 대해서도 자세히 규정하
고 있는데, 일단 협의를 통한 상호 우호적인 해결에 이르도록 하고, 제3.28조에
의하면 협의가 실패한 경우 제소국이 (3명의 중재자로 구성된) 중재패널의 설치를
요청할 수 있도록 하고 있다. 제3.27조에 의해 일방 당사국이 타방 당사국에 "중개"
도 요청할 수 있으며, 제3.35조는 중재패널의 판정 이후 합리적 기간이 종료된 후
에 준수조치의 통고 의무를 규정하고 있다. 또한 제3.36조는 비준수의 경우 임시적
구제조치를, 제3.37조는 임시적 구제조치 채택 이후에 중재판정의 준수조치의 검
토를 다루고 있다. 제3.44조는 당사국들이 각각 최소 5명의 중재자를 제안하여,

---

under this Section have been commenced."
61) EU·싱가포르 투자협정 제3.4조 제7항의 원문은 다음과 같다.
"7. Nothing in this Article shall preclude the disputing parties from having recourse to other forms
of alternative dispute resolution."

(공동)위원회가 최소 10명으로 구성된 중재자목록을 확립하도록 하고 있으며, 제 3.45조는 EU·싱가포르 투자협정의 당사국 간 분쟁해결제도가 WTO분쟁해결절차를 훼손하지 않음을 분명히 하고 있다.

6) 비분쟁당사자의 참여

EU·싱가포르 투자협정 제3.17조 제1항은 EU·캐나다 CETA 투자챕터 제 8.38조와 동일하게 비분쟁당사자가 협정의 해석에 관한 서면입장을 1심법원에 제출할 경우 1심법원은 이를 접수해야 하며, 분쟁당사자들과의 협의 후에 비분쟁당사자의 서면입장을 요청할 수도 있다고 규정하고 있다.[62] 이는 위에서 언급한 바와 같이 NGO 등이 그동안 끊임없이 제기해 왔던 제3자의 투자중재 참여 문제를 고려하여 반영된 규정으로 판단된다.

7) 소송비용의 부담

EU·캐나다 CETA 투자챕터에서와 같이 EU·싱가포르 투자협정에서도 소송비용을 패소한 분쟁당사자가 부담하도록 하는 규정을 제3.21조 제1항에 두고 있다.[63] 이는 위에서 언급한 바와 같이 투자자의 투자유치국에 대한 남소(frivolous claim)를 방지하는 역할을 하는 규정으로 보인다.

8) 환경 관련 분쟁해결절차

EU·캐나다 CETA 제24장 무역과 환경(Trade and Environment)의 제24.14조 및 제24.15조와 같이, EU·싱가포르 FTA에서는 제12장 무역과 지속가능한 발전 (Trade and Sustainable Development)에서 환경 관련 분쟁해결절차를 규정하고 있다.

---

62) 원문은 다음과 같다.
"1. The Tribunal shall accept or, after consultation with the disputing parties, may invite oral or written submissions on issues of treaty interpretation from the non-disputing Party to the Agreement."

63) 원문은 다음과 같다.
"1. The Tribunal shall order that the costs of the proceedings shall be borne by the unsuccessful disputing party. In exceptional circumstances the Tribunal may apportion costs between the disputing parties if it determines that apportionment is appropriate in the circumstances of the case."

제12.16조 제1항은 무역과 지속가능한 발전과 관련된 모든 분쟁은 정부 간 협의절차(Government Consultations) 및 제12.17조 전문가 패널(Panel of Experts)에서 제공하는 절차에 의해서만 해결할 수 있으며, 제14장 분쟁해결(Dispute Settlement) 및 제15장 중개절차(Mediation Mechanism)는 적용되지 않는다는 점을 명시적으로 규정하고 있다.[64] 따라서 정부의 환경보호를 위한 조치는 이 조항에 의해 투자법원의 대상으로부터 배제될 수 있는 법적 근거를 확보하게 된 것으로 판단된다. 이는 EU·캐나다 CETA에서도 확인된 바와 같이, EU가 TFEU 제191조 제1항에 따라 환경정책의 목표를 추구하면서 국제협상에서도 이를 반영하고 있음을 보여주는 예라고 할 수 있을 것이다.

2. EU회원국의 역외 BIT와의 관계

EU·싱가포르 투자협정 제4.12조는 투자협정과 타 협정과의 관계를 규정하고 있다. 제4.12조 제3(a)항은 부속서 5에서 열거하고 있는 EU회원국과 싱가포르 간의 협정들과 이로부터 발생하는 권리와 의무는 그 효력이 중지되며, 동 투자협정에 의해 교체되고 대체된다고 명시하고 있다.[65] 부속서 5에서 열거하고 있는 협정들은 다음과 같다.

---

64) 원문은 다음과 같다.
"1. In case of disagreement on any matter arising under this Chapter, the Parties shall only have recourse to the procedures provided for in Article 12.16 (Government Consultations) and Article 12.17 (Panel of Experts). Chapter Fourteen (Dispute Settlement) and Chapter Fifteen (Mediation Mechanism) do not apply to this Chapter."

65) 원문은 다음과 같다.
"3. (a) Upon the entry into force of this Agreement, the agreements between Member States of the Union and Singapore listed in Annex 5 including the rights and obligations derived therefrom, shall be terminated and cease to have effect, and shall be replaced and superseded by this Agreement."

체약국	서명일자
불가리아-싱가포르	2003년 9월 15일
벨기에·룩셈부르크 경제동맹-싱가포르	1978년 11월 17일
체코-싱가포르	1995년 4월 8일
독일-싱가포르	1973년 10월 3일
프랑스-싱가포르	1975년 9월 8일
라트비아-싱가포르	1998년 7월 7일
헝가리-싱가포르	1997년 4월 17일
네덜란드-싱가포르	1972년 5월 16일
폴란드-싱가포르	1993년 6월 3일
슬로베니아-싱가포르	1999년 1월 25일
슬로바키아-싱가포르	2006년 10월 13일
영국-싱가포르	1975년 7월 22일

*부속서 5의 내용을 필자가 표로 정리함.

주목해야 할 점은 싱가포르가 벨기에·룩셈부르크 경제동맹 및 네덜란드와 맺은 BIT가 EU·싱가포르 투자협정에 의해 대체된다는 것이다. 서론에서 언급한 바와 같이, 우리 정부는 미국계 사모펀드인 론스타(Lone Star)가 자회사를 통해 한·벨기에 BIT를 근거로 ISDS 소송을 제기하여 심리가 진행 중이며,[66] 비록 2016년 7월에 소송이 취하되긴 하였지만 아랍에미리트연합(UAE)의 국제석유투자회사(IPIC)가 2015년 5월 네덜란드 자회사 하노칼(Hanocal)을 통해 우리 정부를 상대로 ISDS 소송을 제기한 바가 있다는 점에서 이 부속서의 내용을 특히 눈여겨 볼 필요가 있다.[67]

---

[66] *LSF-KEB Holdings SCA and others v. Republic of Korea*, ICSID Case No. ARB/12/37.

[67] *Hanocal Holding B.V. and IPIC International B.V. v. Republic of Korea*, ICSID Case No. ARB/15/17; http://www.yonhapnews.co.kr/bulletin/2016/07/28/0200000000AKR20160728085000002.HTML(2018년 5월 8일 방문).

3. 소결

EU·싱가포르 투자협정은 상설투자법원과 항소법원의 설립을 규정함으로써 EU·캐나다 CETA 투자챕터의 내용과 일면 유사하기도 하지만 예외적으로 최혜국 대우 조항 자체가 존재하지 않아 이를 원용하여 타 투자협정의 투자분쟁절차를 청구할 수 없다는 점, EU·싱가포르 투자협정이 대체하는 기존 EU회원국과의 BIT 중에서 싱가포르가 벨기에·룩셈부르크 경제동맹 및 네덜란드와 맺은 BIT도 포함된다는 점에서 우리나라에 시사하는 바가 크다고 할 수 있다. 또한 향후 EU가 ASEAN과의 FTA를 추진함에 있어서도 반영될 여지가 있으므로 그 귀추를 주목할 필요가 있겠다.

VI. 결 론

EU는 공동통상정책과 기존 EU회원국들의 역외 BIT에 관한 법적 근거를 TFEU와 EU정책제안서(Communication) 및 규칙(Regulation) 등을 통해 확립하였으며, 이를 기반으로 EU차원에서 추진하는 국제투자협정에 반영할 개선사항들을 유럽집행위원회에서 Fact Sheet 등을 통해 공개적으로 천명하였다. 특히 ISDS 소송에 적극적인 미국기업들을 고려하여 TTIP에 상설 투자법원제도 창설을 제안하면서 ISDS 소송에 대한 적극적인 개선책을 내놓은 것으로 평가된다.[68] 또한 EU는 캐나다와의 CETA, 싱가포르와의 FTA와 투자협정의 최종 협정문을 작성하면서 개선사항이 반영된 투자챕터 또는 투자협정을 포함시켰고, 그 내용은 분명 그동안 투자자 보호에 더 무게가 실렸던 기존 BIT들과는 차별화된 것으로 보인다.

본고를 통해 우리나라의 입장에서 EU국제투자협정상 투자분쟁해결절차의 최근 동향에서 중점을 두어야 할 것으로 확인된 사항은 크게 두 가지이다. 첫째, 우리

---

68) 미국은 2017년 7월 말을 기준으로 투자자의 국적국으로 참여한 투자중재 사건이 152건으로 이는 전세계에서 가장 높은 수치이다. UNCTAD, "Special Update on Investor-State Dispute Settelement: Facts and Figures," November 2017(http://unctad.org/en/PublicationsLibrary/diaepcb 2017d7_en.pdf(2018년 5월 9일 방문) 참조).

나라가 EU회원국들과 맺은 BIT에 대한 EU의 법적 근거와 이를 대체할 수 있는 법적 근거와 EU·캐나다 CETA 및 EU·싱가포르 투자협정을 통해 대체되는 BIT들을 염두에 둘 필요가 있다. 특히 EU·싱가포르 투자협정에 의해 싱가포르가 벨기에·룩셈부르크 경제동맹 및 네덜란드와 체결한 BIT가 대체된다는 점을 주목해야 한다. 한·벨기에 BIT와 한·네덜란드 BIT를 근거로 ISDS 제소를 당한 우리 정부의 입장에서 향후 EU와 투자협정 협상시 EU·싱가포르 투자협정을 반드시 참고해야 할 것이다.

둘째, EU가 TTIP상 투자법원제도 창설 외에도 다자간 국제투자법원 및 상소기구 창설을 위한 다자간 국제조약을 추진하고 있다는 점이다. 우리나라는 비록 최근에 ISDS의 피제소국으로 3개의 사건(1건은 취하)에 참여하고 있기는 하나, 이외에도 비록 패소하긴 하였지만 한국 국적의 건설회사가 중국을 상대로 ISDS 소송을 제기하였다는 점도 함께 고려해야만 한다.[69] 따라서 향후 투자자 보호에 유리한 투자중재로 사건을 해결하는 것이 국익에 도움이 되는지, 아니면 투자유치국의 규제권한 보호에 유리한 EU 주도의 다자간 국제투자법원을 통해 사건을 해결하는 것이 국익에 도움이 되는지 사전에 검토하여 동참여부를 판단해야 할 것이다.

EU국제투자협정상 투자분쟁해결절차는 협정마다 새로운 개선사항을 포함하고 있고, 이는 투지유치국에게 상당 부분 유리한 내용을 담고 있다. 한·EU FTA의 투자챕터가 부재한 상황에서 한·벨기에 BIT와 한·네덜란드 BIT를 근거로 ISDS 소송에 휘말린 우리나라의 입장에서는 EU국제투자협정상 ISDS 절차 개선사항을 적극 반영할 필요가 있을 것이다. 따라서 다자간 국제투자법원 창설까지 제안한 EU의 입장을 염두에 두고 그 귀추를 주목해야 할 것이다.

---

69) *Ansung Housing Co., Ltd. v. People's Republic of China*, ICSID Case No. ARB/14/5; http://news.khan.co.kr/kh_news/khan_art_view.html?artid=201703150958001&code=940202(2018년 5월 9일 방문) 참조.

제14장

Brexit와 통상문제

Ⅰ. 서 론

영국은 과도한 EU분담금에 대한 불만과 주권이 위협받고 있다는 두려움 등에 기인하여 2016년 6월 23일 소위 브렉시트 국민투표를 통해 EU를 탈퇴하기로 결정하였으며, 이듬해인 2017년 3월 29일 EU조약 제50조에 따라 유럽이사회에 EU탈퇴 의사를 공식적으로 통고하였고, 2019년 3월 29일까지 완전히 EU를 떠나기로 선언하였다.[1] 이를 위해 EU와 영국은 각각 그리고 공동으로 영국의 EU탈퇴절차를 진행시키고 있다.[2]

---

* 본 장은 이주윤, "Brexit가 통상문제에 미치는 영향," 『국제법학회논총』 제63권 제1호(2018년 3월), pp. 205-231의 내용을 일부 수정을 거쳐 거의 그대로 발췌하였다.

1) https://europa.eu/european-union/about-eu/countries/member-countries/unitedkingdom_en(2018년 1월 16일 방문); 한편 노동당 위원 및 일부 여당 위원들도 아래에서 자세히 다룰 EU(탈퇴)법안(제14조 제1항)에 영국의 EU탈퇴 시점을 명기하는 것에 반발하고 있다. http://www.yonhapnews.co.kr/bulletin/2017/11/15/0200000000AKR20171115180600085.HTML(2018년 1월 16일 방문) 참조.

2) 예컨대 영국 May 총리는 집권과 함께, EU탈퇴부(Department for Exiting the European Union)와 국제통상부(Department for International Trade)를 설치하여 관련 법안을 마련하고 주요 무역상 대국인 EU회원국(독일, 프랑스 등) 및 제3국(한국, 미국, 중국 등)과 새로운 파트너 관계 설정을 시작하고 있으며, 특히 EU탈퇴부는 2017년 12월 8일 영국과 EU의 협상대표들이 공동으로 채택한 보고서(정식 명칭은 "EU조약 제50조상 영국의 질서정연한 EU탈퇴에 관한 협상 제1단계 중 진전사항에 관한 공동보고서"; 제1단계는 시민의 권리, 북아일랜드 문제, 재정적 의무에 대해 논의하였음)를 발표하였다. https://www.gov.uk/government/publications/joint-report-on-progress-during-phase-1-of-negotiations-under-article-50-teu-on-the-uks-orderly-withdrawal-from-the-eu(2018년 1월 16일 방문) 참조; 한편 유럽이사회는 2017년 4월 29일과 12월 15일 영국의 EU탈퇴 협상에 관한 골격을 정하고 EU의 전반적 입장과 원칙을 규정한 일련의 정치적 가이드라인을 채택하였다. 또한 유럽집행위원회는 Michel Barnier를 수석협상대표로 하는 대책위원회(Taskforce on Article 50 negotiations with the UK)를 설치하였으며, EU이사회는 2017년 5월 15일과 22일 및 2018년 1월 29일에 각각 탈퇴협정 협상 개시를 인가하는 이사회결정과 탈퇴협정의 협상지침 및 소위 과도기에 관한 협상지침(Negotiating Directives on the transition period)을 채택하였다. 특히 EU이사회는 과도기에 관한 새 협상지침에서 전체로서의 EU(EU의 규범, 예산, 감독, 사법 및 집행체제 포함)와 EU가 체결한 국제협정상 의무(EU의 관세동맹과 단일시장 포함)의 적용을 탈퇴협정 중 과도기(탈퇴협정 발효일로부터 2020년 12월 31일까지)의 상세사

이러한 가운데, 본고에서는 특히 '통상법적 관점'에서 브렉시트가 가져온 그리고 가져오게 될 영향에 대해 고찰해 보고자 한다. 먼저 EU 측에서 EU조약들[3])에 따른 기존의 통상정책과 이를 기반으로 한 통상협정에 미치는 변화에 대해 살펴보고, 국제적 차원, 즉 WTO체제에서 영국의 지위 변동 및 주요 통상 이슈를 점검할 것이다. 그리고 영국 측면에서 이루어지고 있는 EU탈퇴 및 통상문제와 관련된 새로운 법안 및 정책들을 검토한 뒤, 향후 영국 통상협정의 미래에 대해 살펴보도록 하겠는데, 이는 브렉시트가 우리나라에 미치는 영향을 이해하는데 필수적이라 생각한다. 특히 브렉시트로 인한 한국과의 통상문제의 전망에 대해서는 별도의 항목을 두어 기존의 한-EU FTA의 미래 및 새로운 한-영 FTA의 체결 문제에 대해 고찰하는 것으로 본고를 정리하고자 한다.

II. 브렉시트 이후 EU의 통상정책과 협정

1. EU의 공동통상정책

EU기능조약 제3조 및 제207조 제1항에 의하면, EU는 공동통상정책(common commercial policy)에 대해 배타적 권한(exclusive competence)을 가지는데,[4]) 공동통상

항에 규정할 것을 제안하였으며, 2018년 2월 28일 집행위원회는 탈퇴협정의 초안을 발표하였다. 또한 3월 23일 유럽이사회는 브렉시트 이후 영국과의 향후 관계의 골격에 관한 가이드라인(Guidelines on the framework for the future EU-UK relationship)을 채택하였다. https://ec.europa.eu/commission/brexit-negotiations_en; http://www.europarl.europa.eu/news/en/headlines/priorities/2016 0701TST34439; http://www.consilium.europa.eu/en/press/press-releases/2018/01/29/brexit-council-article-50-adopts-negotiating-directives-on-the-transition-period/; http://www.consilium.europa.eu/en/policies/eu-uk-after-referendum/(2018년 5월 30일 방문) 참조; 유럽의회에 의하면, EU와 영국은 탈퇴협정(제1단계 논의사항과 영국 내 EU기관의 소재지 문제, 영국이 회원으로 있는 국제협정상 의무 등이 포함될 수 있음)뿐만 아니라, 상당한 기간이 더 걸리겠지만 양 당사자 간의 향후 협력사항을 규정하는 협정(통상, 방위, 테러리즘과의 전쟁, 환경, 연구, 교육 등이 포함될 수 있음)을 채택하게 될 것이다. http://www.europarl.europa.eu/ news/en/headlines/priorities/20160701TST 34439/20160707STO36103/brexit-negotiations-deciding-new-eu-uk-relations(2018년 1월 16일 방문) 참조.

3) 여기서 'EU조약들'이란 리스본조약에 의해 개정된 EU조약과 EU기능조약을 의미하는데, 문맥에 따라 유럽원자력공동체설립조약도 포함될 수 있다. 이하에서 별도의 조문을 명기하지 않고 혼동의 여지가 없는 한, 간단히 'EU조약'이라 부르도록 하겠다.

정책은 "특히 관세율의 변경, 상품과 서비스무역에 대한 관세 및 통상협정의 체결, 지식재산의 상업적 측면, 외국인직접투자, 자유화 조치의 통일성 확보, 수출정책 및 덤핑과 보조금의 경우 취해야 하는 무역구제조치에 대한 통일된 원칙으로 이루 어져 있다."5) 또한 제207조 제3항에 따라 EU는 제3국 또는 국제기구와 관련 국제 협정인 소위 '통상협정'(trade agreements)을 체결할 수 있다.

위 규정들에 따라, 영국을 포함한 EU의 28개 회원국은 대부분의 통상정책에 대해 EU에 권한을 위임하고 있는데, 즉 EU가 통상문제와 관련하여 배타적 입법권 한 및 통상협정의 체결권한6)을 가지게 된다. 또한 EU는 관세동맹(Customs Union) 하에 역외공동관세(Common External Tariff)를 채택하고 있으며, 단일시장(Single Market)하에 EU 내에서 상품, 서비스, 사람 및 자본의 자유이동을 보장하고 있다.7) 그러나 영국이 EU를 탈퇴하게 되면, 영국은 독자적으로 WTO체제를 포함한 다른 무역상대국들과 새로운 관계를 확립하고 별개의 통상협정을 체결해야 할 뿐만 아 니라 기존 EU통상법(무역구제조치 및 외국인직접투자와 관련된 규칙이나 지침 등)의 영 국 내 적용 문제에 대해 결정해야 할 것이다.

---

4) 박덕영 외 16인 공저, 『EU법 강의』, 제2판 (서울: 박영사, 2012), 412쪽; 김대순·김민서, 『EU법 론』, 제2판 (서울: 삼영사, 2015), 77쪽; EU가 통상정책에 대해 배타적 권한을 가지는 이유는 매우 실용적인 측면에서인데, 즉 '관세동맹'의 결과 역외공동관세(통상정책의 중요한 일부)를 채택하고 있기 때문이다. Markus W. Gehring, "Brexit and EU-UK trade relations with third states," *EU Law Analysis*, posted at 6 March 2016(http://eulawanalysis.blogspot.kr/search?q=Brexit+ and+EU-UK+trade+relations+(2018년 1월 18일 방문) 참조).

5) 리스본조약에 의하여 EU의 공동통상정책은 전체로서의 서비스무역, 지식재산의 상업적 측면 과 외국인직접투자로까지 확대되었다. Paul Craig and Gráinne de Búrca, *EU Law: Text, Cases and Materials*, 5th ed. (Oxford: Oxford University Press, 2011), pp.319, 322; Rudolf Geiger· Daniel-Erasmus Khan and Markus Kotzur (eds.), *European Union Treaties: A Commentary* (Munchen: C.H. Beck, 2015), p.758.

6) 아래에서 소개할 Opinion 2/15에서 알 수 있듯이, 가장 대표적인 유형의 통상협정인 FTA에 대 해 (리스본조약 발효 이후에도) 여전히 EU와 회원국이 공유 권한을 가지며, 공동으로 체결하 여야 한다.

7) EU기능조약 제20조~제21조, 제28조~제30조, 제34조~제35조, 제45조, 제49조, 제56조, 제63조, 제110조 참조; European Union Committee, *Brexit: the options for trade*, 5th Report of Session 2016-17, House of Lords, 13 December 2016, pp.8, 9, 14(https://publications.parliament.uk/pa/ ld201617/ldselect/ldeucom/72/72.pdf(2018년 1월 18일 방문) 참조); UK Trade Policy Observatory, "The World Trade Organisation: A Safety Net for a Post-Brexit UK Trade Policy?," *Briefing Paper 1*, July 2016(https://www.sussex.ac.uk/webteam/gateway/file.php?name=briefing-paper-1.pdf&site=18 (2018년 1월 18일 방문) 참조).

2. EU의 통상협정에 미치는 영향

1) EU의 기존 통상협정

　EU가 체결하는 국제협정(international agreements)[8]은 크게 EU만이 당사국인 협정과 EU와 회원국이 공동으로 당사국인 협정, 소위 혼합협정(mixed agreements)[9]으로 구분할 수 있는데, 특히 본고의 고려대상인 통상협정의 경우 WTO사무국에 정식으로 통고된 지역무역협정(Regional Trade Agreements) 모두는 EU와 회원국이 함께 채택한 혼합협정의 성격을 띠고 있다.[10]

　일반적으로 EU의 통상협정[11]은 크게 다음 세 가지 유형[12]으로 구분할 수 있는데, ① 관세동맹, ② 준회원협정, 안정화협정, 자유무역협정 및 경제동반자협정,

---

8) 이에 관한 일반적 설명은 박덕영 외 16인 공저, 앞의 책, 197-205, 210-213쪽 참조; 2017년 12월 말 현재, EU가 체결한 양자 및 다자협정은 총 1,240개에 이른다. 여기에는 통상, 개발, 항공, 에너지, 어업, 비자, 인권, 공동외교안보정책과 관련된 협정이 포함된다. http://ec.europa.eu/world/agreements/SimpleSearch.do(2018년 1월 18일 방문) 참조.

9) EU조약들에 '혼합협정'에 대한 규정은 별도로 존재하지 않지만, EU사법재판소는 판결을 통해 이를 인정하고 있다. 혼합협정의 체결은 각 회원국의 헌법규정에 따른 비준과 EU를 대신하는 이사회에 의한 승인 등 복잡한 절차를 거쳐야 한다. 김대순·김민서, 앞의 책, 119-120쪽; 혼합협정에 관한 자세한 설명은 Craig and de Búrca, *supra note* 5, pp.334-336; Vaughne Miller, "EU External Agreements: EU and UK procedures," *Briefing Paper Number CBP 7192*, House of Commons Library, 28 March 2016, pp.10-12(http://researchbriefings.files.parliament.uk/documents/CBP-7192/CBP-7192.pdf(2018년 1월 18일 방문) 참조).

10) EU와 회원국이 공동으로 채택한 지역무역협정은 총 40개이며, 동 협정의 상대국에는 알바니아, 알제리, 안도라, 보스니아 헤르체고비나, 카메룬, 캐나다, 카리브공동체(CARIFORUM), 중미, 칠레, 콜롬비아/페루/에콰도르, 코트디부아르, 동남아프리카, 이집트, 패로 제도, 조지아, 가나, 아이슬란드, 이스라엘, 요르단, 한국, 레바논, 멕시코, 몰도바, 몬테네그로, 모로코, 노르웨이, 해외령(OCT), 팔레스타인국, 파푸아 뉴기니/피지, 남아프리카개발공동체(SADC), 산마리노, 세르비아, 남아프리카공화국, 스위스/리히텐슈타인, 시리아, 마케도니아, 튀니지, 터키, 우크라이나, 유럽경제지역(EEA)이 있다. http://rtais.wto.org/UI/PublicSearchByMemberResult.aspx?MemberCode=826&lang=1&redirect=1; http://www.fta.go.kr/eu/apply/1/(2018년 1월 18일 방문) 참조.

11) 2016년 11월 21일에 발간된 영국 하원도서관 자료에 의하면, EU는 60개 이상의 무역상대국들과 통상협정을 체결하였으며, 협정의 상대국이 다수인 경우도 있어 실제 협정의 수는 이보다는 작다. Dominic Webb, "List of EU trade agreements," *Briefing Paper Number 7792*, House of Commons Library, November 2016, pp.1-2(http://researchbriefings.files.parliament.uk/documents/CBP-7792/CBP-7792.pdf(2018년 1월 18일 방문) 참조).

12) 한편 EU이사회 홈페이지에 따르면, 통상협정을 내용에 따라 ① 경제동반자협정(무역상대국인 아프리카, 카리브, 태평양 연안국의 개발 지원), ② 자유무역협정(상호시장개방), ③ 준회원협정(정치적 합의 강화)으로 구분하고 있으며, 이외에 비특혜무역협정인 동반자협력협정을 체결할 수 있다고 설명한다. www.consilium.europa.eu/en/policies/trade-policy/trade-agreements/(2018년 1월 18일 방문) 참조.

③ 동반자협력협정이 그것이다.[13][14]

한편 2017년 5월 16일 EU사법재판소는 Opinion 2/15에서 (2013년 가서명을 마친) EU와 싱가포르 간 자유무역협정("EUSFTA")과 관련하여, 리스본조약을 통해 '외국인직접투자'가 공동통상정책의 일부로 편입됨과 동시에 EU의 배타적 권한에 속하게 되었지만, 여전히 '간접투자'와 ISDS에 대해서는 EU가 배타적 권한을 부여받지 못하였다고 판단하였다. 따라서 최신의 통상협정인 EUSFTA 역시 이전 통상협정들(예컨대 한-EU FTA)과 마찬가지로 EU와 회원국이 공동으로 체결하여야 한다고 결론지었다.[15]

2) 브렉시트의 영향

가장 관심이 집중되고 있는 EU와 영국 간의 새 통상협정에 관해 영국 정부는 EU의 단일시장과 관세동맹을 떠날 것이라는 입장에 대해 명확히 하고 있는 가운데,[16] 2018년 3월 23일 유럽이사회는 '브렉시트 이후 영국과의 향후 관계의 골격에 관한 가이드라인'에서 균형 있고 야심적이며 광범위한 자유무역협정(a balanced, ambitious and wide-ranging FTA)의 체결을 제안하였다.[17] 전문가들은 새 통상협정의 유형으로 완전탈퇴 모델(WTO회원), 노르웨이 모델(EEA 회원국), 스위스 모델(EFTA

---

13) 2018년 1월 현재, 발효 중인 통상협정은 모두 31개이며, 12개의 협정이 잠정적용 중에 있다. 이 43개의 통상협정 중 WTO사무국에 통고되지 않은 협정에는 각각 아르메니아, 아제르바이잔, 카자흐스탄, 러시아와 체결한 동반자협력협정과 코소보와 체결한 안정화연합협정(EU회원국은 당사국이 아님)이 있다(한편 EU가 해외령 및 EEA와 체결한 협정은 EU웹사이트에는 나열되지 않고 있으며, 해외령과 체결한 협정은 더 이상 효력이 없는 상태이다). http://ec.europa. eu/trade/policy/countries-and-regions/negotiations-and-agreements; http://eur-lex.europa.eu/legal-content/ EN/TXT/?qid=1399391564401&uri=CELEX:32001D0822(2018년 1월 18일 방문) 참조.

14) EU조약국 자료실 홈페이지에 의하면, EU가 체결한 "통상"에 관한 협정은 총 159개인데, 이는 24개의 WTO협정들을 포함하며, 통상과 관련된 각종 교환공문, 의정서, 잠정협정 및 특정 상품에 대한 협정들을 모두 총망라한 것이다. http://ec.europa.eu/world/agreements/searchByActivity. do?parent=8517&xmlname=756&actName=Trade#sub(2018년 1월 18일 방문) 참조.

15) 졸고, "EU법의 최신 동향: 기본권, 시민권, 이민, 민주적 통제를 중심으로,"『국제법 동향과 실무』, 제16권 제3호(2017. 9), 15-16쪽 참조.

16) Heather Evennett, "Future of UK Trade and Customs Policy: Debate on 5 December 2017," *Library Briefing*, House of Lords, 5 December 2017, pp.1-2(http://researchbriefings.files.parliament.uk/ documents/LLN-2017-0089/LLN-2017-0089.pdf(2018년 1월 20일 방문) 참조).

17) European Council (Art. 50) guidelines on the framework for the future EU-UK relationship, 23 March 2018, para. 8.

회원국), 터키 모델(관세동맹 회원국), 캐나다 모델(CETA 회원국) 등을 예상한 바 있다.[18]

브렉시트가 EU의 통상협정에 미치는 영향은 위에서 구분한 바와 같이 EU만의 국제협정과 혼합협정에 따라 차이가 있으므로 나누어 살펴보도록 하겠다.

(1) EU만의 국제협정

먼저 EU만이 당사국인 통상협정[19]의 경우 상황이 그렇게 복잡하지는 않지만, EU가 타당사국에 대해 EU회원국이 27개로 변경되었음을 통고하는 것이 필요할 수 있다.[20] 예컨대 EU가 채택한 대부분의 국제협정은 EU조약 및 EU기능조약이 적용되는 영역에만 적용된다는 소위 "영토적 적용" 규정을 두는 경우가 많은데 1986년 국가와 국제기구 간 및 국제기구들 간 조약법에 관한 비엔나협약[21] 제40조 제2항[22])에 의해 조약 적용범위의 변경이 발생하여 조약 개정이 필요함을 다른 모든 당사국에 통고하도록 할 수 있다.

또한 위 협약 제56조 제2항[23])에 의해 EU는 제3국 또는 다른 국제기구에 영국

---

18) 강유덕, "브렉시트 이후 Global Britain 추진을 위한 영국 통상정책의 세부과제와 전망," 『유럽연구』, 제35권 2호(2017년 여름), 65-68쪽; 율촌, "Brexit의 법적 절차와 전망," 『Brexit Legal Update』, 2016. 6, 2-3쪽; 김광석·조민주, 『Issue Monitor: 브렉시트, 잠재적 위험과 기회』, July 2016, 5쪽; 이윤석, "금주의 논단: 브렉시트의 의미와 우리의 대응," 『주간 금융브리프』, 25권 25호(2016년 7월), 5쪽; Joe Owen·Alex Stojanovic and Jill Rutter, *Trade after Brexit: Options for the UK's relationship with the EU* (London: Institute for Government, 2017), pp.27-40.

19) 2006년 포도주 무역에 관한 유럽공동체와 미국 간 협정(Agreement between the European Community and the United States of America on trade in wine)과 같이 주로 특정 상품의 교역에 대한 협정이 여기에 해당된다.

20) Guillaume Van der Loo and Steven Blockmans, "The Impact of Brexit on the EU's International Agreements," posted at 15 July 2016 in Centre for European Policy Studies(https://www.ceps.eu/publications/impact-brexit-eu%E2%80%99s-international-agreements#_ftn2(2018년 1월 18일 방문) 참조).

21) 2018년 5월 현재, 동 협약은 44개의 국가 및 국제기구가 가입하였으나, 아직 발효하지 못하였다. 한국은 1987년 6월 29일자로 서명만 한 상태이다. https://treaties.un.org/pages/ViewDetails.aspx?src=TREATY&mtdsg_no=XXIII-3&chapter=23&clang=_en(2018년 5월 29일 방문) 참조.

22) "Article 40 Amendment of multilateral treaties
  2. Any proposal to amend a multilateral treaty as between all the parties must be **notified** to all the contracting States and all the contracting organizations, each one of which shall have the right to take part in:
  (a) the decision as to the action to be taken in regard to such proposal;
  (b) the negotiation and conclusion of any agreement for the amendment of the treaty."

23) "Article 56 Denunciation of or withdrawal from a treaty containing no provision regarding

의 회원 탈퇴 사실을 12개월 전에 공식적으로 통고하여야 한다는 주장도 제기된다.[24] 그러나 이 조항은 해당 조약의 당사국에 주어지는 법적 의무를 규정한 것인데, 영국이 정식으로 가입하지 않은 조약과 관련하여 영국의 EU탈퇴에 대해 EU에 통고 의무가 있다고 해석하기에는 무리가 있어 보인다.

한편 EU의 국제협정상 "영토적 적용" 규정에 의해 별도의 조치 없이도 브렉시트 이후에는 영국과 영국의 해외영토가 자연스럽게 빠지게 될 것으로 보기도 한다.[25]

소위 "탈퇴조항"인 EU조약 제50조에 규정되어 있지는 않지만, 어찌되었든 영국의 EU탈퇴절차가 완료되면 기본적으로 EU가 체결한 국제협정은 더 이상 영국에 적용되지 않을 것이다. EU기능조약 제216조 제2항에 따르면 EU가 체결한 국제협정은 오로지 EU기관과 회원국에만 구속력을 가지는데 영국의 EU회원국 지위가 종료되면 당연히 EU만의 협정에 영국은 구속되지 않게 된다.[26] 다만 앞의 주 2)에서 잠시 언급한 바와 같이, 탈퇴협정의 과도기 규정을 통해 영국이 EU의 국제협정(EU만의 국제협정 및 혼합협정 모두 포함)에 한시적이지만 계속 구속을 받게 될 수 있는데 이는 추후 탈퇴협정의 구체적 합의사항에 따라 달라질 것이다.

(2) EU와 영국의 혼합협정

EU와 영국이 공동으로 체결한 혼합협정의 경우 ① 영국이 해당 협정의 탈퇴를 원하거나 ② 계속해서 회원 유지를 하고자 하거나 ③ 새로운 협정의 채택을 원하는 경우 등 상황이 매우 복잡해질 수 있다.[27] 어찌되었든 EU의 경우 타당사국에 해당 협정의 EU적 요소가 더 이상 영국에는 적용되지 않음을 통고해야 할 것인데,[28] 이는 위에서 언급한 1986년 비엔나협약 제40조 제2항이 근거가 될 수 있을

---

termination, denunciation or withdrawal

    2. A party shall give not less than twelve months' notice of its intention to denounce or withdraw from a treaty under paragraph 1."

24) Van der Loo and Blockmans, *supra* note 20 참조.

25) *Ibid.*

26) Panos Koutrakos, "Negotiating international trade treaties after Brexit," *European Law Review*, Vol. 41, No. 4, 2016, p.475; Van der Loo and Blockmans, *supra* note 20 참조.

27) 여기서는 상황 구분의 편의를 위해 EU가 WTO사무국에 통고한 40개의 통상협정을 주된 대상으로 설명하도록 하겠다.

28) Van der Loo and Blockmans, *supra* note 20 참조.

것이다.

위의 첫 번째 경우 영국은 혼합협정의 공동 가입국이기 때문에 만약 해당 협정에서 탈퇴하기 위해서는 국내적으로 의회의 승인을, 국제적으로 동 협정상 탈퇴 조항에 따른 절차를 진행해야 할 것이다.[29] 특히 영국이 탈퇴하게 되면 EU와 남은 27개 회원국 및 타당사국 간에 새로운 협상이 요구되며 법적으로 구속력 있는 행위 (예컨대 의정서, 교환공문 또는 공동위원회의 결정 채택 등)가 필요할 수 있다.[30]

두 번째 경우처럼 영국은 기존 혼합협정의 당사국으로 계속해서 남아있기를 원할 가능성이 있는데, 이때 영국이 이전에 EU회원국으로서 향유했던 권리와 의무의 유지를 규정하는 의정서 채택과 같은 법적 절차가 요구될 것이다. 특히 해당 의정서는 EU와 27개 회원국, 제3국 및 영국의 비준을 거쳐야 할 것이다.[31] 그러나 통상협정은 장기간에 걸친 복잡한 협상과 합의의 결과물인데 제3국이 영국과 새로운 협상을 거치지 않고 기존 의무 그대로 협정을 유지할지에 대해서는 상당히 불확실한 측면이 존재한다.[32]

세 번째 경우 영국이 혼합협정의 타당사국들과 새로운 양자협정을 채택하는 상황으로 한-영 FTA가 여기에 해당될 수 있는데, 이에 대해서는 아래의 관련 부분에서 언급하도록 하겠다. 한편 영국이 새 양자협정을 체결하고자 하는 경우 빠른 시한 내에 기존의 통상협정을 타결하고 채택하는 것은 현실적으로 불가능하기 때문에 일단 과도기를 두고 계속 적용을 받는 방식(예컨대 의정서 체결)을 선택할 수 있다. 이 경우 역시 EU와 잔류 회원국 및 제3국의 양해가 필요한 것으로서 결코 용이하지 않을 것이다.[33] 특히 앞의 주 2)에서 언급한 과도기 협상지침에 의하면 영국은 과도기 동안 통상협정을 포함해 (EU의 권한에 속하는) 다른 국제협정을 체결할 수 없도록 하고 있는데, 이에 관해서는 영국과 EU 간의 추후 협상과정을 통해 결정하게 될 것이다.

---

29) 만약 탈퇴 관련 조항이 없다면 위 1986년 비엔나협약 제56조가 적용될 수 있을 것인데, 이때는 영국에 사전 통고 의무가 적용될 것이다.

30) Van der Loo and Blockmans, *supra* note 20 참조.

31) *Ibid.*

32) Koutrakos, *supra* note 26, p.476.

33) Van der Loo and Blockmans, *supra* note 20 참조(졸고, "EU조약과 영국법상 브렉시트의 제 문제에 대한 고찰," 『국제법평론』, 통권 제46호(2017년 3월), 128쪽에서 재인용).

III. 브렉시트 이후 WTO와 영국의 관계

1. WTO체제하의 영국의 지위 변경

전세계 무역량의 95%를 차지하며 164개의 회원으로 구성되어 있는 WTO는 가장 대표적인 국제통상기구로서 국제통상에 관한 가장 중요한 규범인 WTO협정을 기반으로 설립되었다. 영국의 경우 이미 개별적 차원에서 1995년 1월 1일 WTO 설립과 함께 WTO에 가입하였으나, 그 이후 계속해서 EU회원국 중 하나로서 EU차원의 공동통상정책의 틀 내에서 활동하여 왔다.[34]

영국은 EU탈퇴와 상관없이 기존 WTO회원의 모든 권리와 의무를 계속해서 유지하게 될 것인데, 차이가 있다면 영국과 EU의 권리 행사 및 책임 수행에 있어 역할이 달라진다는 점이다.[35] 브렉시트 이후, 영국은 이미 WTO회원이므로 재가입을 할 필요는 없으나 가장 우선적으로 EU의 양허표(Goods/Services Schedules)[36]에서 벗어나 GATT 제II조 및 GATS 제XX조에 따른 자신의 양허표[37]와 의무사항을 작성하고 다른 모든 WTO회원의 '인증'(certifications)[38]을 받아야 할 것이다.[39]

---

34) 영국은 1948년 1월 1일자로 GATT에 가입한 바 있으며, EU와 함께 원회원국으로서 1995년 1월 1일자로 WTO에 가입하였다. 특히 EU는 단일의 통상정책과 관세를 가진 하나의 관세동맹이며, 유럽집행위원회가 거의 모든 WTO회의에서 모든 EU회원국을 대신하여 목소리를 내고 있다(https://www.wto.org/english/thewto_e/countries_e/united_kingdom_e.htm, https://www.wto.org/english/thewto_e/countries_e/european_communities_e.htm(2018년 1월 16일 방문) 참조).

35) Lorand Bartels, "The UK's Status in the WTO after Brexit," *University of Cambridge Faculty of Law Legal Studies Research Paper Series*, 23 September 2016, p.7(https://www.peacepalacelibrary.nl/ebooks/files/407396411.pdf(2018년 1월 22일 방문) 참조).

36) WTO회원의 상품 양허표와 서비스 양허표에 관한 설명 및 자료는 각각 https://www.wto.org/english/tratop_e/schedules_e/goods_schedules_e.htm, https://www.wto.org/english/tratop_e/serv_e/guide1_e.htm(2018년 1월 22일 방문) 참조.

37) EU의 GATS 양허표는 회원국별 제한을 설정해 놓고 있어 영국은 상대적으로 쉽게 GATS 양허표를 작성할 수 있을 것이다. Bartels, *supra* note 35, p.12; 한편 영국의 GATS 양허표에 대해 무역상대국들이 추가적인 자유화를 요구할 경우 동 양허표에 대한 협상과 인증이 쉽지 않을 수 있다. Gehring, *supra* note 4 참조.

38) 1980년 체약국단 결정에 의하면, GATT 제XXVIII조(양허표의 수정)에 따른 양허표의 변경은 '인증'을 통해 입증되어야 하는데, 다른 체약국에 의해 어떠한 반대도 제기되지 않았을 때 인증이 주어진다. Rüdiger Wolfrum·Peter-Tobias Stoll and Holger P. Hestermeyer (eds.), *WTO-Trade in Goods* (Leiden: Martinus Nijhoff Publishers, 2011), p.708, 주 48.

39) 강유덕, 앞의 논문, 70-71, 79쪽; Koutrakos, *supra* note 26, p.477; Bartels, *supra* note 35, p.1;

WTO회원이 양허표 수정과 철회에 대해 가지는 권리는 절대적이며 이는 GATT 및 GATS의 위 규정으로부터 나오는 것이지만, 다른 WTO회원이 양허표 수정을 반대하는 근거에는 제한이 없으며, 양허표 변경에 대한 인증은 증거로서 효력을 지니게 된다.[40]

현재 영국 정부는 소위 "복사 및 붙여넣기"(copy and paste) 방식을 통해 가능한 기존 체제를 복제하려는(replicate) 입장을 가지고 있는데, 이는 최소한의 혼란만을 야기하여 다른 WTO회원이 영국의 새로운 양허표에 반대할 여지를 줄이고자 하는 것이다.[41] 그러나 어찌되었든 새 양허표의 작성과 관련하여, 영국과 EU 및 다른 WTO회원 간에 타결이 필요할 것인데,[42] 다른 WTO회원이 영국의 양허표를 순순히 수락하지는 않을 전망이다.[43]

한편 아래에서 설명하겠지만 영국은 탈퇴가 진행되는 도중에는 법적으로 제3국과 통상협정을 체결할 권한이 없지만, WTO체제 내에서 EU 및 WTO회원과의 협상 및 타결은 EU조약 제50조 제2항에 따른 탈퇴 "상세사항"(arrangements; Einzelheit)의 일부를 형성하는 것으로, 아직 EU회원국으로 남아있는 상황에서도 가능하다고 본다.[44]

Richard Eglin and Brendan McGivern, "The UK and the World Trade Organization (WTO): What Happens After Brexit?," White & Case LLP, March 2017(https://www.whitecase.com/publications/alert/uk-and-world-trade-organization-wto-what-happens-after-brexit(2018년 1월 22일 방문) 참조); Piet Eeckhout 교수에 의하면, 영국의 WTO 양허표는 향후 EU 및 다른 국가들과의 통상관계에 있어 출발점이 될 것이라고 설명하면서, 특히 WTO법상 영국의 관세양허 및 약속들이 다른 국가들이 영국과 FTA를 타결할 때 기준으로 작용할 것이라고 보았다. European Union Committee, *supra* note 7, p.53 참조; International Trade Committee, *UK trade options beyond 2019*, First Report of Session 2016-17, House of Commons, 1 March 2017, p.3(https://publications.parliament.uk/pa/cm201617/cmselect/cmintrade/817/817.pdf(2018년 1월 22일 방문) 참조).

40) Bartels, *supra* note 35, pp.17-18.

41) International Trade Committee, *supra* note 39, p.9.

42) Gehring, *supra* note 4 참조; https://www.instituteforgovernment.org.uk/explainers/10-things-know-about-world-trade-organization-wto(2018년 1월 22일 방문) 참조.

43) Bartels, *supra* note 35, p.22.

44) Luis González García, *Brexit: What trade agreements can the UK negotiate whilst being a part of the EU?*, 27.07.2016(https://www.matrixlaw.co.uk/resource/possible-united-kingdom-negotiate-trade-agreement-eu-ftas-third-countries-new-legal-status-within-wto-part-eu/(2018년 1월 22일 방문) 참조.

2. 주요 통상 이슈별 영향

1) 무역구제

무역구제(trade remedies)와 관련하여 EU의 유럽집행위원회가 덤핑, 보조금 및 세이프가드 조사를 실시할 배타적 권한을 가지고 있는데, 영국은 이제 국내의 개별 조사당국을 설치하여 브렉시트 이후 즉각 활동할 수 있도록 하여야 할 것이다.45) 이를 위해 통상법을 제정하여 영국만의 무역구제절차를 마련할 것이 요구되는데,46) 아래에서 언급하겠지만 새로운 법안에 무역구제당국의 설치 등 관련 규정을 준비하고 있다.47)

2) 분쟁해결제도

WTO체제의 가장 중요한 요소인 분쟁해결제도는 국제통상시스템이 보다 예측가능하고 안전하도록 만드는 역할을 수행하는데, 영국의 EU탈퇴는 유럽집행위원회가 아닌 영국이 독자적으로 분쟁해결제도를 통해 타회원의 WTO조약상 의무 위반에 대해 영국의 이익을 보호하거나 영국을 상대로 제기된 분쟁을 방어하게 할 것이다.48)

3) 정부조달협정

영국은 1996년 1월 1일자로 WTO체제하의 복수국간무역협정 중의 하나인 정부조달협정(Agreement on Government Procurement, 이하 'GPA')에 가입하였는데,49) 정

---

45) Eglin and McGivern, *supra* note 39 참조; European Union Committee, *supra* note 7, p.62 참조.
46) International Trade Committee, *supra* note 39, p.13.
47) Department for International Trade, *Preparing for a UK trade policy: a guide to trade legislation*, published at 8 January 2018(https://www.gov.uk/government/publications/preparing-for-a-uk-trade-policy-a-guide-to-trade-legislation/preparing-for-a-uk-trade-policy-a-guide-to-trade-legislation(2018년 2월 3일 방문) 참조).
48) Department for International Trade, *Preparing for our future UK trade policy*, October 2017, p.37(https://www.gov.uk/government/uploads/system/uploads/attachment_data/file/654714/Preparing_for_our_future_UK_trade_policy_Report_Web_Accessible.pdf(2018년 1월 25일 방문) 참조); Department for International Trade, *supra* note 47 참조.
49) https://www.wto.org/english/tratop_e/gproc_e/memobs_e.htm(2018년 1월 16일 방문) 참조; 정부조달협정은 1994년 4월 마라케시에서 서명된 후 1996년 1월 1일자로 발효하였으며, 2012년 3월

부조달은 전세계 GDP의 10~15%[50])를 차지할 정도로 거대시장을 형성하고 있다. 다른 WTO협정과 마찬가지로 GPA와 관련한 운영에 있어서도 EU가 영국을 포함한 회원국 모두를 대신하여 목소리를 내고 있었는데,[51]) 영국 정부는 브렉시트 이후에 연속성을 제공하기 위해 유사한 조건이지만 독립적인 회원으로서 참가하고자한다. 한편 영국이 독립적인 회원으로 참가하기에 앞서 GPA 회원으로서 조달시장의 개방범위 등에 대해 의회는 2010년 헌법개혁 및 거버넌스 법(Constitutional Reform and Governance Act 2010)에 규정된 절차에 따라 이를 검토하고 승인할 기회를 갖게 될 것이다.[52])

IV. 브렉시트 이후 영국의 관련 법제와 통상정책

1. EU(탈퇴)법안

2017년 7월 13일 영국 정부가 하원(House of Commons)에 제출한 EU(탈퇴)법안 (European Union (Withdrawal) Bill)[53])은 1972년 유럽공동체법(European Communities Act 1972, 이하 'ECA')[54])의 폐지,[55]) EU법의 유지(즉 기존 EU법(EU규칙과 결정, 위임

1994년 정부조달협정 개정의정서가 채택되어 2014년 4월 6일자로 개정정부조달협정(Revised Agreement on Government Procurement)이 발효되었다. 두 협정 모두 우리나라를 포함, 영국과 EU가 회원국으로 참여하고 있다. https://www.wto.org/english/tratop_e/gproc_e/gp_gpa_e.htm; http://www.fta.go.kr/main/support/wto/3/(2018년 1월 22일 방문) 참조.

50) 참고로 정부조달시장은 EU전체 GDP의 15~20%에 이른다. UK Trade Policy Observatory, *supra* note 7 참조.

51) Bartels, *supra* note 35, p.18.

52) Department for International Trade, *supra* note 47 참조.

53) 동 법안은 총 24개의 조항 및 9개의 부록(Schedules)으로 구성되어 있으며, 2018년 5월 현재 하원을 거쳐 상원(House of Lords)에서 독회절차를 진행 중에 있다. 동 법안의 원문 및 진행절차는 https://services.parliament.uk/bills/2017-19/europeanunionwithdrawal.html(2018년 5월 25일 방문) 참조.

54) 동 법은 총 2개의 부와 12개의 조항 및 4개의 부록(Schedules)으로 구성되어 있는데, 원문은 https://www.legislation.gov.uk/ukpga/1972/68/contents(2018년 1월 25일 방문) 참조; ECA는 영국이 유럽공동체에 가입하면서 해당 가입에 대한 의회의 승인을 보장받기 위해 제정한 것으로, EU법에 (기존) 영국법보다 우위를 부여하며 EU법이 영국의 국내법과 같이 효력을 가지도록 규정하고 있다. 사실상 동 법은 기존 EU조약(규칙 등 포함)을 영국 법령집(statute book)으로 이동시키는 일종의 '복사 및 붙여넣기'(copy and paste)법이다. https://www.instituteforgovernment.

및 이행입법,56) EEA협정의 부속서 및 제1의정서)의 국내법으로 전환 및 EU지침을 이행하기 위해 제정한 국내법의 보존),57) 보존된 EU법의 개정을 위한 규정(Regulations) 제정, 국제의무 및 탈퇴협정58)의 이행을 위한 규정 제정, (내각 및 지방정부에 대한 관련) 권한의 위임, 재정적 문제(정부의 지출과 조세) 등에 대해 규율하고 있다. 동 법안은 영국의 EU탈퇴 이후 법적 확실성과 안정성을 극대화시키며 의회주권원칙을 보장해 줄 것이다.59) 한편 앞의 주 2)에서 살펴 본 바와 같이 과도기 협상지침에 의한다면 탈퇴 이후 과도기 동안에 기존 EU법과 국제협정상 영국의 의무는 계속 적용될 수 있는데, 이는 EU(탈퇴)법안의 조문과 충돌될 여지가 있으므로 향후 EU와

---

org.uk/explainers/1972-european-communities-act(2018년 1월 25일 방문) 참조.

EU법	'1972년 유럽공동체법'상 영국 내 EU법의 적용 방식
EU조약상 의무, EU규칙	제2(1)조: 영국 의회의 추가 입법 없이 영국법상 직접적용(예: 수입상품에 대한 안전 기준)
EU지침과 결정	제2(2)조: 영국 의회제정법(Act of Parliament) 혹은 이차적 입법을 통해 적용(예: EU근로시간지침은 근로시간규정(Working Time Regulations)을 통해 이행됨)

55) 탈퇴협정이 체결되면 당연히 동 법은 적용 대상이 사라져 적법한 절차(의회의 입법)에 따라 폐지되어야 할 것인데, EU(탈퇴)법안이 바로 그 근거가 될 것이다. Paul Craig, "Brexit: a drama in six acts," *European Law Review*, Vol. 41, No. 4, 2016, p.463; 졸고, 앞의 논문(주 33), 114-115, 127-128쪽 참조.

56) EU의 위임입법과 이행입법에 관한 보다 자세한 설명은 김대순, 『국제법론』, 제19판 (서울: 삼영사, 2017), 1593-1595쪽 참조.

57) EU(탈퇴)법안은 새로운 유형의 영국법, 즉 '유지된 EU법'(retained EU law)을 창설하였는데, 이는 전환된(converted) EU법과 보존된(preserved) EU 관련 국내법으로 구성되어 있다. 동 법안에 의하면 전환된 EU법의 대상은 '직접적인 EU의 입법'(direct EU legislation)이며, 보존된 EU 관련 국내법의 대상은 'EU에서 기인한 국내입법'(EU-derived domestic legislation)이다. 한편, '법의 전환'이란 법의 전체 규정을 그 자체로 인수하여 영국 법령집에 게재하는 것으로, EU탈퇴 이후에 시민들이 원용할 수 있도록 할 것이다. Jack Simson Caird · Vaughne Miller and Arabella Lang, *European Union (Withdrawal) Bill*, House of Commons Library Briefing Paper Number 8079, 1 September 2017, pp.4, 26, 30(http://researchbriefings.files.parliament.uk/documents/CBP-8079/CBP-8079.pdf); https://www.gov.uk/government/uploads/system/uploads/attachment_data/file/642861/Factsheets_-_Converting_and_Preserving_Law.pdf(2018년 1월 25일 방문) 참조.

58) EU조약 제50조 제2항에 규정되어 있는 '탈퇴협정'의 경우 EU조약을 대체하는 성격을 가지므로 영국 의회의 승인은 물론이고 국민투표를 거쳐야 한다는 주장과 EU조약의 개정도 대체도 아니므로 국민투표는 필요 없다는 주장이 있는데, 후자의 입장이 더 적절해 보인다. Craig, *supra* note 55, p.466; 탈퇴협정의 형식과 내용에 관해서는 김승민, "브렉시트(Brexit): 영국의 유럽연합(EU) 탈퇴절차에 관한 법적 고찰," 『국제법학회논총』, 제62권 제1호(2017년 3월), 21-24쪽 참조.

59) Caird · Miller and Lang, *supra* note 57, p.4; https://www.gov.uk/government/uploads/system/uploads/attachment_data/file/627983/General_Factsheet.pdf(2018년 1월 25일 방문) 참조.

영국 간의 협상 결과를 기반으로 EU(탈퇴)법안에 관련 규정을 포함시켜야 할 수도 있다.

EU법자료실에 의하면 현재 발효 중인 EU규칙(수정된 규칙, 위임 및 이행규칙 모두 포함)은 12,000개이고, 영국 하원도서관 자료실에 의하면 지침 등과 같이 EU법을 이행하는 국내법은 약 7,000개이며, "영국의 EU탈퇴를 위한 입법"(Legislating for the United Kingdom's withdrawal from the European Union) 백서에 의하면 대략 800~1,000개의 탈퇴 관련 입법조치가 필요할 것으로 추정된다.[60] 특히 영국 정부는 탈퇴가 진행되는 과정에서 아래에서 다룰 통상 및 관세에 관한 법안을 포함하여 이민법안(Immigration Bill), 어업법안(Fisheries Bill), 농업법안(Agriculture Bill), 원자력안전조치법안(Nuclear Safeguards Bill), 국제제재법안(International Sanctions Bill) 등을 새로 발의해야 할 것이다.[61]

참고로 아래에 EU법을 위계별로 분류하고, 각 연원별 EU(탈퇴)법안, 소위 대폐지법안(Great Repeal Bill)에 규정된 영국법으로의 전환 및 보존[62] 여부에 대해 표로 정리하였으며, EU사법재판소의 판례법에 관한 대폐지법안의 규정을 보충적으로 표시하였다.[63]

---

60) Caird · Miller and Lang, *supra* note 57, pp.9, 15.

61) *Ibid.*, p.17.

62) '유지된 EU법'은 추후 영국 의회에 의해 개정, 대체 또는 폐지될 수 있다. Caird · Miller and Lang, *supra* note 57, p.4; http://researchbriefings.parliament.uk/ResearchBriefing/Summary/CBP-8079 (2018년 1월 25일 방문) 참조.

63) Caird · Miller and Lang, *supra* note 57, p.50; https://www.gov.uk/government/uploads/system/uploads/attachment_data/file/642861/Factsheets_-_Converting_and_Preserving_Law.pdf(2018년 1월 25일 방문) 참조.

〈위계별 EU법의 연원과 판례법〉	〈대폐지법안상 EU법의 유지 여부〉

① 일차적 연원			EU조약상 직접적용성[64]이 있는 권리는 영국법으로 **전환**(eg) TFEU 제157조 동일임금조항)	영국법으로 **비전환**[65]	**비전환**[66]
EU조약	EU기본권 헌장	EU법의 일반원칙			
② EU의 국제조약			국제조약상 직접적용성이 있는 권리는 영국법으로 **전환**(유럽인권협약 가입 계속 유지; EEA협정은 영국에 더 이상 적용되지 않지만, 동 협정상 직접적용성이 있는 권리는 국내법으로 전환)		
③ 이차적 연원			EU규칙 영국법으로 **전환**	EU지침 관련 이행법은 **보존**	EU결정 영국법으로 **전환**
EU규칙	EU지침	EU결정			
④ 위임입법/이행입법			제3의 법적 행위(tertiary legislation): 직접적용성이 있는 경우 영국법으로 **전환**		
EU사법재판소의 판례법			*CJEU 결정 영국 법원에 더 이상 구속력 없음, '유지된 EU법'의 해석시 영국 법원 더 이상 CJEU 판결에 구속되지 않음.*		

---

64) 대폐지법안에는 '직접적인 EU의 입법'이라고 규정되어 있는데, 이는 '직접적용성'(direct applicability)이 있는 EU의 입법을 의미하는 것으로 해석된다. House of Commons, *European Union (Withdrawal) Bill: Explanatory Notes*, 18 January 2018, para.18(https://publications.parliament.uk/pa/bills/lbill/2017-2019/0079/18079en.pdf(2018년 1월 25일 방문) 참조); 한편 EU법 교과서 및 관련 판결에서 '직접적용성'과 '직접효력'(direct effect)의 개념이 자주 혼용되어 사용되고 있는데, 원래 '직접적용성'은 조약 규정이 국내이행조치 없이 그 자체로 국내법질서의 일부를 형성할 때를 의미하며, '직접효력'은 (조약 등의) 규정이 개인에게 국내재판소에서 원용할 수 있는 권리나 의무를 부여할 때를 말한다. 김대순·김민서, 앞의 책, 143-144쪽; 대폐지법안상 '직접적용성'의 의미를 설명하기에 앞서, 1972년 유럽공동체법 제2(1)조의 의미에 관해 잠시 언급하도록 하겠다. Hartley 교수(Trevor C. Hartley, *The Foundations of European Union Law*, 7th ed. (Oxford: Oxford University Press, 2010), pp.279-280)에 의하면, 동 조항은 영국 내 EU법의 '직접효력'에 대한 규정으로, EU조약과 EU규칙의 직접효력을 규율하고 있는데, 특정 규정이 직접효력을 가지고 있는지는 EU법이 결정한다고 한다. Craig와 de Búrca 교수(Craig and de Búrca, *supra* note 5, p.286)에 의하면, 동 조항은 직접효력의 개념을 영국법의 일부로 만들고 있다면서, 동 조항에 의해 EU조약상 즉각적인 법적 효력이 부여된 법은 영국에서 직접 원용가능한 (enforceable) 것으로 간주한다고 한다. 따라서 직접효력이 있는 EU조치는 동 조항에 근거해 영국 법원에서 원용될 수 있으며, EU법상 직접효력을 가진 조약 규정, 규칙 또는 지침을 법원이 원용하기 위해 별도의 수용행위(act of incorporation)는 필요 없다고 덧붙이는데, 이것이 좀 더 유연한 방식의 설명인 것 같다. 한편 ECA와 관련된 영국 하원위원회 보고서(House of Commons European Scrutiny Committee, *The EU Bill and Parliamentary Sovereignty: Tenth Report of Session 2010-11*, The Stationery Office Limited, 7 December 2010, p.5(https://publications.parliament.uk/pa/cm201011/cmselect/cmeuleg/633/633i.pdf(2018년 1월 25일 방문) 참조)나 영국의

2. 통상문제에 관한 새 법안

2016년 한 해, 영국의 대 EU수출은 전체 수출 중 43%(2,360억 파운드)를, 대 EU수입은 전체 수입 중 54%(3,180억 파운드)를 차지할 정도로 영국에게 있어 EU는 가장 크고 중요한 무역파트너이다.[67] 이는 EU단일시장의 무관세 및 최저의 비관세 장벽에 기초하여 얻은 수치로서 영국이 EU를 탈퇴하게 되면 이러한 각종 혜택에서 멀어지게 됨을 의미하는 것이다.[68]

EU탈퇴절차에 관련된 최고법원 판결문(*R (on the application of Miller and another) (Respondents) v. Secretary of State for Exiting the European Union (Appellant)* [2017] UKSC 5, 24 January 2017, paras.63, 190(판결문 원문은 https://www.supremecourt.uk/cases/docs/uksc-2016-0196- judgment.pdf (2018년 1월 25일 방문) 참조)의 경우 '직접적용성'과 '직접효력'의 두 용어를 혼용해서 사용하고 있다. 위 보고서에 의하면, ECA 제2(1)조는 이원론 국가에서 요구되는 이행입법 필요 없이 '직접적용성이 있거나 직접효력이 있는'(directly applicable or (directly) effective) EU법에 효력을 부여하는 조항이라고 설명한다. 또한 위 판결문에 의하면, 동 조항에 의해 EU조약(이나 EU규칙)의 일부 규정은 직접적용성이 있는데, 국내법상 EU조약(이나 EU규칙) 규정의 효력이 직접 적용되는 경우 추가적인 국내입법의 필요 없이 EU조약(이나 EU규칙) 규정은 영국에서 직접효력을 가진다고 설명한다. 다시 대폐지법안으로 돌아가서 주해서를 살펴보면, '직접적용성이 있는 법'(directly applicable law)은 영국의 특정한 이행입법을 통과할 필요 없이 영국법상 효력을 지님을 ECA 제2(1)조가 규정한 것이라고 한다. 특히 동 주해서는 EU조약상 일부 규정은 개인에게 직접 권리를 부여하기에 충분히 명확하고 정확하며 무조건적인 것으로 간주되는데, 이를 '직접적용성이 있거나 직접효력이 있는' 조약 규정이라 부른다고 설명한다. House of Commons, *supra* note 64, paras.21, 44.

65) 영국 정부에 의하면, EU기본권헌장은 영국이 EU법의 "범위 내에서" 행동하는 경우에만 적용될 수 있기 때문에(동 헌장 제51조 참조) 브렉시트 이후에는 영국과 관련이 없다고 본다. 한편, EU기본권헌장은 이미 EU법상 존재하는 권리와 원칙을 명문화한 것으로 새로운 권리를 창설한 것이 아니므로, 동 헌장의 유지 여부와 관계없이 실질적 권리 규정은 계속해서 영향을 미치게 될 것이라고 강조하였다. Arabella Lang·Vaughne Miller and Jack Simson Caird, *EU (Withdrawal) Bill: the Charter, general principles of EU law, and 'Francovich' damages*, House of Commons Library Briefing Paper Number 8140, 17 November 2017, p.8(http://researchbriefings.files. parliament.uk/documents/CBP-8140/CBP-8140.pdf(2018년 1월 27일 방문) 참조).

66) 'EU법의 일반원칙' 중 법적 확실성과 비례의 원칙은 '유지된 EU법'의 일부를 구성하지만, 영국 법원은 이들 역시 '유지된 EU법'의 해석을 돕기 위해서만 이용하게 될 것이다. 특히 영국 법원은 더 이상 국내법과 EU법의 일반원칙 간의 충돌에 국내법을 적용하지 않는 일은 없을 것이다. 또한 영국이 EU를 탈퇴하게 되면, 가장 대표적인 EU법의 일반원칙인 EU법 우위의 원칙과 국가(배상)책임원칙은 더 이상 적용되지 않을 것이다. Caird·Miller and Lang, *supra* note 57, pp.4, 41-42, 48; Lang·Miller and Caird, *supra* note 65, pp.5-6, 17-18; https://www. gov.uk/government/uploads/system/uploads/attachment_data/file/642861/Factsheets_-_Converting_and_ Preserving_Law.pdf; http://researchbriefings.parliament.uk/ResearchBriefing/Summary/CBP-8140(2018 년 1월 27일 방문) 참조.

67) Evennett, *supra* note 17, p.1.

68) UK Trade Policy Observatory, *supra* note 7 참조.

1) 통상법안

영국은 그동안 EU회원국으로서 EU가 타결한 통상협정상 당사국의 지위를 유지하였는데, 브렉시트 이후에도 노동자, 소비자, 기업 및 무역상대국들에 계속성을 제공함으로써 영국의 기존 통상 및 투자협정의 연속성 보장을 원하고 있다.[69]

이에 2017년 11월 7일, 영국 정부의 통상법안(Trade Bill)이 하원에 제출되었는데, 동 법안은 (기존) 정부조달협정과 국제통상협정의 이행,[70] 무역구제당국(Trade Remedies Authority)의 설치 및 역할 부여, 통상 관련 정보 수집 및 공개에 관한 규정들로 이루어져 있다.[71] 좀 더 구체적으로 살펴보면, 통상법안은 EU의 국제통상협정을 영국의 협정으로 "전환하는" 과정을 돕기 위한 것으로, 정부조달협정 및 국제통상협정의 이행을 위해 국내법을 제정할 수 있도록 하고 있다.[72] 이러한 통상법안은 영국이 EU를 떠날 준비를 하는 데 있어 중요한 장치로 기능하며, 영국이 독립적인 통상정책을 수행하는데 필수적인 법적 권한과 체계를 형성할 것이다.[73]

한편 영국 세관(Her Majesty's Revenue and Customs)으로 하여금 통상에 관한 중요 정보를 수집하고 배분하도록 하는데, 이는 (기존의 유럽집행위원회가 아닌) 국제통상부 및 새로 설치되는 무역구제당국과 같은 기관들이 중요한 통상기능, 예컨대 새 정책 개발의 통보 및 WTO분쟁해결기구에 정보 제공을 수행할 수 있도록 만들 것이다.[74]

---

69) Department for International Trade, *supra* note 47 참조; 동 법안은 영국과 EU 혹은 다른 국가 간의 향후 통상협정을 다루기 위한 것이 아니라, 조세(국경 간 무역)법안과 함께 브렉시트 이후 가능한 한 기존의 통상정책을 계속 유지하도록 허용하기 위한 것이다. https://researchbriefings.parliament.uk/ResearchBriefing/Summary/CBP-8073(2018년 1월 27일 방문) 참조.

70) 동 법안은 미래 통상협정의 이행에 대해서는 규정하고 있지 않은데, 영국 정부는 미래의 통상협정과 관련하여 다양한 이해관계자들과 논의를 원하며, 해당 협정의 이행을 위한 법안에 대해서는 아직 결론에 이르지 못하였기 때문이다. Department for International Trade, *supra* note 47 참조.

71) 동 법안은 총 4개의 부와 12개의 조항 및 4개의 부록(Schedules)으로 구성되어 있는데, 원문 및 진행절차는 https://services.parliament.uk/bills/2017-19/trade.html(2018년 1월 27일 방문) 참조.

72) https://researchbriefings.parliament.uk/ResearchBriefing/Summary/CBP-8073(2018년 1월 27일 방문) 참조; Department for International Trade, *supra* note 47 참조.

73) *Ibid.*

74) *Ibid.*

2) 조세(국경 간 무역)법안

영국이 EU를 탈퇴하는 것은 앞에서 설명한 바와 같이 EU관세동맹을 떠나는 것을 의미하는데, 이제 영국은 독자적인 관세체제를 확립하고 부가가치세와 소비세제도를 개정하여 EU탈퇴 이후에도 이들 체제가 잘 굴러갈 수 있도록 새로운 법률을 제정하여야 할 것이다.[75]

이에 2017년 11월 20일, 영국 정부가 하원에 제출한 조세(국경 간 무역)법안 (Taxation (Cross-Border Trade) Bill)은 영국의 상품 수입시 부과하는 관세 규율, 수출시 관세 부과 및 규제권한 부여, 부가가치세 및 상품소비세와 관련된 법 개정, 영국의 EU탈퇴와 연관되는 각종 관세, 부가가치세 및 소비세 부과를 위한 사항을 규정하고 있다.[76] 또한 동 법안은 개도국 수입품에 대한 관세 특혜와 같은 일방적 무역특혜제도(unilateral trade preference scheme)의 창설을 위한 규정 제정을 허용하고 있는데, 최소한 기존 EU의 무역특혜제도와 동일한 수준의 시장 접근을 허용하고자 한다.[77]

조세(국경 간 무역)법안은 영국으로 하여금 모든 가능한 협상 결과에 대비하며 개인, 사업자 및 무역상대국에 연속성을 제공할 것으로 기대된다. 특히 영국 정부는 계속성 유지를 위해 새로운 영국의 관세체제를 기존의 EU체제와 유사한 방식으로 운영할 생각이며 EU와는 가능한 마찰 없이 무역을 진행하고자 한다.[78]

---

75) *Ibid.*
76) 동 법안은 총 6개의 부와 56개의 조항 및 9개의 부록(Schedules)으로 구성되어 있는데, 원문 및 진행절차는 https://services.parliament.uk/bills/2017-19/taxationcrossbordertrade.html(2018년 1월 27일 방문) 참조.
77) House of Commons, *Taxation (Cross-Border Trade) Bill: Explanatory Notes*, 20 November 2017, p.16(https://www.gov.uk/government/uploads/system/uploads/attachment_data/file/660988/Explanatory_Notes.PDF(2018년 1월 27일 방문) 참조); Department for International Trade, *supra note* 47 참조.
78) https://researchbriefings.parliament.uk/ResearchBriefing/Summary/CBP-8126(2018년 1월 27일 방문) 참조.

3. 새로운 통상협정의 체결

1) 통상협정의 현황

브렉시트 이전 영국의 통상협정은 EU가 대신하여 타결하고 채택하는 방식을 취해 왔는데, 이는 ECA를 통해 가능한 것이었다. 그러나 위에서 언급한 바와 같이, EU(탈퇴)법안에 의해 ECA는 폐지되고 기존 통상협정이 영국법상 온전히 이행되고 계속 작동할 수 있도록 보장하기 위해서는 규정 채택이 필요하게 될 것이다.

EU조약 제50조 제3항의 해석상, EU와의 탈퇴협정이 발효하거나 탈퇴 통고일로부터 2년이 지나야 영국은 제3국과의 통상협정을 체결할 권한을 가지게 되는데, 이것이 곧 제50조에 따른 통고와 탈퇴 절차가 진행되는 도중 영국이 제3국과 통상 교섭이나 협의를 시작할 법적 권리가 제한된다는 것은 아니다.[79] 현재 영국 정부는 기존의 EU와 제3국 간의 통상협정을 영국의 개별협정으로 전환하고자 하며, 연속성 확보 및 기업에 대한 확실성 제공을 위해 무역상대국들과 논의를 시작하고 있다.[80] 한편 앞의 주 2)에서 언급한 과도기 규정이 탈퇴협정에 마련된다면, 탈퇴 후에도 일정 과도기 동안 영국은 새 통상협정을 채택할 수 없을 것이다.

Financial Times가 조사한 바에 의하면, 브렉시트 이후 영국은 국제협정의 현상유지를 위해서만 168개의 국가와 최소 759개 협정의 재협상을 시작해야 한다.[81]

---

79) Koutrakos, *supra* note 26, p.477; García, *supra* note 44 참조; 한편 제50조에 따른 절차가 진행 중임에도 영국은 탈퇴 완료 후에 '발효'하게 될 통상협정의 경우 이를 타결하고 채택할 법적 권한을 가진다는 견해가 있다. Francis Hoar, "UK's Right to Negotiate Free Trade Agreements before leaving the European Union" in Lawyers for Britain(http://www.lawyersforbritain.org/int-trade-before-exit.shtml(2018년 1월 27일 방문) 참조).

80) Department for International Trade, *supra* note 47 참조.

81) Dür 교수에 의하면 FT의 759개라는 수치는 계산법에 따라 차이가 있을 수 있지만, 영국이 브렉시트 이후 국제협정의 인계(grandfather)를 하는 데 최소 50,000페이지는 필요할 것이라고 추정한다. http://data.parliament.uk/writtenevidence/committeeevidence.svc/evidencedocument/international-trade-committee/continuing-application-of-eu-trade-agreements/oral/75453.html; 영국 하원과 상원은 각종 위원회를 설립하여 특정 문제에 관하여 조사를 수행하고 보고서를 작성하도록 하고 있는데, 그중에서 국제통상위원회(International Trade Committee)는 국제통상부의 지출, 행정 및 정책을 검토한다. 동 위원회는 영국이 브렉시트 이후에도 어떻게 EU의 기존 통상조약상 권리를 복제할 수 있는지 조사에 착수하였는데, 조사 제목은 "브렉시트 이후 EU통상협정의 계속적인 적용"(Continuing application of EU trade agreements after Brexit)이며, 2018년 2월 1일 현재 4차례의 구두증언(Oral evidence)과 20건의 서면증언(Written evidence) 절차가 진행되었다. https://www.parliament.uk/business/committees/committees-a-z/commons-select/international-trade-com

이러한 국제협정은 295개의 통상협정(양자 및 다자협정 포함; WTO합의는 제외), 202개의 규제협력협정(반독점, 정보공유, 금융서비스 등), 69개의 어업협정, 65개의 운송협정(주로 항공서비스), 49개의 통관협정(상품이동의 통제), 45개의 원자력협정, 34개의 농업협정으로 구분된다. 또한 통상협정의 경우 미주지역과 유럽은 약 70여 개, 아프리카는 80개, 아시아는 약 50개, 오세아니아는 약 20여 개의 국가들이 그 대상이 될 것으로 추정하고 있다.[82]

2) 자유무역협정

영국이 EU회원국인 동안에는 EU의 공동통상정책에 구속되어 새로운 자유무역협정(FTA)을 타결할 권한을 가지지 못하지만, EU탈퇴를 진행 중인 현재 새 FTA를 위한 준비작업은 이미 시행하고 있다.[83] 이러한 가운데 국제통상부의 핵심과제는 EU가 제3국과 체결한 FTA[84]에 따른 권리를 영국이 "인계받고자"(grandfather)하는 것인데, 영국이 해당 FTA에 따른 권리를 어느 정도까지 계속 향유하게 될 것인지에 대해서는 불확실한 측면이 있다.[85] 또한 이러한 "인계"(grandfathering)가 법적으로 가능하다면, 영국은 순조로운 이행이 이루어지도록 WTO와의 조기 논의를 포함한 전략을 잘 설정하고 특별한 노력을 기울여야 할 것이다.[86]

---

mittee/inquiries/parliament-2017/eu-trade-agreements-after-brexit-17-19/publications/(2018년 2월 3일 방문) 참조.

82) https://www.ft.com/content/f1435a8e-372b-11e7-bce4-9023f8c0fd2e(2018년 1월 27일 방문) 참조.

83) International Trade Committee, *supra* note 39, p.49.

84) EU의 FTA 상대국은 대체로 개도국이나 경제소국들이 많은데, 이들이 중요 수출시장인 영국과 계속 FTA를 유지하길 주저할 이유는 없어 보인다. Lawyers for Britain, *Brexit and International Trade*(http://www.lawyersforbritain.org/int-trade.shtml(2018년 2월 3일 방문) 참조).

85) International Trade Committee, *supra* note 39, pp.4, 51-52, 59; 영국의 EU탈퇴가 국제법상 국가승계(예컨대, 체코슬로바키아의 분리독립)의 문제는 아니지만, 영국은 EU가 대리해 온 여러 국제관계에서의 권리와 책임을 온전히 되찾고 싶어 한다. 또한 사정변경의 사유가 존재하지 아니하는 한, 기존 조약 의무의 계속성을 보존하고자 하며, 기존 EU FTA의 상대국 역시 국가승계의 일반적인 국가관행을 따르고, 기존 FTA를 브렉시트 이후 계속해서 영국에 적용할 수 있도록 FTA 의무 연장(rolling over of FTA arrangements)을 수락할 수도 있을 것이다. Lawyers for Britain, *supra* note 84 참조; 참고로 1978년 조약에 대한 국가승계에 관한 비엔나협약 제34조(국가 분리시 국가승계)에 의하면 ('백지주의 원칙'을 허용하던 국제관습법과는 달리) '계속 원칙'에 따라 전임국가에 발효 중이던 모든 조약은 일정한 경우를 제외하고 신국가에 대해 계속해서 효력을 가진다. 김정건 외 3인 공저,『국제법』(서울: 박영사, 2010), 180, 182쪽; 김대순, 앞의 책, 976쪽; 한편, 국가승계를 영국의 FTA 승계에 적용할 수 없다는 주장은 강유덕, 앞의 논문, 76쪽 참조.

EU는 한국을 제외하곤, 그동안 가장 큰 무역상대국들(미국의 경우 영화산업 보호를 위한 프랑스의 거센 요구; 캐나다의 경우 루마니아의 반대로 상당 기간 지체되었음)과는 통상협정 체결에 어려움을 겪었는데,[87] 무엇보다 영국 정부는 주요 수출시장을 중심으로 새 FTA 체결대상국 또는 대상지역의 우선순위를 매겨야 할 것이다.[88]

3) EEA협정과 EFTA 재가입

위의 EU(탈퇴)법안에서 잠시 언급한 바와 같이, 영국은 EEA협정[89]에 EU회원국으로서 참여하고 있으나, 탈퇴가 완료되면 (혹은 과도기가 끝나면) 더 이상 EEA협정의 적용을 받지 않게 되며 당분간 동 협정에 가입할 뜻은 없어 보인다.[90]

한편 영국은 1960년부터 1972년까지 회원이었던 유럽자유무역연합(European Free Trade Association)의 재가입을 검토할 수 있다. 이는 EU회원국은 아니지만 주요 유럽국가인 EEA국가 및 스위스와 통상관계를 유지할 수 있을 뿐만 아니라, EFTA가 체결하고 있는 FTA[91]에 가입할 수 있게 될 것이다.[92] 특히 영국 입장에서 EFTA에의 재가입은 영국 수출의 19%를 차지하는 국가들과 FTA를 체결하는 효과를 볼 수 있다.[93]

---

86) International Trade Committee, *supra* note 39, pp.59-60.
87) Lawyers for Britain, *supra* note 84 참조; 한편 2017년 12월 8일, EU와 일본은 경제동반자협정을 최종 타결하였고, 현재 공식 서명 절차를 기다리고 있는 중이다. http://ec.europa.eu/trade/policy/in-focus/eu-japan-economic-partnership-agreement/(2018년 2월 3일 방문) 참조.
88) International Trade Committee, *supra* note 39, p.4; 강유덕, 앞의 논문, 81쪽.
89) 1994년 1월 1일자로 발효한 EEA협정은 EU회원국들과 아이슬란드, 리히텐슈타인 및 노르웨이 간에 (관세동맹이 아닌) 단일시장을 형성하고 있는데, 상품, 서비스, 사람 및 자본의 자유이동 보장에 있어 EU법에 종속된다. Evennett, *supra* note 17, p.3.
90) European Union Committee, *supra* note 7, p.36; Peter Holmes·Jim Rollo and L. Alan Winters, "Negotiating the UK's Post-Brexit Trade Arrangements," *National Institute Economic Review*, No. 238, November 2016, p.25.
91) EFTA가 체결하고 있는 FTA는 총 27개로, 여기에는 한국-EFTA FTA도 포함된다. www.efta.int/free-trade/free-trade-agreements(2018년 1월 16일 방문) 참조.
92) International Trade Committee, *supra* note 39, pp.53-54; Lawyers for Britain, *supra* note 84 참조.
93) International Trade Committee, *supra* note 39, pp.53-54.

V. 브렉시트 이후 한국의 통상협정

1. 한-EU FTA의 적용범위

2010년 10월 6일에 서명하고 2015년 12월 13일자로 발효한 한-EU FTA는 정의조항인 제1.2조 당사자(the Parties)[94] 규정을 통해 EU와 회원국 모두가 가입한 혼합협정임을 알 수 있으며,[95] 제15.15조 영역적 적용(territorial application)[96]에서 동 협정은 EU조약들이 적용되는 영역, 즉 EU회원국 영역 전체에 적용된다고 규정하고 있다. 한편 2013년 7월 1일자로 크로아티아가 EU에 가입하였는데,[97] 이에 따른 한-EU FTA 추가의정서[98]가 2014년 5월 26일자로 발효하였고,[99] 동 의정서 제1조와 제2조의 규정을 통해 크로아티아가 한-EU FTA의 당사자가 됨을 명시하고 있다.

이와 같이 EU회원국의 증가로 한-EU FTA의 추가의정서 채택을 통해 크로아티아를 당사자 목록에 추가한 바, 영국의 EU탈퇴에 대해서도 조약의 적용범위 변경을 위해 추후 한-EU FTA 제2추가의정서를 채택하여 영국을 당사자 목록에서 삭제할 수 있을 것이다.[100] 한편 EU조약 제50조 제3항에 따라 탈퇴협정 발효 후(또

---

94) "양 당사자란 한편으로는 대한민국을 말하며, 다른 한편으로는 유럽연합조약 및 유럽연합의 기능에 관한 조약에서 도출된 그들 각각의 권한 범위에서 유럽연합이나 그 회원국 또는 유럽연합 및 그 회원국(이하 "유럽연합 당사자"라 한다)을 말한다."

95) Lawyers for Britain, *supra* note 84 참조.

96) "1. 이 협정은 한편으로는 대한민국의 영역에 적용되며, 다른 한편으로는 유럽연합조약 및 유럽연합의 기능에 관한 조약이 적용되는 영역에 그 조약들이 규정하는 조건에 따라 적용된다. 이 협정에서 "영역"이라는 언급은 달리 명시적으로 기술되지 아니하는 한, 이러한 의미로 이해된다."

97) https://europa.eu/european-union/about-eu/countries/member-countries/croatia_en(2018년 2월 3일 방문) 참조.

98) 동 의정서의 공식 명칭은 '크로아티아의 유럽연합 가입을 고려하기 위한 대한민국과 유럽연합 및 그 회원국 간의 자유무역협정의 추가의정서'(Additional Protocol to the Free Trade Agreement between the Republic of Korea, of the one part, and the European Union and its Member States, of the other part, to take account of the Accession of Croatia to the European Union)이며, 의정서 원문(국문)은 http://www.fta.go.kr/webmodule/_PSD_FTA/eu/doc/APEUKR_kr.pdf(2018년 2월 3일 방문) 참조.

99) http://fta.go.kr/eu/info/2/(2018년 2월 3일 방문) 참조.

100) 동조: 김흥종 외, 『연구보고서 16-17: 브렉시트의 경제적 영향 분석과 한국의 대응전략』, (세

는 탈퇴협상 개시로부터 2년 후) EU조약들은 영국에 더 이상 적용되지 않는데, 한-EU FTA도 제15.15조에 따라 영국 영역에 대해 자동 종료되는 것으로 해석할 수 있다.[101]

2. 한-영 FTA에 대한 전망

영국 정부는 현재 호주, 중국, 인도, 이스라엘, 뉴질랜드, 노르웨이, 한국, 걸프협력이사회, 터키 및 미국까지 15개의 국가들을 다루는 10개의 무역작업반(trade working groups)을 설치하여 협정 체결 준비에 임하고 있다.[102][103] 특히 영국 정부는 EU가 체결한 FTA 중에서도 한-EU FTA의 경우 무역효과가 높으므로 우선순위에 두어야 한다는 입장이다.[104] 2015년 기준, 우리나라는 영국의 11번째 수출시장(17번째 수입국)이고, 2017년 기준 영국은 우리나라의 14번째 수출시장(18번째 수입국)으로 서로에게 중요한 무역상대국 중의 하나이다.[105]

영국 측면에서 한-EU FTA의 서비스 양허표는 한국의 GATS 서비스 양허표에 비해 훨씬 더 많이 시장을 개방하고 있는데, 만약 영국이 더 이상 해당 FTA에 기초하여 한국과 무역을 할 수 없다면 한국과 FTA를 체결하고 있는 EU 및 미국에 비해 상당한 불이익을 보게 될 것이라는 전망이다.[106] 또한 우리 측면에서 중국이나 일본이 우리 보다 먼저 영국과 FTA를 체결하면 영국 시장에서 우리 상품의 가격경쟁력이 떨어질 수 있으므로 한-영 FTA 채택에 박차를 가해야 한다는 주장이

종: 대외경제정책연구원, 2016), 14쪽.

101) 김흥종 외, 위의 보고서, 164쪽.

102) Dominic Webb and Lorna Booth, *Brexit: trade aspects*, House of Commons Library Briefing Paper Number 7694, 9 October 2017, p.30(http://researchbriefings.parliament.uk/ResearchBriefing/Summary/CBP-7694(2018년 2월 3일 방문) 참조).

103) 한-영 무역작업반은 2017년 2월과 12월, 각각 서울과 런던에서 회의를 개최한 바 있다. http://www.fta.go.kr/main/info/news/data/doc/?ifrmUrl=%2Fwebmodule%2Fhtsboard%2Ftemplate%2Fread%2Ffta_infoBoard_01_view.jsp%3FtypeID%3D8%26boardid%3D64%26seqno%3D142380(2018년 2월 3일 방문) 참조.

104) International Trade Committee, *supra* note 39, p.51.

105) https://en.wikipedia.org/wiki/List_of_the_largest_trading_partners_of_United_Kingdom; http://stat.kita.net/stat/kts/ctr/CtrTotalImpExpList.screen(2018년 2월 3일 방문) 참조.

106) UK Trade Policy Observatory, *supra* note 7 참조.

있다.[107] 반대로 EU와의 긴밀한 외교, 정치 및 경제적 관계 등을 고려해 볼 때, 한-영 FTA의 빠른 체결이 EU와의 관계에 악영향을 미치게 될 수 있음을 유념해야 한다는 견해도 제기될 수 있다.

향후 한-영 FTA의 채택 유형과 관련하여서는 ① 기존 한-EU FTA를 그대로 계승하거나 ② 잠정협정을 채택하거나 ③ 보다 자유화된 새 협정을 채택하는 방식이 제안되고 있다. 첫 번째 경우 한국과 영국이 기존 한-EU FTA의 실질적 의무 규정을 계속 적용하는 방식에 큰 이의가 없다면 FTA의 실체규정에 대한 재협상은 필요하지 않으며, 절차상 양국 간 연락기구의 설립 정도가 필요할 것이라 본다.[108] 두 번째 경우 잠정협정의 형태로 한-EU FTA를 그대로 유지하는 한-영 FTA를 체결한 뒤, 계속적인 협상을 거쳐 동 협정을 새로 개정하는 방식으로 진행할 수 있다는 견해도 있다.[109] 세 번째 경우 경제적 관점에서 한-EU FTA 보다 다양한 분야에 걸쳐 시장을 개방하는 새 FTA를 체결하는 것이 필요하다고 보기도 한다.[110] 현재 한-영 무역작업반은 브렉시트 이후에도 양국의 통상관계가 공백 없이 유지되도록 하는 원칙에 합의하였는데[111] 위 두 번째 경우와 유사하거나 과도기 동안 한-EU FTA를 한시적으로 영국에 적용하는 방식으로 협상이 진행될 가능성이 많지만 세 번째 경우와 같이 보다 자유화된 FTA의 타결로 갈 수도 있다.

---

107) 정재우·홍재성, "브렉시트(Brexit)에 따른 한·영 FTA 체결의 주요 논점과 한국의 대응 방안에 관한 연구,"『무역연구』, 제12권 제5호(2016년 10월), 684쪽; 정혜선·제현정, "한·EU FTA와 브렉시트(Brexit) -한·EU FTA 5주년 평가와 브렉시트 이후 전망-,"『Trade Focus』, 2016년 26호(2016년 6월), 34쪽.

108) Lawyers for Britain, *supra* note 84 참조; 이러한 방식으로 한-영 FTA를 추진하는 것이 무역에 미치는 영향을 최소화할 수 있다는 주장이 있다. 정혜선·제현정, 위의 논문, 34, 36쪽.

109) 김흥종 외, 앞의 보고서, 14쪽.

110) 정재우·홍재성, 앞의 논문, 694쪽.

111) www.gov.kr/portal/ntnadmNews/1001468?srchOrder=VW&srchOrgCd=1450000&srchNewsAstCd=ALL&srchStDtFmt=2017.02.06&srchEdDtFmt=2017.03.06&srchTxt=&initSrch=false&pageIndex=5(2018년 2월 3일 방문) 참조.

VI. 결 론

브렉시트 국민투표 이후, 영국은 EU탈퇴와 관련하여 국내외적으로 차근차근 준비 작업을 진행해 오고 있는데, 본고의 연구대상인 '통상문제'와 관련하여 살펴보면 먼저 국내입법을 통해 법적인 근거를 마련하고 관련 기관을 설립하고자 한다. 영국 정부는 EU탈퇴로 인한 기존의 ECA의 폐지 및 전체 EU법과 EU사법재판소 결정의 영국법상 적용 문제를 다루는 EU(탈퇴)법안을 제정하고, 통상과 직접적으로 관련이 있는 통상법안 및 조세법안을 기초하여 영국의 통상협정 이행에 있어 계속성을 유지하도록 하며, 무역구제당국 설립 및 독자적인 관세체제 확립을 위한 기반을 제공할 계획이다.

〈브렉시트가 영국의 국제통상체제에 미치는 영향〉

대상	브렉시트 이전	브렉시트 이후	
		관련 근거	새 통상협정의 체결 및/또는 전망
WTO	회원국이지만, EU의 CCP	TEU 50②	가입 필요 없음; EU 및 모든 WTO회원과 독자적인 양허표 및 의무사항 인증 받아야 함.
EU	CCP, 관세동맹, 단일시장	TEU 50②	일단 협력협정에서 통상관계 골격 규정; EU와 영국 간 통상협정은 어떤 유형이 될지 미지수, FTA?
제3국 (한국 포함)	CCP下 혼합(통상)협정	TEU 50③	탈퇴협정 발효 후 (과도기 이후) 가능; EU의 통상협정 복제 및 권리 인계 희망; 주요 무역상대국(미국, 호주, 중국 등)과 FTA 체결

또한 앞에서 살펴 본 브렉시트로 인한 국제적인 차원의 통상문제에 대해 WTO, EU 및 한국을 포함한 제3국으로 구분하여 정리해 보면 위 표와 같다. 먼저 WTO체제에서 영국은 계속 가입국의 지위를 누리게 되지만, EU가 아닌 자신의 독자적인 양허표 및 의무사항에 대해 다른 모든 WTO회원의 인증을 받아야 할

것이다. 또한 EU의 경우 계속해서 통상정책에 대해 배타적 권한을 가지며 관세동맹과 단일시장을 통한 보다 공고한 경제통합을 강화시키려 하고 있는데, 영국과는 일단 향후 협력사항을 규정하는 협정에서 통상관계의 골격에 대해 논의한 뒤, 별도의 통상협정을 채택하게 될 것이다. 해당 통상협정의 유형에 대해서는 논의가 아직 구체화되지 못하였다. 마지막으로 우리나라를 포함한 제3국의 경우 EU조약 제50조 제3항의 해석상 영국과 EU의 탈퇴협정이 발효한 뒤에야 비로소 통상협정의 채택이 가능할 것인데, 영국은 기본적으로 기존 EU와 영국이 공동으로 체결한 혼합(통상)협정에 대해서는 소위 복제를 통해 관련 권리를 그대로 인계받고자 의도하며, 우선순위를 정해 미국, 호주, 중국 등 주요 무역수출국과의 FTA 체결에 박차를 가하고자 한다. 그러나 이러한 통상협정의 체결 및 WTO체제에서 영국의 새로운 지위 설정은 영국 혼자서 결정할 수 있는 것이 아니라, 상대국 및 WTO회원 전체와의 협상과 합의가 요구되는 사안이므로 앞으로 상당한 노력과 오랜 시간이 필요할 것으로 예상된다. 또한 한-영 FTA의 경우 다양한 채택 유형이 제시되고 있는데, 우리 정부는 무역 이익을 최대화시키는 관점에서 협상을 진행하여야 할 것이다.

제15장

통상정책의 미래

I. 서 론

영국, 프랑스, 독일 등 근대 이후 세계사를 주도해 왔던 유럽의 제국들은 두 차례에 걸친 세계대전을 거치면서 국제사회의 주도권을 상당부분 상실하였다. 그러나 1950년 5월 9일 유럽석탄철강공동체(ECSC: European Coal and Steel Community) 출범계획을 밝힌 슈망선언으로 시작된 유럽통합을 통해 다시 그 주도적인 역할을 회복해 가고 있다. 주권국가 간 경제통합이라고 하는 세계사에 유례없는 시도에 대한 초기의 회의적인 시각에도 불구하고, 1952년 7월 ECSC조약(파리조약) 발효, 1958년 EEC조약과 EURATOM조약(로마조약) 발효, 1987년 단일유럽의정서 발효, 1993년 마스트리히트조약 발효, 1999년 암스테르담조약 발효, 2003년 니스조약 발효, 2009년 12월 리스본조약 발효 등을 통해 EU는 명실상부한 세계 최대 단일시장으로 부상하였다.

EU의 통상정책에 대한 국제사회의 관심은 클 수밖에 없다. 우선 경제규모 면에서 EU는 세계 최대의 단일시장이다. 2016년 기준 28개 회원국의 GDP를 합치면 14조8천2백4십억 유로로 전세계 총생산의 16.7%를 차지하고 있으며, 전세계 교역에 있어서도 33.5%를 차지하고 있다.[1] 또한 EU는 미국과 함께 시장경제의 가치를 신봉하고 국제적으로는 WTO 다자무역체제를 지지하는 양대 지주이면서도, 동시에 미국보다 앞장서 환경, 경쟁, 개발 등 국제통상법의 새로운 규범 도입을 주도해 왔다. 이러한 측면에서 EU의 통상정책은 단순한 시장규모 이상의 영향력을 국제사회에서 행사하고 있다. EU는 2010년 대외관계청 설립 등 최근 공동외교안보정책의 일관성과 효율성 제고를 추구해 나가고 있지만, 아직 외교안보정책은 개

---

1) European Commission, *DG Trade Statistical Guide*, June 2017.

별 회원국의 주권사항으로 남아 있는 반면, 통상정책은 1970년대부터 공동통상정 책을 추진해 오면서 EU대외정책의 핵심으로 역할을 하고 있다.

얼마 전 EU는 수립 이래 중대한 위기를 경험한 바 있다. 2009년 10월 그리스 에서 시작된 금융위기가 장기화되고 여타 회원국으로 확산될 우려가 제기되면서 각종 신용평가 회사들이 주요 회원국들의 신용등급을 하향조정하는 사례가 발생하 였는가 하면, 극단적인 상황을 예상하여 EU의 붕괴 등을 우려하는 목소리도 있었 다. 물론 여러 회원국들로 구성된 EU의 특징상 금융위기 대응이 신속하지 못한 측면도 있고, 대응과정에서 주요 회원국들의 서로 다른 입장이 부각된 측면도 있었 지만, 전반적으로 볼 때 EU 통합의 방향은 더 이상 돌이킬 수 없는 대세라는 인식 이 강하고 금융위기 자체의 극복도 비록 속도는 더디지만, 올바른 방향으로 진행된 것으로 보인다. 오히려 금융위기 극복과정에서 그동안 EU 경제통합의 불완전한 부분으로 지적되어 온 재정정책의 통합이 보다 진전되는 경향도 보여 주었다. EU 의 통합이 가속화될수록 국제사회에서 EU통상정책의 영향력은 더욱 커질 것으로 생각된다.

2015년 12월 13일 한-EU FTA의 발효와 함께 EU는 우리에게 더욱 중요한 교역상대가 되었다. 그만큼 EU통상정책의 미래에 대한 이해를 가지고, 이를 우리 정부의 외교 및 대외경제정책 그리고 우리 기업들의 교역 및 투자 등 글로벌 경영 전략에 반영하는 것이 더욱 중요해졌다고 할 수 있다. 본고에서는 우선 EU통상정 책의 큰 변화를 가져왔던 2006년 Global Europe 전략의 배경 및 주요 내용 그리고 분야별로 이 전략이 어떻게 실행되었는지를 살펴보고, EU가 외교정책 차원에서 중요하게 추진하고 있는 개도국 개발을 위한 통상정책에 대해 살펴보고자 한다. 이후 2009년 12월 리스본조약 발효와 유럽재정위기 등이 EU의 통상정책에 미친 영향을 검토하고, 가장 최근의 신통상전략을 통해 EU통상정책의 미래에 대해 생각 해 보고자 한다.

II. Global Europe 전략

1. 新리스본 전략과 Global Europe 전략

2006년 10월 4일, Peter Mandelson 당시 유럽집행위원회 통상담당 집행위원은 WTO/DDA 협상의 조기타결 추진, 한국, 인도, ASEAN, 중남미국가들과의 새로운 양자 간 FTA 추진, 새로운 대중국 통상전략 수립, 지식재산권 보호 강화, 제3국 시장접근 개선, 반덤핑 등 무역구제제도 개편 등을 골자로 하는 새로운 통상정책인 Global Europe 전략을 발표하였다.[2] 이에 대해 EU이사회도 11월 13일 Mandelson 집행위원이 발표한 Global Europe 전략을 지지하는 이사회 결론을 채택하였으며, 이후 집행위는 각 분야별로 집행위 차원의 구체적인 정책안을 마련하고 여론 수렴절차 등을 거치면서 동 정책을 적극적으로 추진해 왔다.

EU통상정책의 일대 전환기를 마련한 Global Europe 전략은 급변하는 세계 경제 환경에서 EU가 어떻게 경쟁력을 유지할 수 있는가 하는 고민의 산물이라고 할 수 있다. 21세기에 접어들어 세계경제는 교역과 자본 이동의 증가, 자본시장의 발전, 교통수단의 발전과 정보통신 기술의 혁명 등으로 급속히 통합되면서 성장과 개발 차원에서 전례 없는 기회를 제공하고 있었지만, 한편으로는 천연자원의 고갈, 기후변화, 중소기업들의 어려움 등 새로운 도전에 직면하였다. 기업들도 새로운 경제환경에 적응하기 위해 글로벌 아웃소싱을 강화하여 한 제품의 생산을 위해 전세계가 공급라인(supply chain)으로 연결되었으며, 중국, 인도, 브라질 등 신흥시장의 지속적인 성장으로 인해 이들이 세계경제에서 차지하는 비중과 영향력이 크게 확대되었고, 교역환경에 있어서도 관세장벽보다는 표준 및 각종 규제 등 비관세장벽의 비중이 높아졌다. 이처럼 국제교역의 성격이 근본적으로 변화하는 상황에 직면하여 EU도 기존의 통상정책만 가지고는 새로운 도전에 대응할 수 없다는 인식을 갖게 된 것이다.

---

2) European Commission, *Global Europe: Competing in the World: a Contribution to the EU's Growth and Job Strategy*, 2006.

Global Europe 전략은 역내시장 통합 및 혁신촉진을 통해 EU의 경제성장과 고용창출에 기여하고자 하는 新리스본 전략의 대외적 차원의 전략이라고 볼 수 있다.[3] EU는 새로운 경제환경 하에서 EU가 지속적으로 경쟁력을 유지하고 발전하기 위해서는 EU경제의 개혁이 시급하다는 인식을 갖고, 2010년까지 EU를 세계 최고의 경쟁력을 갖춘 지식기반경제로 만들겠다는 목표하에 2000년 3월 리스본 전략을 발표하였고, 2005년 3월에는 리스본 전략을 일부 수정하여, 투자 및 고용 지역으로서의 유럽의 매력 증대, 성장을 위한 지식과 혁신, 양질의 고용창출 증대 등을 3대 핵심목표로 하는 "新리스본 전략"을 발표하였다. 이러한 상황에서 중국산을 중심으로 신흥공업국 제품들이 물밀듯이 EU시장으로 밀려오면서 섬유, 의류, 신발 등 경공업을 중심으로 도산하거나 공장을 이전하여 실업이 발생하자, 이탈리아, 프랑스, 스페인 등 피해를 입은 회원국들을 중심으로 보호무역주의 목소리가 높아졌다. 이를 조기에 차단하는 한편, 대외적으로는 주요 무역파트너들의 시장을 개방시키고 공정무역이라는 환경을 조성하기 위해 새로운 기조의 통상정책을 공세적으로 추구할 필요성이 제기되었다. EU가 그동안 통상분야에서 최우선 순위를 두고 추진해 온 WTO DDA 협상이 지지부진함에 따라 보다 적극적으로 양자 FTA 체결을 추진할 필요성도 작용하였다.

2. 주요 분야별 정책 및 성과

Global Europe 전략은 대내적인 개방정책과 대외적인 해외시장 개방추진 정책의 연계를 강조하고 있다. 즉 대내적으로는 역내 경제적 약자에 대한 배려를 전제로 해서 EU기업들이 국제적인 경쟁력을 강화해 나갈 수 있도록 경쟁적인 역내시장을 유지하고 대외 개방정책을 유지해야 하지만, 동시에 대외적으로는 해외시장을 적극적으로 개방하고 공정한 경쟁을 위한 조건을 만들어 나가야 한다는 것이다. 특히 시장개방은 단순한 관세철폐뿐만 아니라 비관세장벽 제거, 에너지, 원자재, 농산물 등을 포함한 주요 자원에 대한 접근제한 철폐, IPR, 서비스, 투자, 정부조달, 경쟁 등 새로운 통상영역에서의 시장접근 확대 및 강화된 통상규범 도입을 추진하

3) 김세원, 「EU의 세계통상전략」(서울: 대외경제정책연구원(KIEP), 2007), 156면.

고 있다. Global Europe 전략의 구체적인 대외통상 전략은 WTO DDA 협상, 경쟁력을 고려한 새로운 FTA 추진, 대서양 양안 관계강화, 대중국 통상전략 추진, 지재권 강화, 新시장접근 전략, 정부조달, 무역구제제도 검토 등 8개 분야로 나누어 추진되어 왔는데, 각 분야별로 EU 측의 추진 목표 및 관련성과를 살펴보고자 한다.4)

1) WTO DDA 협상과 새로운 FTA 협상추진

EU는 WTO 다자무역체제가 국가간의 추가적인 무역자유화, 안정적이고 예측가능한 무역규범 제공 및 효율적인 분쟁해결 등의 측면에서 가장 바람직하다고 보고, DDA 협상 타결을 통상정책의 최우선 과제로 제시하였다. EU는 2008년 7월에 협상타결 가능성이 있었으나 개도국 농산물 특별세이프가드 문제로 타결에 실패했다고 보고, 그 이후에는 세계 경제위기에 따른 불안감, WTO회원국들의 국내 정치일정 등의 외부적인 여건으로 협상의 진전이 어려웠던 것으로 분석하고 있다. 특히 현 DDA 협상의 목표수준(level of ambition)과 회원국 간 이익의 균형 문제에 대한 이견을 문제점으로 보고, 이에 대한 정치적 지침이 선행되어야 할 것으로 보고 있다. 최근의 경제위기와 관련하여 EU는 WTO체제가 보호주의 확산에 상당 수준 기여했다고 보고 있으나, 다만 정부조달이나 분야별 보조금에 대한 규범이 미흡한 것으로 보고, 이를 향후 WTO 논의과정에서 보완해 나가야 할 측면으로 보았다.

Global Europe 전략의 가장 중요한 특징 중의 하나는 WTO 다자무역체제를 최우선순위에 두면서도 FTA에 대한 기존의 소극적인 입장에서 탈피하여, 보다 적극적인 FTA 추진으로 입장을 전환한 점이다. EU는 FTA가 WTO 국제통상규범에 기초하여 추진될 경우 시장개방과 통합을 증진시킬 수 있고, 특히 현재 다자무대에서 논의하기 어려운 투자, 정부조달, 경쟁, 여타 규제관련 이슈, IPR 등을 다룸으로써 통상장벽 해소에 도움을 줄 뿐만 아니라 이러한 이슈들에 대한 향후 다자적 논의에도 기여할 수 있는 것으로 보았다. 그러나 여전히 FTA가 WTO의 최혜국대

---

4) Gloabl Europe 전략 성과에 관한 EU 측 평가는 "European Commission, Report on Progress achieved on the Global Europe Strategy, 2006-2010 (COM(2010)612" 참조.

우 원칙을 훼손시키고, FTA 파트너가 되지 못하는 소규모 경제 국가들을 소외시킴으로써 다자무역체제에 위협을 줄 수 있다는 점을 고려하여 FTA의 이러한 역기능을 최소화하는 방식으로 FTA를 추진하고자 하였다. EU의 FTA 추진 현황에 대해서는 제10장에서 이미 상세히 살펴본 바 있으므로 여기서는 생략코자 한다.

2) 대미국 및 대중국 통상전략

대서양을 사이에 둔 EU-미국 통상관계는 그 규모 및 영향력 면에서 WTO 다자무역체제와 함께 EU 통상정책의 양대 축이라고 할 수 있을 정도로 중요하다. EU는 IPR 보호 등 글로벌 이슈와 관련하여 국제무대에서 미국과의 공조를 중시하고 있다. 양자적으로 EU는 일련의 규제대화 등을 통해 미국과의 비관세장벽 문제 논의를 추진하였다. EU와 미국은 2007년 양자 간 경제통합을 심화시키기 위한 정치적 협의기구인 대서양경제이사회(TEC: Trans-Atlantic Economic Council)를 창설하였다. TEC는 기업의 영업환경을 개선하고 비관세장벽을 제거하기 위한 양측의 규제조화(coherence of regulation), 제3국에 대한 경제전략 협의 등을 주요 목표로 하였다. 대서양 양안 분쟁해결기구 설치 시도가 사실상 실패하였고, 규제 등 비관세장벽 논의도 FTA 차원의 협의에 비해 미진한 등 TEC 성과의 한계도 있지만, 규제협력, 투자, IPR 등 각종 기술적인 협력채널에 협력의 진전을 가속화할 수 있는 정치적인 추진력을 제공해 주었다는 점에서 양자 경제협력에 중요한 역할을 담당한 것으로 평가된다. EU-미국 간 통상분쟁과 관련하여, 쇠고기 호르몬 사건 및 바나나 사건 등 장기간 진행되어 온 주요 통상분쟁들이 해결되어 양자 통상관계 진전에 기여했지만, 보잉사와 에어버스사에 대한 민간항공기 보조금 사건 등의 분쟁이 아직도 완전히 끝나지는 않은 상태이다.[5]

미국이 전통적인 EU통상전략의 핵심이라면, 중국은 도전에 직면한 EU의 새로운 통상전략의 핵심이다. 중국은 급속도로 성장하고 있는 시장이자 신흥공업국으로서 EU기업들에게 기회인 동시에 도전이며, 향후 국제경제 문제를 함께 논의해야 할 파트너라고 할 수 있다. 유럽집행위는 2006년 중국의 정치, 경제적 부상에 대응하기 위한 포괄적인 대중국 전략을 채택하였는데, 동 전략의 일환으로 채택한

---

5) 제9장 참조.

통상전략 보고서6)에 따르면, EU는 중국과의 경쟁이 치열해지는 현실을 인정하면서 중국에 대해 개방경제를 유지하는 반면, 중국은 공정한 경쟁을 보장하고 시장개방 및 개혁을 이행해야 한다는 양측 간 균형된 책임론을 강조하였다. EU는 구체적으로 WTO규범 준수 및 서비스, 투자, 정부조달 시장개방, 유럽투자자들에 대한 강제기술이전 요구 중단, IPR 보호 및 위조품 단속강화, 불공정한 보조금 지급 중단, 천연자원 및 에너지 시장에서의 시장원리 도입을 요구하고, 대화와 협상을 통해 해결하되 해결되지 않을 경우 WTO 분쟁해결제도 및 무역구제조치도 적극 활용할 것이라고 밝힌 바 있다. 실제로 EU는 금융정보서비스 사건, 자동차부품 사건, 천연자원 사건 등 WTO 제소를 적극적으로 활용해 오고 있다.

또한 EU는 1985년에 체결된 통상협력협정을 대체하는 새로운 동반자협력협정(PCA: Partnership and Cooperaton Agreement) 체결 협상을 진행하였다. 2007년 Ferrero-Waldner 대외관계담당 집행위원의 중국 방문을 계기로 양측은 PCA 협상 개시를 선언하였는데, PCA는 정치, 경제, 사법, 환경 등 22개 분야를 망라하는 포괄협정으로 EU는 대중국 투자상 규제제거, IPR 보호, 정부조달, 경쟁, 무역원활화 등 WTO규범 이상의 무역자유화 조치들을 포함시키기 위해 노력하였으나 EU와 중국 간 목표수준에 대한 차이로 협상이 쉽지 않았다. 양측은 2007년 정상회담에서 고위급 경제무역대화(HED: High Level Economic and Trade Dialogue)를 설치키로 합의하고, 2008년 이후 매년 부총리급의 협의를 개최하고 있다. EU와 미국 간의 TEC와 마찬가지로 HED도 각 분야별 협력관계 현황을 점검하고, 이를 가속화하기 위한 정치적인 추진력을 제공하면서 PCA 협상의 부진에도 불구하고 양자 경제관계의 진전에 큰 역할을 하고 있다. EU가 대중국 통상정책과 관련하여 중점을 두고 있는 분야는 투자시장 개방, 중국의 GPA 가입을 포함한 정부조달시장 개방, IPR 보호강화, 중국의 각종 표준의 국제기준과의 조화이다. 이와 관련하여 EU와 중국은 IPR Task Force를 운영 중이며, GI 보호에 관한 양자협정 체결을 위한 협상을 진행 중이다. 특히 투자분야에 있어 2013년 EU와 중국은 투자협정을 위한 협상을 시작하였는데, 동 협상의 목표는 투자 권리 창설과 비차별원칙의 보장을 통한 EU

---

6) European Commission, A policy paper on EU-China trade and investment: Competition and Partnership 2006(COM(2006) 632).

와 중국 투자자의 투자 증진, 투명성과 라이센싱 및 허가절차의 개선, 투자자와
투자를 위한 균형 잡힌 높은 수준의 보호 제공 그리고 외국인투자의 환경 및 노동
관련 측면에 대한 규율을 하는 것이다.[7] 또한 2016년 EU는 중국에 관한 신전략을
채택하였는데, 동 전략은 모든 협력을 위한 분야에 있어 상호주의, 공정한 경쟁
등을 증진할 것을 내용으로 하고 있다. 특히 포괄적인 투자협정(Comprehensive
Agreement on Investment)에 관한 협상을 포함한 시장 접근 기회의 개선에 주된 초점
을 맞추고 있다.[8]

3) 지재권 강화, 新시장접근전략 및 정부조달

EU는 지식기반 경제에서 EU기업의 경쟁력 유지를 위해서는 지재권 보호의
강화가 필수적이라고 보고, 지재권 보호수준의 강화 및 현행 지재권 보호수준의
철저한 집행을 Global Europe의 핵심과제로서 강력히 추진해 왔다. EU는 양자적으
로 FTA 체결 시 지재권 보호 조항 및 GI 보호 규정을 포함시키고, 반영된 FTA
조항의 이행여부를 감시하고 있으며, 중국, 러시아, 우크라이나 등 주요 관심 국가
들과 IPR 대화를 강화해 나가고 있고, 미국, 일본 등 주요 교역상대국들과 지식재
산권 집행을 위한 세관 협력도 진행하였다. 다자적으로 위조상품 교역방지 협정
(ACTA) 협상 타결을 위해 노력해왔고,[9] WTO TRIPs이사회에서도 주요 선진국들
과 함께 지재권 보호 강화를 적극 추진하고 있다.

1996년에 출범한 시장접근전략을 수정한 新시장접근전략(renewed MAS: Market
Access Strategy)은 시장접근 장벽 철폐 및 시장여건에 관한 정보 제공 등을 통해
EU기업, 특히 중소기업들의 해외 시장접근을 돕기 위한 집행위, 회원국, 기업간
공조전략이다. 유럽집행위는 온라인 시장접근 데이터베이스를 설치하여 무료로 기

---

7) http://ec.europa.eu/trade/policy/countries-and-regions/countries/china/(2018년 5월 4일 방문).

8) European Commission, Joint Communication to the European Parliament and the Council: Elements
for a new EU strategy on China, 22.6.2016, JOIN(2016) 30 final.

9) EU와 22개 회원국은 2012년 1월 26일 ACTA 조약안에 서명하였다. 그러나 ACTA 조약의 EU법
위반 논란이 확산됨에 따라 유럽집행위는 2012년 2월 22일 EU사법재판소에 유권해석을 의뢰한
가운데, 유럽의회는 7월 4일 표결(반대 478표, 찬성 39표, 기권 165표)을 통해 동 조약 체결에
반대하였다. 12월 20일, 유럽집행위원회는 결국 EU사법재판소 의견 회부에 대한 철회를 발표
하였고, 이로써 EU의 ACTA 조약체결절차는 종료되었다.

업들에게 제3국 시장 접근 정보를 제공하며, 회원국 및 업계단체에서 제기된 시장
접근 장애요인들을 분석하여, 주요 수출시장의 주요 장벽을 설정하는 등 해결해야
할 교역장벽을 우선순위를 정하여 회원국 정부와 함께 일관되게 관리하고 있다.
참고로 2016년 한 해, 12개국에서 20건의 장벽이 완전히 또는 부분적으로 해소되
는 등의 성과를 거두었다.[10] EU는 시장접근전략 체제를 활용하여 최근 세계경제
위기 이후 WTO 및 G20에서의 보호주의 방지 노력에도 주도적으로 참여하고
있다.

정부조달은 EU GDP의 16%를 차지하고 있으며, 개도국 및 신흥시장들의 경
우도 GDP의 20%~30%에 달하고 있어 EU는 업계의 시장진출을 위해 해외 정부
조달 시장의 개방을 적극 추진하고 있다. 정부조달 시장개방 노력은 다자적으로
WTO GPA협정 및 양자적으로 FTA 협상을 모두 활용하고 있다. EU는 2011년
12월 WTO 제8차 각료회의시 GPA 개정협상 타결을 위해 노력해 왔는데, 드디어
2012년 3월 GPA협정 개정의정서가 채택되어 2014년 4월 6일자로 발효하였다.[11]
또한 한-EU FTA를 포함하여 EU가 체결하는 각종 FTA에 정부조달 시장개방 및
투명성 제고를 위한 조항을 도입하고 있다. 유럽집행위는 EU정부조달 시장의 개방
수준이 상대적으로 높아 상대국들의 개방유인이 부족하다고 보고, Global Europe
전략에서는 상대국의 개방을 유인하기 위해 필요시 EU정부조달 시장 제한전략을
구사할 필요도 있다고 제안하였으나, 이러한 방안은 일부 회원국들의 반대로 아직
활용되지 않고 있다. 그럼에도 불구하고 유럽집행위는 경제위기 이후 일부 국가에
서 도입되고 있는 국산품 구매정책에 대해서는 보다 강력히 대응할 필요가 있음을
강조하고 있다. 한편 2014년 2월 26일 EU이사회와 유럽의회는 정부조달 시장의
개방을 위해 새로운 3개의 지침을 채택하였는데, 해당 지침은 정부조달 절차를 단
순화하고 유연하게 해 줌으로써 중소기업들이 공공당국과 사업 진행하는 것을 용
이하게 만든다.[12]

---

10) 성공적으로 해소된 시장장벽에는 한국 5건, 중국 3건, 이스라엘과 우크라이나 각 2건, 아르헨
티나, 보츠와나, 브라질, 이집트, 인도, 일본, 대만과 터키 각 1건이 해당된다. http://trade.ec.
europa.eu/doclib/docs/2017/june/tradoc_155644.pdf(2018년 5월 4일 방문).

11) https://www.wto.org/english/tratop_e/gproc_e/gp_gpa_e.htm(2018년 5월 7일 방문).

12) 새로운 3개의 지침이란 Directive 2014/24/EU on public procurement, Directive 2014/25/EU on
procurement by entities operating in the water, energy, transport and postal services sectors,

4) 무역구제제도 개편 추진

유럽집행위원회는 Global Europe 전략에서 세계경제의 변화를 고려하여 EU의 무역구제제도(TDI: Trade Defence Instruments)의 개편을 검토할 필요성이 있다고 지적하고, 2006년 12월 이에 관한 녹서(Green paper)를 발표하였다. 유럽집행위는 세계경제의 글로벌화에 따라 EU기업들의 경쟁력 유지를 위해 불가피하게 일부 또는 전 생산공정을 해외에서 진행해야 하는 상황이므로, 이러한 점이 무역구제제도 운영시 고려되어야 하며, 소비자 선택의 권리측면도 고려하여 반덤핑관세, 상계관세, 세이프가드 제도 등의 무역구제제도를 개편할 필요성이 있음을 지적하고, 이에 관한 이해관계자들의 의견 수렴을 진행하여 왔다.

그러나 생산자단체들은 TDI가 외국의 불공정무역으로부터 생산자 이익보호 뿐만 아니라 경제성장 및 공정한 경쟁유지 등 EU경제 전반에 미치는 전략적 측면을 간과해서는 안 된다면서 현행 제도를 약화시키지 않는 방향으로 개편이 이루어져야 한다고 주장한 반면, 유통업계, 소비자단체들은 현 제도는 급격히 변모하는 세계경제 현실에 맞지 않는다면서 경쟁을 촉진시키고 소비자 권익 등 공동체 이익을 강화하는 한편, 예측성과 투명성이 개선되도록 개편이 이루어져야 한다고 강조하였다.[13] 이러한 각 이해단체별 상이한 입장으로 회원국들의 입장도 차이가 커서 실질적인 TDI 개편 논의는 미진하였고, 무역구제정책의 절차 단순화, 투명성 제고, EU업계 및 제3국 기업의 접근 강화 등 절차적 사항 위주로 개선이 추진되었다. 그러다 2015년과 2016년에 걸쳐 EU이사회와 유럽의회는 반덤핑조치, 보조금에 관한 조치, (WTO 회원과 비회원에 대한) 세이프가드조치에 대한 기존의 EU규칙들을 폐지하고 새 규칙들을 제정하였다.[14]

Directive 2014/23/EU on the award of concession contracts를 의미한다. https://ec.europa.eu/growth/single-market/public-procurement/rules-implementation_en/(2018년 5월 7일 방문).
13) 주벨기에대사관 겸 유럽연합대표부(편), 「EU정책브리핑」, 개정판(외교통상부, 2007), 169면.
14) 새로운 규칙에는 Regulation (EU) 2016/1036, Regulation (EU) 2016/1037, Regulation (EU) 2015/755, Regulation (EU) 2015/476이 해당된다. http://ec.europa.eu/trade/policy/accessing-markets/trade-defence/actions-against-imports-into-the-eu/(2018년 5월 7일 방문).

III. 개도국의 개발 지원을 위한 EU의 통상정책

1. 개발을 위한 통상정책에 대한 EU의 기본 입장

EU는 개발도상국들의 개발지원을 통상정책의 중요한 목표의 하나로 설정하고, 이를 지속적으로 추진해 오고 있다. 유럽집행위원회는 2002년 9월 "무역개발 보고서"(Trade and Development: Assisting Developing Countries to Benefit from Trade)를 발표한데 이어, 2012년 1월 향후 10년간 무역과 개발에 관한 EU의 정책목표를 담은 "무역, 성장, 개발을 위한 무역·투자 정책보고서"(Trade, growth and development: Tailoring trade and investment policy for those countries most in need)를 발표하였다.

EU는 중국 등 신흥경제 국가들의 사례에서 입증된 바와 같이, 시장개방을 통해 세계경제와 통합되는 것이 개도국 성장 및 개발전략의 핵심이라고 보고 있다. 해외시장을 목표로 하는 수출전략을 통해 개도국은 내수시장에서는 얻기 어려운 규모의 경제효과와 전문화를 이룰 수 있고, 국내시장 개방도 값싸고 다양한 원료의 도입과 보다 효율적인 서비스 도입을 가능하게 하여 국내 생산력 향상에 도움을 주는 것으로 보고 있다. 중국 교역의 75%가 대중국투자 외국기업들에 이루어지고 있는 사례와 같이, 해외직접투자(FDI)도 개도국 경제성장 및 수출증진에 중요한 기여를 하고 있으며, 인적이동의 자유화도 해외이민자(diaspora) 공동체의 역할을 고려할 때 기술이전과 투자유입 확대에 도움이 되는 것으로 보고 있다.

물론 시장개방이 개발을 위한 필요조건이지만, 충분조건은 아니라고 보고 있다. 교역 및 투자자유화가 경제성장으로 이어지기 위해서는 개도국 정부의 자체적인 국내 정치, 사회 전반에 걸친 개혁이 필요함을 강조하고 있다. 교역자유화와 관련해서도 경제성장을 위해서는 단순한 관세인하로는 불충분하며, 경제의 투명성과 예측가능성, 책임성(accountability) 등을 증진시킬 수 있도록 무역원활화, 규제, 서비스, 투자, 지재권 보호, 정부조달, 경쟁 등 다양한 분야의 자유화가 포함되어야 한다고 보고 있다. 또한 시장개방의 부정적인 영향을 최소화할 수 있는 적극적인 사회정책이 필요함도 지적하고 있다.

유럽집행위의 2012년 보고서에서 특별히 강조되고 있는 사항 중의 하나가 개도국 세분화 문제이다. EU는 개도국들 간의 다양한 경제성장 정도 및 성장 잠재력의 차이 등을 고려할 때, 더 이상 개도국이라는 단일그룹을 전제로 접근해서는 안 되며, 이러한 차이를 고려하여 개도국 지원 정책을 입안하고 실행함에 있어 개도국을 더욱 세분화하여 차등적인 접근을 해야 하고, 최빈개도국(LDC) 등과 같이 외부의 도움이 없이는 장기적인 경제성장과 지속가능한 개발이 어려운 국가들 지원에 우선순위를 두어야 한다고 보고 있다. 한편 신흥개도국들과의 교역정책은 일방적인 지원보다는 상호 혜택을 누릴 수 있고, 국제적인 책임도 공유하는 새로운 협력관계로 전환해야 한다고 보고 있다.

2. EU의 정책 추진 현황

EU는 이러한 기본 입장하에 개도국에 대한 일반특혜관세제도(GSP), 무역을 위한 원조(Aid for Trade), 양자적인 FTA 체결, DDA 협상 등 다양한 경로를 통해 개도국들의 성장을 지원할 수 있는 통상정책을 추진해 왔다.

EU는 1971년부터 개도국 상품에 대해 일방적인 특혜관세를 부여하는 일반특혜관세제도(GSP: Generalized System of Preferences)를 운영하고 있고, 현재 선진국들이 운영하고 있는 일반특혜관세제도 중 국제적으로 가장 많이 활용되고 있는 제도로 알려져 있다. EU의 일반특혜관세제도는 세 가지 종류로 운영되고 있는데, 2018년 4월 현재 17개 개발도상국에 자동적으로 특혜를 제공하는 표준 일반특혜관세제도가 있고,15) 두 번째로는 지속가능한 개발과 선정(Good Governance)에 대하여 특별한 인센티브를 부여한다는 차원에서 운영되는 일반특혜관세제도가 있는데, 일명 GSP+라는 용어로 통용된다. GSP+ 제도는 지속가능한 개발과 선정분야에 관한 국제협약16)을 비준하고 이행하는 개도국에 대해 표준 일반특혜관세제도에 추가적인 특혜를 제공하고 있다.17) 마지막으로 EU는 최빈개도국18)으로부터 수입되는 무기

---

15) http://trade.ec.europa.eu/doclib/docs/2017/july/tradoc_155841.pdf(2018년 5월 7일 방문).
16) 관련 협약의 목록은 http://trade.ec.europa.eu/doclib/docs/2013/december/tradoc_152024.pdf(2018년 5월 7일 방문) 참조.
17) 해당 개도국(9개국)의 목록은 http://trade.ec.europa.eu/doclib/docs/2017/july/tradoc_155842.pdf(2018

류를 제외한 모든 물품에 대해 무관세 및 무쿼터로 시장접근을 허용하는 EBA (Everything but Arms) 제도를 운영하고 있다.[19]

　　무역을 위한 원조(Aid for trade)란 개도국, 특히 최빈개도국들이 무역을 확대하기 위한 기술 및 인프라 구축을 지원하는 것을 말한다. EU와 회원국들은 2007년 이에 관한 공동전략을 마련하여 실행한 결과, EU와 회원국을 합한 원조 규모가 2000년 46억 유로에서 2014년 126억 유로로 크게 확대되었다. 이 중 EU 자체의 원조가 17억, 회원국들의 원조가 108억 유로이다. 현재 EU개발원조의 34%가 무역에 관련된 지원으로서, EU와 회원국들의 무역을 위한 원조는 전세계 무역을 위한 원조의 1/3 이상을 차지하는 등 개도국의 무역기반 조성을 위한 국제사회의 노력을 주도하고 있다.[20]

　　EU는 WTO DDA 협상이나 FTA 협상 추진 시에도 개발측면에 대한 고려를 포함시키고 있다. DDA 협상의 경우 현재 진전이 부진한 상황이나, EU의 FTA 협상은 보다 활발하게 진행되고 있다. EU는 코토누 협정에 따라 2002년부터 아프리카, 카리브 태평양(ACP) 국가들과 경제동반자협정(EPA) 체결을 위한 협상을 진행하고 있으며, 2006년 Global Europe 전략 수립 이후에는 인도, ASEAN 회원국 등과의 FTA도 적극적으로 추진하고 있다. EU의 FTA 추진동향에 대해서는 제10장에서 상세히 논의한 바 있다. EU는 개도국 개별국의 시장규모가 매우 작아 규모의 경제효과를 누리기 어려운 점을 감안하여, 인근 국가들 간 경제통합을 통해 FDI 유입 및 경제성장 가능성을 보다 높일 수 있도록 EU와의 양자적 FTA뿐만 아니라 개도국들 간 지역통합도 기술적 및 재정적으로 지원해 오고 있다.

년 5월 7일 방문) 참조.

18) 해당 최빈개도국(49개국)의 목록은 http://trade.ec.europa.eu/doclib/docs/2017/july/tradoc_155840. pdf(2018년 5월 7일 방문) 참조.

19) 강원준, "EU의 일반특혜관세 제도와 개편 동향," 「위기의 유로, 진전되는 통합」(주벨기에유럽연합대사관, 2011), 120면.

20) European Commission, *Aid for Trade Report 2016: Review of progress by the EU and its Member States*, 2016.

3. EU의 향후 정책 추진 방향

EU는 향후 일반특혜제도 운영 및 무역을 위한 원조 등을 추진할 때, 지원을 가장 필요로 하는 개도국에 대한 효과적 지원이 이루어질 수 있도록 지원 대상국 및 분야에 있어 선택과 집중을 보다 강화한다는 입장이다. 또한 리스본조약 발효에 따라 투자가 공동통상정책 분야로 편입된 점을 활용하여, FTA 투자조항, 양자투자협정 등을 통해 개도국에 안정적이고 투명하고 예측가능한 투자환경이 조성되어 외국인직접투자가 활발해질 수 있도록 노력할 예정이다. FTA도 계속 적극 활용할 예정이다. 특히 아랍 민주화에 대응하여 이집트, 튀니지, 모로코, 요르단과 제휴협정을 체결하였으며, 아르메니아, 조지아, 몰도바 등 동유럽지역 국가들과도 무역관계를 보다 강화해 나가고 있다. 한편 FTA 체결시 무역과 지속가능한 개발에 대한 조항을 포함하는 등 개도국 개발 지원 차원에서도 환경, 노동 등 EU가 추구하는 기본 가치를 반영시켜 나간다는 입장이며, 개도국의 국제 원자재 가격 폭등, 자연재해 등과 같은 위기에 대한 대응능력 배양에도 지속적인 노력을 기울일 예정이다.

한편 무역과 투자 자유화가 지속가능한 성장으로 이어지기 위해서는 안정적인 정치기반, 독립적인 사법부, 인권 보호, 정부 재정의 투명성, 부패에 대한 강력한 대응 등의 국내 제도 개혁이 필요하다는 인식 하에 개도국 지원 및 무역협정 체결시 이러한 개혁을 유도할 수 있도록 투명성, 예측 가능성, 책임성을 증진하는 방향으로 추진해 나간다는 입장이다. 특히 개도국들이 스스로의 문제에 대해 주도적으로 해결할 수 있어야 한다는 점을 강조하고 있다.

EU는 장기적으로 다자무역체제 공고화가 개도국 개발에 필수적이라 보고, DDA 협상에서 최빈개도국에 대한 무관세, 무쿼터 시장접근 합의의 이행과 무역원활화 등 개도국, 특히 최빈개도국을 위해 필요한 의제들의 합의를 위해 노력해 나간다는 입장이다. 또한 DDA 협상과 별개로 최빈개도국의 WTO 가입을 보다 용이하게 하도록 기준 개정을 추진해 나가고 있다. 다만 현 DDA 협상 정체 원인이 신흥경제국들이 WTO에서 그동안 받아온 혜택과 동 국가들의 WTO에 대한 기여 사이의 불균형 등 신속히 변화하는 국제경제 현실에 따라 변화하지 못하는 WTO 구조자체의 약점에 있다고 보고, 이를 타개하기 위해서는 신흥개도국들의 역할분담 강화 등 개도국에 대한 차등적 접근이 필요하다는 입장을 보이고 있다. 또한 에너지 공급선 확보, 기후변화, 천연자원에 대한 수출규제 등 개도국들이 직면한 여타 국제적 이슈들과 무역과의 관계에 대해서도 논의가 필요하다는 입장이다.

Ⅳ. EU통상정책의 미래

1. 리스본조약의 발효와 EU공동통상정책

2009년 12월 1일자로 리스본조약이 발효되었다. 리스본조약은 EU에 대한 법인격 부여, 6개월 단위의 순환의장국을 대신할 유럽이사회(European Council) 상임의장직 신설, 가중다수결에 의한 정책결정분야 확대, 민주성 강화 등 EU 통합과 관련된 중요한 내용을 담고 있다. 아울러 공동통상정책에 있어서도 EU의 배타적 관할권 확대, EU이사회와 유럽의회의 공동결정절차 적용 분야의 확대 등 새로운 요소가 추가됨에 따라 통상정책 결정과정에 있어서 EU이사회와 유럽의회, 유럽집행위와 회원국 정부 간의 역학관계에 변화를 가져왔으며, 이러한 역학관계의 변화는 결국 EU통상정책의 방향에도 상당한 영향을 미칠 것이다. 이에 따라 앞으로 EU통상정책의 미래를 전망하기 위해서는 리스본조약 발효에 따른 통상정책 결정에 관한 EU기관 내 역학관계의 변화 내용이 충분히 고려되어야 할 것이다.

1) 서비스, IPR, 투자 이슈의 관할권

리스본조약에 따라 공동통상정책의 배타적 관할권이 확대되었다. 공동통상정책의 배타적 관할권은 1958년 유럽경제공동체(European Economic Community) 설립 이래, 교역 여건 및 경제환경 변화에 부응하여 계속 확대되어 왔는데, 리스본조약의 발효로 기존 니스조약 체제 하에서 회원국과의 공동관할권에 속해 있었던 서비스교역, 지식재산권(IPR) 및 해외직접투자(Foreign Investment)가 공동통상정책의 배타적 관할권에 포함되었다. 이에 따라 이러한 분야에서 협상시 집행위원회가 보다 주도적으로 협상을 주도할 수 있게 되었으며, 협상전략 수립에 있어서도 개별 회원국보다는 EU차원의 정책이 보다 우선하게 되었다. 다만 서비스 중 교통(transportation) 서비스와 지식재산권의 비통상적 요소(non-trade aspects)는 여전히 배타적 관할권에 속하지 않고, 공동체와 회원국의 공동권한 사항이다.

투자와 관련하여, 리스본조약 발효 이전에도 투자관련 시장접근(mode 3 of GATS) 이슈, 즉 상업적 주재의 조건과 제한 등에 관한 협상은 EU차원에서 진행되어 모든 회원국에 공통적으로 적용되었으며, 개별 회원국은 개별적인 유보내용이 있을 경우 이를 양허표에 반영시키는 형식을 취해 왔다. 반면 투자 이익의 송금, 보상 없이 이루어지는 몰수와 국유화에 대한 대응조치 등 투자보호(investment protection) 관련 사항은 개별 회원국의 관할권에 속하여 그동안 EU의 투자보장협정은 모두 개별 회원국 차원에서 체결하였으며, EU가 체결한 FTA에는 투자관련 시장접근 조항만을 포함하고 투자보장 관련 조항은 포함되지 않았다. 그러나 리스본조약의 발효로 해외직접투자(FDI)가 배타적 관할권에 포함됨에 따라, 향후 EU가 체결하는 투자 관련 협정은 시장접근과 투자보호를 포괄할 수 있게 되었다. 한편 유럽의회와 이사회는 2012년 12월 EU회원국이 제3국과 체결한 양자투자협정 (Bilateral Investment Agreements)의 과도기 규정을 담은 규칙을 제정하였으며,[21] 2017년 9월 유럽집행위는 EU와 회원국들의 FDI 검토를 도와주는 규칙의 제정을 제안하였다.[22]

EU기능조약(TFEU)은 EU가 배타적 관할권을 가지는 분야에서 역외국가와의 협상이나 협정 체결은 이사회의 가중다수결에 의해 결정하도록 규정하고 있어, 이론상으로는 일부 회원국이 반대하는 사항에 대해서도 제3국과의 통상협정 체결이 가능하며, 배타적 관할권의 확대로 EU차원의 독자적인 통상협정 체결 범위가 확대되었다. 그러나 실제로 가중다수결에 의한 의사결정이 가능한 경우에도 이사회는 컨센서스에 따라 결정하는 경우가 많은 점을 감안하면, 일부 회원국이 반대하는 통상협상을 표결로 처리할 가능성은 크지 않은 것으로 보인다. 아울러 EU 내부규

---

21) Regulation (EU) No 1219/2012 of the European Parliament and of the Council of 12 December 2012 establishing transitional arrangements for bilateral investment agreements between Member States and third countries.

22) Proposal for a Regulation of the European Parliament and of the Council establishing a framework for screening of foreign direct investments into the European Union.

범 작성에 만장일치를 규정한 사항을 포함하는 국제협정 체결의 경우에는 리스본
조약으로 배타적 관할권에 포함된 서비스교역, 지재권 및 해외직접투자 관련 국제
협정의 협상과 체결에 관한 사항의 경우에도 이사회에서 만장일치로 결정하도록
규정하고 있다. EU가 배타적 관할권을 가지는 내용에 관한 국제협정의 경우 발효
를 위해 EU 개별 회원국들의 비준절차가 불필요하다. 그러나 일부라도 회원국들과
의 공동권한 사항이 포함된 소위 혼합협정(mixed agreement)일 경우 정식발효를 위
해서는 개별 회원국들의 비준이 필요하다. 물론 혼합협정의 경우에도 배타적 관할
권 내용에 대해서는 개별 회원국 비준 이전이라도 잠정적용이 가능하다. 따라서
한-EU FTA와 같이 지재권 형사집행 및 문화 협력 조항 등 협정의 극히 일부분만
회원국과의 공동권한 사항인 경우 협정의 대부분 권리·의무관계가 잠정적용 시
발효하게 되므로 사실상 잠정적용이 발효의 효과를 갖는다고 볼 수 있다.

　　배타적 권한의 범위와 관련하여 리스본조약은 교역과 해외직접투자에 대한
제한의 점진적 철폐 및 관세와 여타 장벽의 완화를 통상정책의 목표로 새롭게 기술
하고 있어, EU의 배타적 관할권이 비관세장벽으로 분류되는 환경기준, 소비자 보
호, 노동기준 등에 적용될 수 있다는 주장도 제기될 수 있다. 아직까지는 EU차원에
서 이에 대한 논의가 이루어지고 있지는 않으나, 향후 EU 통합이 보다 진전될 경우
배타적 권한의 범위와 관련하여 논란이 제기될 수 있는 부분이다.[23]

2) 유럽의회의 권한 강화 및 의사결정절차의 변화

　　리스본조약의 발효에 따라 통상문제에 관한 유럽의회의 역할이 강화되었다.
유럽의회의 역할 강화는 보다 구체적으로는 통상정책 이행법안의 공동결정절차,
통상협상 관련 정보제공, 협정 발효를 위한 동의절차, 위임권한 강화 등에서 발견
할 수 있다. 이러한 의회의 강화된 역할은 2010년 11월 공표된 유럽의회와 집행위
관계에 관한 기본협정(Framework Agreement on Relations between the European
Parliament and the European commission)에도 반영되어 있다.

　　기존 니스조약 하에서는 공동통상정책의 결정은 집행위와 이사회에 의해 이

---

23) 이태원, "EU 통상정책의 범위와 권한 확대," 「위기의 유로, 진전되는 통합」(주벨기에유럽연합대사
　　관, 2011), 92면.

루어져 왔다. 즉 집행위가 공동통상정책의 이행을 위한 법안(framework legislation)을 제안하면, 이사회는 EU가 배타적 관할권을 가진 사항에 대해서는 가중다수결로, 회원국과 관할권을 공유하는 경우에는 만장일치로 해당 규정을 채택하였다. 그러나 리스본조약의 발효로 유럽의회는 EU의 대외 통상·투자 정책을 결정하는 기본법 제정에 공동결정권한(ordinary legislative procedure)을 행사할 수 있게 됨에 따라 이사회와 동등한 권한을 행사하게 되었다(TFEU 제207조 2항). 통상 및 투자관련 법령을 공동결정절차를 거쳐 제정하게 됨에 따라 이들 법령의 채택까지 과거에 비해 더 오랜 시간이 소요되며, 특히 유럽의회 내 통상문제 전문인력이 충분하지 않은 상황을 고려하면 이러한 문제는 매우 심각하다고 할 수 있다. 따라서 공동결정절차의 효율성을 높이는 방법으로 법안 심의에 있어 이사회, 유럽의회, 집행위간 3자 협의(trialogue negotiation)[24]가 더욱 활성화될 것이다.

통상 협상의 경우 리스본조약 하에서도 협상지침을 작성하는 권한은 여전히 집행위와 이사회에 있지만, 유럽의회는 협상과 협정 체결의 모든 단계에서 즉각적이고 완전한 정보를 제공받을(immediately and fully informed) 수 있게 되었다(TFEU 제218조). 유럽의회와 집행위 관계에 관한 기본협정(Framework Agreement on Relations between the European Parliament and the Commission)은 EU가 진행하는 통상협정을 포함한 국제협정의 체결과 관련하여 집행위가 협상의 준비, 진행 및 종결에 관한 신속하고 명확한 정보(early and clear information)를 유럽의회에 제공할 것을 규정하고 있다. 정보제공과 관련하여 문제가 되는 것은 비밀정보의 제공인데, 기본협정은 비밀정보를 Top Secret, Secret, Confidential, Restrictive의 4개 유형으로 분류하여 해당 정보에 대한 접근과 취급방법을 규정하고 있다. 상위 유형에 속하는 비밀정보는 해당 정보에 대한 접근이 반드시 필요하다고 사전에 보안인가를 받은 자에 한해서 제공된다.

또한 리스본조약은 공동외교안보정책에만 관련된 경우를 제외하고 모든 국제조약(international agreements)에 유럽의회의 동의(consent)를 받도록 규정(TFEU 제218

---

24) 비공식 협의체인 trialogue의 법적 근거는 EU기능조약(TFEU) 제295조의 유럽연합 기관 간 협정(inter-institutional agreement)을 들 수 있다. trialogue negotiation에서 이사회는 순환의장국이 대표로 참여하고, 유럽의회는 해당 법안의 보고자(rapporteur)가 참여한다.

조)하고 있는데, EU가 체결하는 모든 통상조약의 발효를 위해서는 유럽의회의 동의를 받아야 한다. 기존의 니스조약(EC Treaty) 제300조는 유럽의회의 동의(assent)가 필요한 조약을 제휴협정(Association Agreements), 예산상의 조치를 수반하거나 새로운 기구 창설에 관한 조약에 한정하고 있었는데, 리스본조약 하에서 이러한 범위가 확대된 것이다.

유럽의회는 집행위의 위임입법 행위를 감독하는 권한에 있어서도 이사회에 준하는 권한을 행사하게 되었다. 우선 리스본조약 이전25)에는 이사회만이 위임행위를 할 수 있었으나, 리스본조약26)으로 유럽의회도 모법(basic law)의 규정을 통해 위임행위를 할 수 있게 되었다. 또한 위임한 이행법령과 관련하여 유럽의회는 이사회와 마찬가지로 절차에 대해 정기적으로 정보를 제공받고, 집행위의 법령 제안이 위임 범위를 넘어서는 것으로 판단하는 경우에는 집행위에 의견을 전달할 수 있으며,27) 이에 대해 집행위는 해당 제안의 유지, 수정 혹은 철회 등의 의사를 유럽의회와 이사회에 통보해야 한다. 또한 필요한 경우 유럽의회와 이사회 공히 이행조치 위임 자체를 취소할 수 있다.

리스본조약의 발효에도 불구하고 통상협정 체결의 모든 과정에 있어서 유럽의회가 이사회와 동등한 권한을 가지게 된 것은 아니다. 통상협상의 개시는 여전히 집행위의 제안에 따라 이사회가 결정하기 때문이다. 그럼에도 불구하고 통상협정에 대한 동의권과 통상협상 관련 정보에의 접근을 바탕으로 유럽의회가 협상의 초기 단계에서부터 협상목표에 영향을 미칠 수 있게 되었다. 즉 구속력이 없는 결의, 청문회, 의견 제시 및 집행위에 대한 질의 등을 통해 협상지침 제정 단계에서부터 영향력을 행사할 수 있다. 이에 따라 인권, 지속가능한 발전 등 유럽의회의 정치적 관심사항이 통상정책에 상당부분 반영될 수 있게 되었다. 회원국과 유럽의 업계는 물론이고 제3국 정부와 기업들이 유럽의회에 대한 로비를 강화하고 있는 움직임은 이러한 유럽의회의 권한 강화와 무관하지 않은 것으로 보인다.

---

25) EC Treaty 제202조.
26) TFEU 제209조.
27) Regulation (EU) No. 182/2011 of the European Parliament and the Council of 16 February 2011 laying down the rules and general principles concerning mechanisms for control by Member States of the Commission's exercise of implementing powers.

3) 통상정책과 대외정책의 관계

한편 리스본조약에 따라 EU공동통상정책의 대외정책으로서의 성격이 보다 강화되었다. 리스본조약은 공동통상정책을 EU기능조약(TFEU) 제5편(Part Five) "External Action by the Union"에 기술하면서 제205조에서 EU조약 제5편 제1장 (Title V, Chapter 1)에 기술된 EU 대외정책의 원칙과 목표에 따라 수립되고 이행되어야 함을 명시하고 있다. 즉 공동통상정책도 민주주의, 법의 지배, 인권, 지속가능한 발전, UN헌장과 국제법의 준수 등 EU 대외정책의 원칙을 준수해야 한다는 것이다.

EU 대외정책으로서의 공동통상정책은 통상정책 목표 달성을 위한 외교안보정책 활용 가능성과 외교안보정책상의 목표 달성을 위한 통상정책 활용 등 두 가지 측면이 모두 있을 수 있다. 그러나 외교안보정책이 아직 개별 회원국의 주권사항으로 남아 있는 반면, 통상정책은 1970년대부터 공동통상정책을 추진해 오면서 EU 대외정책의 핵심 역할을 하고 있다는 점을 고려할 때, 후자의 측면이 보다 강조된 것이라고 볼 수 있다. 물론 외교정책 목표를 위한 통상정책의 활용이 리스본조약으로 새로 도입된 것은 아니다. EU는 이미 1990년대 초 이래 제휴협정(Association Agreements)을 체결하면서 FTA와 함께 민주주의, 인권, 법의 지배 등 대외정책 목표와 관련된 조항을 협정에 포함시켜 왔으며, 제휴협정이 아닌 독립적인 FTA를 추진하는 경우에도 정치협정 체결을 병행하여 추진해 오고 있다.

리스본조약의 발효와 함께 EU가 외교안보정책 고위대표를 선임하고 유럽대외관계청(European External Action Service)을 설립하는 등 EU 대외정책의 통일성 확보를 위한 노력을 강화해 나가고 있다는 점도 EU가 통상정책을 활용하여 대외정책 목표를 추구할 가능성을 보다 높이고 있다. 그러나 앞에서 살펴 본 바와 같이, EU의 통상정책은 기본적으로 EU 시장개방을 통해 역내경제 개혁에 기여하는 한편, 기업들의 시장진출을 위한 해외시장 개방 및 공정경쟁 확보라는 목표를 추구하고 있기 때문에 통상정책을 활용한 외교정책 추진은 이러한 기본 목표를 저해하는 정도로 이루어지기는 어려울 것으로 보인다.

2. EU 경제위기와 Europe 2020 전략

2010년까지 EU를 세계최고의 경쟁력을 갖춘 지식기반경제로 만들겠다는 야심찬 목표를 가지고 2000년부터 추진되어 온 리스본 전략은 사실상 실패한 것으로 평가되고 있다.[28] 이러한 가운데, 2008년 리만 브라더스(Lehman Brothers) 파산사태 이후 발생한 글로벌 금융위기는 유로존 경제에도 막대한 영향을 미쳐 2009년 중에 경제성장률이 -4.1%를 기록하는 등 크게 부진한 모습을 보였다. 특히 2009년 10월 그리스에서 시작된 재정위기가 장기화되고 아일랜드, 포르투갈 등 여타 회원국으로 확산되는 조짐을 보이면서 EU는 설립 이래 최대 위기를 맞게 되었다.

EU 재정위기에 대해서는 유로존 회원국들과 유럽중앙은행(ECB)을 중심으로 단기적인 신용경색 해소 및 시장불안 확산방지 노력과 장기적인 위기 재발 방지를 위한 제도 개선이 이루어졌으며, 이러한 과정에서 2012년 3월 EU 정상회의시 신재정협약 체결 등 그동안 EU 통합의 부족한 점으로 지적되어 오던 재정분야의 통합이 강화되는 모습을 보여주었다. 이와 별도로 유럽집행위원회는 2010년 3월 기존 10년간 추진해 온 리스본 전략 실패의 경험을 바탕으로 경제·금융 위기를 극복하고 지속적 성장을 달성하기 위한 EU차원의 경제발전 전략인 Europe 2020 전략을 발표하였다.

2010년 6월 EU 정상회의에서 채택된 Europe 2020 전략은 스마트 성장(Smart Growth), 지속가능한 성장(Sustainable Growth), 포용적 성장(Inclusive Growth)을 추진한다는 기본 방향하에 2020년까지 20-64세 고용률을 현재 69%에서 75% 수준으로 제고, GDP 대비 연구개발 투자를 현재의 1%에서 3%로 확대, 기후변화 에너지목표 20/20/20 달성,[29] 학교중퇴율을 10%로 감소 및 대학진학율을 40%로 향상, 2천만 명 이상을 빈곤과 소외에서 벗어나게 한다는 목표를 설정하였다.

이러한 Europe 2020 전략은 경제발전 목표 달성을 위해서 우수한 노동력, 강력한 산업기반, 단일시장, 단일 통화, 농업, 서비스 등 유럽이 가지고 있는 강점을

---

28) "Sweden admits Lisbon Agenda 'failure'," EurActiv, 3 June 2009.
29) 온실가스를 90년 대비 20% 감축, 에너지 소비 중 재생에너지 비중을 20%로 확대, 에너지효율을 20% 개선하는 것을 의미한다.

최대한 활용하면서 저성장, 고실업, 노령화 진행 등 구조적 약점 극복을 위한 노력을 반영한 것이다. 동 전략은 위와 같은 목표 달성을 위해 7대 역점사업(flagship initiative)을 설정하였는데, 스마트 성장을 위해서는 연구, 혁신을 위한 기본 여건과 재원접근 개선을 통한 혁신역량 강화 및 투자증대 도모("Innovation Union"), 교육시스템 개선 및 유럽 고등교육기관의 경쟁력 강화("Youth on the move"), 초고속 인터넷에 기반한 디지털 단일시장 구축("Digital agenda for Europe"), 지속가능한 성장 측면에서는 경제성장과 에너지 소비의 분리(decoupling), 재생에너지 사용 확대, 교통부문 현대화 및 에너지 효율개선("Resource efficient Europe"), 기업환경개선 및 강력하고 지속가능한 산업기반 구축("An industrial policy for the globalisation era"), 포용적 성장 차원에서는 노동 이동성 증대를 통한 노동시장 현대화 및 노동참여 증대를 위한 평생기술 교육("An agenda for new skills and jobs"), 경제적, 사회적, 지역적 통합 촉진 및 빈곤/소외계층의 사회참여 지원("European platform against poverty") 등이 그 것이다.

3. 신통상전략의 주요 방향 및 향후 전망

1) 2010년 신통상전략: 통상, 성장 및 세계정세

2010년 11월, 유럽집행위는 리스본조약의 발효로 새롭게 변한 통상정책 환경 및 스마트성장, 지속가능한 성장, 포용적 성장을 추구하는 Europe 2020 전략을 반영하여 향후 5년간의 통상정책의 방향과 제안을 담은 "Trade, Growth and World Affairs"라는 보고서[30]를 발표하였다.

2010년 유럽집행위 보고서에서 제시한 향후 5년간 주요 정책과제를 보면, 2006년 Global Europe 전략과 근본적인 방향 전환 없이 Global Europe 전략상의 기본과제들을 지속적으로 추진하고 있는 것으로 보인다. 즉 유럽집행위원회는 WTO 다자무역체제의 중요성을 강조하면서 DDA 협상 타결을 여전히 최우선 과제로 설정하며, 동시에 인도, MERCOSUR, ASEAN 등 현재 진행 중인 주요 국가와

---

30) European Commission, Trade, Growth and World Affairs: Trade Policy as a core component of the EU's 2020 strategy, (COM(2010)612).

의 FTA협상 타결을 추진한다. 한편 당장 FTA 협상을 추진하고 있지는 않지만, EU의 중요한 교역상대국인 미국, 중국, 러시아 등과의 통상관계도 심화시킨다는 입장이다. 특히 이들 국가들과는 비관세장벽 철폐 등 규제조화에 중점을 두고자 한다. 또한 정부조달, 서비스, 투자 등 분야에서 EU기업의 세계시장에의 접근을 개선시키고, 공정한 무역규범 적용을 확보하며, 지식재산권 보호를 강화해 나갈 것을 주된 내용으로 삼고 있다.

2) 2015년 신통상투자전략: 모두를 위한 교역

2015년 10월, 유럽집행위원회는 EU를 위한 새로운 통상과 투자전략을 제안하는 "Trade for All"이라는 보고서[31]를 발간하였는데, 신통상투자전략에 의해 통상협정이 보다 효과적이며 많은 기회를 제공해 줄 것이라고 본다. 동 전략은 효율성, 투명성, 유럽의 가치, 협상프로그램이라는 소제목 하에 통상정책을 취함에 있어 우선적으로 취해야 할 세부과제에 대해 다루고 있는데, 먼저 효율성과 관련하여 글로벌 가치사슬 및 디지털경제와 같은 새로운 경제현실의 고려, 전문가와 서비스 공급자 등의 이동성 지원, 회원국과 유럽의회 및 이해관계자들과의 파트너십 강화, 추후 통상협정에 SME 규정을 포함하도록 한다. 둘째, 보다 투명한 통상 및 투자정책을 위해서는 EU의 모든 통상협상에 TTIP 투명성 이니셔티브를 확대 적용하도록 하고, 셋째, 가치에 기반을 둔 통상 및 투자정책은 규제와 투자에 관한 공공의 기대에 부응하며, 지속가능한 개발과 인권 지원에 관한 정책을 확대하고, 추후 통상협정에 반부패 규범을 포함시키도록 한다. 마지막으로 세계화를 위한 협상프로그램과 관련하여, 다자협상의 회복과 양자 및 지역협정에 대한 개방된 접근법, 아시아와 태평양 지역 내 EU의 존재 강화, 아프리카국가들과의 경제동반자협정의 효율적 이행 및 관계 심화 보장 그리고 터키, 멕시코, 칠레와의 기존 협정의 현대화를 추진하도록 하고 있다.[32]

---

31) European Commission, Trade for all: Towards a more responsible trade and investment policy, 2015.
32) http://ec.europa.eu/trade/policy/in-focus/new-trade-strategy/(2018년 5월 8일 방문).

3) 향후 전망

EU는 기본적으로 역내시장 통합과 함께 역외 국가들과의 교역자유화가 EU경제 활성화 및 경쟁력 제고에 도움이 된다고 생각하고, 이를 지속적으로 추진하고 있으며, 동시에 이에 대한 정치적 지지확보 및 해외시장에서의 EU기업의 경쟁력 확보라는 차원에서 여타 국가들의 시장개방 및 교역장벽 제거를 적극적으로 추진하고 있다. 특히 2015년까지 전세계 경제성장의 90%가 유럽이외에서 발생할 것이며, 이 중 1/3이 중국에서 발생할 것이라는 전망[33])에 따라 해외시장, 특히 중국 등 신흥시장 접근개선의 필요성을 더욱 중시하였다. 또한 EU경제는 더 이상 가격 경쟁력에 의존할 수 없는 단계에 있기 때문에 지식 및 자본집약적인 EU경제의 장점을 최대한 활용한다는 차원에서 단순한 상품 관세철폐에 국한하지 않고, 서비스, 투자, 정부조달 시장 개방, 지재권 보호 강화 및 각종 표준 및 규제 등의 비관세 장벽의 해소를 추진하고 있기 때문에 이러한 정책은 앞으로도 계속될 것으로 보인다.

다만 기존 Global Europe 전략과 비교할 때 2009년 리스본조약 발효에 따라 투자보호 부분도 공동통상정책의 배타적 권한 사항의 범주에 포함됨으로서 그동안 EU 차원에서는 다소 소극적이었던 투자보호에 관한 부분이 보다 적극적으로 추진되고 있는 것으로 보인다. 리스본조약 발효 이전 타결된 한-EU FTA의 경우 투자보호 조항들이 포함되어 있지 않으나, 캐나다 및 일본 등과의 FTA의 경우 투자보호 조항들이 포함되었으며, 2012년 2월 EU-중국 정상회담시 투자협정 개시를 합의한 것처럼 EU는 향후 주요 교역국가와의 포괄적인 투자협정 협상을 적극적으로 추진해 나갈 것으로 보인다. 한편 2015년 12월 한-EU FTA가 발효되었고, 여타국들과의 FTA 협상도 진전되고 있음에 따라 EU는 향후 FTA 등 통상협정 체결을 위한 협상뿐만 아니라 타결된 협정 내용의 이행여부에 대한 철저한 모니터링 및 불이행시 각종 협의기구를 통한 협의절차 및 분쟁해결절차를 통한 문제해결 등 충실한 이행확보에도 역점을 두고 추진해 나갈 것으로 보인다.

Europe 2020 전략상의 지속가능성장 목표 및 지속가능 성장에 관한 유럽의회 의원들의 관심이 높다는 점을 고려할 때, 기후변화를 포함한 지속가능한 성장 정책

---

33) World Economic Outlook, April 2010.

도 향후 EU통상정책에서 상당한 영향을 미칠 것으로 보인다. 우선 DDA 협상 및 기타 통상협상에서 환경상품 및 서비스의 교역자유화를 계속 추진할 것이며, 한-EU FTA의 사례와 같이 향후 체결될 FTA에서도 지속가능한 성장 챕터를 별도로 마련하여 무역과 지속가능의 상호조화 방안을 계속 모색하려고 할 것이다. 또한 천연자원과 에너지에 대한 수출규제 동향 감시 및 국제규범에 위배되는 수출규제에 대한 효과적 대응을 통해 천연자원과 에너지의 지속가능한 공급을 확보하고, 에너지 공급원 다원화, 자유로운 이동, 지속가능에너지 교역 활성화 등도 통상정책에 반영해 나갈 것으로 보인다. 특히 EU의 여러 산업이 중국 등 해외공급에 의존하고 있는 천연자원의 안정적 공급확보는 EU업계의 매우 중대한 관심사로서, EU는 2008년 이후 천연자원의 안정적 공급을 위한 통상분야를 포함한 각 분야별 대책을 포함하여 종합적인 대책을 시행하고 있는 상황이다.

또한 신통상전략상의 포용적 성장 목표 및 통상정책을 통한 EU 대외목표 추진이라는 차원에서 개도국, 특히 최빈개도국 및 EU 구식민지 개도국들의 개발지원을 위한 통상정책도 앞으로 계속 추진해 나갈 것으로 보인다. 그러나 앞에서 살펴본 바와 같이, EU의 개도국 개발을 위한 통상정책에서도 최빈개도국 등의 경우는 EU 측의 일방적인 특혜차원이 크지만, 신흥개도국의 경우 상당부분 EU통상정책의 일반적인 틀 내에서 진행되어 오고 있음을 볼 수 있다. 또한 EU는 개도국이라는 일반적 카테고리를 배척하고 이를 세분화하여 최빈개도국과 같이 실제로 지원이 필요한 국가들에게 지원을 집중하자는 주장을 강조하고 있는데, 이는 DDA 협상 및 기타 통상협상에서 인도, 브라질 등과 같이 EU업계의 시장진출 이익이 큰 신흥개도국들이 개도국이라는 명분으로 시장접근 개선을 회피하려는 시도를 차단하려는 의도라고 볼 수 있다.

개도국 개발 문제가 대외적인 포용적 성장측면이라면, 대내적인 포용적 성장도 EU통상정책의 중요한 요소로 부각되고 있다. 즉 교역자유화는 경제성장을 가속화시켜 장기적으로 고용을 창출하는 긍정적 효과가 있지만, 시장개방에 따라 불가피한 산업구조조정이 이루어지는 과정에서 일부 산업의 고용불안정이 야기될 가능성이 있으므로 통상정책과 국내고용정책간 연계가 필요하다는 입장이다. 전통적으로 이러한 부분은 개별 회원국의 역할에 해당하는 부분이지만, 2010년과 2015년 유럽집행위의 통상정책 보고서는 EU차원에서도 유럽글로벌조정기금(EGF: European Globalisation Adjustment Fund)의 확대 및 단순화를 통해 시장개방으로 인한 특정분야 실업자들의 여타 분야 재취업을 위한 교육훈련 등 지원활동을 강화해 나갈 것이라고 밝힌 바 있다.[34)]

V. 결 론

이상에서 2006년 이후 EU통상정책 추진 현황과 향후 방향에 대해서 살펴보았다. EU는 2006년 Global Europe 전략을 수립하여, WTO 다자무역체제를 계속 지지하면서도 그동안 상대적으로 소극적으로 추진해 왔던 FTA를 보다 적극적으로 추진하고 있다. 또한 전통적으로 중요한 미국과 규제대화 등을 통한 협력을 계속 추진하고 있는 동시에, 국제경제에서 급속도로 비중이 높아지고 있는 중국에 대해서도 기민하게 대응하고 있으며, 제3국 시장에서 EU기업들이 공정한 경쟁기회를 가질 수 있도록 다양한 방법을 통해서 시장접근 장애요인 해소를 적극적으로 추진하고, 양자 및 다자차원에서 지식재산권 보호 강화, 정부조달 시장 및 서비스 시장 개방 강화를 위해 노력하고 있다. 또한, EU는 2002년 이후로 개발도상국의 개발 지원을 통상정책의 중요한 목표로 설정하고, 이를 위해 일반특혜관세혜택 부여, FTA 체결 등 다양한 정책을 추진해 오고 있다.

2009년 12월 리스본조약의 발효로 서비스, 투자, 지식재산권 분야에서 EU의 배타적 관할권이 확대됨에 따라 EU가 양자 및 다자적인 통상협상에서 더욱 주도적인 역할을 강화할 수 있게 되었다. 한편, 통상정책 결정과정에서 유럽의회의 영향력이 확대되어 이사회와 거의 동등한 권한을 갖게 된 점도 향후 EU의 통상정책에 상당한 영향을 미칠 것으로 보인다. 유럽 경제위기로 EU 내 일부 회원국들이 보호주의적인 조치 도입을 요구하였으나, EU는 보호무역조치를 도입하기보다는 해외

---

34) European Commission, Trade, Growth and World Affairs: Trade Policy as a core component of the EU's 2020 strategy, (COM(2010)612); European Commission, Trade for all: Towards a more responsible trade and investment policy, 2015.

시장에서 EU 기업들이 직면하고 있는 애로사항을 해소할 수 있도록 보다 공세적인 통상정책을 구사하고 있다.

2010년 10월 한-EU 정상회담에서 한-EU 양국 정상은 전략적 동반자 관계를 선언하였다. 2010년 5월 기본협정 서명에 이어 2010년 10월 한-EU FTA를 서명하였고, 동 FTA가 2015년 12월 13일부터 발효함에 따라 EU는 우리에게 새로운 의미로 다가오고 있다. 사실 GDP 16조 불 규모의 세계 최대 경제권인 EU는 이미 우리의 제3위 교역대상이자 제1위 투자자였다. 2017년 기준 양자 교역규모는 998억 유로에 달하며, EU의 대 한국 투자는 2016년 말 기준으로 503억 유로에 달하였다.[35] 그러나 이러한 중요성에도 불구하고 미국이나 우리 주변의 교역상대국과 비교해서 그동안 EU의 통상정책에 대한 우리의 관심은 충분하지 않았던 것이 현실이다.

한-EU FTA의 발효와 함께 EU의 통상법과 통상정책에 대한 관심이 더욱 커져야 할 것이다. EU는 28개 회원국으로 구성된 공동체로서의 특성 때문에 정책결정과정이나 규범체제가 다소 이해하기 어려운 면이 많다. 하지만 통상정책에 대한 이해가 없이는 아무리 한-EU FTA를 통해 EU시장이 개방되었다고 해도 이를 충분히 활용할 수 없을 것이다. 특히 EU가 제3국과도 FTA를 적극적으로 추진하고 있는 상황에서 우리가 한-EU FTA를 통한 선점효과를 무한정 누릴 수 있는 것이 아니기 때문에 EU 통상법과 정책을 이해하기 위한 노력이 보다 가속화되어야 할 것이다. 또한 GDP의 상당부분을 대외교역에 의존하고 있는 우리나라로서는 EU의 통상정책에서 배워야 할 점도 많이 있다. 실제로 우리 통상정책은 과거 WTO체제에 전적으로 의존하다가 2000년대에 들어와 FTA를 적극 추진하고 있으며, 대중국 통상전략의 중요성이 커지고 있고, 최근 정책결정과정에서 국회의 역할이 커지는 등 여러 분야에서 EU통상정책과 유사점이 있다. EU는 해외 시장접근 강화를 추진하는 과정에서 업계와 긴밀한 협의채널을 구축하고 있고, 통상정책을 추진함에 있어서도 국제사회의 책임 있는 일원으로서 개발도상국의 개발과 기후변화에 대한 공동대응 등 글로벌한 가치를 함께 추구해 오고 있다. 이러한 점은 우리 통상정책의 향후 방향에 대해서도 많은 시사점을 준다고 할 수 있다.

---

35) http://ec.europa.eu/trade/policy/countries-and-regions/countries/south-korea/(2018년 5월 8일 방문).

찾아보기

판례색인

국문색인

영문색인

공저자 약력

박덕영

연세대학교 법과대학 졸업
연세대학교 대학원 법학과 법학석사, 법학박사
영국 University of Cambridge 법학석사(L.L.M)
영국 University of Edinburgh 박사과정 마침
교육부 국비유박시험 합격
(현) 연세대학교 법학전문대학원 교수

(전) 대한국제법학회 부회장
(전) 한국국제경제법학회 회장
외교부 정책자문위원
산업통상자원부 통상교섭민간자문위원
대한민국 국회 입법자문위원
연세대학교 SSK 기후변화와 국제법연구센터장
연세대학교 외교통상학 연계전공 책임교수

김희상

서울대학교 경제학과 졸업
영국 University of Edinburgh 법학석사(LLM)
한-EU FTA 원산지 분과장 및 한-EU FTA 법률검토회의 수석대표
주벨기에유럽연합대한민국대사관 경제참사관
(현) 외교부 양자경제외교국장

이주윤

연세대학교 문과대학 졸업
연세대학교 대학원 법학과 법학석사, 법학박사
독일 Saarland University 유럽법석사
연세-SERI EU센터 박사후연구원
한국법제연구원 초청연구원
(현) 연세대학교, 한국과학기술원 등 강의

EU 통상법

초판발행	2018년 11월 15일
지은이	박덕영·김희상·이주윤 공저
펴낸이	안종만
편 집	김명희·강민정
기획/마케팅	조성호
표지디자인	김연서
제 작	우인도·고철민
펴낸곳	(주) 박영사
	서울특별시 종로구 새문안로3길 36, 1601
	등록 1959. 3. 11. 제300-1959-1호(倫)
전 화	02)733-6771
f a x	02)736-4818
e-mail	pys@pybook.co.kr
homepage	www.pybook.co.kr
ISBN	979-11-303-3268-0 93360

* 잘못된 책은 바꿔드립니다. 본서의 무단복제행위를 금합니다.
* 저자와 협의하여 인지첩부를 생략합니다.

정 가   32,000원